증권 리서치 바로 쓰기

증권 리서치 바로 쓰기

제러미 볼랜드 지음
신동혁·박근호·최규진 옮김

모범
실무
가이드

동연

책을 옮기며

2010년 제러미 볼랜드를 처음 만났다. 홍콩에서 열렸던 BNPP 그룹의 아시아 준법감시인 집합연수에 참석하려고 방문했을 때였다. 그는 국내에서는 다소 생소한 외국계 금융기관의 리서치 준법감시인(Supervisory Analyst)이란 직책으로 BNPP 홍콩에서 리서치 분석자료를 사전 검토하는 업무를 수행하고 있었다.

당시 국내 준법감시부서의 기능은 투자자 보호와 시장의 건전성 제고라는 큰 맥락하에서 금융위원회와 금융감독원, 한국거래소 시장감시위원회, 한국금융투자협회 등 감독당국과 함께 주로 내부자거래 및 미공개정보 관리와 시세조정이었다. 상장 지분증권 거래에 관한 내부통제를 강조하던 상황인 것이다. 제러미와 나눈 대화는 짧았다. 하지만 그 대화는 큰 물꼬를 터주기에 충분했다. 제러미는 애널리스트의 역할과 책임이 금융기관의 내부통제와 위험 관리라는 측면에서 얼마나 중요한지를 깨닫게 해주었다.

친필 서명이 담긴 책을 주면서 제러미가 보여주었던 금융시장 전반에 걸친 다양한 주제에 대한 지성과 열정은 아직도 기억에 뚜렷하다. 리서치와 리서치 준법감시인의 업무에 대한 당당하면서도 섬세한 견해와 깊이 있는 제안을 BNPP 업계 동료로서 이야기하는 그의 눈빛은 참 따뜻했다. 우리는 제러미의 리서치 및 리서치 준법감시인에 대한 뜨거운 열정과 폭넓은 지식을 국내의 금융투자업자와 자산운용사, 선물사의 준법감시인들과 공유하고 싶었다.

1년쯤 지난 2011년 11월 22일, 금융투자협회 제3회 금융투자회사 준법감시인 세미나에 저자를 강사로 초빙했다. 그 세미나에는 국내 금융투자회사 준법감시인 160여 명이 참석했고, 준법감시인을 위한 조사분석 업무 관리(부제: 조사분석 관련 각종 법적 리스크 설명 및 해외사례 소개)에 대한 제러미의 강의에 뜨겁게 호응했다. 강의를 듣고 난 뒤 우리는 국내 금융투자회사 준법감시인 및 리서치 담당자들이, 리서치와 관련한 다양한 주제를 심도 깊게 이해할 수 있도록 이 책을 번역하면 도움이 될 것이라는 생각을 굳히게 되었다. 이 책의 번역을 허락해주고, 한국 방문 시마다 번역과 관련한 의견을 교환하기 위해 귀중한 시간을 할애했던 저자에게 다시 한 번 감사를 드린다.

본문에서 다루는 광범위하고 다양한 사례연구에서 볼 수 있듯이 많은 글로벌 금융그룹이 리서치와 관련한 사항들을 위반해왔다. 이 사례들이 우리에게 던지는 시사점은 중요하다. 즉 글로벌 금융투자회사들은 그간의 리서치에 관한 준법감시 분야에서 발생한 금융사고와 아직까지도 국내에 생소한 여러 유형의 법규위반사례 등의 시행착오를 통해 회사 내부의 준법감시 문화 수준을 제고해왔다는 것이다. 이를 타산지석으로 삼아 국내 금융투자회사들은 아직까지 발생하지 않았거나, 발생했으나 인지하지 못한 리서치 관련 법규위반 사례를 보고 배울 수 있을 것이다.

한편, 이 책에서는 전 세계를 대상으로 영업하고 있는 다국적 금융투자회사에서 일어난 애널리스트와 리서치와 관련한 다양한 주제를 다루고 있다. 금융사고, 내부통제의 실패, 감독당국의 제재 및 법원의 판결 시, 각국의 금융당국과 법조계가 어떠한 후속 조치를 취했으며 이를 언론에서는 어떠한 시각에서 보도했다는 점까지 상세하게 명시되어 있다.

최근 금융시장의 화두는 자본시장 내 정보의 비대칭성 해소 및 금융소비자 보호라 할 수 있다. 이런 측면에서 이 책이 다루는 주제들은 애널리스트와 리서치 준법감시인, 회사의 리스크 관리업무를 수행하는 경영진뿐만 아니라, 검찰, 법조계, 금융당국, 언론계 및 학계에 시기적절한 읽을거리가 되리라고 생각한다. 아울러 애널리스트를 꿈꾸는 학생들에게 이 책은 리서치 관련 여러 가지 주제에 대한 폭넓은 정보를 제공하리라 확신한다.

이 책을 번역하면서 다소 어려웠던 점이 있다. 저자가 사용하는 언어인 영어가 내포하는 뉘앙스를 정확하게 전달하는 게 힘들었다. 또한 각 장에 삽화가 들어가는데, 그 만화의 번역도 걸렸다. 심사숙고를 한 뒤에 일단 삽화 번역은 저자와 삽화가의 동의하에 원문을 그대로 두기로 했다. 제5장 "자료의 작성과 편집, 공표시 고려 사항"에서 다루는 주제는 영어로 보고서를 작성하지 않는 국내의 금융투자분석사에게는 다소 생소한 주제가 될 것이다. 이에 해당 영어표현과 그에 해당하는 국문 번역을 함께 실어 원어가 가지고 있는 뉘앙스를 전부 전달할 수 없는 아쉬움을 달랬다. 아울러 저자가 표현하고자 한 애널리스트로서 겸비해야 하는 일반적 또는 기본적 소양이라는 측면과 리서치 자료의 특성상 분석보고서에 사용되는 단어 하나하나 그리고 문장 하나하나가 독자들에게 전달됐을 때의 파급효과를 고려하여 최대한 저자의 입장에서 번역하려고 애썼다.

이 책 번역을 시작한 지 2년이 흘렀다. 역자들 모두 생업이 있는지라 늦은 밤 시간에 또는 주말에도 짬을 내어 만나야 했다. 긴 준비과정 동안 묵묵히 지켜보고 격려했던 번역자들의 가족들 특히 아내들에게 다시 한번 고마운 마음을 전한다. 이 책의 상업적인 손익을 명확히 분석하기는 어려웠다. 단지 돈을 벌겠다는 것 이외에 '필요한 책'이라는 공감으로 기꺼이 책을 발간해주신 동연출판사의 김영호 사장님께 감사의 말씀을 전한다. 모쪼록 이 책이 한국 금융시장 발전에 다소나마 도움이 되기를 기대하며, 번역 오류에 대해서는 독자들의 너그러운 아량과 따뜻한 질책을 바란다.

2014년 8월
설레는 마음으로 신동혁, 최규진, 박근호

추천사

　이 책을 처음 접했을 때, 이 책이 금융투자에 대한 조사분석을 하는 애널리스트(우리나라에서는 통상 '금융투자분석사'라 칭한다)뿐만 아니라 금융회사 그리고 감독당국 모두에게 아주 유용한 바이블이 될 거라는 인상을 받았다. 실제로 책 전체를 통독하면서 이러한 내 생각이 결코 틀리지 않았음을 알게 되었을 뿐만 아니라 이러한 훌륭한 책을 관련업계 종사자나 후학들에게 추천해야겠다는 어떤 사명감까지 들었다.

　내가 생각하기에 이 책의 가장 큰 장점이자 역할은 무엇보다도 저자가 해외 글로벌 금융회사 리서치 애널리스트로서의 실무경험을 토대로 여러 국가의 주요 조사분석준칙과 실무모범규준(Best-Practice)이 될 만한 사례를 언급하고 이를 이해하도록 하는 데 있다.

　이 책의 전편을 관통하는 큰 주제들—예를 들면, 애널리스트의 기본원칙과 윤리, 리서치의 독립성, 다양한 이해상충의 발생 및 방지 등—은 어떤 의미에서 보편타당한 원칙을 함축하는 것들로서, 각 나라별로 조사분석에 관한 규칙이나 가이드라인이 상이함에도 불구하고, 실무에서 매우 유용하게 적용할 수 있는 내용이라 여겨진다.

특히 전 세계 금융시장이 거의 실시간으로 연계되고 동조화되어 움직이는 이 시대에, 한 나라에서 작성하고 공표하는 훌륭한 리서치 자료의 가치는 전 세계적인 영향력을 갖고 있음은 주지하는 바이다. 즉 한 국가의 기업이나 거시경제 및 계량분석에 초점을 맞춘 리서치 자료는 국내 전문투자자와 일반투자자뿐만 아니라 국경을 넘어 전 세계 각국 관련 투자자들에게도 흘러가고 있다. 이런 측면에서 이 책은 특정 국가에만 적용되는 것이 아닌 일종의 국제 표준을 수집하고 보여주는 데 또한 의의가 크다 하겠다.

애널리스트의 냉철하고도 독립적인 양질의 조사분석자료는 분명 자본시장과 다양한 기업에 대한 전망과 가치판단을 적시에 제공함으로써 장기적으로 기업에 대한 적정가치를 끊임없이 찾아가는 매체일 뿐만 아니라 시장의 투명성을 강화하는 한편 금융소비자를 보호하는 매우 중요한 역할을 담당한다.

반대로 이러한 역할에 충실하지 못하는 리서치의 경우, 투자자를 오도함으로써 시장에 대한 큰 혼란의 단초로 작용할 수도 있음을 관련업계가 인지하여야 한다. 이에 맞게 리서치의 작성과 공표의 과정에서 견고한 내부통제와 적절한 내부 감독체계를 구축하는 것은 잠재적인 이해상충의 발생이나 불건전 행위를 방지하여 결과적으로 선진적인 자본시장의 초석이 될 수 있을 것이다.

이 책이 담고 있는 주요 국가들의 리서치 자료와 관련된 사례 또한 감독당국자들이 연구하고 주지하는 바이나 한 개인이 조사분석을 주제로 이렇게 체계적으로 책을 출간하는 것은 실로 대단한 업적이다. 전 세계적으로 이러한 주제를 다루는 비슷한 책 또한 거의 없다. 또한 영문판 원서를 원본을 이번 기회에 우리말로 번역하여 국내에서 발간함에 따라 많은 국내 리서치 애널리스트와 후학들이 이를 접하게 되었다는 점은 매우 기쁜 소식이다.

특히 이 책 번역은 실제로 업계에 계신 세 분의 외국계 증권회사 준법감시인이 맡았다. 그간 외국계 회사에서의 풍부한 경험과 국내의 관련 리서치 규정을 토대로 하여 실무적으로 사용하는 용어 중심으로 이해하기 쉽도록 번역을 하지 않았나 싶다. 아무쪼록 이 책이 향후 국내의 조사분석업계 종사자들에게 좋은 안내서가 될 수 있기를 기대한다.

특히 최근 CJ E&M 사건에서 보듯이 기업과 애널리스트와 펀드매니저들이 투자정보를 관행적으로 유출함으로써 개인투자가들이 애꿎은 피해를 당하고 외국인 투자자의 불신을 불러일으키고 있는 시점에서 이 책은 많은 시사점과 함께 선진 자본시장으로 가는 이정표를 제공해 줄 것으로 확신한다.

한국투자신탁운용(주)
대표이사 정찬형

추천사

　이 책은 우리가 흔히 '증권사 리포트'라 부르는 리서치 보고서 작성에 관련한 전반적인 고려 사항들을 다루고 있다. 하지만 여타 '참고서'와는 달리 분석 대상 자체에 초점을 맞추기보다, 분석 대상 안팎의 상황과 여러 금융시장 참여자와의 관계와 역할을 실무사례를 통해 살펴보고, 리서치가 추구해야 할 올바른 방향을 제시한다. 이로써 저자는 독자에게 단순히 기업의 미래수익성을 예측하는 것을 넘어 사회와 국가에 미치는 영향과 금융시장 질서를 이해하는 포괄적인 학습 기회를 제공한다.

　실제로 나와 같은 학생들은 기업을 분석할 때에 오직 수치에만 함몰하는 경향이 있다. 하지만 이 책은 리서치 보고서가 여러 금융시장 참가자들과 상호작용하며 초래할 파급효과를 중요하게 고려해야 한다고 명시한다. 실제로 책이 담고 있는, 현업에 있지 않으면 경험할 수 없는 규제와 실무에 관한 사례들, 즉 금융사고, 내부통제, 감독당국의 규제, 언론 반응 등의 사례는 학생으로서는 쉽게 접하기 어렵다.

　결국 이 책의 가장 큰 장점은 현업에 입문하기 전의 학생들이 접할 수 없는 분야와 그에 대한 통찰력을 제공한다는 데 있다. 특히 준법감시협의회 회장인 BNP Paribas 신동혁 전무님과 그 외 역자들이 오랜 금융산업에서의 경험으로 보유한 전문 지식을 활용한 번역본은 원서를 공부할 때 학생독자들이 놓칠 수도 있는 이해하기 어렵고 애매한 부분을 빠짐없이 전달하는 데 큰 도움을 준다. 향후 한국 금융시장을 넘어 세계적인 애널리스트로 성장하기를 꿈꾸며 본인과 뜻을 같이하는 학생들 모두 이 책을 통해 실무적인 지식을 더욱 깊게 하고, 나아가 금융산업 일선에서 일할 미래를 그려볼 수 있을 것이다.

송대환
연세대학교 경제학과 4학년
연세대학교 기업재무분석학회 CFRC 회장

차례

서문

제1장

리서치의 원칙

제2장
합리적 기준과 평가, 리스크

제3장
리서치의 독립성과 이해상충

제임스에게

　학교에서 더 잘하기 위해 어떤 격려가 필요한 것도 아니고 또한 준법감시업무에 대한 경력을 얕잡아 보는 것도 아니다. 그러나 가끔은 내 아버지가, 수업 중에 집중하지 않은 결과가 어떻게 될지 주의를 주었으면 좋았을 것이라는 생각을 한다.

교장: 아드님이 요즘 사춘기인가 봐요.

아버지: 끔찍합니다, 교장선생님. 저는 학교에서 아들이 나중 사회에 진출할 때 필요한 것들을 배우는 줄 알았는데요.

교장: 죄송합니다만, 당신 아들은 교실에서 도움이 되지 않는 학생이랍니다. 또한, 다른 학생들의 학습 분위기를 망쳐 성적이 떨어지게 하는 학생이기도 하구요.

아버지: 아, 그렇다면 그 말씀은 우리 아들이 장래 준법감시업무를 하게 될 거란 말처럼 들리네요!!

머리말

2007년에 제러미 볼랜드(Jeremy Bolland)의 『증권 리서치 바로 쓰기』가 처음 출판된 이후, 글로벌 금융 시스템에는 커다란 변화가 있었다. 주요 대기업들이 파산하고 수많은 투자자들이 엄청난 손해를 입는 등, 금융시장은 최근 수십 년 이래 가장 심각한 위기를 겪었던 것이다. 이런 일련의 사건들이 높은 수준의 증권 리서치의 중요성과 효과적 커뮤니케이션을 강조하게 만들었다. 이제는 더욱 많은 투자자들이 투자와 관련된 리스크를 좀 더 자세히 이해할 필요성을 깨닫게 되었다.

『증권 리서치 바로 쓰기』의 이번 개정판은 투자 관련 리스크를 더 잘 이해하고자 하는 욕구에 대한 해답을 제시하고 있다. 이번 책에서 저자는 투자 리스크에 관련된 부분을 크게 늘렸는데, 결정적으로는 기업지배구조 문제의 모든 영역을 포함해, 금융위기로부터 얻은 다양한 양상의 리스크에 관한 새로운 사례들을 다수 추가했다.

강세장일 때는 대부분의 투자자들이 기업지배구조 문제에 별로 관심을 갖지 않는다. 그러나 약세장이나 변동성이 강한 시장이 오면 애널리스트들은 그들이 추천하는 종목에 관한 차별적인 요소들을 좀 더 구체적으로 설명해야 할 필요를 느끼게 된다.

투자대상 기업들이 얼마나 잘 혹은 형편없이 경영되고 있는지를 이해하는 것이 기관투자자와 소액투자자들 모두에게 점점 더 중요해지고 있다. 그러므로 이 책에서는 기업의 사회적 책임, 경영진의 보수, 주주에 대한 동등한 대우, 관계회사 간 거래, 독립적인 비상임 이사 그리고 리스크 관리 등과 같은 기업지배구조 문제에 대해 깊이 살펴보고 있다.

늘 그렇듯이 저자는 이 각각의 영역을 설명하기 위해 실생활에서 얻은 사례를 활용한다. 그는 애널리스트의 일이 단순하게 숫자를 분석하는 것뿐만 아니라 사람들에 대한 평가를 내리는 것도 포함한다고 주장한다. 더 많은 애널리스트들이 이 근본적인 요구를 이해해야 할 것이다.

『증권 리서치 바로 쓰기』의 초판이 아마도 글로벌 투자은행과 증권회사에서 일하는 애널리스트들에 대한 내용이었다면, 이번 개정판은 그들과 뮤추얼펀드, 헤지펀드에서 일하는 자산운용사 애널리스트들 사이의 차별성을 보다 명백하게 구별하고 있다. 또한 신용부도스왑과 샤리아 율법의 규범에 맞는 투자 등의 전문화된 영역뿐만 아니라 신용평가기관, 독립적 리서치 기관, 그리고 국부펀드 투자 프로그램과 관련된 애널리스트의 역할에 대해서도 살펴보고 있다.

따라서 이 책은 전 세계의 증권 관련 애널리스트들을 위한 포괄적인 지침서가 될 것이다. 간결하고 명료하며 실질적으로 도움이 되는 보고서 작성을 원하는 애널리스트들은 이 책의 내용을 주의 깊게 읽고 소화해야 할 것이다. 뿐만 아니라 이 책은 리서치 부문 관리자와 준법감시인, 편집인, 증권 관련 변호사, 증권 감독당국, 투자 및 금융에 관심 있는 학생 모두가 필독해야 할 것이다.

각 장의 내용을 간략히 살펴보면, 제1장에서는 리서치 자료를 작성할 때 적용하는 공정성, 정직성, 진실성, 투명성, 신뢰성, 일관성 등과 같은 주요한 모범실무원칙(best practice principles)으로 시작한다. 첫 장에서 강조하는 중요 주제는 내부자거래, 허위사실 유포, 명예훼손으로 고발되는 상황을 피하기 위해 공개된 정보를 활용하는 것이다. 저자는 또한 리서치 자료로 간주되어 증권 관련 규정의 규제를 받는 경우에 대해서도 정의하고 있다. 금융위기 이후 감독당국의 감독 범위가 크게 확대되어, 이제는 신용부도스왑과 같은 모든 종류의 파생상품들이 그 범위에 포함된다. 저자는 법적 요구사항 및 미 SEC와 기타 전 세계 규제기관에서 공표한 규정들의 올바른 해석에 관해 깊이 있게 다루고 있다.

제2장에서는 가치평가의 근거 공개, 가치평가의 변화 보고, 인지된 모든 기업지배구조 문제를 포함한 위험요소의 적절한 공개와 같은 주제를 다루고 있다.

제3장에서는 리서치 활동의 독립성과 관련된 주요 주제들을 살펴본다. 이 장에서 저자는 애널리스트들이 직면하게 되는 잠재적인 이해상충 문제를 다룬다. 이미 문서로 충분히 입증된 애널리스트들과 투자은행 부문 동료들 간의 이해상충뿐만 아니라 애널리

스트들과 그들의 세일즈 및 트레이딩 동료들, 고객들 그리고 리서치 보고서 대상 회사들 사이의 잠재적 이해상충 문제도 다루고 있다.

이어서 제4장에서는 이메일, 블로그 및 기타 통신문 등과 같이 리서치 자료와 연관된 수많은 중요활동들에 대해 언급하고 있다. 여기서 가장 중요한 것은 아무 문제없어 보이는 이메일들도 대중에게 공개될 수 있고, 이 내용이 만약 발표된 리서치 보고서와 상충되는 경우 잠재적인 법적 책임의 문제가 야기될 수 있다는 점이다.

마지막 장에서는 오해를 피할 수 있는 신중한 어휘 사용법에 대한 조언을 포함하여, 증권업계의 독자들과 소통하는 최상의 방법에 대해 설득력 있고 도움될 만한 많은 제안을 다룬다. 초판과 마찬가지로 이 책 역시 이러한 개념들을 설명하기 위해 흥미로우면서도 가끔은 코믹한 사례들을 이용하였다.

전 세계적으로 은행의 자기자본적정성에, 고유자산운용, 헤지펀드, 파생상품, 신용평가기관, 임원에 대한 보상 등에 영향을 미치는 광범위한 주제들을 다루는 새로운 규정과 규칙들이 불가피하게 소개될 것이지만, 저자는 증권 애널리스트들이 이미 충분히 규제의 적용을 받고 있으며, 따라서 이들에 대한 규제보다는 더 많은 교육이 필요하다고 주장한다.

증권 리서치 분야는 매우 역동적이며, 애널리스트들은 항상 새로운 도전에 직면하고 있다. 주요한 도전 중 하나는 리서치 보상방법에 대한 투명성 제고이며, 또 다른 도전은 애널리스트 인적자원들이 고비용과 과세율의 문제로 인해 선진국 시장에서 저비용의 신흥시장으로 이동해 가는 것이다.

한 가지 분명한 것은, 최고 수준의 윤리 기준과 엄격한 법규를 지키면서도 독창적인 투자 아이디어를 창출해내고 고객들의 정보와 분석에 대한 요구를 충족시켜줄 수 있는 애널리스트들은 그들이 직면하고 있는 어떠한 새로운 도전에도 잘 대처할 것이라는 점이다.

제러미 볼랜드의 이 책은 증권 리서치 분야에서 애널리스트들이 성공할 수 있도록 도와줄 유용한 지원 도구가 될 것이다.

마크 모비우스(Mark Mobius) 박사

템플턴 이머징 마켓 그룹 회장

"Equities: An Introduction to the Core Concepts"의 저자

요점 및 권고사항

- 전 세계 주요 시장에서 활동하고 있는 증권회사 애널리스트들은 그들의 리서치 보고서를 공표하기 위해 어려운 관문들을 통과해야 한다. 애널리스트들은 적법한 등록절차와 자격요건을 갖춰야 하며, 이해관계에 대해 필요한 공시를 해야 하고, 리서치 자료가 고객들에게 공평하게 배포되도록 보장하는 등, 증권회사 리서치 자료와 관련하여 준수해야 하는 구체적인 절차들이 있다.

- 다음으로는 내부정보의 불법적 사용과 시세조종을 위한 허위 사실 유포에 대한 시장 규정이 있다. 예를 들어 허위 진술, 명예 훼손, 지적재산권 등을 지켜야 하는 사회 보편적인 법률도 있다.

- 증권 중개인, 재무상담사, 세일즈 담당자 및 마케터와 트레이더들 또

한 그들이 고객들과 주고받는 통신 내용들이 증권 리서치 자료의 일부를 구성할 수 있기에 동일한 고지 및 배포 기준을 적용 받는다는 점을 확실히 인식해야 한다.

● 단지 기업 내부의 펀드매니저들을 위해 사용될 리서치 보고서를 준비하는 자산운용사의 애널리스트들조차도 불법적인 내부정보 이용과 시세조종에 관한 시장 규정을 위반하지 않도록 해야 한다.

● 사실상 모든 투자자가 동일한 규정과 규칙의 적용을 받으며, 언론의 뉴스해설자와 독립적인 블로거들도 예외는 아니다. 감독당국이 얼마나 효과적으로 시민 저널리스트들과 트위터리안들에 의해 생긴 소문의 확산을 단속할 수 있을지는 지켜볼 일이다.

● 아무리 새로운 규정들이 은행, 신용평가기관, 헤지펀드를 위해 준비되어 있고 회계원칙과 임원보상 관행에 그 어떤 변화가 생기든 간에, 선진 금융시장의 증권 애널리스트들을 더 많이 규제하는 것보다는, 더 많이 교육하고 기본적인 원칙들을 잘 설명해주는 것이 좀 더 필요하다.

● 리서치 보고서에 관한 한, 증권 감독당국들은 전통적으로 주식 리서치 자료에 더 많은 관심을 기울여 왔지만, 그들은 이제 채권과 같은 다른 자산군의 보고서에 점차 더 많은 주의를 기울이기 시작했다. 규제적 관점으로 보면 신용부도스왑과 차액거래마저도 증권업계로 밀려들어오고 있다.

● 애널리스트들과 다른 증권업 전문가들이 감독당국의 주요 감시 대상들이다. 무심코 규정을 위반한 전문가들은 자신들의 실수를 덮으려다가 스스로를 더 곤경에 빠뜨려서는 안 되며, 자신들의 상급 관리자나 준법감시인에게 즉시 실수에 대해 알려야 한다.

● 적절한 절차를 따르고 필요한 승인을 얻은 애널리스트들은 감독당국의 어떤 조사에서도 그들을 채용한 회사의 지원을 받을 수 있다. 만약

리스크를 감수하고 승인 절차를 거치지 않으면 애널리스트 자신이 스스로를 외롭게 방어해야 할 것이다.

● 회사의 지원을 받지 못한다면 감독당국은 합의과정 중에 부당행위로 의심받는 애널리스트를 압박하기가 훨씬 용이하다.

● 최근의 처벌은 매우 엄격하다. 부적절한 행위에 대한 처벌도 무겁지만, 부당한 거래행위를 통해 실제 금융시장을 교란한 경우 훨씬 더 심각한 처벌을 받는다. 형사사건으로서의 증거가 불충분하면 감독당국은 언제나 민사소송을 제기한다.

● 애널리스트와 다른 증권 전문가들에게 가장 큰 위험 요소가 되는 것은 꼭 출판된 간행물만이 아니다. 고객들과 동료들에게 보낸 이메일이나 전화상으로 말한 내용들로 인해 위험에 노출되기도 한다.

● 감독당국이나 법원은 애널리스트들이 보고서에서 주장하는 내용이나 판매된 상품의 복잡성을 이해할 필요가 없다. 그들은 단지 그 보고서와 상품들이 판매되고 중개된 방법에서 모순점을 포착하기만 하면 된다.

● 보통 인수합병 대상을 처음으로 포착하는 경우 애널리스트는 감독당국이나 법원으로부터 내부정보를 통한 거래를 하거나 주식시세를 조종하기 위한 허위 소문을 퍼뜨린다고 추정될 수 있다.

● 제3의 가능성은 애널리스트가 좋은 리서치 보고서를 통하여 자신의 결론을 얻었을 수도 있다는 것이다. 애널리스트는 업무 속에서 하나의 기업을 게임의 대상으로 다룸으로써 감독당국의 주의를 끄는 특별히 높은 위험 부담을 감당하기 때문에, 자신의 보고서가 (증명할 수 있는) 공개된 사실과 합리적인 추정에 근거하고 있음을 보여주는 데 보통의 업무보다 더욱더 세심해야 하며, 자신의 회사로부터 전적으로 지원을 받고 있다고 확실히 해두어야 한다.

● 잠재적인 이해상충은 곳곳에 도사리고 있다. 좋은 보고서나 신용평가는 시장을 움직이는 힘이 있다. 다양한 사람들이 애널리스트가 특정

주식에 대해 우호적인 또는 비우호적인 보고서를 쓰도록 설득할 것이다. 애널리스트들은 자신들의 주장을 굽히지 말아야 하며 자신들만의 정직하고 독립적인 관점을 제시할 필요가 있다.

● 애널리스트들은 연구 대상 회사의 경영진이 그들에게 말해주는 내용이나 언론, 감독당국, 외부감사인, 신용평가기관들이 회사에 대해 발표하는 내용에 대해 전적으로 의존해서는 안 되며, 그들 스스로 조사해야 할 필요가 있다.

● 사기 행위를 찾아내기는 어렵겠지만 애널리스트들은 적어도 회사가 리스크 관리에 충분한 자원을 쓰고 있는지를 판단할 수 있어야 하며, 윤리문화가 회사전반에 걸쳐 얼마나 자리 잡고 있는지를 파악할 수 있는 뛰어난 감각을 지녀야 한다.

● 달리 말하면, 단순히 숫자만 분석하는 것이 아니라 사람에 대한 평가도 해야 한다. 애널리스트들은 예를 들어 비정상적인 회계처리나 모순된 공시 또는 특정 주주 집단에 대한 불공정한 대우와 같은 의심스러운 사항을 발견하면 더 깊이 파고들어야 한다.

● 애널리스트들은 자신의 관점과 추천을 정당화할 필요가 있지만 동시에 해당 투자의 위험성도 강조할 필요가 있다. 투자자들은 언제나 위험 요소, 기업지배구조 문제와 배당수익률에 대해 알고 싶어 하지만 약세장이나 변동성이 심한 시기에는 더욱 이런 면들에 주의를 기울일 것이다.

● 조사 대상 기업이 한 국가에서 패소하거나 그럴 위험에 처해 있다면 애널리스트는 이 회사가 다른 국가에서의 유사한 소송에서 질 가능성을 예측해볼 필요가 있다. 또한 문제가 된 회사분만 아니라 그 회사가 포함되어 있는 산업이나 시장에 속한 다른 대상 기업들의 재무와 평판에 미치는 영향에 대해서도 고객들에게 조언할 필요가 있다. 그 기업이 잠재적인 손해배상 청구나 집단소송에 노출될 수 있다.

- 애널리스트들은 사회책임 투자자들 또는 샤리아 율법을 준수해야 하는 투자자들과 같이 특별한 투자수요를 갖는 고객 집단의 구체적인 기준을 충족시켜야 한다. 애널리스트들은 이러한 요구조건을 충족하는 주식을 찾아내기 위해 그들의 분석대상종목군을 검토해야 할 수도 있다.

- 많은 투자자들이 기업지배구조가 열악한 회사의 주식을 사는 걸 즐기지 않는다. 그러나 몇몇 공격적인 헤지펀드들은 단지 이러한 회사들에 투자하는 데만 관심이 있을지 모른다. 왜냐하면 그들은 그런 회사에서 잠재적 변화와 가치를 보기 때문이다.

- 애널리스트들은 고객들이 원하는 걸 제공할 수 있어야 한다. 즉, 뉴스를 그대로 되풀이하기보다는 훌륭한 조사를 바탕으로 실행 가능한 제안을 해야 함을 뜻한다. 고객들이 원하는 것을 제공하지 못하면 다른 애널리스트들이 이를 대신하게 될 것이다.

- 고객중심적인 애널리스트가 되려면 고객 입장에서 사고할 필요가 있다. 초기에는 숫자, 분석 및 세부사항에 집중적으로 파고들지만 결국 글로 명확한 메시지와 이야기를 끄집어내야 한다.

- 어떤 고객들은 리서치에서 제목만을 보기 때문에 특히 의미 있고 눈길을 끄는 제목을 정하는 것이 중요하다. 기타 헤드라인, 부제목, 중요 항목들은 이야기의 간결한 전개를 도와줄 수 있어야 한다.

- 모든 사업이 그러하듯이 고객들은 단지 좋은 상품(말하자면 좋은 보고서와 좋은 투자제안)과 훌륭한 애프터서비스를 제공하는 것뿐만 아니라, 투명하고 신뢰할 만하며 공정한 애널리스트하고만 거래할 것이다.

- 예를 들어 영업측면에서 증권회사 리서치의 댓가 지불방식이 어떤 방향으로 변화하든 간에 M&A 조언뿐만 아니라 좋은 리서치 보고서와 좋은 투자제안에 대한 수요는 항상 존재한다는 점 한 가지는 확실하다. 애널리스트들은 중도에 함정에 빠지지 않도록 명심할 필요가 있

다. 이 책이 그들이 그렇게 할 수 있도록 하는 데 도움이 되길 바란다.

- 결론적으로 2007-2009년의 글로벌 금융위기는 리스크 없는 투자에 대한 미신을 분명히 잠재웠다. "주택처럼 안전한" 그리고 "현금같이 유동성이 있는" 같은 용어는 적어도 다음 자산거품이 도래하기 전까지 결코 다시는 동일한 수준의 확신을 갖지 못할 것이다.

집필 배경

개정판의 집필 배경

▬

2007년 여름 상당 기간에 걸쳐, 미국의 서브프라임 채무 문제는 상대적으로 지역적이며 관리 가능하다고 장담되었음에도 불구하고, 글로벌 자본시장과 경제의 혼란은 2008년을 거쳐 2009년에 이르기까지 계속해서 이어졌다. 보유한 헤지펀드 중 두 곳의 대규모 손실을 보고한 Bear Stearns가 맨 처음으로 세간의 주목을 끌었다. 신용평가기관들은 그 문제가 얼마나 심각하고 광범위하며 복잡한 것인지에 대해 투자업계에 충분한 경고를 주지 못했다고 가장 심하게 비판 받은 대상들 중 하나였다. 영국에서는 그 위기가 Northern Rock 은행의 뱅크런으로 번졌지만, 예금자들의 돈이 안전함을 보증하는 정부의 전례 없는 조치가 이 흐름을 막는 데 성공했다. 하지만 이 조치는 민간 금융부분을 구제함으로써 장래에 더 큰 위험 부담만을 부추기게 될 '도덕적 해이'라는 측면에서 정부에 대한 비판을 불러왔다. 인플레이션이 중대한 금융위기로 여겨지던 당시에, 그 위기를 해결하기 위해 이자율을 낮춘 미 FRB에게도 똑같은 비판이 제기되었다. 문제의 발단이 바로 손쉬운 신용대출 때문이었는데도, 정부가 신용대출을 더 쉽게 한 것은 다소 아이러니해 보였다.

 2008년 3월 말경, 글로벌 금융시스템은 심각한 문제에 빠져 있었다. 글로벌 투자은행의 하나인 Bear Stearns가 그 이전 기업가치의 극히 일부에 해당하는 값으로 J.P. Morgan에 넘겨져 역사책

속으로 사라졌다. Bear Stearns, UBS, Citigroup, Merrill Lynch, 그리고 Nomura의 CEO들 및 다른 최고경영 임원들은 서브프라임으로 수십억 달러에 달하는 손실과 대손상각으로 일자리를 잃었으며, 수천 명의 증권회사 직원 역시 직장을 잃었다.

미 FBI는 14개 기관에 대한 범죄 수사를 개시했으며, 미 SEC도 별도로 일련의 민원 조사를 시작했는데, 대표적인 증권회사와 투자은행들은 양쪽 모두의 수사대상이 되었다. 미국 소재 Barclays에서 호주 소재 Wingecarribee Shire Council에 이르는 다양한 기관들이 그들에게 서브프라임과 연계된 투자를 자문해준 증권회사들을 향해 소송을 제기했다. 이들 증권사 중 하나가 Lehman Brothers였는데 그들의 문제는 단지 시작에 불과했다.

또한 이 무렵, Fitch 사는 대형 채권 보증 보험사인 Ambac과 Financial Guaranty Insurance Co.(FGIC)의 AAA 신용등급을 강등했으며, Moody's와 Standard & Poor's도 이들을 비롯한 다른 대형 채권보증사들의 신용등급 강등 가능성에 대해 공식 경고를 발표했다. 신용등급, 즉 이들 보험사들이 보증한 채권의 투자안전성은 매우 심각했다.

악재는 한꺼번에 몰려온다는 걸 증명이라도 하듯, 이 기간에 우리는 또한 사상 최대의 트레이딩 스캔들을 포착하게 된다. 프랑스 Société Générale의 "부정거래 트레이더(rogue trader)"에 의해 불어난 손실발생 포지션의 규모가 드러났고, 이는 거대 투자 은행들의 리스크 관리 절차상의 허점을 새삼 증명해주었다.

2008년 10월 초 많은 글로벌 투자은행들은, 자신들이 매수한 경매방식 채권들이 현금만큼이나 안전하고 유동성이 높다고 믿도록 투자자들을 기만했다는 혐의를 제기한 미국 감독당국들과 합의를 하기에 이르렀다. 사실 이때쯤에는 순수한 글로벌 투자은행이라고 할 수 있는 곳이 하나도 남아 있지 않았다.

Lehman Brothers는 파산보호 신청을 했고, 곧바로 Barclays와 Nomura에 의해 분리 합병되었으며, Merrill Lynch는 Bank of America에 팔렸다. 마지막 남은 두 독립 투자은행인 Morgan Stanley와 Goldman Sachs도 굴복하여 은행지주회사로 전환하면서, 이후 미 SEC가 아닌 미 FRB의 규제를 받게 되었다. 우리가 이미 알고 있는 바대로 이것이 바로 월스트리트 시대의 종말이었다.

신용위기는 자유시장의 힘에 맡겨 해결해야 한다는 인식은, 미국 정부가 미국의 두 거대 모기지 금융회사인 Fannie Mae와 Freddie Mac(Forbes지는 영어로 회사 이름과 비슷한 음률의 어휘를 이용해서 재치 있게 그들을 각각 사기꾼(fonie)과 협잡꾼(frandie)이라 불렀다.)을 비롯하여 세계에서 가장 큰 보험사 중 하나인 AIG를 구제하고 실질적인 통제권을 행사하면서 일축되었다.[1] 미국 정부는 역사상 가장 큰 투자은행 부도 속에서 Washington Mutual의 경영권을 획득한 후 헐값으로 J.P. Morgan에 팔아버렸으며, 그 직후 논란의 여지가 많은 부실 자산 구제 프로그램(Troubled Asset Relief Program)이 최종적으로 승인되었다. 그 계획 아래서 미화 7천억 달러에 달하는 세금이, (비록 그 계획의 초점은 곧바로 학생들, 차량구매자들, 신용카드 사용자들과 같은 소비자들에게로 옮겨지긴 했지만) 힘겨워 하는 금융기관들의 부실 자산을 사들이는 데 할당되었다. 은행 예금에 대한 연방정부 지급보증 상한선이 미화 10만 달러에서 미화 25만 달러로 상향 조정되었고, 다양한 세금 혜택과 임원들의 급여를 제한하는 방안 또한 포함되었다.

유동성이 얼어붙은 글로벌 시장에서 이제 위기는 자신감과 신뢰의 문제가 되었다. 은행들은 상대 은행이 약속을 이행하지 못할 수도 있다는 두려움 때문에 지레 겁을 먹고 서로 대출을 해주지 않았다.

부도의 조짐이 적어도 한 국가, 다시 말해 전체 경제규모에 비해 금융부문의 비중이 지나치게 큰 아이슬란드에서 보이고 있었다. 영국에서는 Northern Rock에 이어 Bradford & Bingley가 국유화되었고, 이어서 Royal Bank of Scotland가 영국 정부의 소유로 넘어갔다. Fortis와 Hypo Real Estate는 관련된 유럽 정부들에 의해 구제되어야 했다. 다음과 같은 농담이 회자될 만큼 당시의 상황은 악화되어 있었다: "불확실성이 이젠 일본을 강타했다. 오리가미(종이접기) 은행은 접어졌고, 스모(일본씨름) 은행은 내동댕이 쳐졌으며, 본사이(분재) 은행은 가지가 꺾였다."[2]

아일랜드 정부는 6개 아일랜드 은행의 예금 지급을 보증함으로써 혼란을 야기했다. 그리스도 비슷한 조치를 단행했다. 부분적으로는 자국 은행에서 아일랜드와 그리스 은행들로 예금이 유출되는 것이 두렵기도 했지만 공동 대응의 필요성이 더 절실했기에 유럽연합 정부들은 곤경에 빠진 은행들을 구제하기 위한 일련의 원칙에 합의했다. 이 조치에는 1년간 5만 유로의 예금액까지 지불을

보증하는 예금보험조치가 포함되었다. 전 세계의 중앙은행들과 정부는 돈이 다시 흐르게 하기 위해 서로 협력하여 이자율을 낮추면서 은행예금과 은행 간 대출 지급을 보증하는 데 힘을 모았다. 완전 또는 부분 국유화 조치가 추가로 취해졌다.

2008년 11월 중순 워싱턴에서 개최된 금융시장과 세계 경제에 대한 제1회 G20 정상회의에 참석한 세계 지도자들은 금융시장의 위기를 해소하고 세계 금융시스템을 바꾸겠다는 결의를 보였다. 11월 말 Bloomberg지의 계산에 의하면, 미국 정부는 금융시스템을 떠받치기 위해 단독으로 미화 7조 7천억 달러 이상의 지원을 공약했는데, 이는 전년도 미국 내 총생산액의 절반에 해당하는 금액이었다. 여기에는 한때 자산 크기로 세계 최대 은행이었던 Citigroup을 구제하기 위한 미화 3천억 달러[3]와 앞서 언급한 부실채권 구제 프로그램 자금이 포함되어 있었으며, 논란의 여지는 있지만 General Motors와 Chrysler도 조건부로 미화 174억 달러의 긴급 자금지원을 받을 수 있게 되었다. 이 조치로 최소한 얼마간은 대규모의 생산직 노동자들이 잉여인력으로 전락하는 것을 피할 수 있게 되었다.[4] 더 큰 문제는 구제금융의 경계선을 어디에 그을 것이냐는 점이었다. 포르노 산업의 두 거물들인 Hustler 잡지 창업자인 래리 프린트(Larry Flynt)와 '야생미의 여인들'(Girls Gone Wild) 비디오 시리즈 제작자인 조 프란시스(Joe Francis)가 "힘든 시기에 미국인에게 활력을 불어넣겠다"고 미 의회에 미화 50억 달러를 요청하며 그 한계를 시험해보았지만 의회는 속아 넘어가지 않았다.

2009년에 들어서면서, 사람들은 수십억 달러의 손실 소식을 듣는 것에 무덤덤해져 가고 있다. 그러나 나스닥(NASDAQ)의 전임 비상임 회장이 증권사상 가장 큰 증권 사기로 기소되리라고 그 누가 생각했겠는가? 버나드 매도프(Bernard Madoff)[5]의 자백에 의하면 그는 새로운 투자자로부터 받은 원금으로 기존 투자자에게 평균 이상의 배당을 지불하는 방법으로 수년간 거대한 폰지 사기[6]를 저질러왔었다. 그는 스스로 고객들의 손실 규모가 500억 달러에 이를 것이라고 추산했다. 그 두 달 뒤에는 화려한 경력의 억만장자 앨런 스탠포드(Allen Stanford) 경이 매도프 스캔들과 놀라울 정도로 유사한 80억 달러의 사기에 관련되었다는 주장이 뒤따랐다. 근심 어린 투자자들은 도대체 누구를 믿어야 할지, 다음에는 어떤 헤지펀드나 은행이 거대 손실로 무너질지, 아니면 누가 사기꾼으로 밝혀질지 자문하게 되었다. 일각에서는 선진국들의 국민연금제도가 거대 폰지 사기의 일부라고 주장한다. 왜냐하면 현재는 각 세대가 그 윗세대의 퇴직연금을 지불하고 있지만 언젠가는 결국 이를 감당하지 못하게 될 것이기 때문이다. 금융구제조치를 위해 중앙은행이 돈을 찍어내는 것조차도 그 부담을 다음 세대가 짊어지게 되므로 유사한 경우라 할 수 있다. 이것을 감정적으로 묘사한 것으로는 아기 사진 밑에 "아빠의 코, 엄마의 눈 그리고 영국 수상 고든 브라운(Gordon Brown)의 빚을 갖고 태어났다"라는 문구를 사용한 영국 보수당의 광고캠페인이 있다.

이름 있는 기업들은 생존을 위해 애를 쓰고 있었다. Lehman Brothers와 Bear Stearns는 이미 짐을 싸서 월스트리트를 떠났다. Citigroup은 살아남았지만 둘로 쪼개졌다. 소매금융에서는 영국의 Woolworths와 위태로웠던 Waterford Wedgwood가 파산하여 청산에 들어갔다. 이와 아울러 Circuit City도 청산절차를 개시했다. 독일의 억만장자 아돌프 메클레(Adolf Merckle)와 프랑스의 귀족 르네 티에리 마공 드라 비요셰(Rene-Thierry Magon de la Villehuchet)를 포함한 유명 인사들이 자살했으며, Freddie Mac의 CFO였던 데이비드 켈러만(David Kellermann)도 집에서 목을 맨 채로 발견되었다.

한편 같은 시기에 태국과 그리스에서는 민간 폭동이 일어났으며, 악명 높은 테러리스트들의 뭄바이 공격으로 인도와 파키스탄 간 긴장이 고조되었다. 하마스 무장단체의 로켓 공격에 대한 보복으로, 이스라엘은 1967년 이래 가자 지구에서 가장 큰 인명피해를 가져온 공격을 감행했으며, 이에 대응해 하마스는 자신들이 팔레스타인 땅으로 간주하는 이스라엘 점령지에 대하여 보복할 것이라 선언했다. 아프리카 동부 해안의 해적행위는 위험한 속도로 증가하고 있었으며, 여러 국가들이 연달아 미국의 불경기를 쫓아 따라하고 있었다. 짐바브웨는 심각한 콜레라 발병과 하이퍼인플레이션을 겪고 있었고, 세이셸 공화국과 에콰도르는 외화 채무를 이행하지 못했다. 아이슬란드, 헝가리, 라트비아, 우크라이나, 벨라루스, 파키스탄은 IMF에 머리를 조아리며 돈을 구걸해야만 했다. 세계의 수많은 증권 시장의 주식 가치가 반 토막이 났으며, 몇몇 시장은 훨씬 더 큰 추락을 경험했다. 채권, 통화, 상품 시장들 역시 극도로 변동성이 심해졌다.

2009년 1월 버락 오바마(Barack Obama)의 미국 대통령 취임은 새로운 세상에 대한 희망의 빛을 던져주었다. 그의 첫 번째 조치는 거의 미화 8,000억 달러에 달하는 경기부양책을 미국으로 도입하는 것이었다. 스위스 다보스에서 열린 연례 세계경제포럼에서 세계의 지도자들은 보호주의가 세계 경제 성장에 끼치는 위험에 대한 공통의 인식을 얻었다는 것 이외에는 어떤 확실한 약속이나 제안도 내놓지 못했다. 그러나 각국은 보호주의의 위험성과 지역적인 사회 불안의 가능성 사이에서 균형을 맞추어야만 했다. 세계에서 가장 인구가 많은 국가의 수장으로서 중국 원자바오 총리는 "특단의 조치"로 중국 경제를 부양할 것을 약속했다. 그는 며칠 뒤 영국 캐임브리지 대학에서의 연설에서 전 세계 모든 비즈니스 업계에 윤리적 기준을 높일 것을 다음과 같이 촉구했다. "우리는 모든 기업들에게 그들의 사회적 책임을 받아들이라고 요구해야 한다. 모든 사업가의 몸에는 도덕적인 피가 흘러야 한다."

2009년 4월 2일 런던에서 열린 제2차 G20 정상회의에 이르러서야 시장은 대체로 최악의 상황이 지나갔고 새로운 세계질서가 그들 앞에 놓여 있다고 인식하기 시작했다. 세계 지도자들은 글로벌 경제를 활성화하려고 금융지원과 글로벌 금융시스템을 개선하고 향상하기 위한 원칙에 동의하는 등 공동의 목표에 대한 명확한 인식에 도달했다.

INSEAD의 고든 리딩(Gordon Redding) 교수는 이것을, 1517년 마틴 루터가 독일 비텐베르크 성 교회의 문에 95개조의 반박문을 게시하여 가톨릭교회의 권위에 도전하고 종교개혁에 불을 붙인 순간에 비견되는 역사의 결정적 순간이라고 말했다. 그 역사적 사건과 같이 G20 정상회의에서 세계인들은 그들의 정치지도자들을 통해 금융계와 산업계에서 지배적인 지위를 남용했던 탐욕스러운 은행가들과 경영진들에 대항해서 일어났다. 지금부터 많은 것들이 변화될 것이다.

적어도 세계 지도자들은 예를들어 신종인플루엔자(H1N1), 핵 확산 그리고 기후 변화와 같이 심각해지고 있는 다른 글로벌 위기 상황에 대처했던 것처럼 빠르게 달라질 것이다. 의료개혁 또한 버락 오바마 대통령의 국내 의제에서 높은 순위에 있다. 그러나 세계 지도자들 사이에 아무리 어렵게 합의가 이루어진다 하더라도, 그 합의안에 대한 자국 내의 정치적 반대를 극복해야 하는 문제가 남는다.

초판본의 출판 배경

2007-2009년 사이의 글로벌 금융위기는『증권 리서치 바로 쓰기』개정판 출간의 배경이 되었다. 2007년에 출간된 초판본의 배경은 당시엔 극적으로 보였다. 하지만 지나고 보니 그것은 단지 앞으로 다가올 훨씬 더 큰 위기의 맛보기 정도였다. 2000년에 터진 전 세계적 인터넷 거품은 수 세기 동안 여러 시장 거품들의 특징이었던 과도한 가치평가의 또 다른 사례였다. 미국의 Enron과 WorldCom 그리고 유럽의 Ahold와 Parmalat를 둘러싼 스캔들은 문제를 짚어내는 데 실패한 외부감사인, 투자은행 그리고 증권회사 애널리스트들 사이의 맞고소를 유발했다. 아서 앤더슨(Arthur Andersen, 역자주-당시 뉴욕주 검찰총장) 회계법인은 큰 대가를 치렀다. 엘리엇 스피처(Eliot Spitzer)는 미국과 세계의 대형 투자은행 및 증권회사들의 책임을 강하게 추궁했고, 그 회사들의 장부 규모에 비하면 큰 희생은 아닐지라도 어찌되었든 이들로부터 사업 운영 방식을 변경하겠다는 약속을 받아냈다. 증권거래소들 또한 망신을 피할 수는 없었다. 불과 몇 년 전에 Mirror 그룹, BCCI 그리고 Barings 등과 같은 영국 회사들이 관심의 초점이 되었으며, 그 전에는 미국의 Drexel Burnham Lambert가 정크본드 광풍의 장본인이자 그 사건의 궁극적인 희생자로서 각종 헤드라인들을 장식

했다.

변화하는 규제 환경

───

각 시대마다 새로운 위기들과 버블, 스캔들과 희생양들이 발생하
지만 그것들을 만들어내고 꼬이게 만드는 기본적인 주제와 인간
적 동기는 언제나 동일하다. 시장 거품과 두려움 및 탐욕 둘 사이
의 연관성은 잘 알려져 있다.

미국은 Enron과 WorldCom 스캔들에 대응하여 2002년에 사
베인스-옥슬리(Sarbanes-Oxley) 법안을 도입하고 기존의 증권 규
제를 강화했다. 영국과 유럽을 포함 홍콩과 일본까지도 규제조치를
도입하고 수정하는 등 그 영향은 전 세계에서 느낄 수 있었다. 새롭
게 추가되거나 강화된 규정들은 감사인과 임원의 독립성, 내부고발
정책 그리고 투자 은행부문과 리서치 부문 사이의 경계선에 대한
것이다.

다음은 신용평가기관에 대한 차례였다. 2006년 미국에서 신용
평가기관 개혁 법안이 통과된 후, 2007년 6월 미 SEC는 신용평가
기관에 대한 감독시스템을 도입했다. 신용평가기관들은 1975년
이래 미 SEC가 발급하는 소위 "비조치의견서(No-Action Letters)"
를 통해 소극적으로 승인되어왔지만 이제는 "국가공인통계평가기
관(NRSROs)"에 정식으로 등록해야 한다. 2007년 12월에 미 SEC는
Egan-Jones라는 기관에게 신용평가대상 채권의 발행인들이 아닌
기관투자자인 고객들로부터 수수료를 받는 "국가공인통계평가기
관"의 지위를 처음으로 부여했다.

2008년 6월 뉴욕 주 검찰총장 앤드류 쿠오모(Andrew Cuomo)

는 수수료를 받는 방식과 필수적으로 공시해야 하는 정보에 대해 Moody's, Standard & Poor's, Fitch 등과 합의를 하였다. 그 후 12 월에 미 SEC는 신용평가기관들이 투자자들에게 보다 의미 있는 신용평가를 제공하고 더 많은 정보를 공개하도록 하는 조치를 발 표했다. 그러나 언급되지 않은 한 가지 비판은 바로 신용등급의 사용이 증권규정에 의해 의무로 규정되어 있다는 사실이었다. 미 SEC는 2009년 9월 "일부 미 SEC 규정과 양식"에 있는 관련 내용 들을 삭제할 것이라고 발표함으로써 이런 우려를 해소하는 데 어 느 정도 진전을 보였다.

한편 EU 내부 시장 위원인 찰리 맥크리비(Charlie McCreevy)는 유럽에 도입될 방안을 정리했다. Financial Times지는 세계 감독 당국들에게 주의를 환기시키는 맥크리비의 말을 다음과 같이 인 용했다. "…어떤 감독기관도 곪아 터지기 전까지는 조직화된 신용 등급 평가 과정의 심장부에서 부패되고 있는 실체의 일면도 보지 못했던 것 같다." 독일의 앙겔라 메르켈(Angela Merkel) 총리는 유 럽의 신용평가기관들이 미국 기관들의 지배적 강세에 맞서야 할 필요가 있다고 강조했다. 홍콩 증권거래소 회장 로널드 아르쿨리 (Ronald Arculli) 또한 아시아도 자체적 신용평가기관이 필요하다고 주장했다.

몇몇 시사해설자들은 헤지펀드의 루머에 편승한 공매도 전략을 Bear Stearns와 Lehman Brothers의 파산 원인으로 지목하는 등, 헤지펀드 역시 금융위기 동안 많은 주목을 받았다.

미국과 유럽에서는 공매도를 금지하는 긴급대책이 도입되었다 (흥미롭게도 중국 정부는 공매도 허용 계획을 강행했다). 시장참여자들은 주식가격이 하락할 경우 시장가 이상으로만 매도하게 하는 업틱

룰(up-tick rule)의 적용을 주장했다.

특히 이 문제는 감독당국이 끊임없이 땜질식으로 새로운 규정을 만듦으로써 제자리를 맴돌고 있으며, 또한 어떤 규정도 모든 시대 그리고 모든 시장에 완벽하게 적용되지 못함을 보여준다. 공정가치회계기준에 대한 논쟁은 또 다른 사례일 것이다.

덧붙여 말하자면 이 책의 독자들이 영국과 유럽에서 선호되어온 원칙 중심 감독 방식과 미국에서처럼 규정 중심 감독 방식 중 어느 방식으로 일하고 있느냐는 정말로 중요한 문제가 아니다. 최근 몇 년간 증권 규제(및 회계원칙)에 있어 미국이 더욱 원칙 중심의 기조를 도입해야 할지에 대한 논쟁이 계속 있어 왔다.

2006년 11월 29일자 Wall Street Journal지에는 영국 금융감독위원회(FSA) 초대회장이었던 하워드 데이비스(Howard Davies) 경이 옹호하는 관점이 잘 묘사되어 있는데, "살인을 금지하는 한 다른 사람의 가슴을 사냥칼로 찔러 죽이는 것을 따로 정해서 금지할 필요는 없다"고 한 그의 의견을 개인적으로 높게 평가한다. 국제회계기준위원회 데이비드 트위디(David Tweedie) 회장은 2008년 4월 Financial Times지와 가진 인터뷰에서 신용위기 이후 새로운 규정의 제정은 조심스럽게 처리돼야 한다면서 다음과 같이 말했다.

"우리는 한쪽 문을 닫으면서⋯ 그들(영리한 회계사들)이 다른 문으로 빠져 나가지 않도록 조심해야 한다. ⋯ 이것이 바로 우리가 규정보다 원칙을 더 선호하는 이유이다."

그러나 금융위기의 심화 속에 영국 금융감독위원회의 최고위원으로 임명된 헥터 산츠(Hector Sants)는 이런 의견에 대해, 원칙기반의 접근은 원칙 없는 시장참여자들에게는 아무 소용이 없다며 반박한다. 금융위기는 필연적으로 가벼운 규제에서부터 더욱 엄격한 규정을 끌어들였으며, 또한 유례없이 전 세계적으로 더욱 상호 연결된 제도로의 전환을 이끌 것이다.

또한 금융위기는 금융 상품과 서비스가 다음과 같은 세 가지 방식 중 어떤 식으로 규제되어야 하는지에 대한 논쟁 또한 가열시켜 왔다.

1) 영국의 FSA처럼 단일 감독당국에 의한 방식.
2) 홍콩과 미국처럼 복수의 감독당국에 의한 방식.
3) 호주에서처럼 규제 방식이 기능면에서 건전성 감시와 시장 행위 감독으로 분리되어 있는 복수의 감독기구 모델에 의한 방식.

미국의 감독 구조는 당연히 뭇매를 맞았다. Morgan Stanley와 Goldman Sachs의 지위가 투자은행에서 예금은행으로 바뀌면서 미 SEC의 영향 범위가 미 FRB에게 더 우호적으로 넘어가서 축소되었다. 미 SEC가 이후 Galleon 등과 Goldman Sachs와 같은 유명한 사건들에서 점수를 따긴 했지만 매도프와 스탠포드 스캔들로 명성에 금이 갔다. 미국에 단 하나의 규제기관만 있었더라면 스왑 상품이 증권으로 규제되어야 하는지 아니면 보험 상품으로 규제되어야 하는지에 대한 논의가 이뤄지지 않았을지도 모른다.

비평가들은 금융위기가 발생하기까지 감독당국과 국가기관들이 은행 및 다른 회사들이 실제로 무슨 업무행위를 하고 있었고 얼마나 큰 위험성을 안고 있었는지에 대해 알고 있지 못했다고 주장해왔다. 결국에는 정부들이 공공의 이익을 위해 개입하여 시장을 구해야 했다. 이미 언급했듯이 국유화와 회사들에 대한 직접 투자를 포함한 조치들을 통해서 말이다.

그 당시 영국 수상이었던 고든 브라운은 2008년 10월 17일자 Washington Post지에 기고한 글에서 위기의 중심에 있던 무책임한 대출을 뿌리 뽑는 데 필요하다고 생각되는 것을 다음과 같이 정리했다. 예를 들어 금융기관에 대한 국가 간 상호 감독, 회계와 규제 기준의 국제적 공유, 무책임한 위험부담이 아닌 수고와 노력, 진취성을 포상하는 책임 있는 기업 임원보상법 그리고 세계경제를 위한 효과적 조기 경고시스템을 구축하기 위한 국제기구들의 재편 등이다. 그는 또한 세계 지도자들이 세계무역협정을 추구하고 보호무역주의를 거부해야 한다고 주장했다.

세계 경제의 85%를 점하고 있는 G20 국가들의 지도자들이 2008년 11월 워싱턴에서 열린 금융시장과 세계경제를 위한 정상회의에 모였을 때 그 책임을 이어받아 금융규제 개혁이 필요하다는 데 대체적으로 합의했다.

그렇지만 2009년 4월에 열린 제2차 G20 정상회의에 이르러서야 통일된 행동방침이 드러나기 시작했다. 새로운 조치들은 신용평가기관, 은행의 적정자본비율, 임원보상계획, 회계규정, 헤지펀드 등록, 신용파생상품과 같은 의제들을 다루었다. 2009년 9월 피츠버그에서 열린 제3차 G20 정상회의에서 드러났듯이 많은 회원국들이 구체적인 내용에 합의하는 것은 물론 더 어려운 일이었다.

게다가 글로벌 경제가 개선되기 시작하자, 적어도 미국 대통령에게 있어서는 의료개혁과 기후 변화와 같은 다른 의제들이 더욱 주목해야 하는 문제가 되기 시작했다. 이런 문제들이 금융개혁 조치의 실행을 늦출 것이며, 상실된 추진력은 필연적으로 개혁의 본질이 희석되었음을 의미한다. 예를 들면, 일각에서는 사회적으로 이로운 미국 은행의 활동들(예를 들면, 예금과 대출 같은 상업은행 영업)을 은행의 잠재적 수익성을 높이는 리스크 투자 행위들(예를 들면, 헤지펀드, 사모펀드 투자와 자기자본거래 영업)로부터 분리하기 위해 전직 연방준비위원회 위원장인 폴 볼커(Paul Volcker)가 2010년 1월에 발표한 계획도 대형은행의 파산을 막기에는 부족하다.

향후 미 FRB와 미 SEC 사이의 업무영역 구분은 기능 중심적인 경계, 즉 금융기관이 관련된 사업의 유형에 따르기보다는 기관의 규모와 금융기관의 체계적 리스크 수준에 비중을 두고 이루어질지도 모른다. 한편 영 FSA에게 있어서 분명한 것은 그들의 미래가 보수당 정부 아래서는 보장되지 않는다는 점이다.

어느 하나의 감독구조나 일련의 규제들이 모든 시대의 모든 참여자에게 적합할 수는 없다는 사실 한 가지만은 분명할지 모른다. 금융규제와 감독구조가 어떤 식으로 진화해가든 이 책에 담긴 조언은 독자가 그 어떤 증권시장에서 일하고 있더라도 유용하게 활용할 수 있을 것이다.

내용 소개

규제보다는 더 많은 교육을
—

규제와 규정이 어떻게 진화하더라도 좋은 리서치 보고서, 투자제
안 그리고 M&A 조언의 수요는 반드시 존재한다. 이 책에서 우리
는 리서치 분야의 증권규제 및 윤리적 행동 모두에 관심을 두고
있다. 증권 규제는 정의된 범위 내에서 가능한 것과 가능하지 않
은 것을 공식화하려 하는 반면, 윤리적 행동은 훨씬 더 모호해서
은행, 증권회사, 자산운용회사 및 신용평가기관의 리서치 부서 내
에서 도덕적 행동에 대한 일반적 원칙들을 포함한다. 이 책에서는
모든 지역, 모든 시장 및 모든 업종에 종사하는 애널리스트, 리서
치 부서 관리자 그리고 편집자가 따를 수 있는 모범실무원칙과 가
이드라인을 얻기 위해 이 두 영역을 통합하려는 시도를 하고 있
다. 또한 이 책은 증권중개인과 세일즈 담당자들이 어떤 조건에서
감독당국에 의해 애널리스트로 간주될 수 있는가를 이해하도록
도와줄 것이다.

　최근 몇 년 사이, 특히 미국에서 있었던 몇몇 유명한 사건들에도
불구하고 글로벌 투자은행 리서치 준법감시인(Supervisory Analyst)
으로서 필자가 지켜본 바로는, 증권회사 애널리스트들은 전반적
으로 정직하며 열심히 일하고 고객들을 속이지는 않지만, 리서치
초안이나 비보고서 형식의 이메일에서 무심코 규정을 어기곤 한
다. 이들 애널리스트들은 규제범위 및 모범적 실무 요건들의 기본
적인 근거를 이해하는 한 기꺼이 이들을 준수하며 업무를 수행한

다. 필자는 리서치 보고서가 이런 원칙을 반드시 따르도록 하는 일을 맡고 있는 숙련된 재무보고서 편집자, 애널리스트 관리자 및 준법감시인들이 종종 그 배경에 있는 논리를 완전히 이해하지 못하고 따라서 애널리스트들에게 편집과 준법감시 규정의 변화를 제대로 설명해주지 못한다는 사실을 알게 되었다.

규정에 대한 이해부족은 투자은행업계 및 기타 조사업무 분야에 널리 퍼져 있는 문제인 듯하다. 2008년 6월 9일자 Fortune지에는 미국에서 은행 기록을 위조하여 인터넷뱅킹 사기를 공모한 혐의로 투옥된 Citigroup 에너지 파생상품 트레이더의 이야기가 실렸다. 기사에 의하면 그는 규정이 정확히 무엇인지 몰랐다고 말했다.

학술연구논문의 표절에 대한 2006년 8월 16일자 Wall Street Journal지의 기사는 미국 밴더빌트 대학 의학센터의 윤리학 교수인 엘리자베스 하이트만(Elizabeth Heitman)의 말을 다음과 같이 인용했다. "우리는 종종 사람들이 규정을 잘 알 거라고 가정해버리고, 그들이 곤란에 빠지기 전까지 규정에 대해 설명해주지 않습니다."

애널리스트들을 지금보다 더 많이 규제해야 한다고 주장하기보다는 교육을 통해 문제를 해결할 기회를 가져야 할 것이다. 이 책은 리서치를 작성, 발행, 마케팅하는 데 관련된 모든 사람이 규제와 모범 실무 문제를 이해하는 데 도움을 주어 그들이 장애물을 안전하게 피해갈 수 있도록 하려 한다. 이 책은 애널리스트와 다른 증권전문가들이 직면하는 주요한 위험과 시련을 강조하고 실제 연구 사례와 실례를 들어 이런 문제들을 어떻게 피하고 관리할 수 있는지 설명한다. 하지만 이미 충분한 기존자료가 존재하는 기업금융에 대한 이해, 재무회계의 해석, 증권의 가치평가와 같이 업무수행에 필요한 분석기술은 논의대상에서 제외한다. 따라서 이 책은 숫자에 초점을 맞추기보다는 애널리스트들이 알 필요가 있는, 애널리스트로서 마주하는 규제적인 리스크 또는 고객들에게 알려야 하는 그들의 의견과 추천에 내재된 투자 리스크들과 같은 단순한 사안들을 강조한다.

어떤 경우에 있어서도, 애널리스트들에게 시장을 일관성 있게 예측하고, 주어진 기간 내에 기대수익을 반복적으로 얻는 훌륭한 투자 안을 추천할 수 있게 하는 뛰어난 재능과 독창성, 그리고 통찰력을 완벽하게 가르쳐줄 수 있는 책은 이 세상에 없다고 생각한다. 나의 멘토인 브라이언 윌리엄스(Brian Williams)가 말했듯 "누군가를 마라도나처럼 축구하도록 가르칠 순 있지만 마라도라만이 진짜 마라도나처럼 플레이할 수 있다."(젊은 독자들은 라이오넬 메시(Lionel Messi)를 생각해보면 좋을 것이다.)[7]

이 책은 분명 최근에 진행되는 일들을 논의하고 있지만 증권 리서치의 세계가 앞으로 어떻게 진화해 갈지에 대해서나 특히 증권 회사 리서치 자료(뮤추얼펀드나 헤지펀드 같은 다수의 자산운용사 고객들에게 제공하는 증권중개 또는 독립적인 증권 리서치 자료)에 대해 어떻게 보상할 것인지에 대해서는 예측하려 하지 않는다.

투자 리스크 식별의 필요성

보고서의 내용적 측면에서 많은 투자자들은 모든 주식이 오르는 강세장에서는 배당수익률, 기업지배구조, 투자 리스크에 관심을 덜 갖는다. 반면에 시장이 약세시장으로 전환하게 되면 이런 면들은 더욱 중요한 문제로 대두된다. 애널리스트들은 지속적인 약세장이나 변동성이 강한 시장에서 더욱더 열심히 투자추천

(investment calls)을 위한 차별화된 요소를 찾아나서야 한다. 그들은 시장에 이미 알려진 리스크를 단순히 평가하기보다는 추천에 내재된 새로운 잠재적 "Black Swan 리스크"(역자주-검은 백조와 같이 예외적인 리스크)를 찾아내기 위해 훨씬 더 능동적이어야 한다. 만약 시장을 놀라게 하고 주식 가격의 변동성을 심화시키는 것이, 어느 해에는 서브프라임 채무 규모 혹은 유가, 미국 달러 또는 쌀의 가격이라면 다음 해에는 무엇일까?

2009년 후반으로 가면서 국가 소유의 Dubai World가 두바이 정부에 의해 지불 보증되지 않을 것이 분명해졌을 때 애널리스트들은 국가부채 리스크에 노출된 다른 국가들을 찾아 전 세계를 샅샅이 뒤지게 된다. 그리스는 3대 신용평가기관들에 의해 정부 채권의 신용등급이 강등당하며 직접적인 희생양이 되었다. 대규모 재정적자와 저성장, 높은 실업률을 가진 다른 유럽 국가들 또한 유럽중앙은행이 기꺼이 이들을 구제할 것인지 아니면 구제할 능력이 있는지를 시장이 확신하지 못했기에 비슷한 압력에 놓이게 되었으며, 이로써 유로화의 안정성이 위협받게 되었다.

디플레이션, 인플레이션, 스태그플레이션의 공포가 다시 일어날 수 있지만 무엇이 문제를 더 악화시킬까? 세계화와 자유무역은 그 자체로 지각변동과 같은 변화를 불러오지만 이 책의 머리말을 써준 마크 모비우스(Mark Mobius)는 선진국에서 신생시장으로 퍼져나가기 쉬운 보호무역주의와 민족주의가 세계 시장의 주된 위협이라고 오랫동안 경고해왔다.

금융위기에 대한 대응으로 판단해보건대 세계의 지도자들은 1930년대의 대공황으로부터 특히 보호무역주의의 불이익에 대한 이해를 포함해서 몇 가지 교훈을 얻었던 것으로 보인다. 그렇지만 정부의 구제 조치는 보호무역주의적 조치로 간주될 수 있고, 당시 영국 수상이었던 고든 브라운이 외친 "영국 노동자를 위한 영국의 일자리"라는 구호는 70년대로 역행한 것처럼 보였다. "미국산 제품을 구매하자(buy American)"는 미국의 경기부양책은 많은 논란과 우려를 낳았다. 한편 인도는 중국산 장난감의 수입을 2009년 1월부터 6개월간 금지한다고 발표했다. 그 수입금지 기간이 막 끝나갈 무렵 중국은 "중국산 구매(buy Chinese)" 정책을 발표했다.

미국과 중국 간의 무역관계는 2009년 9월 중국이 중국산 타이어에 대한 미국의 수입관세 인상에 대항하여 보복하겠다는 입장을 밝히면서 악화되었다. 무역 보복의 대상은 미국산 가금류와 차량의 수입이었다. 동시에 미국 달러화 대비 중국 위안화의 가치를 안정화하려는 중국의 정책이 분쟁의 근원이기도 했다.

사이버 테러를 포함한 테러리즘도 세계 시장에 주요 위협이 되지만, 아마도 시장은 고사하고 지구상의 모든 생명에 미치는 리스크 중에서 가장 큰 리스크는 기후 변화일 것이다. 과학자들은 이 문제에 대해 갈팡질팡하고 있는 듯 보여 정보에 근거한 투자 결정을 내리려는 장기 투자자들을 굉장히 혼란스럽게 한다. 그러나 그런 의견의 다양성이 시장을 번성하게 하며, 애널리스트들이 수행할 역할이 항상 있게 하는 주된 원인이다.

대상 독자들

이 책의 대상 독자들은 애널리스트, 증권중개인, 투자자문가, 자산관리자, 리서치 부서 인력, 리서치 부서 경영진, 준법감시인, 금융 저널리스트, 편집자, 번역자, 리스크 관리자, 회계사, 감사인, 경영 컨설턴트, 증권 관련 변호사, 감독기관 종사자 그리고 투자 및 금융 분야 학생들이다. 이 책은 특히 증권사 주식 애널리스트들의 관심을 끌 것이다. 하지만 사내 펀드매니저들에게 리서치 자료를 제공하는 자산운용사 애널리스트뿐만 아니라 신용 애널리스트와 신용평가분석사들에게도 유용할 것이다.

차트보다는 이야기로 가득 찬 이 책은 기술적 분석 애널리스트들보다는 당연히 기초분석 애널리스트들에게 더 매력적으로 느껴질 것이다.

그러나 리서치 자료에 대한 관련 규정들은 투자 대중을 보호하기 위해 마련되었기 때문에 특정 증권에 대해 투자 추천을 하는 기술적 분석 애널리스트들도 반드시 동 규정의 적용을 받는다. 투자 추천을 정당화하는 원칙은 두 부류의 애널리스트에게 모두 유효하며, 단지 이들이 그 정당성을 입증하는 데 사용하는 방법에 차이가 있을 뿐이다.

이 책을 통해 영업부서, 증권중개인, 리서치와 투자 제안을 판매하는 마케터들 또한 감독당국으로부터 애널리스트로 분류되는 것을 피하기 위해 고객들과 의사소통하는 과정에서 말해도 되는 것과 안 되는 것을 제대로 이해하는 데 도움을 받을 것임을 잊지 말기 바란다.

이 책은 또한 기관투자자와 개인투자자를 모두 포함하는 투자자 집단뿐만 아니라 증권발행 주체기업들과, 특히 이들의 기업홍보 담당자에게는 한번 스치는 이상의 흥미를 갖게 될 것이다. 이들은 투자 건을 제대로 그리고 완벽히 대변하기 위해 애널리스트들의 도움을 받아야 한다. 그렇기에 그들은 애널리스트들이 어떻게 사고하며, 어떤 제약하에서 활동하는지를 이해할 필요가 있다.

규정 준수에 따른 상업적 이익

━

필자는 독자들이 모범 실무 문제들을 다루는 방법에 대한 필자의 설명과 제안이 상업성과 경쟁력을 희생하여 얻어지는 것들이 아니라는 점에 동의할 것이라고 믿는다. 이 책의 내용 모두가 증권 감독당국으로부터 제재를 받지 않기 위해 규정을 잘 지키는(사실 그것만으로도 칭찬할 만하고 충분히 상업적인 목적임) 방법에 대한 것이라 생각하는 애널리스트들은 개인으로서 또는 집단으로서 그들이 정정당당하게 업무를 수행하면 경쟁우위가 필연적으로 증가한다는 것을 인식해야 할 것이다.

실제로 글로벌 금융 분야에서의 공동책임에 대한 필요성은 2007/08 신용위기를 조사하기 위해 생겨난 Counterparty Risk Management Policy Group III[8]이 2008년 8월 출간한 코리건(Corrigan) 보고서의 주된 메시지 중 하나였다. 이것은 지나치게 부담스러운 감독당국의 감독을 받을 필요 없이 주요 증권회사들이 리스크 관리의 문제점을 내부적으로 파악하고 해결하기 위해 함께 노력한 것이다. 이 보고서는 공공의 이익과 시장의 안정을 위해 개별 기관은 일부 희생을 감수해야 할 필요가 있음을 인식했다. 소동이 가라앉았을 때쯤에는 Lehman Brothers와 Bear Stearns, Merrill Lynch, Citigroup, Morgan Stanley, Goldman Sachs 모두 분명히 희생을 치르게 되었다.

모든 산업에서 그렇듯이 투자자들은 오로지 그들의 신뢰를 얻어낸 애널리스트들과 증권중개인들과만 반복적으로 거래할 것이다. 애널리스트는 좋은 주식을 고를 줄 아는 것만으로는 충분하지 않다. 투자자들은 공정한 대우를 받고 있다는 것을 확인할 필요가 있다. 이러한 신뢰 없이 고객과의 관계를 구축하려는 애널리스트의 노력은 무의미할 것이다. 아무리 고객들을 저녁 식사와 공연으로 여러 번 접대하고 정말로 난쟁이 던지기 시합(dwarf-tossing competitions)에 데려갈지라도 이미 한 번 잃어버린 신뢰는 회복되지 않는다. 2008년 4월 Nomura Holdings의 대표이사 켄이치 와타나베(Kenichi Watanabe)는 회사가 내부자 거래로 조사를 받던 한 직원을 해고한 후 이렇게 말했다. "…우리는 고객들의 신뢰를 잃었기 때문에…영향을 받을 것이라고 생각합니다." 그의 두려움을 확인해주듯 일본의 연금기금조합은 감독기관이 조사를 마칠 때까지 Nomura 증권에 주식 및 채권 거래 주문을 하지 않기로 했다고 밝혔다. 고객이 애널리스트를 신뢰할 수 있는 공평한 경쟁의 장이 조성되면 궁극적으로 증권 산업 전반에 혜택만을 가져다줄 것이다.

필자는 또한 애널리스트가 규정을 어겼지만 회사의 절차 및 승인 과정을 글자 그대로 준수했음을 증명할 수 있다면 그가 그 어떤 조사나 법적소송에서도 회사의 지원을 받는 것이 당연하다고 덧붙이고자 한다. 그러나 애널리스트가 회사의 승인 절차를 제대로 따르지 않았다면 회사의 지원과 신뢰도 잃게 되는 리스크를 부담하게 된다.

Morgan Stanley 홍콩 채권영업부의 한 전무이사가 CITIC Resources 주식의 내부자 거래에 연루된 사건으로 해고되었다.[9] 2008년 7월 언론은 Morgan Stanley가 그 사건을 현지 감독당국에 보고했으며 추정되는 부적절한 행위는 "Morgan Stanley의 가치와 정책을 어처구니없이 위반한 것"이라 말했다고 보도했다. Morgan Stanley를 비롯한 다른 회사들 또한 비슷한 방식으로 부적절하게 처신하는 애널리스트와는 거리를 두려 할 것이다.

지역적 차이와 특수 상황

—

이 책에 제시한 의견 및 결론은 투자자들을 위한 증권조사분석보고서를 쓰는 데 있어 모범실무에 대한 필자의 개인적인 해석을 대표할 뿐이다. 미국 증권 감독당국에 등록된 글로벌 리서치 준법감시인으로서의 경험, 상식, 도덕적 공정함을 통합함이 줄곧 필자의 판단 기준이었다.

그러나 필자의 관점이 반드시 모든 규제기관의 입장을 반영하지는 못할 것이다. 리서치 애널리스트들은 각 시장 간 규제와 문화의 차이가 존재하며 특수한 상황에서는 구체적인 법률 자문을 구할 필요가 있을지 모른다는 점 또한 신경 써야 한다.

개요

이 책은 모두 다섯 개 장으로 구성되어 있다. 가장 중요한 제1장에서는 리서치 보고서를 작성하고 투자 조언을 제시하는 것과 관련된 일반적인 모범실무원칙들을 살펴본다. 이들은 공정함, 정직성, 진실성, 독립성, 투명성, 신뢰성, 일관성 등의 개념을 포함한다. 애널리스트들은 본능적으로 옳고 그른 것을 구분해야 하고 독자들의 입장이 되어 스스로에게 다음의 질문을 던져야 한다. "내가 쓰는 보고서의 내용, 출간 시기 또는 배포 중 어느 것 때문이든 간에 이 보고서로 인해 현혹되거나 혹은 편견을 갖게 되거나 불이익을 받지는 않을까?"

구체적으로는 전 세계의 리서치 보고서에 대한 정의를 들여다 보고, 감독기관이 전통적으로 대표적 핵심자산군인 주식에 대해 많은 관심을 가져왔지만 점점 더 신용평가 목적의 보고서에도 주목하고 있음을 확인하게 될 것이다. 매수권리나 의결권 없이 주식에 대한 경제적 노출만을 거래하는 장외 계약인 스왑과 같은 상품들조차 규제적 관점에서 보면 증권의 영역으로 밀려들어오고 있음을 보게 될 것이다. 그 다음에는 애널리스트들이 직면하는 선행 매매, 내부자 거래, 루머 퍼트리기, 명예훼손, 저작권과 같은 주된 위협들을 살펴본다.

우리는 제2장을 할애하여 기업지배구조 문제, 투자의견의 정당성 및 독자들에 대한 리스크 강조에 대해 다룬다. 이해상충과 보고서의 독립성은 또한 별도의 장을 할애하여 다루기에 충분히 중요한 주제들이기 때문에 다음 제3장에서 살펴본다.

제4장에서는 애널리스트의 등급외 기업들에 대한 해설과 세일즈 담당자와 트레이더들과의 의사소통을 포함한 이메일과 같이 보고서가 아닌 의사소통수단과 관련한 문제들을 다루며, 마지막 장에서는 애널리스트와 금융편집인들이 리서치 보고서를 작성할 때 활용할 수 있는 일반적인 글 작성과 편집에 대한 의견을 제공한다.

사례연구와 사례

세계 주요 시장에서 선정한 사례연구들은 책 전체에 걸쳐 제시되어 있다. 이런 사례들은 일반적인 원칙들을 설명하기 위한 실제적인 예로서 활용되어 감독당국, 투자자 및 언론이 중요하게 느낄 문제들을 잘 보여준다. 또한 이 사례들은 부수적으로 지난 10여 년 사이에 벌금의 규모가 몇 만 달러에서 수억 달러로 아주 극적으로 증가해왔으며 또한 "업계 관행"이라는 것이 변명거리가 될 수 없음을 실증적으로 보여준다. 물론 각 사례는 관련된 특정 사실들에 근거한다. 필자는 애널리스트들이 현지 법, 규정, 관습, 회사 정책에 유념해야 하며 그들이 직면하는 특수한 상황들에 관해서는 반드시 독립적인 법률 조언이 필요할 것임을 다시 한 번 강조한다.

사례연구에 사용된 모든 자료는 공개된 자료들이며 감독당국으로부터 제공받은 1차적 증거들이거나 이름 있는 신문과 뉴스 제공서비스 회사들로부터 얻은 2차 자료들이다. 1차 자료 제공처는 다음과 같다. 미 SEC, 미 FINRA, 그리고 위 기관의 전신들인 미 NASD와 미 NYSE의 회원 규제, 집행 및 중재를 담당하는 부서들, 영 FSA 그리고 홍콩 SFC 등이다.

2차 자료는 다음과 같은 곳에서 제공받았다. FinancialTimes(FT), Wall Street Journal(WSJ), South China Morning Post(SCMP), New York Times(NYT), Barron's, Bloomberg, Thomson Reuters, Dow Jones 등이다.

나는 이들 및 다른 자료원들을 인정하긴 하지만 그 정보의 정확성과 완전성을 보장할 수는 없다.[10] 최선을 다해 구체적인 정보를 비교 대조하여 검토했지만, 이 책의 목적은 개별 사례들의 기록을 제공하기보다는 원칙을 설명해 보이려는 것임을 강조하고자 한다.

필자는 사례를 제공하면서 관련 당사자들의 유죄 혹은 결백함에 대해 어떤 판단도 하지 않으며, 단지 일반적인 원칙을 입증하기 위한 사례로 사용하고 있을 뿐이다. 각 사례에 대해 내린 결론은 내 개인적인 결론이거나 적어도 공감한 것이고, 개별사건과 관련된 개인들에 대한 것이라기보다는 일반적인 원칙에 관한 결론이다.

제이크 반 데어 캠프(Jake van der Kamp)는 2004년 5월 17일자 South China Morning Post지에 실린 기사에서, 규제기관들은 종종 "시련에 의한 재판"을 통해 피고인들을 약화시키고 지치게 하여 이들이 혐의를 인정하지 않거나 실제 유죄로 밝혀지지 않아도 벌금을 내게 한다는 비난을 받고 있다고 말했다. 합의는 물론 합의이지만, 전 세계에서 감독당국의 결정이 곧바로 뒤집히거나 이들이 절대적으로 옳은 것만은 아니라는 것을 보여주는 도전적 사례가 충분히 많이 있어 왔다.

2009년 8월 Bank of America가 Merrill Lynch를 인수하기 전, 보너스에 대해 주주들을 호도한 혐의에 대해 벌금을 납부하기로 미 SEC와 합의에 이르렀지만, 지방법원 판사는 어째서 회사가(실제로는 Bank of America의 주주들이) 임원들과 변호사들이 저지른 행위에 대한 벌금을 내야 하느냐고 질의하면서 합의를 거부했다. 결국 처음부터 희생자는 주주들이었다.[11] 매도프 사건 또한 감독당국의 허점을 보여주는 전형적인 예이다.

투자자들이 이미 미 SEC의 시장 감시활동에 대해 의문을 품고 있었을 것이라는 사실은 위원장인 크리스토퍼 콕스(Christopher Cox)가 "지난 10년간 이런 혐의들이 철저히 조사되지 못했다는 점이 심히 우려된다"고 말하도록 만들었다. 미국 대통령 당선자 버락 오바마는 감독당국과 의회가 "의무를 태만히 했다"는 유명한 말을 남겼다.

　법 테두리 안에서조차 어떤 사람들은 재판 결과가 법적으로보 다는 정치적으로 더 많은 영향을 받았다고 의심하는 유명한 판례 들이 있다. 미국의 Stoneridge 대 Scientific Atlanta[12] 사건과 영국 의 BAE Systems[13]의 사기금지법 위반 관련 조사는 이러한 가능 성이 있는 사례들로 언급되고 있다. 대부분의 사례들은 투자은행, 증권회사, 신용평가기관 그리고 이러한 회사에서 일하는 애널리 스트들과 연관되어 있다. 그러나 그중 몇몇은 영업/중개인, 금융 자문역, 트레이더, 투자자, 경제학자, 블로거, 광고대행기관, 준법 감시인, 변호사를 포함하고 있다.

　필자는 이런 예들을 통해 애널리스트들에게도 적용되거나 어 떤 식으로든 그들과 상관이 있는 일반적 원칙들을 보여주려고 하 였다. 또한 상장기업과 관련된 많은 기업지배구조 사례들이 있다. 애널리스트들이 기업의 가치를 평가할 때 할인(또는 할증)을 적용 하거나 그 회사의 잠재적인 기업지배구조의 위험성을 강조할 때 알고 있어야 하는 문제들을 보여주기 위해 이 사례들을 포함한 것이다.

　사용된 사례들 자체는 이미 공개된 사항이지만 이 책에 그것들 을 실은 이유는 관련된 사람들을 또다시 헐뜯으려는 것이 아니 라 원칙들을 설명하기 위한 것임을 감안하여 이름 대신 머리글자 를 사용했다. 그렇지만 헨리 블로젯(Henry Blodget)과 잭 그루브만 (Jack Grubman)의 이름은 그대로 사용했는데, 이는 그들이 비난에 동의하기도 했지만 관련 사건들이 이미 아주 잘 기록되어 있어 머 리글자로 그들을 언급하는 것은 약간은 솔직하지 못한 면이 있기 때문이다. 마찬가지로 매도프와 스탠포드는 이제 익명성을 상실한, 누구나 다 아는 이름들이다. 회사의 이름들은 그대로 두었다. 여러분이 이 책을 읽을 때쯤 어떤 사건들은 여전히 항소 중이거나 더 많이 진전되었을지도 모른다.

사용된 많은 사례연구와 사례에는 추가사항과 별도의 관련 기사가 있다. 이들은 다뤄지는 주요 주제들에 대한 부수적인 흥밋거리이지만 여전히 애널리스트들을 위한 교훈을 담고 있을 것이다. 다른 많은 사례연구나 사례처럼 몇몇의 이런 이야기들은 회사와 경영진 내에서 어떻게 잘못될 수 있는지에 대한 문제들을 보여주고 또한 애널리스트들이 경계해야 할 필요가 있는 상황들을 보여준다.

주제들

리서치의 범위

—

리서치의 정의 : 애널리스트는 "리서치(research)"와 "비리서치(non-research)"의 차이점을 이해할 필요가 있다. 왜냐하면 바로 이것이 의사소통의 내용이 승인되고 배포되는 방법과 리서치에 대한 고지가 필수인지 아닌지를 결정하는 데 영향을 미치기 때문이다.

전 세계의 서로 다른 규제기관들은 리서치에 대해 서로 다른 정의를 갖고 있을지도 모른다. 예를 들면 우리가 제1장에서 보게 되듯이 미국 규제기관은 리서치를 다음과 같이 정의하고 있다. 즉

"(전자문서를 포함한) 글로 쓰인 의사소통문으로 개별 회사나 산업의 주식 증권에 대한 분석을 포함하고… 투자 의사 결정의 바탕이 되는 합리적으로 충분한 정보를 제공하고 있는 것."

규정은 대중과의 의사소통이라는 맥락에서 확립되었으며 명백히 고객들을 보호할 수 있도록 고안되었다. 그러므로 그 규정들은 오로지 한 명 이상의 고객을 보유하고 있는 애널리스트와 재무상담사에게만 효과적으로 적용된다.

이 책은 증권사 애널리스트들뿐만 아니라 자산운용사 애널리스트들의 요구에도 부응하며 주식만이 아니라 다른 증권들도 함께 다루고 있다. 예를 들자면 미국의 정의는 옵션도 포함하며 다른 곳에서는 신용평가 보고서(credit research)도 규정으로 다룬다. 이제는 스왑 파생상품마저도 규제기관의 시야에 들어와 있다.

그러므로 이 책의 목적을 위해 우리는 리서치를 "공개시장에서 거래되는 모든 종류의 증권에 대한 투자 결정을 내리기에 충분한 정보를 제공하는 실제적인 분석"이라고 폭넓게 정의한다. 물론 자산운용사의 애널리스트들도 내부정보의 이용, 루머의 생성과 전파, 잠재적 이해상충을 비롯한 여러 시장 관련 문제들에 대해서 염려해야 한다. 세일즈 부서, 트레이더, 마케팅 부서, 시사해설자들, 블로거들도 그들의 의사소통이 리서치의 정의에 포함되는지 여부를 알 필요가 있으며, 만약 포함된다면 그들 역시도 증권 애널리스트들과 동일한 객관성과 공시 및 배포 기준을 적용해야 할 것이다.

리서치의 감독 : 가장 좋은 방법인 모범실무원칙은 모든 증권사 리서치가 고객들에게 공정하게 공표되기 전에 자격을 갖춘 관리자의

승인을 얻도록 요구하는 것이다. 사실 이것은 이미 몇몇 규제 제도 아래서는 필수적인 요구사항이다. 특히 추천이나 의견을 새롭게 피력하거나 수정하는 경우, 모든 리서치 보고서를 다루는 내부 검토위원회(이하 "위원회"라 칭함)는 내부적으로 적정 수준의 주의를 기울이고 질적 수준을 유지하도록 하는 데 도움이 된다. 비록 리서치를 위한 절차보다 덜 엄격할지라도 선택적인 배포방식의 비보고서 형식의 이메일들 또한 승인 절차의 대상에 포함시켜야 한다.

역량 : 기초분석 애널리스트들은 개별 상장회사에 대한 완벽한 지식을 입증할 수 있기 전에는 자신들을 특정 상장 주식의 전문가로 시장에 소개해서는 안 된다. 애널리스트는 어떤 회사를 공식적으로 다루거나 그 투자 등급을 매길 때 항상 이를 분명히 밝혀야 한다. 자신이 직접 다루거나 투자등급을 매기지 않는 증권들에 대해 이야기할 때에는 객관적인 해설(비리서치)로 그 내용을 제한해야 한다.

신뢰성 : 리서치는 적법하게 등록된 애널리스트에게 그 책임이 지워져야 한다. 애널리스트들은 그들의 조언에 따른 투자자들이 투자에 가담하고 있는 동안 이들의 질문에 답변할 수 있어야 하고, 언제 투자에서 다시 빠져나와야 하는지 조언해주어야 하며, 그들이 더 이상 투자자들에게 조언을 해줄 수 없는 경우 그 사실을 알려야 할 의무가 있다.

공정한 배포 : 모든 증권회사 리서치는 사전 승인의 대상이 되며 리

서치 발행 회사의 공식적 공표시스템을 통해 적절한 고지문과 함께 발표함으로써 고객들에게 공평하게[14] 전달되어야 한다. 이는 선행매매라는 잠재적인 위험을 배제하기 위해 세일즈 담당자나 트레이더와의 회의에서 보고서가 발표되기 전에 리서치가 공표되어야 한다는 것을 뜻한다.

정보의 출처

정보의 검증 가능성 : 애널리스트는 그들이 얻은 정보의 출처를 인지하고 있어야 한다. 공개적으로 이용 가능한 정보의 보호막이 없다면 애널리스트는 시세조종을 위해 소문을 퍼뜨린다거나 내부 정보에 의한 거래 또는 명예훼손(중상과 비방), 잘못된 전달, 표절 또는 는 저작권과 계약 위반 등으로 고발당할 위험이 있다.

소문과 투기 : 감독당국은 우연한 정보의 왜곡보다 주식 가격을 움직이기 위한 목적을 가진 소문의 유포를 더 우려하고 있다. 2007-2009년의 금융위기 동안 헤지펀드의 공매도 행위와 루머 전파 행위가 끼친 영향에 대해 관심이 집중되었다. 어떤 사람들은 Bear Stearns가 소문에 따라 움직인 공매도자들의 손에 살해된 것이라고 주장하기도 했다

애널리스트들은 널리 알려진 출처를 인용하거나 당사자들이 그들의 입장을 대변할 수 있는 기회를 제공하는 경우 이미 언론 등에 보도된 소문을 보고서에 이용할 수 있다. 필자는 애널리스트들이 임박한 M&A에 대한 내부정보를 갖고 있거나 루머를 퍼뜨리는 것이 아니라면 어떤 회사를 잠재적 인수 대상으로 찾아내 게임의

대상으로 삼을 수 있다고 생각한다. 감독당국도 인정하듯, 검증 가능하며 공개적으로 얻을 수 있는 오직 사실적 정보와 합리적인 가정을 바탕으로 논리적인 결론에 이르는 것은 논란의 여지없이 좋은 리서치를 구성한다.

투자의견과 리스크 분석에 대한 합리적 근거

일관된 투자의견 : 투자의견 또는 등급의 의미는 명확해야 한다. 혼동을 피하려면 각각의 투자의견들과 목표 가격들은 서로 일관되어야 하며 그 적용범위 또한 명확해야 한다.

애널리스트들은 종종 특정 주식에 대한 그들의 목표 가격과 투자의견이 서로 일관되지 못한 것을 발견하곤 하는데 이는 아마도 회사로부터 세부 자료를 기다리고 있을 때이거나 혹은 대상 증권의 가치가 극도의 가격 변동성을 보이는 짧은 기간 동안일 것이다. 그렇더라도 애널리스트들은 투자의견의 변화를 사전에 미리 세일즈 담당자에게 전달하거나 혹은 고객들에게 잠재적으로 서로 모순되는 신호들을 보내고 있는 것처럼 보이지 않도록 조심해야 한다.

가치평가의 근거 : 주식 애널리스트들이 목표 가치를 통해 그들의 추천을 뒷받침하려면 그들의 관점이 대다수의 의견과 왜 그리고 어떻게 다른지 또한 그들의 가치 평가가 왜 현실을 반영하며 실제로 달성 가능한지에 대해 말해줘야 한다. 예를 들자면 이는 현금흐름할인(DCF), 배당할인모형(DDM), 가치합산방식(SOP) 평가 그리고 상대적 비교 대조로서 시장이나 부문별 동종 기업들과 비교한 이

익기준 평가배수를 들어 설명할 수 있다.

애널리스트들이 가치평가를 제시할 때에는 그들이 사용한 가정들을 명확히 밝혀야 한다. 그들은 가치평가 적용기간을 밝히고, 만약 미래의 가치를 예측하는 것이라면 그들이 누구의 예측 값을 바탕으로 삼았는지 명확히 할 필요가 있다.

가치평가의 변화 : 애널리스트들은 항상 그들의 마지막 보고서 이후 무엇을 변경했는가를 명확히 하고 그 변화의 이유에 대해 설명해야 한다. 그들이 공정가치나 목표 가격을 변경하고자 한다면 할인율 가정, 이익 예측치, 가치평가배수, 평가기준년도 등 가치평가의 어떤 요소가 변경되었는지 밝혀야 한다.

투자 리스크 : 애널리스트들은 그들의 독자들에게 항상 투자 리스크에 대해 강조해야 한다. 목표가격에 대한 상향/하향 기대치가 크면 클수록 더 많은 독자들이 그 목표를 달성하는 데 내재된 리스크를 애널리스트들이 제대로 짚어주기를 기대할 것이다.

어떤 애널리스트들과 투자자들은 이를 목표 가격이 달성되기 위해 필요한 촉매라는 면에서 생각하길 선호하며, 만약 이런 촉매작용이 일어나지 않았다면 어떤 결과를 낳을지 스스로에게 질문을 던진다. 애널리스트들은 그들 자신의 독자적 판단이 틀리거나 시장이 이미 관심 주식의 가격을 공정하게 매긴 경우 어떤 리스크가 따르는지 자문해봐야 한다. 어느 쪽이든 고객들에게 투자 추천 및 조언을 제공한 경우, 증권 애널리스트는 이들을 돌볼 의무를 지게 된다.[15]

애널리스트와 자문역은 고객들이 관련된 투자 리스크를 분명히

인식하도록 해야 하며, 특히 개인 고객들의 경우 더욱 신경 써야
한다.

가능한 한 애널리스트들은 감지된 리스크를 반영하거나 적어도
고객들이 이에 주목하게 하기 위해서 가치평가에 할증이나 할인
을 적용할 수 있다. 물론 이때에는 고객들에게 그 이유들을 설명
해야 한다.

기업지배구조 문제의 경우 이제 더 많은 투자자들은 애널리스
트들이 함께 평가해주리라 기대하는 하나의 광범위한 위험요소이
다. 이는 사회적 책임과 임원보상, 주주들에 대한 공정한 대우, 관
계 기업 간 거래, 독립적인 비상임 이사 그리고 리스크 관리 같은
문제들을 포함한다.

이해상충

잠재적 이해상충 : 투자은행/기업금융 동료, 고객, 세일즈 담당자/브
로커, 고유자산 운용인력 그리고 리서치의 대상기업 모두 애널리
스트가 자신들의 입맛에 맞는 리서치를 쓰도록 압력을 행사하고
싶은 유혹에 빠질 수 있다. 신용평가기관도 그들이 전통적으로 지
불받은 서비스 대가 방식에 대해 비판을 받아왔다.

리서치 부서와 투자은행 업무의 분리 : 증권회사 애널리스트들은 소위
정보차단벽(Chinese Wall)이라 불리는 공개영역(public side)에 있으
면서 자산운용사 고객들에게 서비스를 제공한다. 연금펀드, 그 밖
의 뮤추얼/단위신탁펀드, 헤지펀드 그리고 자치단체 자산관리펀
드 등은 이들이 상장된 주식에 투자하는 한, 증권회사 애널리스트

들의 고객에 포함된다.

투자은행가들은 비공개영역(private side)에 있으며, 그들 기업 고객들의 비공개 정보에 은밀히 접근할 수 있을지 모른다. 그러나 애널리스트가 정보차단벽 공개영역에 있는 한 그들의 의견과 결론을 공개적으로 활용 가능한 정보로 그들의 의견과 결론을 뒷받침해야 한다. 따라서 그들은 사적인 거래 관련 정보를 받거나 투자금융 부문 동료들의 요청에 응함으로써 독립성을 타협해서는 결코 안 된다. 어떤 시장들에서는 애널리스트들이 자신의 관점이 독립적이라는 것을 확증해야 한다.

투자은행과의 접촉 관리 : 같은 회사에서 일하는 투자은행가와 애널리스트들은 서로의 독립성을 유지하길 바라는 한편, 때로는 필연적으로 회동할 필요도 있을 것이다. 승인 및 회의 내용에 대한 기록을 통해 그런 만남들이 적절하고 투명하게 관리되는 것이 중요하다.

가끔은 사안에 따라서, 그리고 허용되는 경우에 애널리스트들은 공식적으로 그 벽을 넘어야 할("brought over the wall") 필요가 있을 수 있다. 그런 경우 사실상 그들은 "내부자", 즉 정보차단벽의 비공개 영역에 속하는 것"이라고 간주될 것이며 독립적인 보고서를 쓸 수 있는 능력을 포기해야 할 것이다.

이해관계의 고지 : 누군가가 여러분에게 뭔가를 팔려고 하면 그에게 다른 속셈은 없는지 알아야 할 필요가 있다. 그러므로 애널리스트들은 그들 및 그들의 회사가 그들이 추천 혹은 주목하고 있는 회사들과 어떤 관계이며 어떤 이해관계를 맺고 있는지 고지할 필요가 있다.

일반적인 보고서 작성법

관심 끌기 : 애널리스트들은 독자들의 관심을 확 끌어당겨 수많은 애널리스트들 사이에서 돋보여야 한다. 제목에서 요점정리하기, 중요항목, 개요정리는 독자들에게 도움이 되고, 어떤 독자들에게는 이런 개요정리된 항목들이 시간을 내어 읽을 수 있는 유일한 내용일 수도 있다. 요점을 전달하기 위한 약간의 반복은 결코 손해날 것이 없다. 말하고자 하는 것을 말하고, 또 말한 뒤에 말한 내용을 다시 말해주는 것이다. 유머를 활용하는 것은 감정을 상하게만 하지 않는다면 도움이 될 수 있다.

투명성 : 에이브러햄 링컨은 "당신이 모든 사람을 잠시 속일 수 있을지 모른다. 그중 어떤 사람들은 항상 속일 수 있을지도 모른다. 그러나 모든 사람을 항상 속일 수는 없다"라는 유명한 말을 남기며 밥 말리(Bob Marley)를 먼저 제압했다.

고객들은 업무 처리 방식이 교활하며 자신들의 잘못을 감추려고 애쓰는 애널리스트들보다는 숨김없이 투명하게 의사소통을 하고 심지어는 잘못된 신호를 보내더라도 그 실수를 인정하는 애널리스트들을 더 높게 평가한다.

언론의 자유 : 언론의 자유가 제아무리 고상한 개념일지라도 애널리스트들은 언론의 자유를 자신들이 쓰는 글에 대한 확실한 방어로서 생각하지 않는 것이 현명하다. 애널리스트들은 증권 규제, 명예훼손 그리고 지적재산권 제한의 적용을 받을 뿐만 아니라 활동하고 있는 나라와 고객들의 사회적, 정치적 그리고 종교적으로 민감

한 사항들과도 마주하게 된다.

여기까지 읽었으므로 작은 수수께끼를 하나 내겠다. 황금 소, 황금 거위, 황금 공작새가 가진 공통점이 무엇일까? 답은 그들이 모두 이 책에 등장한다는 것이다. 이들이 어떤 관련이 있는지 궁금하다면 계속해서 읽어주기 바란다.[16]

주석

1   각각 2006년 5월과 2007년 9월, 패니 메이(Fannie Mae)와 프레디 맥 (Freddie Mac)은 미 SEC가 제기한 회계사기 혐의와 관련하여 시인도 부인 도 하지 않으면서 각각 미화 4억 달러와 미화 5천만 달러의 벌금을 지불 하기로 합의했다.

2   동 사항 관련 추가적인 정보는 인터넷 주소 bbc.co.uk의 "your credit crunch jokes" 참조.

3   부채를 보증하기 위해 할당된 미화 3,060억 달러는 부실채권구제 프로그램의 일환으로 Citigroup이 수령한 미화 450억 달러 외에 따로 추가된 것이다.

4   Chrysler사는 2009년 4월 말에 "파산보호 제11장"을 신청하였으며, General Motors사도 약 한 달 후 이를 따랐다. 그들은 몇 주 뒤 파산보호 에서 빠져나올 수 있었으나 이미 많이 약해진 상태였다.

5   그의 이름은 "그는 우리 돈을 훔쳐 달아나다(made off)"의 의미인 "Made-off"로 발음한다.

6   미 SEC 홈페이지에 따르면, 폰지 사기는 1920대 초 국제 우편 쿠폰과 관련된 외환 중개매매 사기를 통해 미국의 수많은 투자자들을 속인 찰스 폰지의 이름에서 유래된 피라미드 제도이다. 흥미롭게도 그는 그의 회사를 증권거래회사(Securities Exchange Company)라고 불렀고 그 약칭은 미 SEC였다.

7   1987년 필자는 기업유치지구개발공사(Enterprise Zone Development)에 있는 한 동료에게 영국 기업지구 내의 산업적, 상업적 자산에의 투자와 관련한 세금 및 기타 사안들에 관한 가이드북을 발간하자고 제안했다. 어떤 이사들은 우리가 우리의 비밀을 거저 준다는 이유로 반대했으나, 회장이며 집행임원이었던 브라이언 윌리엄스는 이 아이디어에 찬성하여 필자로 하여금 동 프로젝트를 추진하도록 허가하자며 이사회를 설득했다. 그는 다른 이사들의 두려움을 완화하기 위하여 마라도나의 일화를 사용했

다. 결국 『기업유치지구 투자 가이드』(출판사 Longman) 초판이 1988년 발간되었고 1990년 그 개정판이 출간되었다. 서문은 1980년 초 기업유치지구를 처음 도입한 환경부 장관이었던 마이클 헤셀틴(Michael Heseltine) 하원의원이 작성했다. 책이 발간된 해에, 회사의 매출액은 4배나 증가했으며 필자는 그 책을 발간함으로써 시장으로 하여금 EZD를 그 분야의 선도적인 개발업자로 인식하게 하는 데 적지 않게 공헌했다고 자부한다.

8 www.crmpolicygroup.org를 참조하라.

9 그 투자은행가는 2009년 9월 내부자거래 혐의로 유죄가 확정되어 7년간 징역을 살았다.

10 더블린 대학의 한 대학생이 실험으로 가짜 인용구를 위키피디아에 마우리스 자르(Maurice Jarre)의 말로 허위 인용한 이야기를 참고하라. 2009년 3월 그 가짜 인용구는 그 작곡가의 사망기사를 작성한 여러 신문사에 의해 사용되었다. 이와는 별도로, 회사 대표자로 보이는 사람이 BBC채널에서 생방송으로, Dow Chemical이 1984년 보팔(Bhopal)참사(동 사건은 인도 보팔의 Union Carbide사의 공장에서 발생했으며, 2001년 Dow Chemical은 Union Carbide사를 인수했다)의 희생자들에게 보상하기로 합의했다고 발표한 직후인 2004년 12월 3일, 다우케미컬의 주가가 순식간에 4%나 폭락한 이야기가 있다. 후에 그 사기꾼은 자신을 '예스맨' 활동가 그룹의 회원이라고 밝혔다. 이러한 이야기들은 우리가 미디어에서 보거나 듣는 모든 것을 무조건 믿어서는 안 된다는 점을 상기시키고 있다.

11 뉴스 제공 서비스에 의하면 판사는 "기껏해야 섣부른 정의"라고 규정하면서, 2010년 2월 마지못해 미 SEC와 Bank of America의 미화 1억5천만 달러의 합의를 승인했다. 위 합의금은 새로운 증거자료가 밝혀지면서 미화 3,300만 달러에서 증가된 것이다. 반면 뉴욕 주 검찰총장은 회사와 그의 최고경영진 2명에 대하여 별도의 소송을 제기했다.

12 미국의 역사적인 Stoneridge사 대 Scientific Atlanta사 사건은 2008년 1월 대법원이 5대 3으로 월스트리트 편을 들며 종료되었다. 동 사례의 관건은 Enron과 같이 사기혐의가 밝혀진 회사의 투자자들이 과연 그 사기를 방조한 제3자의 사업파트너를 고소할 수 있는가라는 문제였다. 여기의 제3자는 회사 증권의 인수, 자문 또는 인수합병 서비스를 제공한 투자은행을 포함하여 공급자 및 자문가도 포함할 수 있을 것이다. 만약 성공

했다면, 이 판례는 세계적인 회사들이 미국에서 사업을 영위하는 것을 금지시켰을 수도 있었다.

13 제2장 기업지배구조 부분의 BAS Systems에 대한 국가 이익 관련기사를 참조하라.

14 고객들에게 공정하게 배포하는 것은 모든 고객에게 공표정책을 적절히 공시하고 리서치를 특정한 부류 혹은 계층의 대상고객들에게 동시 배포하는 것을 의미한다.

15 여타 시장에서는 애널리스트와 증권 중개인, 재무상담사를 구분하기도 한다. 전통적으로 (투자가의 수요에 맞춘 투자조언을 해주는) 투자자문업자는 고객들에게 가장 유리하게 행동할 필요가 있다는 면에서 애널리스트나 브로커보다 높은 수준의 선관의무가 요구되었다. 그러나 필자는 다른 몇 몇 시장들에서 이러한 투자분야 전문가들의 구분이 모호하다는 것을 말하고 싶다. 또한 필자는 2009년 5월 6일자 Investment News지에 보도된 미 SEC의 엘리스 월터(Elisse B. Walter)의 주장에도 주목하고자 한다. 그녀는 개인투자가들은 여러 종류의 투자전문가들을 구분할 필요가 없고 따라서 모든 금융전문가들은 선관의무를 이행해야 한다고 주장한다. Bloomberg지의 보도에 따르면 익월 메리 사피로(Mary Schapiro) 미 SEC 회장은 이에 덧붙여 증권중개업과 투자자문업을 관할하는 규정은 "실질적으로 동일하다"고 말했다

16 기다릴 수 없는 사람은 색인의 참조를 확인하면 된다.

이 책에 사용된 약어

번호	구분	약어	약자	번역
1	기관	AAOIFI	Accounting and Auditing Organization for Islamic Financial Instituations	이슬람 회계원칙 및 감사기구
2	용어	ARS	auction-rate securities	경매방식증권
3	용어	CDO/CMO	Collateralized debt/mortgage Obligation	부채/부동산 담보부 증권
4	용어	CDS	Credit Default Swap	신용부도스왑
5	기관	CFA	Chartered Financial Analyst (CFA)	공인재무분석사
6	전문용어	CFDs	Contracts for difference	차액거래계약
7	기관	CFTC	Commodity Futures Trading Commission (US)	미국 상품선물거래위원회
8	전문용어	CSA	Commission-Sharing Arrangement	수수료 배분계약
9	용어	DCF	Discounted Cash Flow	현금흐름할인법
10	용어	DDM	Dividend Discount Model	배당할인평가모형
11	용어	EPS	Earning Per Share	주당순이익
12	전문용어	EVA	Economic Value Added	경제적 부가가치
13	용어	EV/EBITDA	Enterprise Value to Earning Before Interest, Tax, Depreciation and Amortization	기업의 경제적 가치/이자, 세금 및 감가상각충담금 공제 전 이익비율
14	기관	FBI	Federal Bureau of Investigation (US)	미국 연방수사국
15	기관	FINRA	Financial Industry Regulatory Authority (US)	미국 금융산업규제기구 (미국 증권업계 자율규제기관)
16	전문용어	FRN	Floating Rate Note	변동금리부채권
17	기관	FSA(Japan)	Financial Services Agency (Japan)	일본 금융감독청

18	기관	FSA(UK)	Financial Services Authorities (UK)	영국 금융감독청
19	언론	FT	Financial Times	파이낸셜타임즈
20	전문 용어	GAAP	Generally Accepted Accounting Principles	일반적으로 인정된 회계기준
21	전문 용어	IFRS	International Financial Reporting Standards	국제회계기준
22	기관	IMF	Internationl Monetary Fund	국제통화기금
23	기관	IOSCO	Internationl Organization Of Securities Commissions	국제증권감독기구
24	전문 용어	IPO	Initial Public Offering	상장, 기업/주식공개, 주식 최초공모
25	기관	IFSB	Islamic Financial Services Board	이슬람 금융감독원
26	용어	LIBOR	London Interbank Offered Rate	런던은행간 거래금리
27	용어	M&A	Mergers and/or Acquisitions	인수합병
28	전문 용어	MiFID	Markets in Financial Instruments Directive (EU)	EU시장의 금융상품투자지침
29	기관	NASD	National Association of Securities Dealers (US)	전 미증권업협회
30	전문 용어	NAV	Net Asset Value	순자산가치
31	기관	NRSRO	Nationally Recoginized Statistical Rating Organization (US)	미국 국가공인통계평가기관
32	기관	NYSE	New York Stock Exchange (US)	미국 뉴욕증권거래소
33	용어	P/B or PBR	Price to book value ratio	주가순자산비율
34	용어	P/E or PER	Price to earings ratio	주가수익비율
35	전문 용어	ROE	Return of Equity	자기자본이익률
36	전문 용어	SA	Supervisory Analyst	리서치 준법감시인
37	언론	SCMP	South China Morning Post	사우스 차이나 모닝포스트
38	기관	SEBI	Securities and Exchange Board of India	인도 증권거래위원회
39	기관	SEC	Securities and Exchange Commission (US)	미국 증권거래위원회

40	기관	SFC	Securities and Futures Commission (Hong Kong)	홍콩 증권선물위원회
41	기관	SFO	Securities and Futures Ordinance (Hong Kong)	홍콩 증권선물법
42	기관	SIFMA	Securities Industry and Financial Markets Association (US)	미국 증권산업 및 금융시장협회
43	전문용어	SIV, SPV	Structured Investment Vehicle, Special Purpose Vehicle	특수목적회사
44	전문용어	SOP	Sum of Parts	가치합산방식
45	전문용어	SWF	Sovereign Wealth Funds	국부펀드
46	용어	SWOT	Strengths, Weakness and Opportunities and threat	SWOT(강점, 약점, 기회, 위협)분석. 즉, 기업의 환경분석
47	전문용어	TARP	Troubled Asset Relief Program	부실채권구제프로그램
48	용어	WACC	Weighted Average Cost of Capital	가중평균자본비용
49	언론	WSJ	Wall Street Journal	월스트리트저널

1장

리서치의 원칙

🔍 키 포인트

● 신뢰를 얻기는 어렵지만 잃기는 쉬우며, 이미 잃은 신뢰를 회복하는 것은 거의 불가능에 가깝다. 고객들은 애널리스트의 리서치가 그 내용이나 발표 시기, 또는 배포 중 그 어떤 것에 의해서건 자신들을 혼란스럽게 하거나, 잘못된 방향으로 이끌거나, 불공정하게 대우하고, 불이익을 당하게 한다고 생각하면 다른 곳에서 보고서를 구할 것이다.

● 애널리스트들은 투자자들에게 그들이 정말로 원하는 것, 즉 이미 증권의 가격에 반영된 정보의 반복이 아닌 실질적 분석에 근거한 참신한 투자안을 제공해야 한다.

● 애널리스트들은 특이한 투자 수요가 있는 고객 집단, 예를 들면 사회적 책임이 있는 투자자들 또는 샤리아 율법을 준수하는 투자자들의 구체적인 기준을 충족시켜야 할 필요가 있다.

● 애널리스트들은 그들의 견해에 일관성을 유지해야 하고 명백한 모순을 설명할 수 있어야 한다. 모든 투자의견과 목표가격은 설득력 있는 근거, 가치평가, 리스크 분석으로 뒷받침되어야 한다. 이전 보고서 이후 생긴 모든 중요한 변화는 강조되어야 한다.

● 기초분석 애널리스트들은 기술적 분석 애널리스트들과는 대조적으로 개별 주식회사에 대한 충분한 지식을 입증하기 전에는 자신들을 유가증권 전문가로 시장에 드러내서는 안 된다. 그들이 적극적으로 다루거나 그 투자등급을 제시하지 않는 증권들을 다룰 때에는 객관적인 해설만으로 그 내용을 제한해야 한다.

● 모범실무원칙은 모든 증권 리서치들이 세일즈 담당자와 고객들에게 동시에 공표되기 전, 온전한 내부검토위원회, 또는 적어도 자격을 갖춘 관리자에게 승인 받도록 하는 것이다.

● 공개적으로 입수 가능하고 증명 가능한 출처에서 얻은 정보의 보호막이 없이는 애널리스트는 시세 조종을 위한 루머 유포, 내부정보 거래,

또는 허위 진술, 명예훼손, 표절, 저작권 침해, 계약 위반 등의 혐의로 고발당할 리스크가 있다.

● 책임 문제를 확실히 해두기 위해 발표된 모든 리서치는 적절한 고지 절차가 이루어져야 하며 공식적으로 등록된 애널리스트에게 그 책임이 부여되어야 한다.

리서치의 정의 및 감독

리서치의 감독과 관리
___

다음으로는 '리서치'의 구체적인 정의에 대해 좀 더 자세히 알아볼 것이다. 대략 말하자면, 이 책의 목적대로 우리는 투자자가 투자 결정을 내릴 수 있게 해주는 증권, 특히 주식과 채권에 대한 실질적인 분석에 대해서 이야기한다. 전 세계 모든 증권 감독당국은 리서치를 작성하고 투자 조언을 해주는 모든 사람에게 정식으로 등록하고 면허를 받도록 요구한다. 게다가 몇몇 감독당국들은 리서치가 공표되기 전 자격을 갖춘 관리자에게 승인 받을 것을 요구한다. 예를 들자면, 미 FINRA[1]에서는 회원들이 발행하는 지분증권에 관한 리서치에 대하여 자격을 갖춘 수석연구원 혹은 리서치 준법감시인에게 승인받도록 요구한다. 실제로, 2003년 4월 세계적인 투자은행들이 벌금을 물게 된 가장 흔한 위반 항목 역시 "조사 부서와 투자은행 부서의 감독과 규제를 위한 적절한 정책, 시스템 및 절차를 수립하고 유지하는 데 실패했기 때문"이다. 증권사와 애널리스트들이 직면하는 위험성을 고려했을 때, (감독기관에 의해 리서치로 간주될 수 있는 모든 상품을 포함하여) 그들의 리서치 상품을 위한 건실한 승인 절차를 도입하는 것은 어느 관할권에서나 그것이 법으로 규정되어 있든 아니든 현명한 선택으로 보인다.

부수적으로, 아래의 사례연구에서 볼 수 있듯이 리서치를 미국으로 직접 배포하거나 인터넷 웹상에서 공표하여 미국에서도 이를 받아볼 수 있게 하는 전 세계의 증권회사들은 그들의 리서치들이 어느 정도로 미국의 규정을 지켜야 하는지 제대로 이해할 필요가 있다.

사례연구 ••••

외국계 증권회사들에 의한 미국 내 마케팅 리서치

배경 : 미국 증권회사와 관련이 없는 외국계 증권회사들은 적극적인 마케팅에 대한 제약을 포함하는 여러 제한 조건의 적용 아래 미국의 기관투자자들에게 그들의 리서치를 배포할 수 있다.[2] 대부분의 대형 글로벌 투자은행들의 해외영업부와 같이 미국의 증권회사와 연관되어 있는 경우, 미국 법인을 통해 그들의 리서치를 제공할 수 있다. 하지만 미국 법인은 보고서에 대한 모든 책임을 지고, 그 보고서에는 외국의 애널리스트는 미 FINRA에 등록되어 있지 않으며 그 규정을 따르지 않는다는 사실을 명기해야 한다.

세부사항 : 미 FINRA의 2008년 9월 징계조치 종합개요(round-up of disciplinary actions)를 보면 Citigroup은 해외에 소재한 외국계 애널리스트들이 규정 15a-6에 따른 면제를 받지 않고도 리서치를 발행할 수 있도록 허가했다. 2008년 5월 미 FINRA의 발표에 따르면 SG Americas 증권사도 이러한 조항을 어겼다. 이 두 회사는 본 적발사항에 대해 따로 시인도 부인도 하지 않았지만 모두 징계를 받아들이고 Citigroup의 경우 미화 65만 달러, SG Americas의 경우 미화 17만5천 달러의 벌금을 물었다.

하나 주의해야 할 점이 있다면 이미 미 FINRA에 "공인선물거래사(Associated Person)"로 등록되어 있는 외국계 애널리스트들은 면제 규정을 적용받을 수 없다.

내 동료였던 루이스 크라우더(Louise Crowther)는 2009년 9월 FINRA가 RBC Capital이 규정 15a-6을 잘못 적용한 이유로 징계하고 벌금을 부과했던 사례를 되새기게 해주었다. Royal Bank of Canada가 소유한 RBC Capital은 부정행위에 대해 시인도 부인도 하지 않고 미화 15만 달러의 벌금을 내는 데 동의했다. 비록 애널리스트들이 캐나다에 근무하는 경우였지만, 미 FINRA에 이미 "공인선물거래사"로 등록된 상태였기 때문에 애널리스트로 활동하기 위해서는 Series 86과 87 시험을 통과했어야 하는 것이다. 미 FINRA에 의하면 외국 주재 애널리스트가 작성한 리서치가 규정 15a-6을 적용하여 배포되었다는 사실과는 관계없이 만약 그가 공인선물거래사로 등록된 경우에는 미국 규정 1050이 그에게 항상 적용된다.

미 FINRA는 만약 이 캐나다계 애널리스트들이 Series 7 시험을 보지 않았고 다른 증권사의 외국계 애널리스트들과 같은 방식으로 미 SEC 규정 15a-6에만 의존했더라면, RBC를 기소할 근거가 없었을 것이라고 인정했다.

결론 : 위 사례들이 실체보다 형식에 치우친 경우로 보일 수 있지만, 미 SEC는 전 세계 시장의 증권회사들을 위해 이러한 불필요한 관료적 형식주의를 완화하려는 듯하다. 2008년 6월, 미 SEC는 규정 15a-6을[3] 개편하자는 제안에 대해 의견 제시 요구를 신청했다. 게다가 2008년 8월 25일, 미 SEC는 호주 증권투자위원회(ASIC)와

상호 협정을 통해 증권회사들이 양쪽 관할권에서 이중 규제를 받지 않고 활동할 수 있도록 승인하였다고 발표했다. 이 움직임은 전 세계 다른 감독당국들과의 협력 협정을 촉진시킬 수 있을 것이다. 그러나 추가적인 변화가 있기 전까지는 위 사례들이 보여주듯 애널리스트들이 미국에서 그들의 리서치를 배포하려면 적절한 자격요건이나 면제 조건을 만족시켜야 한다.

내부 검토위원회 또는 패널을 통해 모든 기초분석 리서치를 사전 검토하는 것은 감독기관이 요구하는 승인절차 조건을 만족시킬 뿐만 아니라 리서치 자체의 수준을 한층 더 높여줄 것이다. 애널리스트는 이 과정을 자신들의 리서치를 세일즈 담당자나 고객들에게 정식으로 공표하기 전 거치는 사전 리허설이라 생각하면 된다. 또한 승인절차는 애널리스트들에게 어느 정도의 보호막을 제공하기도 한다. 어떤 이유에서건 보고서를 배포한 후 법정 재판에 휘말리게 되더라도 사전에 이 승인절차를 제대로 밟았다면 이들은 리서치 부서 임원진의 지원을 받을 수 있을 것이다.

제3장에서 다룰 이해상충에 관한 세계적 합의 사례연구에서는 이러한 충돌이 있을 경우, 애널리스트 혼자 그 책임을 지는 것이 아니라 경영진들에게도 책임이 있다는 것을 보여준다.

위원회는 리서치 담당책임자, 전략가, 리서치 준법감시인 및 준법감시인으로 구성되며, 리서치의 작성 근거가 적절하도록 보장하고 주의를 기울일 의무, 비즈니스 논점, 가치평가의 근거, 리스크 평가, 더 광범위한 투자 영향, 정보의 출처 및 공시 조건 등에 관한 문제들을 해결한다. 모든 애널리스트는 요구되는 등록 및 허가를 얻어 위원회를 만족시켜야 한다. 또한 위원회는 승인절차를 모두 기록하여 보관, 관리해야 한다.

리서치 발행 근거 : 위원회는 어떤 특별한 사건이나 이유로 인해 애널리스트가 바로 그 특정한 때에 리서치를 작성했는지 물어봐야 한다. 위원회는 증권사의 경우 해당 조사가 투자은행부문 동료나 대상 기업 혹은 (개별적인 맞춤 조사에 대한 요청을 제외하고) 개별적으로 고객의 요청으로 진행되는 것이 아니라, 뮤추얼펀드/단위형 투자신탁, 헤지펀드와 같은 자산운용사 고객들의 진정한 이익을 위해 실행되는 것인지를 확인해야 한다. 준법감시인은 별도로 투자은행/기업금융 부서가 가령, 해당 회사의 자금조달활동이나 인수합병에 대한 자문 등의 업무에 참여하고 싶어하는지 확인해야 한다. 상업적 관점에서 보면 애널리스트는 자신만의 독창적인 발상이나 접근방법이 경쟁자들의 것들과 어떻게 차별되는지 확실히 보여주고 싶을 것이다.

실사 : 애널리스트가 리서치의 대상인 증권 발행인들에 대해 충분히 자세한 실사를 이행했음을 밝히는 것은 아주 중요하다. 이는 대상 회사와 그 임원진들이 후에 투자자들에게 큰 피해를 줄 만한 비밀을 덮어두어, 잠재적으로 관련 애널리스트와 그가 속한 회사의 평판을 떨어뜨리는 경우가 발생하지 않도록 최대한 노력하는 과정이다. 예를 들자면 구조화투자회사, 특수목적회사 또는 과도한 파생상품 노출규모와 같이 실제 재무제표에는 등장하지 않는 부외 항목들에 대한 조사를 말한다. 프리딜 리서치가 허용되는 경우 범죄 기록이나 보류 중인 소송이 있을 수 있으며, 특히 증권거

래소에 의해 아직 감시받고 있지 않은 비상장회사들을 대상으로 하는 기업공개 프리딜 리서치의 경우가 그렇다. 프리딜 리서치에 대한 더 자세한 설명은 제3장을 참고하라. 제2장의 ICEA Capital과 Deloitte Touche Tohmatsu의 사례연구에서는 투자은행들이 새로운 상장을 도와주거나 기업 인수합병 거래에 대한 조언을 하기 전 필수적으로 이행해야 하는 "실사"에 대한 논의가 이루어질 것이다.

애널리스트는 자신을 발행회사의 회계감사인이라고 하지 않고 (회계감사인처럼 회사 내부 기록을 접할 수 있는 권리가 없으며), 발행회사는 자금세탁방지법상 엄밀히 따지면 "고객"이 아닐지도 모른다. 게다가 애널리스트는 전통적으로 고객들에게 최대한 유리한 방향으로 행동해야 한다는 선량한 관리자의 의무가 재무상담사에 비해 크게 요구되지 않았다. 그럼에도 불구하고 애널리스트들은 발행회사의 주식에 대해 추천을 할 때는 투자하는 고객들에 대해 '주의 의무'를 이행해야 한다.

2009년 5월 6일자 Investment News지가 보도한 바에 따르면 미 SEC의 엘리스 월터(Elisse B. Walter)는 투자자문 전문가들은 그들이 어떤 이름으로 불리며 어떻게 보상받는지와는 상관없이 투자를 권유하는 일에 있어 선량한 관리자의 의무를 다해야 한다고 말했다. 따라서 애널리스트들은 회사와 그 경영진의 역사 및 현재 위치에 대해 충분히 인지하고 있어야 한다.

비즈니스 논점 : 주식의 가치평가에 대해 논하기 전에 위원회는 먼저 해당 회사의 재무건전성과 비즈니스 모델에 대한 애널리스트의 의견을 들어보아야 한다. 위원회는 애널리스트가 대차대조표, 손

익계산서 및 필요한 경우 현금흐름 추정을 포함한 전반적인 재무 예측을 하기에 충분한 준비를 했는지 확인해야 한다. 위원회가 주식 담당 애널리스트에게 질문할 수 있는 것들은 다음과 같다.

- 예를 들어 마이클 포터(Michael Porter)의 '다섯 가지 경쟁요소' 중에서, 해당 회사가 속한 업계의 미래는 어떠한가? 소비자와 공급자 중 누가 영향력이 더 큰가? 대체상품이나 새로운 경쟁자의 위협 등의 측면에서의 경쟁 환경은 어떠한가? 그리고 진입장벽은 무엇인가?
- 개별 회사가 제공하는 서비스나 상품의 수요/공급은 어떤가? 장기적으로 보았을 때 해당 회사는 시장에서 승자인가 패자인가? SWOT분석에서 회사의 장점, 약점, 기회, 위협요인은 각각 무엇인가?
- 이 회사가 속한 업계에서는 합병이 진행될 것인가? 또 해당 회사가 기업인수합병 활동의 대상이 될 가능성은 얼마나 되는가?
- 담당하고 있는 회사의 부채는 얼마나 되며 그것을 갚기 위한 충분한 현금 흐름이 있는가? 장기적인 계약상의 책임은 얼마나 되는가?
- 수익요인과 성장성 비율 분석을 참고해볼 때 회사의 수익성 추세는 양호한가? 얼마나 쉽게 이를 지속 또는 증가시킬 수 있는가? 시장점유율은 유지하고 있는가?
- 담당 회사의 수익은 매출보다 빨리 증가하고 있는가? 즉, 이윤 분석을 통해 알아본 비용 관리가 얼마나 효율적으로 이뤄지고 있는가? 회사의 효율적인 수익 창출이 가능한가? 다시 말해, 주어진 고정 비용에 대해 추가적 수익 매출이 결론적으로 최종 이

익에 미치는 영향력은 어떠한가?

● 경영진은 배당과 재투자 중 어느 쪽을 선택하는 경향이 있는가? 또는 선택하고자 하는가?

● 시장에서 회사의 평판은 어떤가? 회사 경영에 대한 인상은 어떠하며, 경영진은 기업지배구조 문제를 얼마나 중요하게 생각하는가?

● 해당 회사의 대차대조표에서 어떤 항목들이 읽는 사람에 따라 해석이 달라지거나 경영진과 회계감사인 간 의견 차이가 발생할 가능성이 높은가?

● 애널리스트의 개별 재무예측치가 시장평균 예측치와 다른 것을 설명할 근거는 무엇인가? 즉, 다른 사람들은 보지 못했지만 그 애널리스트만이 발견한 것은 무엇이며, 그 반대의 경우 애널리스트가 놓친 것은 무엇인가?

가치평가, 리스크 그리고 광범위한 투자 영향 : 시장평균 예측치에 대한 질문은 회사 운영 및 이익에 대한 개별 애널리스트의 예상이 현재 가격에 이미 어느 정도로 반영되어 있는지 결정할 수 있게 하며, 애널리스트의 가치평가에 어떤 리스크가 내재되어 있는지 확인할 수 있게 한다. 가치평가, 리스크, 기업지배구조 문제에 대해 제대로 다룬 것을 보려면 제2장을 참고하기 바란다. 위원회는 애널리스트가 해당 회사가 속한 산업과 현재 경기순환 단계에 대한 이해를 바탕으로 적절한 방법론과 비교방법을 활용하여 분석대상 주식을 평가했다는 것을 판정해야 한다. 다음은 가능한 질문들이다.

● 현재 주가와 애널리스트가 계산한 현금흐름할인모형(DCF), 배

당할인모형(DDM), 경제적 부가가치(EVA), 순자산가치(NAV), 가치합산방법(SOP) 등에 의한 값이 다른 이유를 설명할 수 있는가? 미래 수익 할인 방법으로 순현재가치를 계산할 때 어떤 할인율이 사용되었으며 이를 사용한 이유는 무엇인가?

● 애널리스트의 자기자본수익률(ROE) 성장 예측에 따르면, 현재의 주가 순자산비율(P/B)은 얼마나 정당한가?

● 동종 업계 다른 기업들의 주가수익률 배수(P/E multiples)에 대한 애널리스트의 예상에 따르면, 해당 회사의 현재 주가수익률(P/E)이 얼마나 정당하다고 생각하는가?

● 애널리스트는 배당수익률을 어느 정도로 예상하고 있으며, 이것이 다른 유사한 투자들의 수익률, 채권수익률, 은행예금금리와 어떻게 비교되는가?

● 애널리스트는 목표가격과 가치평가를 어떻게 변경했으며 그 배경은 무엇인가? 이는 예상수익률의 변화, 아니면 인지된 리스크의 변화, 가치평가 적용 연도의 연장 또는 이 모든 것의 조합으로 인한 여러 변수들의 변화 중 어느 것에 대한 결과인가?

● 어떤 기술적 요인이나 선행 지표들(예를 들자면 예상되는 주식의 공급과 수요, 주식매매제한 물량, 경영진에 의한 합법적인 내부거래 규모)이 가격에 영향을 미칠 수 있는가? 또한 주요 주주는 누구이며 그들의 명시된 전략이나 투자 내역이 기업인수합병의 가능성을 뒷받침하는가?

● 특정 고객에 대한 적절한 투자의견은 무엇이며, 이것이 공지된 투자추천 방법론에 합당한 중개업자로서의 공식 투자의견인가?

● 목표가격에 도달하기 위해 필요한 촉매에는 어떤 것들이 있으

며, 이 투자 건에 내재된 리스크에는 무엇이 있는가?

● 예를 들어 소수 주주의 이해관계의 처리 등과 같이 특별히 고려
해야 하는 기업지배구조의 문제가 있는가?

● 마지막으로 보다 중요한 사안으로서, 고객이 장단기 매수매도
측면, 헤지, 바스켓 또는 복합적인 투자전략의 측면에서 고객의
가질 만한 어떤 잠재적 투자 대안의 기회가 있는지? 예를 들어
한 기업에 대한 다른 금융투자 상품들(발행된 다양한 채권들이나 다
양한 주식 종류들), 이러한 유가증권에서 파생된 전환채권, 옵션과
같은 상품들, 다양한 증권에 대한 투자기간별 투자 대안(예를 들
면 단기 거래), 해당 기업의 지역적·국가적·세계적 경쟁사, 공급자
또는 고객이 발행한 증권에 대한 투자전략이 포함된다.[4]

사례 ....

주식 선정에 대한 조언

세부사항 : 상기 요인 중 상당수는 Fidelity International의
Special Situations Fund를 과거 25년 동안 운용한 영국의 탁
월한 자산운용가인 앤서니 볼튼(Anthony Bolton)이 주식을 선
정하는 데 있어서 고려한 요인들이다. 그는 조나단 데이비스
(Jonathan Davis)와 공저한 『앤서니 볼튼과 함께하는 투자』라는
저서에서 과거 수년간 습득했던 일련의 교훈들을 소개했다.
2008년 9월 6/7일자 FT지의 주말판에서 그는 언제나 그가
투자 중인 회사가 규모, 경쟁력 그리고 사업의 지속가능성이

라는 측면에서 얼마나 좋은지 스스로에게 묻고 대답한다고 말했다.

그는 제조업과 같이 현금유동성이 제한되는 기업보다는 현금을 벌어들이는 서비스 중심의 비즈니스를 선호했다. 가치평가에서 그의 궁극적 판단기준은 현금수입액을 총 현금투자액으로 나눈 현금투자수익률이다.

채권투자가들은 다른 판단 기준을 갖고 있을 수 있다. 그 어떤 투자에서도 그렇듯이, 그들은 언제나 예상되는 리스크를 감당할 만한 예상 수익이 존재하는지를 고려할 것이다. 따라서 채권 가치를 평가할 때 벤치마크로서 미 국채와의 수익률 차이를 고려하게 된다. 결정적으로 채권투자가들은 만기일에 그들의 투자원금과 이자수익을 확실히 거둘 수 있는지 알고 싶어한다.

CFA 협회는 채권투자자 및 신용등급 애널리스트들이 고려해야 할 신용에 관한 4가지 "C"를 명시했다. 애널리스트는 발행회사 자체 또는 특정 신용등급 사안을 평가함에 있어서 다음을 고려하여야 한다.

- 특징(character): 발행자의 명성, 기업지배구조의 연혁 등 발행자의 정체성에 관한 것이다.
- 수용력(capacity): 발행자의 경쟁력, 운용능력 및 재정 상태를 충분히 고려한 발행자의 지불능력을 의미한다.
- 담보(collateral): 발행자 및 발행을 보장할 수 있는 자산이나 담보가 확실한가를 확인한다.

- 계약(covenants): 발행자 및 발행 관련 계약상의 장치나 제약에는 어떤 것들이 있는가?

위에서 언급한 4C는 앤트워프(Antwerp, 벨기에의 항구도시)의 다이아몬드 딜러들이 고려하는 4C(캐럿carat, 커트cut, 선명도clarity 및 색깔color)와 헷갈려서는 안 된다. 이에 덧붙이자면, 다이아몬드 딜러와 채권 딜러가 공통적으로 고려할 수 있거나 해야 하는 5번째 C가 있다. 바로 각각 분쟁(conflict)과 조건(conditions)이며, 여기서 조건이란 투자자들에게는 최악의 시나리오로서 채무자가 겪을 수 있는 미래의 경제적 조건을 의미한다.

정보의 출처 : 이 장에서 언급되는 주요 주제는, 애널리스트들이 공개적으로 접근 가능한 정보를 근거로 그의 견해를 견지해야 할 필요성이다. 애널리스트들은 공개적으로 접근 가능한 정보라는 보호막 없이는 내부자거래 또는 루머 유포를 통한 시세조종의 혐의로 고소당할 리스크에 노출되어 있다. 위원회는 애널리스트의 견해, 주장 및 결론이 증명 가능한 사실과 합리적인 유추에 근거해 작성되었다는 점을 확인할 수 있어야만 한다.

고지 : 제3장에서 좀 더 자세히 논의하겠지만, 애널리스트는 자신, 고용주 또는 그의 가족구성원들과의 이해상충 등, 그가 추천하는 회사와 이해상충이 존재하는 경우 이유를 막론하고 해당 사실을 투자자에게 알려야 한다.

위원회는 목표가격에 대한 추천 및 기간이 정의되어 있는지 확인해야 하며, 애널리스트가 전적으로 독자적이고 독립적인 의견을 제시했으며 회사 동료, 발행회사 그리고 개인투자가 등으로부터 부적절한 영향을 받고 있지 않다는 것에 대해서도 확신을 가져야 한다. 아울러 위원회는 상기 언급한 사항들과 관련한 적절한 고지가 있었는지 확인해야 한다.

지속적인 교육

많은 증권사들은 증권회사이건 자산운용사이건 CFA 직함을 가졌거나 MBA와 같은 적절한 교육을 취득한 애널리스트들을 고용하길 원한다. 개별 회사들은 저마다의 독특한 자격요건을 요구할 수 있다.

2010년 1월 4일자 FT지 보도에 따르면 금융위기 이후 신용평가기관의 평판을 회복하기 위한 방법의 일환으로서 Standard & Poor's는 뉴욕 Stern 경영대학과 함께 내부적인 신용평가분석사 인증 프로그램을 개발하고자 하였다. 이 프로그램은 재무제표분석, 고급통계분석, 가치평가, 파생상품 기초 및 신용등급 모델 등에 초점을 맞추고 있다. S&P의 모든 애널리스트는 선임 신용평가분석사로 역할을 수행하기 위해서 반드시 위의 프로그램을 통과해야 한다. 관리자들은 신용평가분석사들이 해당 감독당국에서 요구하는 교육을 이수하였는지 확인해야 한다. 예를 들어 미 FINRA는 등록된 증권전문가들이 두 부분으로 구성된 보수교육 프로그램을 이수하도록 요구하고 있다. 먼저 "규제 부문"은 업계의 기준 및 규정에 관한 사이버 교육이며, 그 다음의 "회사 부문"은 고객과 직접 상대하는 직원 및 관리자에게 신상품, 영업 관행, 리스크 고지 및 새로운 규정 등에 대해 회사가 교육을 실시토록 요구하는 것이다.

　아래의 삽화는 애널리스트와 같은 증권전문가들이 이러한 교육을 받아야 할 필요성을 강조하는 동시에, 고용주는 윤리기준을 위반하는 개인을 배제하게 될 것이라는 점을 상기시키고 있다. 우리는 도입부분에서 Morgan Stanley가 내부거래 혐의가 있는 직원을 해당 감독당국에 고발한 사례를 살펴보았다.

　다시 한 번 강조하지만 적합하게 행동하며 회사의 승인절차를 준수하는 애널리스트는 감독기관이나 법원과 문제가 발생할 경우에도 고용주로부터 지원을 받을 수 있는 유리한 고지를 점할 수 있다.

시험에서의 부정행위

세부사항 : 미 FINRA는 2008년 3월, 보수교육 프로그램에서 부정을 저지른 State Farm VP Management의 직원 16명에게 벌금을 부과하고 영업정지를 명령했다. 벌금은 미화 5천 달러에서 미화 1만 달러에 이르며 영업정지 기간은 짧게는 30일에서 길게는 6개월이었다. 한 직원은 이 혐의의 주도자로 해고되었다.

그중 아홉 명은 부하직원들에게 특정한 과목만을 시험 치르도록 명령 또는 허용한 상급자였다. 또다른 한 명은 다른 직원들을 위해 부하직원이 대리시험을 치도록 지시한 사람이었으며, 나머지 여섯 명은 그들의 상급자들을 대신하여 시험을 치른 사람들이었다. 미 FINRA는 관련자들이 State Farm으로부터 승인받지 않은 상태에서 이런 행위를 저질렀다는 것을 인정했다. 관련 개인들은 혐의에 대하여 시인도 부인도 하지 않았다.

결론 : 뒤에서 다룰 표절에 관한 지적재산권 사례에서처럼, 여러 연구들은 경영학 전공의 학생들이 다른 학과 학생들보다 부정행위할 가능성이 높으며, 이는 부분적으로 경영학 전공 학생들이 학문적 희열의 추구보다는 결과적으로 더 좋은 직장을 구하기 위해 학업을 계속하기 때문일 것이라고 말한다.

아마도 유사한 결론이 중개인이나 애널리스트들에게도 적용될 수 있을 것이다. 위 사례는 어찌되었든 비록 과거에는 아래 삽화의 알렉스(Alex)처럼 비록 과거에는 유사한 경우를 교묘히 모면할 수도 있었지만, 감독기관과 고용주들이 더 이상 시험에서의 부정행위를 용납하지 않을 것임을 보여준다.

리서치의 영역

일단 "리서치"로 구분되면 적절한 등록과 면허 등의 요건, 감독기관의 승인, 공정 배포 및 추가적 공시 등의 다양한 요구사항이 뒤따른다. 따라서 애널리스트들은 그들의 의사전달 과정이 '리서치' 인지 아닌지를 결정해야 한다.

이런 차이에 대한 명확한 이해는 증권사 애널리스트들이 외부 자산운용회사 고객, 또는 내부고객(영업부서, 고유자산 운용부문, 구조화상품 부서, 자산관리 부서 등)과 여러 수단(공식적인 리서치 자료 발간, 이메일 서신, 영업부서 아침 회의, 전화 통화, 일대일 미팅, 로드 쇼, 컨퍼런스, 대중매체 등)을 통해 그들의 의견을 전달하는 방식에 있어 영향을 미친다.

세일즈 담당자, 트레이더 및 마케터들은 그들의 공식 직함이나 소속 부서가 무엇이든 간에[5] 어떻게 하면 그들의 의사전달 과정이 감독기관의 관점에서 "리서치"라는 영역에 포함되거나 그들 자신이 "애널리스트"로 간주될 수 있는지 이해해야 한다.

확실한 것은 선진국에서는 모든 주식 분석보고서들이 리서치의 규제 영역에 포함된다는 것이다. 그러나 아래에 명시된 것처럼 신용/채권 리서치들에 대해서는 어느 정도로 리서치 관련규정을 적용 받아야 하는지에 대해 논란이 있어 왔다. 어떤 경우건 필자가 이 책에서 다루는 원칙들이 주식 애널리스트뿐만 아니라 신용 애널리스트와 채권 애널리스트에게도 유용할 것이라 믿는다.

이는 내부고객들을 대상으로 한 그들의 내부 리서치가 고객과 대중을 보호하기 위해 고안된 규정의 적용을 받는 리서치의 정의에 기술적으로 딱 맞아 떨어지지 않겠지만 그 원칙들은 자산운용사 애널리스트들에게도 유용할 것이다. 그들의 업무도 물론 루머 유포를 통한 시세조종, 내부자거래 등의 시장 교란행위에 대한 시장 규정의 적용을 받는다. 자산운용사 애널리스트들은 잠재적 이해상충의 문제에 글로벌 투자은행 소속 애널리스트들 정도로 노출되어 있진 않으나, 그럼에도 불구하고 이런 이해상충 리스크를 어느 정도 함께 공유한다. 또한 자산운용사 애널리스트들은 내부고객들의 투자결정을 위한 충분한 정보 제공 및 리스크 분석을 수행함으로써 증권사 애널리스트들과 경쟁해야만 한다.

채권은 일반적으로 증권에 포함되며 채권시장은 명백히 증권 감독기관의 감독범위 안에 속한다. 여기 비록 애널리스트와 관련된 내용은 아닐지라도 채권시장에 관한 두 가지 사례가 있다. 두 사례 모두 내부자 거래에 관한 것이며, 제1장의 뒤편에서는 별도의 주제로 내부자거래에 대해 다룰 것이다.

증권 규제의 범위(채권)

세부사항 : 2007년 5월 미국에서 Barclays가 내부자거래 혐의로 미 SEC에 미화 1,090만 달러의 벌금을 물었다. 이에는 미화 600만 달러에 달하는 민사상의 벌금도 포함되었다. 미국 Barclays의 전임 부실채권(distressed debt) 트레이더 책임자 또한 미화 75만 달러의 벌금을 지불하였다. 파산채권자 모임에서 얻은 내부자 정보를 이용해 과거 18개월 동안 수백만 달러의 채권을 거래했다는 미 SEC의 판결에 그들은 시인도 부인도 하지 않았다.

2008년 9월, 영 FSA는 시장남용 혐의와 관련 첫 번째 합의안을 도출했다. 이 사례에서 Moore Europe Capital Management사의 전임 헤지펀드 매니저는 프랑스에 본부를 둔 정밀화학제조업체 Rhodia의 채권을 회사가 재정재건 계획을 발표하기 직전에 거래한 것과 관련 52,500파운드의 벌금을 물어야 했다.

그 펀드매니저는 거래의 적정가격 책정에 관해 조언을 구하려 찾아간 Credit Suisse사로부터 내부정보를 습득했다. 그는 개인적으로 조기에 합의했는데, 만약 그렇게 하지 않았더라면 벌칙금은 7만5천 파운드였을 것이다. Moore Europe Capital Management사와 Credit Suisse사는 비난에서 벗어날 수 있었다. 이와는 별도로, 영 FSA는 2009년 10월 시장남용과 관련하여 두 명의 자산관리자를 견책했는데, 그들은 K2라고 불리는 Dresdner Kleinwort(후에 Commerzbank로 합병)의 구조화 투자기구의 자산관리자들이었다.

이들은 이전보다 좋은 조건으로 발행될 예정되었던 Barclays사의 변동금리부채권 신규발행에 대한 내부자정보를 습득했다. 그들은 펀드가 보유하고 있던 이전 발행채권들을 두 거래상대방들에게 매각했다. 새로운 발행이 발표된 후 동 채권을 인수한 거래상대방은 시장가격 평가로 인한 손실을 계상해야 했다. 영 FSA는 관련된 두 명의 Dresdner 트레이더들이 동 거래로부터 사적인 이익을 추구하지 않았다는 것을 인정했으나 영 FSA의 집행담당 임원인 마가렛 콜(Margaret Cole)은 새로운 채권 발행을 논의한 후 이를 거래하는 것은 일반적으로 인정되는 채권시장의 관행이라고 주장한 것에 대해 강하게 반박했다. 그녀는 덧붙여, 추후 위반자들은 보다 심각한 징계를 받을 가능성이 높다고 말했다.

결론 : 비록 위 사례들이 애널리스트들과 직접적으로 관련이 없다 하더라도, 미국과 유럽의 감독당국은 채권시장과 관련하여서도 소송을 제기할 것임을 보여주는 유용한 선례가 된다. 의심할 여지 없이 채권시장은 증권규제의 범위에 포함된다. 따라서 채권 및 신용 애널리스트들은 증권 감독당국들이 그들의 행동과 추천에 관심을 갖지 않을 것이라 추정해서는 안 된다.

이제 채권 및 신용조사 분석에 대해 상세히 이야기해보자.

사례

증권 리서치 규정의 영역(주식 및 신용 애널리스트)

토의 : 미국의 증권 규정하에서[6], 또 대중과의 의사소통이라는 측면에서 리서치는 일반적으로 개별 회사나 업종의 주식 증권 분석을 포함하며 투자결정에 바탕이 될 만한 합리적으로 충분한 정보를 제공하는 서면(전자통신을 포함하여) 의사소통 과정이라 정의할 수 있다. 그 정의에 따르면 리서치 보고서는 주식 및 주식파생상품, 즉 옵션, 채권 및 확정금리부 증권, 개별주식 선물상품 및 시장 리스크의 대상이 되는 다른 투자기구들을 포함하지만 이에 한정되지는 않는다. 비록 "한정되지 않는다"와 "다른 투자기구들"이란 표현이 기타 여러 가지 모든 투자 상품을 포함하긴 하지만, 분명 주식 증권이 가장 중요한 것이다.

게다가 미국의 애널리스트 인증 자격요건을 보면, 일반적으로 "증권 또는 발행회사에 대한 분석"을 포함하는 문서 또는 전자 방식을 통한 의사소통과 관련되는데, 이는 주식 리서치에만 한정된 것이 아니다. 따라서 세계적 금융위기 이후 미 FINRA의 루머 유포에 대한 통합규정은 주식뿐만 아니라 모든 형태의 유가증권을 포함하는 것으로 개정되었다. 실질적으로 미 NYSE와 미 NASD는 2005년 12월 발표된 공동보고서에서 보다 명확한 규정의 제정이 필요한지를 결정하기 전에 우선

회사들이 채권리서치[7] 관련 채권협회의 자율적 원칙들을 어느 정도로 적용하고 준수하는지 모니터링할 것이라고 명시했다.

유럽의 규정[8]들은 투자 추천의 타당한 진술과 이해상충에 대한 고지를 요구한다. 또 위 규정들에 정의된 바로는 "투자 추천"이란 투자 전략을 명시적 또는 암시적으로 추천하고 제안하는 리서치 또는 다른 형태의 정보전달을 의미하며, 이는 한 개 혹은 여러 개의 금융상품이나 그 발행회사들을 다루고, 금융투자 상품들의 현재나 미래 가치 또는 가격에 대한 모든 의견을 포함하며, 배포채널이나 불특정 다수를 대상으로 한다. 투자 추천 범위는 매우 포괄적이며, 발행회사뿐만 아니라 개별 채권 발행에 대한 투자 추천도 포함하는 것으로 보인다. 흥미로운 것은 2008년 11월 10일자 FT지에서 데이비드 리케츠(David Ricketts)가 인용한 유럽 증권감독위원회 회장 에디 와이머쉬(Eddy Wymeersch)의 다음과 같은 주장이다. "비록 유럽 MiFID가 시장구조의 변화를 가져오는 데 촉매 역할을 수행했지만 현재 우리가 고민하고 있는 주제는 이것이 주식에만 배타적으로 적용되어야 하는지, 아니면 채권이나 기존의 파생상품들에도 확대되어야 하는지이다."

홍콩 SFC의 행동규칙은 투자 리서치 보고서에서 다뤄지는 행동규칙고지에 대한 규정을 포함하고 있다.[9] 동 규칙 제16조에 대한 해설서에 따르면, "투자 리서치" 자료는 다음 중 어느 하나를 포함한다. 1) 증권의 투자분석 결과, 2) 거시 경제적 또는 전략적 문제는 포함되지 않으면서 증권의 미래성과에 영향을 미칠 것으로 예상되는 변수에 대한 투자분석, 3) 앞서 언급된 결과나 투자분석에 근거한 조언 또는 추천. 게다가 이 해설서에는 이어서 "증권"이란 상장기업이 발행한 주식 또는 동 주식에 관한 워런트 또는 옵션을 의미한다고 명백히 정의한다. 그러나 채권에 대한 언급은 없다. 이에 대해 국제법 법무법인인 Sidley Austin의 파트너이자 전 홍콩 SFC 집행임원인 앨런 린닝(Alan Linning)은 현재의 행동규칙은 증권을 리서치의 목적으로 다소 한정적으로 정의하지만 홍콩증권선물법(SFO)은 증권을 내부자거래 등 시장위반행위의 측면에서 보다 광범위하게 정의하고 있어 채권 및 여타 금융상품들도 포함한다고 언급했다.[10]

CFA 협회는 리서치의 객관성에 대한 내부 기준에서 리서치를 '회사가 고객 또는 불특정 다수에게 판매 또는 배포하는 문서 또는 전자적 의사소통으로 기업 발행자에 관한 정보를 제공하거나 발행자의 주식, 채권 또는 관련 파생상품의 투자가능성에 대해 의견을 표시하거나 추천하는 것'으로 정의한다.

동 정의는 개별 국가별로 법적 구속력은 없다. 그러나 중요한 것은 위 정의가 전문 애널리스트가 준수해야 할 주식뿐만 아니라 채권까지도 포함하는 세계적인 업계 표준을 마련했다는 것이다. 2006년 6월 5일부터 8일까지 홍콩에서 열린 제31차 국제증권감독기구(IOSCO)[11] 연례회의의 최종 공식발표에서 채권시장의 공시 요건에 대한 토의가 "당해 컨퍼런스에서 가장 활발하게 진행된 논의 중 하나"였다고 언급되었다. 또한 이 문제는 시장 투명성 추구의 과정에서 채권시장이 마주하게 될 이례적 도전과제들과 그 과정에서 감독당국들이 직면하게 될 문제로서도 언급되었다.

결론 : 전 세계의 증권규정은 비록 현재까지는 주식 리서치에

만 집중되고 있으나, 예외 없이 증권과 주식 이외의 다른 금융
상품들에 대한 리서치 자료까지 포함할 정도로 범위가 넓다.
2007-2009년의 세계적인 금융위기는 증권규제의 적용범위가
필연적으로 이전보다 더욱 광범위해질 것임을 예고하고 있다.

위의 논의를 정리하면, 이 책에 제시된 모범실무원칙은 주식과
신용 부분의 모든 애널리스트에게 유용할 것들이다. 개별 국가의
특수한 상품 유형에 대하여 리서치 자료의 공시 요건이 어느 정도
로 적용될 것인지에 대하여는 전문적인 법률 또는 준법감시인의
자문이 필요할 수도 있다. 위에서 언급한 대로 이러한 모범실무
원칙들은 엄밀히 말해 다수의 고객들이나 대중을 상대하지 않는
자산운용사 애널리스트들에게도 중요한 관심 대상이다.

필자의 해석상 리서치 보고서란 모든 업종 추천 대상의 선정과
증권 추천의 변경을 포함하며, 암시적인 추천이나 현재의 가격, 가
치, 할인 또는 할증이 어느 정도로 정당화될 수 있는가에 대한 견
해의 피력도 포함한다. 또한 필자는 투자자의 투자결정에 중요한
영향을 미치는 경우 새로운 전망, 예측, 목표가격, 목표 가치평가
등도 위 정의에 포함시켜야 한다고 생각한다. 또한 미국의 규정은
애널리스트를 리서치 자료의 작성, 투자등급의 결정 및 공개석상
에서의 의견 제시, 대상 회사의 주식등급 또는 목표가격의 수립에
책임이 있는 자로 정의한다.

이에는 예를 들어 세일즈 담당자나 트레이더가 개별 애널리스
트에 의한 것이 아닌 단기 매매전략 제안과 같은 증권투자권유를
포함하는 실질적인 리서치 자료를 광범위하게 공유하는 하는 경우

도 리서치에 해당된다. 즉, 리서치 보고서는 이를 준비하고 배포하는 사람의 업무범위로서가 아닌 해당 자료의 내용에 의해 정의된다.

특정 자산 유형이나 투자 상품이 규정의 적용을 받는지의 여부는 항상 명확하지는 않다. 비록 명시적으로 리서치 자료와 관련이 없다 하더라도, 다음의 사례연구를 통해 스왑 거래가 미국과 영국 증권규정에 적용되는지의 여부를 분석하여 그 경계에 대해 살펴보기로 하자.

사례연구
●●●●

증권 규정의 영역(스왑 거래 및 기타 파생상품)

도입부: 전통적으로 스왑 거래는 소유권이나 의결권을 부여하지 않고 경제적인 이익만을 제공하기 때문에 증권으로 간주되지 않았다. 그러나 최근의 사례들은 스왑 거래가 감독기관의 규제대상이 되어야 하는가에 대한 논쟁을 야기했다.

2009년 9월 IOSCO는 규제 대상이 아닌 금융시장들과 그 상품들에 대한 권고사항을 공표하였다.[12] 자산담보부증권, 부채담보부증권, 신용부도스왑 등이 위 권고사항의 대상으로 다뤄졌다.

그러나 IOSCO는 이러한 사항이 권고사항일 뿐임을 인정하였다. 2009년 8월 미 SEC 의장 마리 샤피로(Mary Schapiro)는 Bloomberg지의 주디 우드루프(Judy Woodruff)와의 인터뷰에서 다음과 같이 말했다. "미 SEC는 이러한 투자 상품들이 증권에 대한 대체재로 사용되는 경우 이들을 규제하는 역할을 수행했어야 한다."

세부사항: 미 SEC는 2008년 4월 증권을 기초자산으로 하는 스왑거래에 대해 최초의 감독권을 행사했다. 이것은 부정부패의 사례로써 증권사 Blount Parrish & Co.사가 앨라배마 주 버밍햄 시장에게 (그가 Jefferson County 위원회 의장으로 역임하던 당시) 지방자치단체 관련 거래에의 참여를 전제로 뇌물을 지불한 것으로 추정되는 사건이다. 형사 고발도 제기되었으며 2009년 10월 시장은 유죄가 확정되어 15년 형을 선고 받았다. 이는 소위 "시장 과실(mayor culpa)"의 사례이다.

2009년 5월 신용부도스왑과 관련하여 미 SEC의 첫 번째 내부자거래 소송에서 Deutsche 은행의 채권 영업부서와 Millennium Partners의 펀드매니저가 내부자거래 혐의로 기소되었다. 혐의가 제기된 거래는 언론계의 세계적 지주회사 VNU의 신용부도스왑거래를 통해 미화 120만 달러의 수익을 거둔 것이다. 판사는 이러한 신용부도스왑거래는 미 SEC의 관할권에 속하지 않는다는 채권영업부서의 주장을 기각하였다. 2008년 7월 영국의 감독당국은 사실상 the Body Shop의 주식을 공매도하기 위해 차액거래를 사용한 한 IT 전문가에게 벌금을 부과했다(본 장의 후반부에서 다루는 "가격 민감 정보의 이용 및 배포" 관련 사례연구 참조).

밝혀진 내용: 다양한 사례들은 감독당국으로 하여금 투자가들이 보유하고 있는 회사의 중요 파생상품 포지션을 공개토록 요구하게 하였다. The Children Investment Fund(어린이투자펀드: TCI)는 회사의 비밀 지분에 대한 공개 여부를 두고 진행된 미국 철도 네트워크 CSX와의 법정투쟁에서 패소했다. 판사의 판결에 따르면 스왑거래는 실질적 소유권을 구성한다고 간주되어야 하며, 따라서

공시 목적으로 전체 보유 주식수를 계산할 때 포함되어야 한다.

　Schaeffler 그룹과 Porsche가 각각 Continental과 Volkswagen 을 대상으로 비밀리에 진행한 인수합병 이후 유럽의 감독당국들 은 투자가들에게 중요한 보유지분을 공개하도록 요구하기 시작 했다.

추가사항 : 펀드를 제외하고는 외국인투자자에게 주식시장의 접 근을 거부했던 사우디아라비아 자본시장감독청(Capital Market Authority of Saudi Arabia: CMA)이 2008년 8월 20일 발표한 의결안 에 따르면 정식으로 인가를 받은 자의 경우 비거주 외국인 개인 또는 기관투자자들과 사우디 증권거래소(Tadawul)에 상장되어 있 는 사우디회사 주식의 경제적인 이익을 이전하는 스왑거래를 체 결할 수 있지만, 그 주식에 대한 법적소유권은 정식 허가를 받은 사람이 갖는다.

　이러한 규정은 준수해야 할 조건들과 요구사항들을 포함하고 있다. 또한 사우디아라비아 CMA의 자본시장법률의 용어사전은 차액거래를 '유가증권'에 포함시키고 있다. 스왑거래나 차액거래와 같은 금융상품들은 명백히 사우디 증권 감독당국의 규제영역 안 에 포함되어 있다.

결론 : 리서치의 관점에서, 증권 감독당국들은 전통적으로 주식 리 서치에 초점을 맞추어왔다. 앞에서 확인한 것처럼 앞으로는 감독 당국들이 신용 리서치에도 관심을 더 갖게 될 가능성이 크다. 스 왑거래와 같은 준-증권에 관한 리서치도 또한 그들의 관심대상에 포함될 것이다.

IOSCO의 규제 미적용 금융시장 및 상품에 대한 권고는 그들의 표현에 의하면 전통적인 규제기관의 영역 이상이며 따라서 전 세계적으로 어떠한 실질적 규제조치들이 도입될 것인가를 지켜보는 것은 흥미로운 일이 될 것이다.

위에서 언급한 바와 같이 리서치는 내용에 의해 정의된다. 감독당국이 세일즈와 리서치를 굳이 구분해야 할 필요성이 없으며, 만약 그 의견의 내용이 리서치의 정의를 충족한다면 견해를 밝힌 당사자의 공식적인 업무범위와 무관하게 리서치로 간주할 것이다.

예를 들어, 세일즈 담당자가 해당 회사에 관한 상세한 분석을 작성하고 이것이 좋은 투자대상인지 아닌지에 대한 개인적인 견해를 밝힌 뒤, 이 내용을 불특정 다수에게 배포한 경우를 생각해보자. 이는 리서치로 간주될 수 있으며, 특히 동 분석이 투자가가 이에 근거하여 투자결정을 내린 경우에는 더욱 그러하다. 주목해야 하는 것은 개인의 사적인 견해가 매수, 매도, 전환 또는 돈 걸기(punt) 등에 대한 명백한 조언처럼 명시적이거나 또는 가치평가나 경쟁사에 비해 할증/할인 등이 지나친지, 정당한지, 보장되는 것인지, 합리적이고 공정하며 달성 가능한지 등에 대한 주관적 의견의 피력과 같이 암시적인 경우도 있다.

만약 그것이 리서치로 간주되면 리스크 고지를 포함한 적절한 공시를 포함하여 고객들에게 동시에 공정배포되도록 승인절차를 거쳐야 한다.

증권 리서치 규제의 영역
(헤지펀드 리서치를 포함한 리서치 마케팅 담당자)

도입부 : 헤지펀드가 어느 정도까지 규제를 받아야 하는가에 대한 상당히 많은 논란이 있어 왔다. 2006년 9월 Amaranth Advisors의 미화 60억 달러의 매매손실 및 1998년 Long-Term Capital Management(LTCM)의 몰락이 이러한 논의를 활성화하기 시작했다. 뒤이어 2008년 초 Bear Stearns는 비우량주택담보대출에 관련된 파생상품거래에서 회사가 소유한 헤지펀드 중 두 개가 큰 손실을 입으며 몰락하게 되었다. 헤지펀드는 Bear Stearns와 Lehman Brothers를 몰락하게 만든 장본인으로 고발되었다. 이에 대한 내용은 추후에 더 자세히 다룰 것이다. 어쨌든 향후 헤지펀드의 규제와 관련하여 전 세계의 감독당국들은 서로 다른 결론에 도달할 것이며 어떤 규정이나 등록을 면제받기 위해 최소한으로 요구되는 금액의 한도나 조건들도 서로 다르게 적용할 것이다. 그들은 아마도 업계의 자율적인 모니터링에 어느 정도 의존할 것이다.

예를 들어 영국에서는 2008년 1월 헤지펀드 실무그룹(Hedge Fund Working Group)이 공시, 이해상충, 자산의 평가 및 리스크 관리 등에 관한 140페이지에 달하는 모범실무원칙을 발행했다. IOSCO는 2009년 6월 발행된 헤지펀드 관리보고서에서 이들의 권고를 다뤘다.

모든 경우에서 리서치 자료를 정의하는 것은 저자의 직무가 아니라 그 자료의 내용이라는 것을 명심해야 한다. 헤지펀드에 대한 의견을 전달하는 마케터(Marketers of hedgefund communications)들은 그들의 견해가 리서치로 간주될 것인가에 대해 알아야 할 필요가 있다.

세부사항 : 미국 스튜어트경영대학원의 케이스 블랙(Keith Black)과 Millennium Wave Investments의 존 마울딘(John Mauldin)은 확인 목적으로 미 NASD에 제출한 헤지펀드 리서치 자료가 첨부된 설명서까지도 미 NASD에 의해 리서치로 인정될 수 있음에 대해 이야기하였다.[13] 그 설명서는 발신자가 그 펀드를 좋아하는 네 가지 이유와 투자자 입장에서의 펀드의 적정성 또는 비적정성에 대한 평가를 포함하고 있었다. 미 NASD는 설명서를 리서치 자료로 간주하여 이에 리서치 규정을 적용하였다. 이것은 영업 자료가 결코 리서치 규정의 적용을 받으려 의도된 것이 아니며, 헤지펀드에 대한 리서치는 선행매매와 같은 남용의 위험이 덜 하므로 주식분석과 동일한 규정을 적용받아서는 안 된다는 첫 번째 논쟁에도 불구하고 최종적으로 결정된 것이었다. 두 번째 논쟁을 뒷받침하는 근거 중하나는 개별 펀드의 가격은 그 순자산가치(Net Asset Value: 기초포트폴리오 증권 가치를 포함하는 수식)이며 펀드 자체의 수요와 공급에 의하여 결정되는 시장가격이 아니라는 점이다.

결론 : 미국의 리서치 자료에 대한 정의, 즉 "투자결정에 기초가될 수 있는 합리적으로 충분한 분석 또는 정보"는 이론적으로 모든 투자조언자 또는 세일즈 담당자가 투자자로 하여금 특정

투자 상품에 투자하도록 강력히 권고하는 경우도 포함시킬 정도로 광범위하다. 이에는 헤지펀드 마케터도 포함될 수 있다. 만약 감독당국이 리서치 자료를 발행하는 마케터와 중개업자를 애널리스트로 간주한다면, 관련자의 등록 요건 및 리서치 보고서의 공지 요건 등이 필수적으로 요구된다.

리서치 보고서와 비리서치 보고서를 구분하는 것은 매우 어려우며 몇몇 회사들은 아래의 예에서 보여주듯 애널리스트 및 다른 전문가들을 세일즈 부서와 트레이딩 부서에 배치함으로써 그 경계선을 넘나들고 있다.

사례 ••••

증권 리서치 규제의 영역
(영업 전문가로서 애널리스트)

개요 : 2006년 5월 8일자 Financial Times지 기사에서 우리는 Lehman Brothers가 애널리스트들을 세일즈 및 트레이딩 부서에 배치함으로써 그들이 언제 어떤 의견을 제시하는 것에 관한 제약으로부터 자유롭게 해주었다. 세일즈 및 트레이딩 부서의 전문가로서 그들은 기존 형식의 리서치 자료를 작성하지는 않았으나 시장의 사건들에 신속하게 대응하고 인지한 매매기회에 대해 특정 고객들에게 전화하여 선별적으로 의견을

전하는 데 있어 자유롭다고 생각했다.

　어디 소속인지는 명확하지 않으나, 해당 기사에서 인용된 한 감독당국 임원은 영업 데스크의 애널리스트들이 고객정보를 은행 고유자산운용부서와 공유하지 않는 한 문제는 없을 것이라고 의견을 밝혔다.

결론 : 동 사안에 대한 필자의 견해는, 현재는 사라진 글로벌 투자은행으로서의 Lehman Brothers와는 상관없이, 선별적인 고객들에게 '리서치 자료'를 전달하지 않는 한 그들 전문가들은 세일즈 담당자 및 트레이더로서 자유롭게 활동할 수 있으며, 선별적으로 고객들에게 전화로 의견을 제시할 수 있다.

　전 세계의 감독당국들이 이런 전문적인 세일즈 담당자/트레이더와 선택적 고객들 간의 의사소통을 용인할 것인지, 그리고 다른 고객들이 이러한 선택적 대우에 대하여 불만을 제기하지 않을 것인지는 아직 지켜볼 일이다.

　또한 나의 이전 동료인 폴 시한(Paul Sheehan)이 상기시켜준 대로, 트레이더들의 전화통화는 변함없이 녹음되며, 이는 감독당국이 전문가의 의견제시가 자신도 모르게 '리서치 자료'의 영역으로 넘어가는 경우 이를 쉽게 포착할 수 있도록 할 것이다(Goldman Sachs 애널리스트와 트레이더 간의 선행매매 및 선택적 배포에 관한 아래의 사례연구 참조).

모든 감독당국은 애널리스트, 중개업자, 투자자문 담당자에게 관련된 전문자격의 등록을 요구한다. 그러나 이것은 감독당국들이 증권 및 투자전문가의 활동을 통제하는 소위 앵글로색슨 형태의 시장에만 국한되는 것이 아니다. 2008년 5월 인도 증권거래소위원회(SEBI)는 금융중개업자에 대해 인허가 취득을 필수로 요구하는 인도 증권거래위원회(중개업자 관련) 규정을 발표했다.

태국의 2009년 7월 30일자 Bangkok Post지는 헤드라인을 "무인가 중개업자가 새로운 위협으로 등장하고 있다"는 제목으로 장식하였다. 같은 해 상반기, 태국 감독당국은 인가 없이 불법적으로 중개업을 수행하고 선물계약을 판매한 5개 회사에 대하여 법적 조치를 단행했다. 다음의 사례연구는 중국 감독기관들이 인가를 받지 않은 투자자문 사업자들에게 어떻게 철퇴를 가하는가에 관해 소개한 것이다.

사례연구

증권 리서치 규제의 영역(종목 팁을 제공하는 블로거들)

개요 : 중국의 법률은 중국 증권감독관리위원회(CSRC)의 승인을 받지 않은 증권 자문 업무를 금지하고 있다. 2008년 5월 23일 신화통신은 'Big Brother Leader 777'이라 불리는 자칭 중국증권시장 예언가가 인터넷을 통해 불법적으로 주식에 대한 정보를 판매한 것과 관련하여 징역 3년과 벌금 60만 위안을 선고받았고, 그가 거둔 불법적 수익은 압수 조치되었다고 전했다.

세부사항 : 2007년 7월 13일자 FT지의 보도에 따르면, 중국 북동쪽에 위치한 장춘 시 경찰청은 인터넷 블로거 WXJ의 무허가 투자 상담 업무에 대해 조사한 후 그를 체포하였다. 'Big Brother Leader 777' 또는 주식매매자들 사이에 '수호성인'으로도 알려진 그의 종목 제안은 그가 운영하는 사이트를 중국 내 가장 인기 있는 사이트 중 하나로 만들었으며, 그에게 천만 위안의 수익을 가져다준 것으로 알려졌다. 보다 구체적으로, 법원은 그가 2006년 5월부터 2007년 5월까지 16명에게 투자자문을 하여 20만5천 위안을 벌어들였음을 알게 되었다. 그의 체포 당시 FT지와의 인터뷰에서 변호사들은 그의 구금이 비공식 투자회사들에 대한 보다 광범위한 조치의 일부분인지는 아직 명확하지 않다고 언급했다. 그러나 2007년 7월 27일 신화통신의 보도에 따르면 중국증권감독관리위원회는 인터넷에서 활동 중인 무인가 주식상담업무 11건을 적발했다. 그리고 같은 해 10월 11일 SCMP지의 보도에 따르면 상해 경찰이 개인투자자들에게 매매 자문을 제공한 혐의로 두 명의 무면허 주식 트레이더를 체포했다.

China Daily지의 보도에 따르면, 이런 조치들은 마침내 2009년 4월 새로운 규정의 도입을 가져와, 중국의 모든 증권 중개업자는 표준전문가 시험에 합격해야 하며 중국금융투자협회에 정식으로 등록해야 한다.

추가사항 : 한국의 유사한 사례로 '미네르바'라는 이름의 한 블로거가 2009년 1월 체포되었다. 그는 인허가를 받지 않아서가 아니라 비관론적 의견으로 금융시장의 기반을 약화시킨 혐의로 기소되었다. 크리스티앙 올리버(Christian Oliver)는 FT지에 기고한 글을 통해

위 사례는 세계에서 가장 인터넷 망이 잘 구축된 국가에서 온라인을 통한 소문의 점증적 영향력에 대한 정부당국의 우려를 잘 묘사한다고 주장했다. 'Big Brother Leader 777'과 같이 미네르바는 헌신적인 추종자들을 모았고 Lehman의 붕괴에 앞서 정확히 시장을 예측했다. 최소한 이 사례에서는 피고인이 행복한 결말을 맺었다. 그는 무죄를 선고받았다.

결론 : 혹자에게는 중국 법이 가끔 변덕스럽게 보일지라도, 중국 당국이 주식 조언의 제공을 심각하게 여기는 것만은 확실하다. 증권 투자조언을 제공하는 무면허 전문가들(블로거 등)은 중국 및 전 세계 감독당국들의 잠정적인 표적이다. 이전에도 강조했듯이, 증권 리서치 자료는 그 내용에 의하여 정의되며, 이를 공표하는 사람의 담당업무가 무엇인지는 문제가 되지 않는다. 리서치 또는 투자자문으로 간주되는 자료를 발간하는 경우 그들은 적절한 절차를 준수해야 한다.

한국과 중국의 블로그 관련 사례들은 모든 감독당국이 점증적으로 마주하게 되는 소위 시민 저널리즘에 의해 야기된 문제를 강조하고 있다. 다음의 예에서 이에 대해 좀 더 논의해보자.

혹자는 어떻게 언론의 공식적인 저널리스트나 해설자들이 주식을 논의하거나 조언한다는 추측을 피해나갈 수 있는지 궁금해 할 것이다.

증권 리서치 규제의 영역

(언론사 논평자들)

배경 : 일반적으로 말해, 최소한 민주주의 국가들에서는 승인된 언론계 종사자들은 뉴스를 제공하거나 견해를 피력하는 일에 있어 일종의 보호권이 있다. 민주적으로 선출된 사회에서 감독당국이 "국가이익(제2장 기업지배구조에 관한 사례연구 참조)"을 앞세워 공공의 이익에 반하는 주장을 제기하는 것은 어렵다. 그럼에도 불구하고 언론계 종사자들은 종종 언론의 자유, 중상모략, 자료출처의 보호 등에 관하여 감독기관과 논쟁을 벌이곤 한다.[14]

뉴스 기자 또는 방송진행자 등은 일반적으로 증권 감독당국의 감독을 받지 않는다. 예를 들어 뉴스미디어는 미국의 규제인 애널리스트 의무 확약 규정으로부터 면제되며, 유럽의 감독당국도 유사한 예외 조항을 제공한다. 제3장에서 다루게 될 Overstock.com에 관한 사례연구에서는 미 SEC가 저널리스트에게 소환장을 발부한 것은 매우 예외적인 것이라고 인정했다.

그러나 미디어의 민주화, 즉 시민 저널리스트, 블로거, 트위터 사용자에 의한 뉴스와 견해의 수집 및 배포는 감독당국에게 심각한 문제를 야기하고 있다.[15]

또한 이 책 전반에 걸쳐 다루고 있듯이, 특정 증권에 대한 심층적 분석 및 추천은 다양한 문제들을 지적하며, 그 문제들은 관련자들이 넘어야 하는 장벽이 될 것이다. 감독당국들은 투자자 보호를 위해 증권 리서치 자료를 제공하고 심층적 분석에 의해 뒷받침되는 증권 투자 조언을 제공하는 자들에게 언제나 훨씬 엄격한 관리감독 기준을 적용한다.

세부사항 : 미국에서 세간의 이목을 집중시키고 종종 논란을 불러일으키기도 하는 짐 크래머(Jim Cramer)는 CNBC방송을 통해 그의 견해와 종목추천을 전한다. 그는 동시에 미 SEC에 투자자문가로 정식 등록된 TheStreet.com의 중역이기도 하다. 크래머는 TheStreet.com의 투자자문가 등록 관련 서류에 투자조언을 결정하는 사람들 중 하나로 나타나 있으며, 그의 투자 활동과 경험은 그 등록 서류들에 상세히 기록되어 있다.

홍콩에서 폴 퐁(Paul Pong)은 SCMP지에 정기적으로 시장 상황에 관한 논평을 기고한다. 그는 칼럼 상단에, 자신은 애널리스트이며 Pegasus Fund의 책임자라고 명시한다. 그의 중국 이름 퐁포람(Pong Po Lam)은 '증권에 대한 자문'이 그 사업 활동에 포함되어 있는 Pegasus Fund Managers의 허가된 책임 관리자로 홍콩 SFC에 등록되어 있다. 퐁은 2008년 10월 5일까지 "포트폴리오 구성하기"에 관한 조언을 발표하기도 했다. 그러나 편집자의 주석에 의하면, 그는 전문 펀드매니저로서 갖는 의무와의 잠재적 이해상충 때문에 포트폴리오 구성에 대한 자문을 중단하였다.

본 장의 후반부에서 다룰 "전 세계적인 규제 강화(중국)" 사례 연구에서 우리는 Beijing Shoufang Investment Consulting 대표가 주식조작으로 벌금을 부과받은 것을 보게 될 것이다. 그는 CCTV(중국 관영TV)에서 방영된 증권 조언 프로그램의 고정 출연자이기도 했다. SCMP지의 보도에 따르면 그는 증권 산업에서 영구히 퇴출되었으며 증권해설가의 자격도 박탈당했다.

추가사항 : 개인이 투자 조언을 제공할 수 있도록 등록되었는지의 여부와는 관계없이, 모든 해설가들은 여전히, 내부자거래, 루머 유포 등 시세조종에 관련한 증권 관련법규를 위반하지 않도록 조심해야 한다. 2008년 10월 15일자 International Herald Tribune은 노암 콘(Noam Cohn)이 작성한 "웹이 루머를 보다 빠르게 제조 배포하고 있다"라는 제목의 글을 실었다. 여기에 나온 이야기들 중 하나는 CNN이 후원하는 시민 저널리즘 사이트 ireport.com에 Apple사의 대표인 스티브 잡스가 병원에 긴급히 실려 갔다는 루머가 올라온 것과 관련하여 미 SEC와 CNN이 조사에 착수한 것이다. International Herald Tribune는 Apple사의 주가를 5% 하락하게 한 이 이야기를 "근거 없는 기사"로 간주하였다. 이것이 바로 루머의 힘이다. 말이 나온 김에, 2009년 1월 잡스는 샌프란시스코 Macworld에서의 기조연설을 하지 않았고, 이후 그의 상황이 처음 예상했던 것보다 훨씬 좋지 않았다고 인정했다. 몇 달 뒤 그는 간 이식수술을 받았다. "아니 땐 굴뚝에 연기나랴"라는 옛 속담이 종종 맞는 듯하다.

결론 : 몇몇 시장에서는 규제대상이 아니면서 심층분석을 통해 구체적인 증권 추천을 제공하는 평론가들이 있을 수 있으나, 좀 더 선진적인 시장들에서는 그런 전문가들이 규제의 적용을

받으며 또한 적합한 사전 경험이 있어야만 한다.

필자가 한 가지 더 언급하고 싶은 것은 리서치 자료에 대한 정의와 관련하여 규정 위반에 해당되기 위해서는 리서치 자료의 제공자가 그의 서비스를 제공받은 자에게 반드시 어떠한 보상을 받아야 한다는 조건이 명시되어 있지 않다는 것이다. 그러나 감독당국이 부과할 과태료를 결정할 때에는 분명히 투자자문가가 받은 수수료나 비용을 고려할 것이다. 감독당국은 또한 해설가들이 그들이 추천하는 회사의 주식을 사전에 매수하고 이를 공개하지 않았는지 주의를 기울일 것이다. 만약 그가 동 주식의 성과에 이해관계가 있다면 그는 동 종목을 추천함으로써 이해상충에 노출될 수 있기 때문이다.

튼튼한 자기방어의 기반으로서 언어의 자유에 대한 언론집단의 열망에도 불구하고, 공식적으로 승인된 언론인과 익명의 블로거 모두 여전히 책임을 져야 하며, 법적 또는 윤리적 한계를 위반하지 않도록 주의를 기울여야 한다. 물론 자율규제와 영업행위 규제의 측면에서 이런 두 범주의 저널리스트들 사이에는 커다란 격차가 있다. 그들이 속한 범주가 무엇이든 간에 사람들은 말하고자 하는 모든 것을 다 말할 수는 없다. 그러나 일반대중에게 자신이 하고 싶은 말을 하는 것이 세계의 변화 방향인 듯하다. 소위 말해 트위터링 또는 마이크로 블로깅 사이트인 StockTwits.com은 자기 자신을 '개방적이며 공동체에 의해 권위가 부여된 투자 관련 아이디어와 정보를 제공'하며 '보통사람을 위한 블룸버그'라고 소개한다. 이 사이트는 또한 사용자들이 '트레이더와 투자자들을 엿들을 수 있으며 의사소통 과정에 기여할 수 있고, 현명한 시장의 귀재로서의 명성을 쌓아갈 수 있다'고 홍보하고 있다. 감독당국이 트위터와 블로거에 의한 루머 유포를 얼마나 효과적으로 통제할 수 있는지는 지켜봐야 할 것이다.

적절한 내부 승인절차의 대상인 애널리스트들은 일반적으로 다음과 같은 질문들을 자문하여 그들의 주장이 리서치 자료에 해당하는지 결정할 수 있다. '내가 현재 작성하고 있는 자료가 상업적이거나 부가 가치를 창출하는지 그리고 세일즈 부서가 고객에게 동 종목에 투자하도록 추천할 때 사용할 수 있는 정보인지? 이것이 나의 몇몇 고객들에게 뿐만 아니라 해당 회사에 관심을 가질 수 있는 모든 고객들에게 유용할 것으로 예상되는 정보인지?' 만약 위의 두가지 질문 중 어느 하나의 질문에라도 '그렇다'라고 답하면, 아마도 애널리스트는 그 글을 공식적인 투자결론을 포함한 리서치 자료로써 모든 고객에게 공표해야 할 것이다.

발간된 모든 자료는 책임의 소재를 명확히 하기 위해 그것이 리서치 자료이든 아니든 간에 정식으로 등록되고 인가된 저자들에게 귀속되어야 하며, 그들의 역할과 연락처가 명시되어 있어야 한다(제4장의 '비리서치 자료' 해설과 이메일에 관한 토의 참고).

필자는 현업 종사자들이 그들의 승인 및 공표와 관련된 리스크를 최소화하는 데 도움이 될 만한 몇 가지의 고민들로 '리서치 자료에 대한 감독과 통제' 및 '리서치 자료의 영역'에 대한 장을 마무리하는 것이 유용할 것이라 생각한다. 다음의 의사결정지도(decision-tree) 형태는 적어도 필자 생각에는 리서치 자료 관리자들이 유용하게 이용할 수 있는 자료라고 생각한다.

승인 및 공표와 관련된 리스크 최소화

문제: 필자는 중대한 시기에 색다른 발간 요구에 직면한 리서치 준법감시인으로서 다음 두 기본적 사항에 관하여 자문하고자 한다.

1. 이것이 새로운 '리서치 자료'(즉 이에 근거하여 투자결정이 수행될 수 있는 분석 및 충분한 정보)인가?
2. 애널리스트가 사용한 정보는 "공개된" 것인가 아니면 "미공개"(아직 일반대중은 접근 불가능한 중대하고 가격에 민감한 영향을 끼치는 정보) 정보인가?

의사결정: 만약 그것이 공개된 정보를 기초로 한 객관적인 "비리서치" 해설이라면 누구에게나 배포될 수 있다. 그러나 만약 그것이 새로운 리서치(특히 상업적 목적을 가진 경우)로 간주된다면 반드시 모든 고객에게 공정하게 공표되어야 한다. 그 절차는 다음의 사항들에 대한 확인을 포함한다.

● 저자가 필요한 허가와 등록을 마쳤는지.
● 모든 실체적으로, 인지된 또는 예상되는 이해상충이 적절하게 관리되고 있는지, 즉 비즈니스 관계 리스트가 확인되었고 리서치에 대한 적절한 공시가 포함되었는지.
● 사용된 정보는 공개된 것이며, 중대하거나 가격에 민감

하며 비공개된 정보는 사용되지 않았는지.

● 해설이나 견해가 사실 또는 합리적인 가정에 근거하며 명예 훼손의 문제를 야기시키지는 않는지.

● 투자의 리스크가 강조된 상태에서 모든 추천, 목표가격 또는 이익 추정이 정당화될 수 있으며 일관성이 있는지.

● 해당 리서치 자료가 애널리스트가 내부 영업부서, 고유 자산운용 트레이더 또는 선별적 투자가들에게 공개되기 전에 이미 모든 고객을 대상으로 배포되었는지.

● 내부 승인절차가 기록되었고, 감독당국 또는 법원이 요청할 경우 리서치 자료를 쉽게 조회할 수 있도록 보관하고 있는지.

실제로 80대 20의 규칙이 적용될 수 있는데, 이는 승인자 시간의 80%가 자료량의 20%를 할애할 필요가 있다는 것이다. 승인자는 세부사항의 늪에 빠져 나무를 보다가 숲을 놓쳐서는 안 된다. 초점을 맞춰야 하는 부분들은 다음과 같다.

● 첫/표지 페이지
● 투자개요
● 인수합병 논의
● 재무모델을 포함하는 모든 예측치
● 가치평가 및 리스크를 다룬 부분
● 공시 페이지

적어도 그 내용이 과거에 일어난 사실이라면 위에 열거

한 사항의 세부내용에 너무 많은 시간을 할애할 필요가 없을 것이다. 나의 오래된 친구 Euromoney지의 토니 셰일(Tony Shale)이 말했듯이 "나머지 부분은 별로 중요하지 않다."

예를 들어, 어떤 애널리스트들은 분기결과에 대한 자세한 정보를 제공하는 여러 부분으로 구분된 수많은 페이지들이 고객들에게 매우 유용할 것이라고 생각할 수 있다. 하지만 이러한 세부사항 부분은 감독당국의 관점에서 볼 때 상대적으로 낮은 리스크를 갖는다. 낮은 리스크를 갖는 세부사항은 회사의 연역, 상품 종류, 고객현황 등이 포함된다.

만약 애널리스트가 사용하는 정보가 '사적인', 즉 중대하고, 가격에 민감한 것으로 간주된다면,

● 리서치 준법감시인 또는 리서치 책임자는 애널리스트들이 그 문제를 그들의 동료들과 의논하지 않게 하여 그들의 동료들까지 정보차단벽을 넘지 않도록 (그래서 그들이 그 회사에 대한 보고서를 작성하는 것이 방지될 수 있도록) 해야 한다.
● 애널리스트 또는 준법감시인은 관련 회사로 하여금 그 정보를 공개토록 요구할 필요가 있으며,
● 만약 관련 회사가 그 요청을 거부할 경우, 준법감시 부서는 감독당국에게 이것을 알리는 것을 고려할 수도 있다.

정보가 공개되거나, 더 이상 중요하지 않고 가격에 민감하지 않은 경우, 애널리스트는 그 리서치 자료를 발간할 수 있다. 궁극적으로 해당 자료의 승인자는 그 자료의 발간을 통해

증권회사 또는 저자가 특히 이해상충, 선행매매, 내부자거래, 투자 리스크에 대한 고지 및 중상모략 등의 혐의를 받지 않도록 확인해야 한다.

이런 측면들은 이 장의 나머지 부분과 다음 장에서 좀 더 상세하게 논의할 예정이다. 공표 과정에서 실수가 발생하는 경우 어떻게 대처해야 하는가에 대해서는 제5장의 '오류 수정' 관련 부분을 참고하면 된다.

정직성 및 고객들에 대한 동등한 대우

몇몇 애널리스트들은 특히 미국의 경우 증권 규정들이 그들의 업무 활동에 있어 지뢰밭 또는 장애물로 작용한다고 의견을 표명하곤 한다. 필자는 몇몇 시장에서는 과도한 규제로 인한 리스크가 존재한다는 것을 인정한다.

그러나 필자는 감독규정이 통상 관대하거나 구체적이지 않기 때문에 만약 애널리스트들이 정직한 동기를 갖고 고객들을 동등하게 대우하기만 한다면, 그 규정들은 오히려 광범위한 자유로운 업무 수행의 여지를 그들에게 제공한다고 생각한다. 증권 감독규정의 존재 근거는 시장의 정합성과 일반대중의 신뢰성을 유지하고 투자자의 이익을 보호하기 위해서이다. 만약 자본이 효율적, 효과적으로 조달 및 배분되지 않는다면 자본주의 체계는 뿌리째 흔들리게 될 것이다.

2007-2009년의 금융위기로 금융 관련 규정의 광범위한 개정을 촉구하는 목소리가 높아졌다. 그러나 이런 요청들은 필연적으로 은행의 자본적정성, 은행가의 보수, 헤지펀드 및 파생상품 등에 관한 사항에 대하여 좀 더 많은 관심을 기울이게 만들었다. 애널리스트 관련 규정들은 이미 선진국 시장에서는 잘 갖추어져 있으며, 신용평가기관 관련 규정들은 몇몇 시장에서는 아직 부족하나 금융위기로 인하여 추후에는 이들도 분명히 강화될 것으로 보인다.

사례 ●●●●

미 SEC 및 FINRA가 언급한 일반적 위규 사례들

- 인허가를 받지 않은 중개인이 증권거래를 권유하는 행위, 또는 선물거래중개인이 정식 등록되지 않은 채로 애널리스트의 역할을 수행하도록 허용하는 것
- 고객들을 동등하게 대우해야 하는 중개인의 책임을 위반하는 것
- 내부자거래: 증권에 관한 중요한 미공개정보를 보유하는 동안 신뢰와 확신의 관계를 깨고 증권을 매매하는 행위
- 증권의 시장가격을 조종하는 것
- 애널리스트에 대한 투자은행 부서의 부적절한 영향력 행사
- 리서치 부서와 투자은행 부서에 대한 부적절한 감독
- 고객에게 매도하는 증권의 안전성과 유동성에 대해 허위 진술
- 공표된 리서치 자료가 오해의 소지를 갖고 있거나, 과장되

었거나, 정당하지 않거나, 합리적인 근거에 의해 뒷받침되지 않는 의견을 포함하거나, 중요한 사실을 감추거나, 투자 리스크에 대한 경고를 생략하거나, 이해관계에 대한 고지가 불충분한 경우
- 고지하지 않고 리서치에 대한 대가를 수취하는 행위
- 요청 받았을 때 신속한 의사소통 과정을 거치지 않는 경우

　2003년과 2006년 사이 미국 감독당국과 대형 글로벌 투자은행 간의 리서치에 관한 합의과정에서, 증권회사들뿐만 아니라 개별 애널리스트들과 그들의 리서치 부서 관리자들도 벌금을 부과받았다.
　리서치 회사가 애널리스트에게 도움을 줄 수 있다고 생각하는 부분들은 증권 면허, 등록, 법적 주석(legal disclaimer) 및 리서치 보고서 공시와 같은 기술적인 부분들을 별도로 치더라도, 고객을 동등하게 대우하고 성실하게 행동하는 정직한 애널리스트는 소위 지뢰밭이라고 하더라도 이에 대하여 걱정할 필요가 전혀 없다는 것이다. 애널리스트는 고객의 입장에서 항상 고객들에게 동등하게 대우해야 한다. 그들은 그들이 작성하고 있는 것이 고객들에게 오해하게 하거나, 편견을 갖게 하거나, 불이익을 받게 하지는 않는지 항상 자문해야 한다.
　애널리스트들은 추천, 예상치 및 목표가격/가치평가의 새로운 제시 및 변경을 포함하는 그들의 새로운 리서치가 회사의 공식 공표 시스템을 통해 발간되어 모든 고객이 이를 동시에 접할 수 있게 해야 한다. 다시 말해 그들은 세일즈 부서 또는 선호 고객들에게 선별적, 우선적으로 그 내용을 공개해서는 안 된다.

선진국의 감독당국들은 특히 리서치의 공정배포, 내부자거래 및 이해상충에 관하여 증권규정을 위반한 애널리스트와 중개업자를 엄중히 단속함으로써 미국의 선례를 따랐다. 글로벌 증권회사의 지역 대표 또는 지점은 효과적으로 미국 규정과 규율의 적용을 받는데, 이는 자율감독기관인 미 FINRA의 회원 자격 또는 미국에서의 마케팅 활동 때문이다. 그러나 또한 그들은 전 세계의 여러 국가들의 규제 대상이 될 가능성이 높다.

사례

전 세계적인 규제 강화(홍콩)

시장비리행위 : 홍콩 SFO 규정이 2003년 4월 1일 발효되었다. 홍콩 SFO 규정은 다양한 기존 규정들을 통합하고 국제 수준에 맞춰 이를 발전시켰다. 이 중 애널리스트들에 관한 중요한 사항들은 다음과 같다.

내부자거래의 경우 이제 민사상 또는 형사상 위반 중 어느 쪽으로도 처리될 수 있게 되었다. 증거기준은 형법상 위반의 경우 더 높으나, 유죄선고로 인한 벌칙은 그만큼 훨씬 가혹할 수 있다. 2008년 7월 최초의 형법상 유죄 판결이 내려졌다. 골프클럽 제조회사인 Sino Golf의 재무책임자는 그룹의 주요한 채무자의 파산 발표 전에 그룹이 보유하고 있던 주식을 매도하여 6만 홍콩달러의 주식가치 손실을 회피할 수 있었다.

이 책의 독자에게 좀 더 밀접한 사례로는 같은 달 Morgan

Stanley의 전 채권담당부서 상무 Mr. DJ가 베이징을 출발해 홍콩국제공항에 도착하자마자 체포된 사건이다. 그는 그가 당시 카자흐스탄에 있는 유전의 매매와 관련하여 CITIC Resources에 재무자문을 해주던 당시, 8,700만 홍콩달러에 달하는 해당 회사의 주식을 매수한 혐의로 기소되었다. Mr. DJ는 혐의를 부인하였지만, 2009년 9월 유죄 판결이 내려져 징역 7년과 2,330만 홍콩달러의 범칙금을 선고받았다.[16]

다른 하나의 형사상 시장조작 사례는 Asia Standard Hotel Group(ASH)의 주식에 관한 것이다. 네 명의 투자자는 자기들끼리 반복적으로 거래하여 많은 투자자들의 관심이 있는 것처럼 가장하여 해당 주식의 가격을 거의 80%나 상승하도록 한 시세조종 혐의로 2009년 11월 유죄를 선고받았다. 증권거래를 유도하기 위해 허위 또는 가장의 정보를 공개, 유포 또는 전파하는 시장비위행위도 마찬가지로 민법 또는 형법상의 범죄로 처리될 수 있다.

형법상 징계로는 최고 10년 투옥 또는 최고 1천만 홍콩달러에 달하는 범칙금이 부과된다.

또한 주목해야 할 것은 관련 규정하에서는 해당 정보가 거짓이거나, 중요한 사실을 포함하거나 생략함으로써 오해를 불러일으킬 수 있다는 것을 인지하고 있는 경우뿐만 아니라, 관련 사안에 대해 단지 과실이 있거나 태만한 경우에도 법규 위반에 해당한다는 점이다.

이해상충 : 홍콩 SFC는 2005년 4월 애널리스트의 이해상충 문제를 해결하기 위해 새로운 리서치 공시 요건을 영업행위준

칙에 추가적으로 도입하였다. 이 새로운 조치는 2003년 9월 IOSCO가 발행한 일반 원칙들을 고려한 것이다. 이는 애널리스트 및 그가 속한 회사가 해당 회사들에 갖는 이해관계 또는 이들과의 관계에 대한 고지를 포함하는 것이다. 그들은 또한 홍콩 시장의 실질적인 요구사항들도 함께 고려했다. 새로운 구체적 조치들은 다음과 같다.

- 애널리스트들에게 적용되는 리서치 자료 발간 전(증권 가격에 영향을 미칠 수 있는 주요한 사건이 발생하는 경우 이것이 공개된 정보라면 제외) 30일간, 공표 후 3일간의 거래 금지 기간
- 애널리스트 자신의 투자 추천에 반하는 증권거래의 금지
- 언론에 출연 시 애널리스트들의 이름 및 자격 상태 공시

주목할 것은 동 조치는 상장주식, 주식워런트 및 옵션에만 적용되며, 채권은 이에 해당되지 않는다는 것이다(이해상충에 관한 일반 원칙 및 글로벌 증권시장에서의 일반적인 공시요구에 관한 세부사항은 제3장 참조).

다른 조치 : 여기에는 스폰서와 준법감시부서를 다루기 위하여 2006년 4월 발간되고 2007년 1월 부록에 첨부된 홍콩 SFC의 "적합하고 적절한 가이드라인"(제2장 Deloitte Touche Tohmatsu 및 ICEA Capital 관련 사례연구 참조)과 2005년 발효된 HKEx의 기업지배구조 실천규약이 포함된다.

전 세계적인 규제 강화(중국)

세부사항 : 우리는 앞에서 다룬 소위 "Big Brother Leader 777"
이라 불렸던 주식 추천 블로거의 사례에서 이제 중국에서 증
권조언을 제공하기 위해서는 CSRC에 등록되어 있어야 하며
증권중개인은 전문자격 시험에 합격해야 한다는 것을 확인했
다. 중국 감독당국은 시장규정의 여타 측면에서도 좀 더 엄격
해지고 있다.

2007년 1월, CSRC는 정보의 고지에 관한 새로운 규정을 도
입하고, 2007년 9월 6일 Dows Jones Newswire는 CSRC의
부회장 판 푸춘(Fan Fuchun)의 말을 인용, 감독당국은 주식시
장에서의 위규행위를 근절하기 위하여 주식거래소 및 공안당
국과의 업무협력 관계를 강화할 것이라고 전했다. 그는 계속
해 "최근 들어 주식거래가 점증적으로 활발해짐에 따라 내부
자거래가 보다 만연해지고 시세조종 형태의 유형이 훨씬 복잡
해짐에 따라 결과적으로 시장질서가 심각하게 교란되고 투자
자의 이익은 훼손되고 있다"고 주장했다.

이러한 말은 진정한 자본주의자의 언어가 아닌가! 어찌된
일인지 2008년 2월 4일 중국 저장성의 지방법원은 Hangxiao
철강회사의 주식에 대한 내부자거래 혐의로 3명에게 각각 18
개월에서 30개월까지의 징역을 선고하였다. 2008년 5월 13일
SCMP지에서 보도된 바에 따르면, 최고인민회의 행정장관과
공안장관은 공동발표에서 "내부자정보를 이용하여 15만 위안

이상의 이익을 취하는 자는 법정 기소될 것"이라고 밝혔다.

2008년 11월 22일자 신화통신의 보도에 의하면 CSRC는 Beijing Shoufang Investment Consulting의 대표를 시세조종, 즉 이 책의 전문용어로 좀 더 명확하게 설명하면 선행매매와 관련하여, 1억2,500만 위안의 범칙금을 부여했다. 신화통신에 의하면 그는 해당 종목을 고객들에게 추천하여 그 가격을 상승시키기 전에 해당 주식들을 매수했다. 범칙금은 부적절하게 취한 이익금과 일치했으며 이익금은 모두 압수당했다. CSRC는 또한 동일한 위반사항으로 Wuhan Xinlande Investment Consultancy에 735만 위안의 범칙금을 부과했다.

또 다른 형태의 내부자거래 관련 판결은 2009년 1월 선두주자인 중국증권회사 Guangfa Securities의 전임 사장이 징역 4년을 선고받고 투옥된 사례이다. FT지에 따르면 그는 Guangfa가 이미 상장되어 있는 회사를 인수함으로써 상장을 모색하고 있다는 사실을 그의 형제에게 흘린 혐의로 기소되었다.

처벌기준은 2009년 12월, Great Wall Trust and Investment Corp(후에 China Galaxy 증권으로 개명)의 수석 트레이더가 횡령 및 착복 혐의로 처형되면서 더욱 엄격해졌다. 이는 매우 중대하고 심각한 일이다.

결론 : 2007-2009년의 글로벌 금융위기 이후, 중국은 전 세계 증권 규제의 여러 측면 중에서 가장 건실한 부분만을 선정하여 사용하고, 오류가 있다고 생각되는 부분은 피함으로써 효과적이고 효율적인 감독 시스템을 개발할 수 있는 기회를 가졌다.

전 세계적인 규제 강화(일본)

개요 : J-SOX(미국 사베인스-옥슬리 법의 일본판)라는 별칭이 붙은 일본의 금융상품거래법은 이전의 법률을 통합하고 이를 바탕으로 수립되어 2007년 9월 30일 처음 시행되었다. 이전 규정들을 통합하는 과정에서 증권회사와 투자자문사는 다른 투자기관들과 함께 '금융투자회사'로 구분되었으며, 해당 회사들은 고객들을 '전문 투자자' 혹은 '일반 투자자'로 구분해야 한다.

세부사항 : 홍콩에서와 같이 시장조작 행위에 대한 최고 징역 및 벌금을 상향시켰다. 그러나 이상하게도 일본의 입법자들은 내부자거래를 분명 다른 형태의 조작행위보다 가벼운 범죄로 간주한다. 예를 들어 그들은 일반적인 불공정거래, 루머의 유포, 사기성 방법에의 의존, 시장조작에 대해서는 최고 징역형을 10년으로 증가시켰다. 그러나 내부자거래에 관한 최고형은 단지 이전의 3년에서 5년으로 강화되었을 뿐이다.

범칙금은 다음과 같이 증가되었다. 첫 번째 범주에 속하는 위법행위의 경우 개인은 5백만 엔에서 5천만 엔까지, 법인은 5억 엔부터 최고 7억 엔까지이며, 내부자거래의 경우 개인은 3백만 엔에서 5백만 엔, 법인은 3억 엔에서 최고 5억 엔까지 부과한다.

애널리스트와 투자자문담당자 관련 다른 조치들에는 거래

구조 및 손실 리스크에 관한 적절한 설명을 해야 할 의무가 포함되었다. 설명의 범위는 거래의 목적뿐만 아니라 고객의 지식, 경험 그리고 재무 상태에 따라 결정된다.

일본 FSA(Financial Services Agency)는 법에 대한 자체의 설명서에서 "금융상품회사가 만약 금융상품을 매매함에 있어서 충분한 설명을 하지 않았다면, 해당 회사는 책임이 있든 없든 원금에서 발생한 손실에 대해 보상해야 하는 책임을 진다"고 명시했다.

금융위기 이후, 일 FSA는 파생상품 거래 및 헤지펀드 관련 문제들을 해결할 조치를 도입할 예정이라고 발표했다.

결론 : 범칙금이 다소 인상되었지만, 예를 들어 위에서 언급한 바와 같이 홍콩의 경우 최고 1천만 홍콩달러의 범칙금을 부과하는 것은 다른 위반사항에도 적용되는 정도만큼 그리 엄격해 보이지는 않는다. 그럼에도 불구하고 수년간의 징역형이나 적발 시의 수치심 등은 대부분의 시장 참여자들에게 범죄 억제의 효과를 갖는다.

추가사항 : 2008년 1월 19-25일자 Economist지는 일본의 감독관행이 왜 다른 선진시장의 감독관행들과 특정 부분들에서 차이를 보이는가에 대해 흥미로운 통찰력을 제공했다. 일본감독당국은 개인보다는 회사를 처벌하는 경향이 훨씬 강하며, 아마도 이는 집단책임에 관한 사회적인 풍토와 실제로는 책임이 없다 하더라도 처벌을 감수하는 임원진들의 전통적 성향 때문일 것이다. 게다가 금융범칙금은 상대적으로 비효율적이라 간

주되었는데, 이는 회사가 범칙금을 좀 더 높은 가격으로 고객에게 전가할 수 있기 때문이다. 사업의 일시적 폐쇄 조치도 수입과 명성에 대한 악영향 때문에 종종 선호되는 처벌방식이다.

최근 세간의 이목을 끈 사례는, 2009년 6월 일 FSA가 Citigroup으로 하여금 한 달 동안 개인고객들을 대상으로 하는 금융상품 영업을 중단토록 한 것이다. 위 조치의 이유는 회사가 자금세탁 등의 혐의거래를 발견하기 위한 내부통제 시스템을 개선하는 데 실패하였다는 것이었다. 5년 전에도 Citigroup은 프라이빗 뱅킹 업무를 중단해야 했는데, 이는 일 FSA가 내부통제의 실패 및 미국 본사의 관리감독 부재로 상당한 불법적 수익이 조성되었다고 판단했기 때문이다.

선진국의 증권 제도 부문에서 최우선시되는 원칙 중 하나는 공정시장에 관한 것인데, 이는 모든 고객이 동등하게 대우받는 공정한 경쟁의 장을 일컫는다. 애널리스트는 지속적으로 그들의 책임과 의무를 잊지 말아야 하며 예를 들어 선행매매, 내부자거래 및 루머의 유포 등에 관한 구체적인 이슈들에 주목해야 한다. 이러한 주제들은 서로 중복되기도 하는데, 특히 가격민감정보의 개념은 반복해서 등장한다.

가격민감정보에는 회사가 시장에 공정하게 공시해야 하는 내부 정보가 포함된다. 애널리스트는 그들 자신의 투자판단도 공정하고 민감하게 처리해야 하고, 그들의 리서치를 고객들에게 동등하게 배포해야 한다. 애널리스트는 또한 공개된 정보로부터 결론을 도출해야 한다. 만약 독자가 주가가 왜 현재 시장가격과 다르게 평가되는지에 대한 그의 주장을 받아들일 것으로 예상된다면 리서치 자체가 실질적으로 가격민감정보가 된다.

여하튼 필자는 이러한 주제를 아래의 각 장에서 나누어 다루었는데, 이는 이런 주제가 나타나게 되는 여러 실제 상황들에 대한 이해를 돕기 위해서다. 이런 상황은 애널리스트, 책임자, 준법감시인, 재무분야 편집인 등의 증권전문가들이 매일매일 직면하는 주요 리스크들을 효과적으로 잘 보여주고 있다. 바라건대 이러한 사례연구와 설명이 관련 전문가로 하여금 리스크를 충분히 인지하여 이를 사전에 방지하고, 만약 그런 일이 발생한 경우 사후 처리하는 데 도움이 되었으면 한다.

선행매매 및 리서치의 선택적 배포

공정배포: 적절하다고 승인된 증권회사의 모든 신규 리서치는 회사 내부의 세일즈 담당자, 트레이더 또는 선호고객들에게만 선별적으로 배포되는 것이 아니라 모든 고객에게 동시에 공평하게 배포되어야 한다.[17]

일단 리서치 자료가 같은 계층이나 범주의 모든 고객에게 접근 가능하게 된 후에만, 애널리스트와 회사의 세일즈 담당자 및 트레이더는 개인의 계정이나 회사 계정을 통해 투자할 수 있으며 (해당 지역의 규정[18]이나 회사의 내부정책에 따라 매매시점을 추가로 연기하거나 애널리스트가 제시한 투자추천과 상반되는 매매는 금지할 경우는 예외로 함), 또한 필요한 경우 리서치 자료를 선택적인 고객들을 대상으로 배포할 수 있다. 실제로 회사의 자기매매부서는 내부고객이긴 하지만 회사가 외부고객을 보유하고 있는 경우, 외부고객들보다 더 유리한 대우를 받아서는 안 된다.

어떤 회사들은 이메일 또는 공용 게시판 등의 비공식 전달 매체 수단을 사용하는데, 이를 통해 세일즈 담당자는 유용하거나 흥미로운 뉴스, 단편적인 정보, 루머(아래의 별도 부분 참고), 이익실적, 주가 경계정보 등을 신속하게 접할 수 있다.

그러나 투자결정을 내리기에 충분한 새로운 추천 또는 의견을을 접하게 되면, 개인 세일즈 담당자들이나 트레이더들은 그런 정보들이 회사의 일반 고객층에게 공개되기에 앞서 관련 정보들을 근거로 매매할 가능성이 있다. 이는 회사를 선행매매 혹은 선택적 배포의 잠재적 혐의에 노출시킬 수 있다.

리서치 관련 선행매매는 보고서가 회사의 광범위한 고객층에 배포되기 이전 애널리스트의 개인적인 거래나 보고서를 활용한 증권회사의 자기매매거래를 포함한다. 선택적 배포란 애널리스트 또는 세일즈 부서에서 새로운 리서치가 회사의 일반적 고객층에 배포되기 이전에 관련 내용을 선호 고객들에게만 먼저 알려준 불공평한 경우를 말한다. 이 둘은 본질적으로 같은 것이다. 감독당국들은 실제 거래가 발생한 모든 경우에 이를 엄격히 적용한다. 비록 거래가 집행되지 않았거나 트레이더 또는 투자자가 해당 리서치에 의지했다는 사실을 증명하기 어렵다고 하더라도 개인의 위반행위 또는 회사의 감독 부재 문제로 처벌할 수도 있다.

선행매매와 리서치의 선택적 배포(작전회의)

개요 : WSJ지에 보도된 바에 따르면, 미 감독당국은 2009년 8월 Goldman Sachs사에 소환장을 발부하여, 회사 내 애널리스트와 트레이더 간의 주간 '작전회의'에 대한 정보를 요청하였다. 감독당국은 Goldman사가 아직 공표되지 않은 리서치 자료를 그들 내부고객과 선별적인 외부고객들의 이익을 위해 남용했다고 의심했다.

세부사항 : WSJ지의 수잔 크레이그(Susanne Craig)가 인용한 하나의 사례는 2008년 4월 뮤추얼펀드 운용사 Janus Capital사의 주식에 관하여 '활기가 없으며 중립적'이라고 평가한 내용을 공표한 Goldman Sachs사의 한 애널리스트에 관한 것이다. 회사 내부문서에 의하면 같은 달 내부회의에서 애널리스트는 Goldman의 여러 트레이더들에게 해당 주식이 상승할 것이라고 말했다. 다음날 리서치 부서의 직원들은 50명의 선호 고객에게 전화로 이를 알렸다. 그리고 단지 6일 지난 뒤에 나머지 고객들은 회사의 공식적인 공표를 통해 애널리스트의 새로운 '상승세' 견해를 알게 되었다. 하지만 주가는 이미 5.8%나 상승한 상태였다.

결론 : 미 SEC의 조사결과가 어떻든 간에 위 사례는 최소한 감독당국이 회사가 회사 내의 고유자산운용자나 일부의 특별 고객들을 다른 고객들보다 유리하게 대우해주는 것을 허용하지 않는다는 것을 보여준다. 또한 단기적인 매매조언은 장기적인 기본적 투자의견과는 본질적으로 다른 형태의 리서치 자료로 취급되어야 한

다는 것을 보여준다. 단기적인 투자조언에 관한 투자등급의 정의
나 연역은 별도의 리서치 공지가 필요하다.

세부사항 : 2007년 3월 미 SEC는 Banc of America Securities사에
게 '비공개 리서치 정보를 보호하는 데 실패하고 허위 리서치 자료
를 발간'한 것과 관련 미화 2,600만 달러의 벌금을 부과했다. 이는
2004년 수사 당시 문서와 이메일을 신속히 제공하지 못한 것과 관
련하여 1천만 달러의 벌금을 부과한 이후 또다시 적발된 사례다.

미 SEC는 내부통제의 실패를 언급했다. 세일즈 담당자와 트레이
더들은 1999년과 2001년 사이에 투자등급의 상향과 하향의 변경에
대한 정보를 수차례 입수했고, 고유자산운용 거래는 리서치 자료가
공표되기 이전에 최소 2회 이상 발생했다. 또한 Intel Corporation에
대해 발간된 리서치는 중대한 허위 내용을 포함했다. 회사는 혐의에
대해 시인도 부인도 하지 않고 미 SEC 결정에 따랐다.

증권회사들만이 처벌의 대상이 되는 것은 아니다. 홍콩 Dao
Heng Securities의 전 애널리스트는 리서치 관련 선행매매 혐의
로 그의 면허를 정지한 홍콩 SFC의 결정에 항소했지만 2004년 7
월 패소하였다. 그는 그의 고객들에게 매수 추천을 공표하기 전
Chongqing Iron & Steel, Lerado Group 그리고 Global Green
Tech Group의 주식을 미리 매수했다.

결론 : Banc of America가 지불해야 하는 미화 3,600만 달러의 범칙금은 결코 적은 것이 아니다. 2003-2004년 사이의 주요 리서치에 관한 감독당국과의 합의 사항(Banc of America와 그의 모회사 Bank of America 모두 이 합의에 연관되지 않았다)은 증권 리서치 분야의 중요한 분수령이 되었으며 벌금의 절대 액수도 매우 높아졌다. 이 합의 사례들에 대한 상세한 내용에 관해서는 제3장을 참조하자.

리서치의 선행매매는 애널리스트나 증권회사가 고객들보다 먼저 매매에 참여하는 경우를 의미하지만, 리서치 자료의 선별적 배포란 선호 고객들이 일반 고객들에 앞서 자료를 접하게 되는 경우를 말한다. 미 NYSE는 2004년 7월에 징계를 받은 16명의 이름을 열거한 보도자료를 배포했다. 이에 관련된 사례들 중 세 가지, 그리고 영국의 또 다른 사례에 대한 개요는 아래의 사례연구에서 다룰 것이다.

사례연구   ● ● ● ●

리서치의 선택적 배포

개요 : Merrill Lynch의 주식영업담당이사 JC와 전임 수석 애널리스트 PC는 소수의 고객들에게 투자등급의 하향조정이 발표되기 전에 임박한 하향조정에 대해 미리 알린 혐의로 자격정지 처분을 받았으며, 각각 미화 15만 달러와 2만5천 달러의 범칙금을 부과받았

다. 그들은 유죄를 시인도 부인도 하지 않았다. Merrill Lynch는 이전에도 감독부재와 불법행위 방지에 실패한 이유로 미화 62만5천 달러의 벌금을 물었다.

HD Brous & Co.의 전임 기관대상 영업부 이사인 TK는 유죄를 시인도 부인도 하지 않은 채, 리서치 준법감시인의 승인이 없는 상태에서 리서치를 준비하고 배포한 혐의로 징계 당한 뒤 회사에서 쫓겨났다.

다른 사례로, 2007년 3월 영 FSA는 Citigroup의 애널리스트인 RC에게 시장 남용으로 이어질 수 있는 부적절한 행위와 관련하여 52,500파운드의 범칙금을 부과했다. 그는 곧 발간될 Banca Italease사에 대한 매수 의견을 포함하는 분석대상신규편입 리서치 보고서를 4명의 고객에게 미리 알려주었다. 2007년 3월 21일자 Times지의 보도에 의하면, 그는 고객 중의 한 사람에게 보낸 이메일에서 해당 회사를 '화제의 종목'이라 지칭했다. 그러나 고객들 중 어느 누구도 위 정보를 근거로 행동하지 않았다. 만약 당시 그들이 이 정보를 바탕으로 투자했더라면, 명백히 '시장 남용'으로 간주되어 위 사례의 심각성을 증가시켰을 것이다. (예를 들어 생각해보자. 2006년 8월 1일 영 FSA는 GLG Partner의 전임 이사였던 헤지펀드매니저 PJ와 GLG 회사 모두에 대해 Sumitomo Mitsui Financial Group의 전환우선주 신규발행에 관한 비밀정보에 근거하여 거래한 혐의로 75만 파운드의 범칙금을 부과했다. 이 조치는 해당 거래가 영 FSA의 관할지역이 아닌 도쿄증권거래소에서 이루어졌으며, 전환주식의 발행은 이미 광범위하게 소문이 퍼져 있었다는 PJ의 주장에도 불구하고 내려진 결정이었다.) 조사의 초동 단계에서 합의를 도출하려는 그의 의지가 없었다면 RC에게 부과된 범칙금은 분명 75만 파운드 이상이 될 수도 있었을 것이다.

결론 : 영국의 사례는 만약 애널리스트가 리서치 발간 전에 그 사실을 세일즈 담당자, 트레이더 또는 고객에게 무심코 제보했다면 해당 주식에 대한 실질적인 거래가 없어야 하며, 최대한 빨리 현지 감독당국에 제보하는 등 일련의 조치들을 적절히 취해야 한다는 것을 보여준다. 불법거래가 실제로 발생하는 경우 처벌은 여지없이 더 가혹해질 것이다.

애널리스트는 리서치가 적절하게 승인받은 후 공정하게 배포되도록 해야 한다는 메시지와는 별개로, 미국의 사례들은 감독당국이 세일즈 부서와 리서치 부서를 구별하지 않으며 이들에게 동일한 규정을 적용한다는 것을 보여준다. 따라서 어떤 규제제도하에서는, 세일즈 담당자가 투자결정을 뒷받침할 수 있는 충분한 정보를 고객에게 제공하는 경우 애널리스트로 간주될 수 있으며 리서치 관련 규정의 적용을 받을 수도 있다. 여기에는 세일즈 담당자가 애널리스트의 리서치를 전달하는 경우, 또는 예를 들어 "우리 애널리스트는 동 주식을 매수해야 한다고 생각하나 나는 다음과 같은 여러 이유로 매도해야 한다고 생각한다"고 주장함으로써 임의로 리서치 자료를 재작성한 경우도 이에 해당한다.

미 NYSE는 2005년 8월, 다음과 같이 자격증을 보유한 전문가를 견책했다. 그는 리서치를 공표하기 전 리서치 보고서의 질을 개선하기 위해 단기 피드백을 원했을 뿐이었다고 주장했지만. 이는 받아들여지지 않았다.

리서치 자료의 선택적 배포(사실 확인)

개요 : HD Brous & Co.의 전 리서치 준법감시인이며 리서치 부서장인 HR은 해당 리서치의 대상기업, 그 기업의 경쟁자들, 고객, 그가 속한 회사의 직원들에게 선택적으로 리서치를 사전 배포한 혐의와 관련하여 견책과 3개월간의 직무정지에 동의했다. 그 리서치에는 그가 부여하려고 예정했던 투자의견, 목표가격, 예상치 및 보고서의 공표 예정일자도 포함되어 있었다. HR은 혐의를 시인도 부인도 하지 않았다. 그는 변호 과정에서 사실 확인 차원에서 리서치 자료의 일정부분을 사전 공표했으며, 이는 보고서를 고객에 공표하기 전 유용한 피드백을 얻기 위함이었다고 주장했다.

결론 : 만약 애널리스트가 공표 전에 사실관계를 확인하고자 한다면, 보고서에서 투자의견, 목표가격, 예상치 및 다른 의견들을 제외한 후 나머지 내용에 대해 사실 확인의 목적으로 전달했어야 한다. 만약 애널리스트들이 이를 준법감시부서를 통해 수행한다면 보다 안전한 보호막을 확보할 수 있을 것이다. 이 사례는 사실 확인이 보고서의 선별적 배포에 대한 변명으로 사용될 수 없다는 것을 말해준다.

여기 일상적 이메일 모니터링 과정에서 선별적 배포의 증거가
발견되어 증권회사를 떠나야 했던 애널리스트의 사례가 있다.

사례　　　　　　　　　　　　　　　　　　　●●●●

리서치 자료의 선택적 배포(견해에 대한 확신)

세부사항 : 2003년 12월 16일자 Wall Street Journal지 기사에
따르면 Morgan Stanley 샌프란시스코 지점의 한 반도체 장
비 담당 애널리스트는 그의 의견을 이메일을 통해 "부적절하
게 배포"한 증거를 회사가 확보하자 스스로 회사를 그만두었
다. 4~5명의 고객에게 배포된 관련 이메일에서 그는 주식 관
련 정보를 수집하였고, 따라서 그의 비중확대 의견에 대해 "더
큰 확신"을 갖게 되었다고 언급했다.

　WSJ지는 이 사건에 대해 잘 알고 있는 관련자를 언급하면
서, 해당 애널리스트는 정책과 절차에 대하여 회사와 해석을
달리 했다고 전했다. Morgan Stanley는 임직원의 문제에 대하
여 논평할 수 없다고 말했다.

결론 : 애널리스트의 기존 의견을 강화시키는 추가 정보 또한
모든 고객을 대상으로 공정한 배포를 보장해야 할 만큼 중요
한 사안이다. 이는 추가 정보가 여타의 투자자가 이 정보에 근
거하여 매수나 매도를 할 수 있게 하는 정보이기 때문이다.

앞으로 발생할 중요한 변화에 대한 암시도 역시 피해야 할 것이다. 예전에 필자는 투자등급이 매겨진 중국의 한 미디어 회사에 관한 선별적인 이메일 배포를 '리서치가 아닌 시장논평'으로 분류하여 이의 배포를 승인하도록 요청받은 적이 있다. 필자는 왜 애널리스트가 고객들에게 해당 회사의 현재가치를 그의 의견이 아닌 시장예측치를 이용해서 알리려고 하는지에 대해 의구심을 갖게 되었다.

표면적으로는 시장예측치가 공개된 정보이기 때문에 문제가 없어 보인다. 하지만 애널리스트는 시장예측치가 최근 그가 언급했던 좋지 않은 소식을 반영하여 66% 하락하였다는 것을 언급했다. 그러나 이것은 자신의 예측치 대신 시장예측치를 사용함으로써 자신의 예측치가 더 이상 유효하지 않다는 것과, 결과적으로 그의 고객들에게 임박한 수익예측치의 하향조정에 대해 경고하면서 그가 어느 정도로 자신의 예상치를 하향조정할 것인지를 암시하고 있는 것처럼 보였다.

이런 상황에서 애널리스트들이 취해야 할 좀 더 적절하고 상업적인 행동방침은 그들의 예측치를 변경하고 이를 '리서치' 보고서로 공식 공표하는 것이며, 이는 위 사례에서도 궁극적으로 행해진 방침이다. 게다가 시장의 많은 다른 애널리스트들이 이미 그들의 예상치를 변경했다는 사실은 해당 애널리스트가 이미 시장에서 뒤쳐져 있다는 것을 보여주며, 이는 그가 이메일을 통한 해석의 형태로 필요한 변경사항을 질질 끌기보다는 그의 예상치를 변경하고 관련 조치를 취하는 것이 더 합당했을 것이다.

상대방의 모든 가능한 움직임에 대응할 준비가 되어 있는 훌륭한 체스 선수처럼, 훌륭한 애널리스트는 회사의 성과보고, 뉴스 또는 사건에 거의 놀라지 말아야 한다. 애널리스트는 항상 그의 예상 경영실적에 대한 잠재적 리스크 및 반전을 미리 심사숙고하여, 실제로 사건 발생 시 새로운 요소들을 그의 분석표에 반영할 준비가 되어 있어야 한다. 물론 체스에서처럼 예상할 수 있는 모든 가능한 움직임을 꿰뚫어볼 수 있느냐가 성공적인 애널리스트와 낙오자를 구분해줄 것이다.

모순되는 신호들 : 만일의 사태를 준비하는 것도 중요하지만, 애널리스트들은 그들이 의도하고 있는 투자의견, 가치평가, 목표가격 그리고 수익예측치의 변화를 구체적으로 명시하는 것은 피해야 한다. 이는 특히 내부회의 또는 이메일(즉, 비리서치 자료)의 제한된 배포의 경우에 더욱 주의해야 하며, 필자는 이것이 공식적으로 공표되는 리서치와 관련해서도 의미가 있다고 생각한다. 공표된 보고서는 모든 고객에게 동시에 같은 정보를 제공한다는 원칙을 충족시키는 것처럼 보일 수 있지만, 이는 고객들에게 이해상충의 신호를 보낼 가능성이 있다. 어떤 고객들은 잠재적 변화를 예상하여 즉각적으로 행동하는 반면, 다른 이들은 어떠한 이유에서든지 종국에 발생하지 않을 수도 있는 변화를 좀 더 신중하게 기다린다. 그래서 만약 애널리스트가 정말로 변경하고자 하는 항목이 있다면 공식적으로 확실하게 이를 변경하고 공표해야 한다. 이렇게 하는 것이 더 상업적으로 좋은 선택이며 세일즈 부서가 그들의 업무를 수행하는데도 도움을 준다.

각본 구성 : 애널리스트가 리서치 보고서에서 자신들의 예상치 및 가치평가가 변화하는 전제 조건들에 얼마나 영향을 받는지를 말

해주면서 시나리오를 제시하는 것은 문제가 없다. 오히려 이것은 고객들이 리스크에 대해 주의를 기울이도록 하는 데 도움이 되는 것으로, 이는 고객들이 보다 공격적 또는 보수적이라는 가정하에서 수익예측치가 얼마나 변경되는지에 대해 알 수 있기 때문이다. 일관성을 위하여 공식적인 투자의견, 목표가격은 주어진 기간에 걸친 애널리스트의 기준 전망치를 반영해야 한다. 목표가격 및 매매기회는 만약 적절한 공시와 정의가 주어진다면, 서로 다른 기간에 걸쳐 다양한 유형의 투자자/위험선호 투자자들에게까지 언제나 제공될 수 있기 때문이다.

내부자거래 및 선택적 공시

다음은 중요한 가격민감정보의 전달 또는 사용을 다룰 것이다. 회사의 임원과 같이 공식적인 내부자에 의한 합법적인 주식거래와 달리 불법적인 내부자거래가 우리의 관심대상이다.

헨리 맨(Henry Manne)과 밀턴 프리드만(Milton Friedman) 같은 몇몇 경제학자들은, 이러한 내부자거래가 실제로 정보의 흐름을 가속화함으로써 시장을 보다 효율적으로 만든다고 주장해왔다. 그 중의 하나는 회사의 문제에 대해 잘 알 수 있는 지위에 있는 자에게는 대중이 그것을 인지할 수 있도록 인센티브가 주어져야 한다는 것이다. 단지 감독당국에게 고발하는 것만으로는 충분한 인센티브를 제공하지 못할 것이다.

여하튼, 이러한 관행은 대부분의 규제가 있는 시장들에서 혹은 적어도 선진화된 시장들에서는 불법이다. 이는 매우 복잡한 주제가 될 수 있으며, 각 사례는 내부자거래가 발생한 맥락 및 관할지역에 따라 다르게 처리될 수 있다. 그럼에도 불구하고 일반적 원칙으로는 의견 및 견해는 공개적으로 접근 가능한 정보에 기초해야 하며 또한 그렇게 보여야 한다. 엄밀히 말하면, 내부자거래는 일반적으로 중대하고 가격에 민감한 정보의 배포와 그 사용만을 포함한다.

정보의 중요성 및 가격민감성 : 감독당국은 명확히 설명할 수 없어 보이는 시장 움직임의 배경에 대해 조사하기 이전에 그런 시장의 움직임을 관찰할 수 있다는 점에서 가늠자의 혜택을 누리지만, 애널리스트는 리서치를 작성하는 시점에서 그에게 주어진 정보가 중요한 것인지 그리고 가격에 민감한 것인지 여부를 결정해야 한다. 중요성과 가격민감성에 대한 불변의 법칙은 없다. 회사의 주가에 미치는 중요한 영향이 정확히 어느 정도인지 그 기준점을 정하는 것은 아주 어렵다. 그것에는 회사의 크기, 주가의 유동성, 시장 변동성과 같은 다양한 요소들이 관련되어 있다.

궁극적으로 이를 결정할 시험요소는 해당 정보가 없었더라면 요지부동이었을 투자자들이 거래를 수행하도록 설득할 수 있는 충분한 정보인가 아닌가 하는 것이다. 일반적인 경험 법칙으로, 주가(혹은 수익예상치)에 미치게 되는 영향이 5% 미만인 정보는 중요정보로 간주될 가능성이 희박한 반면, 10% 이상의 영향이 예상되는 경우 중요정보에 포함될 수 있다. 그러나 예상치의 작은 변화라도 투자의견의 변경을 유발하는 경우에는 중요정보로서의 자격요건이 충족될 수 있다. 적어도 감독당국은 애널리스트가 해당 정보에 대해 투자의견의 변경을 보장할 정도로 중요하다고 생각했을 것이다. 회사가 애널리스트에게 사실이라고 말하며 비밀정보를 더 많이 제공할수록 그것은 중요정보일 가능성이 높다.

홍콩 SFC는 가격민감정보일 가능성이 있는 다양한 사례들을 제시했는데, 여기에는 재무결과나 배당금처럼 정기적으로 발생하는 사안, 인수합병과 같은 예외적인 사안, 계약체결, 합작투자 체결 또는 이미 발표된 계약의 취소, 자금조달 활동, 향후 수익예상치 및 배당금에 대한 논평, 회계정책의 변화, 감사인의 변경 등의 경우가 있다.

그러나 중요한 것은 회사의 경영진으로부터 시장으로 흐르는 정보만이 아니다. 예를 들어 회사의 경영진이 특정 전략을 채택하도록 압박하기 위해 경영진과의 비밀회의를 주최한 활동주의 주주의 경우에도 스스로가 향후 투자결정의 기반으로 활용할 수 있는 내부정보를 발생시킬 수 있다.

만약 애널리스트가 그때까지 미공개였던 일부 정보에 대해 정말로 중요하지 않다고 믿는다면, 그는 적어도 그 정보가 중요하지 않다는 것을 표현해야 한다. 예를 들어 그는 해당 정보가 수익에 미치는 예상 효과의 정도를 설명할 때 '오직'과 '단지'라는 표현을 사용함으로써 이를 수행할 수 있다. 또한 해당 정보에 다시 초점을 맞추기보다는 발간된 자료에 포함된 메시지에 부수적으로 다뤄져야 한다. 만약 그 정보가 단지 잠재적인 것이며 중요하지 않다면 애널리스트는 이를 바탕으로 예상치 또는 견해를 공식적으로 변경하기 힘들 것이다.

위의 내용에도 불구하고, 개별 애널리스트가 그들에게 주어진 미공개정보가 어느 정도까지 중요하고 가격에 민감한지를 결정하는 일은 위험할 수도 있다. 감독당국은 서로 다른 기준으로 판단할 뿐만 아니라 만약 애널리스트가 지속적으로 미공개정보를 사용한다면 비록 해당 정보가 상대적으로 덜 중요하고 가격에 미치는 영향이 크지 않을지라도 그런 정보를 사용하지 않는 경우보다 해당 애널리스트를 좀 더 자세히 감시할 것이다.

정보의 인용과 공정한 공개 : 독자들은 투자결정을 내리기 위해 애널리스트의 의견에 내재된 리스크를 판단할 필요가 있으며, 이를 위해 해당 의견이 어느 정도까지 사실에 근거했는지 알아야 한다.

애널리스트들은 회사가 공식적으로 언급한 정보(거래소 제출자료 언론보도, 애널리스트 모임, XBRL[역자주-기업 재무정보 국제표준보고방식]과 같은 쌍방향 데이터 등), 사실이건 루머건 언론, 블로거 또는 트위터가 보도한 것, 그리고 분석이나 증빙자료로 뒷받침될 수 있는 그들 자신의 생각 등을 구분해야 한다. 투자가에게 추가 정보를 제공하는 것과는 별도로, 자료를 인용하는 것은 애널리스트의 해설이 사실이 아닌 것으로 판명되었을 때 애널리스트를 보호할 수 있다.

예를 들어 공식적인 결과 보도 또는 여타 보도된 사건 이후 애널리스트가 수익예측을 변경하는 것은 별개의 일이다. 그러나 필자는 리서치 준법감시인으로서 회사가 공식적으로 결과를 발표하기 전 애널리스트와 회사 간의 1대 1 미팅 이후 변경되는 수익예상치를 주의 깊게 확인한다. 애널리스트가 전에는 몰랐던 그리고 시장도 알아차리지 못했던 추가 정보는 무엇인가? 그리고 이러한 정보는 얼마나 중요하며 또 얼마나 가격에 민감한 영향을 줄 것인가?

어떤 정보를 애널리스트에게 공개할 것인지를 결정하는 것은 전적으로 회사들의 책임이다. 대부분의 선진금융시장에서는 회사들이 중요한 가격민감정보를 시장에 공정하게 공시하도록 하는 규정이 있다. 예를 들자면 미국에는 공정공시(Fair Disclosure) 규정이 있다. 홍콩 HKEx의 상장규칙은 발행자에게 가격민감정보를 시기적절하게 공개하도록 요구하고 있다. 사우디아라비아와 같이 상대적으로 제한된 금융시장에서조차도 자본시장 당국의 웹사이트를 보면 관련 사항을 준수하지 않을 경우, 예를 들어 2008년 8월 사우디 화학회사에 대하여 1십만 사우디리얄의 범칙금을 부과한 것을 알 수 있다.

일반적으로 말하면 필자는 애널리스트가 해당 정보가 내부자정보인지 의심하는 경우가 아니라면 회사의 경영진이 애널리스트들에게 제공한 정보를 공개된 정보로 간주할 수 있어야 한다고 생각한다. 그럼에도 불구하고 어떤 회사들은 급격한 주가 변동을 피하기 위하여 정보를 사전에 서서히 누출하고 싶어하기도 한다는 사실을 애널리스트는 인지하고 경계해야 한다.

예를 들어 어떤 회사는 결과가 발표되었을 때 발생할지도 모를 시장충격을 완화하기 위하여, 공식적인 결과를 발표하기 전에 실망스러운 예측치를 시장에 미리 누설하기를 원할지도 모른다. 애널리스트는 회사를 대신하여 이런 부정직한 행위를 함으로써 그들 자신의 독립성과 진실성에 위협이 되지 않도록 조심해야 한다.

손바닥도 마주쳐야 소리가 나듯이, 애널리스트는 안전조치로서 회사에게 해당 정보가 시장에서도 접근 가능하지 않다면 중요한 가격민감정보를 받고 싶지 않다고 분명히 말해야 한다. 만약 회사의 대표자가 해당 정보가 '비공식적'이라고 말하거나 관련 내용에 대해 아직 인용될 준비가 되어 있지 않다고 한다면 애널리스트는 이를 의심해보아야 한다.

비밀유지의무 : 미국에서 "선관의무를 위반한 비밀정보의 남용"과 "인지"의 개념은 내부자거래를 결정하는 데 있어 중요한 요소이다.[19] (아래의 정보인용 부분에서 ASCO와 Cuba의 사례 참조.)

영국, 호주, 홍콩, 싱가포르의 시장에서는 선관의무가 반드시 증빙되어야 할 필요는 없다. 미국에서조차도 사기성 허위진술은 선관의무를 증빙해야 할 필요성을 상쇄시키고 있다. 예를 들어 해커가 회사의 시스템을 해킹하여 알아낸 가격민감정보에 근거하여 거래했다면, 아무리 그가 비밀유지에 관한 의무와 관련하여 어느 누구에게도 책임을 질 필요가 없다고 주장하여도 그는 내부자거래를 저지른 것으로 간주된다. 예를 들자면 미 SEC는 2010년 3월 우크라이나인 해커를 소송대상으로 한 약식판결에서 승리했다.

미 SEC는 그 해커가 Thomson Financial의 컴퓨터 전산망을 해킹하여 공표예정인 이익예측이 애널리스트의 예상치를 밑돌 것이라는 것을 알게 된 후 IMS Health사에 대한 풋 옵션을 매수하였다고 주장했다(이 장의 후반부에서 다루는 영국 The Body Shop의 한 IT 기술자에 대한 '가격민감정보의 사용 및 전파' 관련 추가사항 참조).

애널리스트는 가격민감정보를 매우 조심스럽게 다뤄야 한다. 그들은 고객들을 보호할 의무가 있으며 고객들에게 내부자정보를 제공함으로써 이들이 위험에 처하는 상황이 발생하지 않도록 해야 한다. 내부자정보를 획득한 애널리스트는 실질적으로 불이익을 보게 되며, 그 정보가 공개되거나 더 이상 가격민감정보가 아닐 때까지 독립적인 리서치를 작성할 수 없다. 만약 애널리스트 자신이 내부자정보를 획득했다고 생각하는 경우, 그는 관련 사항에 대해 그의 동료 애널리스트들과 의논하여서도 안 된다. 만약 그랬다면 그는 그의 동료들까지도 내부자로서의 위험에 노출시킨 것이며, 그들 또한 해당 회사 및 업계에 대한 리서치를 작성하지 못하게 될 가능성이 있다. 반면에 그는 리서치 부서 경영진과 준법감시 부서에게 이를 알려야 하며, 이들은 해당 회사에게 그 정보를 완전히 공개하도록 요구하거나 현지 감독당국에 그 사실을 알려야 한다.

사례연구 ● ● ● ●

가격민감정보의 사용과 전파(일반론)

개요 : 내부자거래는 미국 증권시장에 만연해 있다. Measured-markets의 설립자 크리스토퍼 토마스(Christopher K. Thomas)는 인수합병 발표 전 가격변동 분석에서 드러난 예외적인 활동들이 대부분 내부자거래와 관련 되어 있을 가능성이 높다고 결론 내렸다.[20]

미 SEC의 조사부국장의 말에 따르면, 2000년 이후 미 SEC에 의해 제기된 내부자거래 관련 건수는 전체 보고 건수의 약 7-12%에 달한다. 내부자거래는 영국에서도 만연해 있다.[21] 사실상 내부자거래는 모든 선진금융시장에서 꽤 빈번하게 발생하며, 감독당국은 이 문제를 지속적으로 심각하게 여기고 있다.

감독당국의 도구 : Measuredmarkets와 같은 분석적 리서치 기관에 의한 거래활동의 모니터링이 내부자거래를 방지하는 데 부족한

경우, 시장을 악용하려는 사람들은 2007년 8월 6일 FT지가 보도한 당시 NYSE의 규제부장 릭 케첨(Rick Ketchum)의 말에 주목할 필요가 있다. "우리는 미 NYSE에 상장된 주식, 옵션, 채권, ETF 및 여타 상품 거래의 모니터링을 개선 및 강화하고자 지속적으로 노력하고 있다. 우리의 감시시스템은 내부자거래 및 시세조정으로 간주될 수 있는 비정상적인 거래 유형을 검토하고 조사할 수 있게 한다."

또한 주목해야 하는 것은 감독당국들이 접근 가능한 기록들은 단지 이메일이나 전화녹취에 한정되지 않는다는 것이다. 미국에서는 접근 가능 기록들에 이른바 '블루 시트'가 포함되는데, 이는 계좌명과 거래정보를 포함하고 있으며 의심스러운 거래의 조사와 관련하여 감독당국이 요청 시, 회원사들에 의해 제공되는 것이다. 2006년 1월 31일 미 NYSE의 보도에 따르면 감독당국은 두 전직 회원사를 포함, 부정확한 '블루 시트'를 제출한 20개사에 대하여 총 미화 585만 달러의 범칙금을 부여했다.

영 FSA는 Credit Suisse, Instinet(Nomura가 보유한 증권사) 및 Getco(개인이 보유한 시장조성자)에게 2010년 4월 거래보고서를 정확하고 신속하게 제출하지 않은 것과 관련하여 합계 420만 파운드의 범칙금을 부과했다. 아마도 이러한 일련의 범칙금들의 여파로 거래기록들은 향후보다 정확해질 것이다.

영 FSA는 최근 유죄인정 타협과 면책특권을 기소에 도입했는데, 이런 조치들은 미국에서 내부자거래 사례들을 증빙하는 데 유용한 것으로 증명되었다. 지난 2008년 6월 Guardian지는 영 FSA의 집행부 임원 마가렛 콜드(Margaret Cold)의 말을 인용, 영 FSA는 혐의자가 협조에 응하게 하도록 "관용 요인(lenency factor)"의 도입을 검토 중이라 보도했다. 2010년 3월 영 FSA는 공모자의 도움을 받아 내부자거래에 대한 형사상의 유죄선고를 확보했다("Streaky"라는 별명의 전 Cazenove 트레이더와 관련하여 이 장 후반부에서 다루는 "비밀정보 수집"에 관한 사례연구의 추가사항 참조).

2009년 10월 Galleon 헤지펀드의 사례[22]는 미국의 감독당국이 관련자를 체포하기 위하여 도청장치까지 사용했음을 보여준다. 문제의 인물은 라즈 라자라트남(Raj Rajaratnam)으로 내부자정보를 제공하지 않은 내부 애널리스트들 및 펀드매니저들을 호되게 꾸짖거나 해고시킨 것으로 알려진 회사의 대표이자 허풍쟁이였다.

홍콩의 CITIC Resources사 주식에 대한 내부자거래 사건에서 발견된 흥미로운 사항은, 피고 DJ가 언제 그의 Blackberry와 이메일 메시지를 열고 답변했는지뿐만 아니라 각 페이지를 얼마나 스크롤했는지도 검사가 알고 있었다는 것이다(이것이 'Big Brother' 음모론자들을 의기양양하게 했다).

이 사례에서 또 다른 흥미로운 점은 DJ에게 부과된 범칙금이 그가 획득할 수 있었던 추상적 이익과 일치했으며, 이는 피고 측 변호인단 주장에 따르면 그가 실제로 벌어들인 수익의 10배에 달한다는 것이다(DJ는 명백히 가격민감정보가 공개된 직후 주식의 절반을 매각하여 소액의 수익을 기록했는데, 금융위기가 확대됨에 따라 주식의 나머지 절반을 매각하여 손실을 입었다. 또한 홍콩 SFC가 이와 관련하여 PT에게 지불하도록 한 비용도 있었으며 DJ는 이 결정에 항소했다).

이와 별도로 홍콩 SFC는 2010년 4월 말 뉴욕 소재의 헤지펀드 Tiger Asia Management가 홍콩에서 매매하는 것을 금지하고 Bank of China 주식의 내부자거래로 얻은 이익으로 알려진 자산을 동결하기 위해 법원에 영장을 신청 중이라고 발표하였다. 홍콩

SFC가 넘어야 하는 하나의 장애물은 Tiger Asia가 홍콩에 임직원을 두고 있지 않거나 물리적으로도 상주를 하고 있지 않다 사실이다.

결론: 리스크/보상 비율은 내부정보를 바탕으로 거래하고자 하는 애널리스트 및 회사에게 불리하게 변해가고 있다.

- 감독당국은 인수합병에 앞서서 행하여진 의심스러운 주가 변동을 되돌아봄으로써 후에 사실을 파악할 수 있는 유리한 위치에 있다.
- 감독당국은 유죄인정타협을 통해서 내부자거래의 혐의가 있는 공모자나 내부고발자 또는 포상금제도를 통하여 제3자로부터 도움을 얻을 수 있다.
- 감독당국은 점증하는 국가 간의 도움으로(최근 거래소들 사이에 진행 중인 다양한 인수합병을 통해서뿐만 아니라 IOSCO 계획에 의거) 이메일, 통화기록, 거래기록 등에 접근할 수 있다.[23]
- 애널리스트는 복역해야 하는 징역형은 말할 것도 없고, 잠재적 수익보다 더 많은 벌금을 물어야 할 가능성이 높다.
- 만약 형법상 소송에서 증거 기준에 대한 부담이 너무 큰 경우[24] 감독당국은 여전히 민사상의 소송을 제기할 것이다.

아무리 과거에 내부자거래를 포착하는 것이 어려웠고 내부자거래에 스왑과 파생상품의 이용이 증가하고 있음을 고려한다 하더라도, 이는 감독당국이 필요한 증거를 찾는 것이 점점 쉬워지고 있으며 그들이 사용 가능한 기술력과 기록 접근 능력의 향상에 기인한다.

어떤 경우에서든지, 애널리스트 및 다른 증권전문가들은 그들이 감독당국의 감시대상 목록의 최상위에 속한다는 것을 알아야 한다. 밥 드루몬드(Bob Drummond)는 2007년 6월 20일 Bloomberg에 의해 발간된 그의 내부자거래 관련 특집에서 "월스트리트의 과실은 최우선 순위의 철저한 조사가 필요하다"고 말했다. 그는 당시 미 NASD의 감독집행 고위급 부회장이었던 스테판 루파렐로(Stephen Luparello)의 주장을 다음과 같이 인용했다. "만약 당신이 금융계 종사자인 누군가를 안다면 그 사람이 현재 최우선조사자이다."

전 투자은행가와 그의 부인이 영 FSA에 의해 내부자거래로 기소되었던 2010년 3월, Bloomberg는 감독당국 변호사의 말을 인용, "이것은 치과의사나 인턴을 대상으로 제기하는 소송과는[25] 달리 효과적인 억제력을 달성하기 위하여 영 FSA가 제기하고자 하는 일종의 소송이다." 확신하건대, 앞으로 전 세계의 모든 감독당국은 내부정보를 바탕으로 거래하는 시장전문가들을 완전히 근절하기 위해 단계적으로 그들의 조치를 강화할 것이다.

전 세계적인 사례들을 둘러보자.

사례연구 ● ● ● ●

가격민감정보의 사용과 전파(미국)

개요 : 1996년 11월 Fox-Pitt Kelton(현재는 Macquarie Bank가 인수)
은 내부자거래 관련 혐의로 미 SEC와 미화 5만 달러의 거금을 지
불하기로 합의했다.

세부사항 : 미 SEC에 의하면 Fox-Pitt Kelton의 한 애널리스트는 발
행사가 다른 증권사들과 동시에 실시한 전화회의에서 발행사로부
터 중요한 미공개정보를 획득했다. 전화회의 도중 다수의 영업담
당자들과 다른 애널리스트들은 전화회의가 진행 중인 장소를 들
락날락 하며 논의 중인 정보를 들을 수 있었다. 영업담당자들은
고객들을 대신하여 해당 회사의 주식을 거래하였으며, 다른 애널
리스트는 그가 자유재량으로 통제할 수 있는 회사의 고유계정으
로 해당 주식을 매매하였다.

결론 : 이 사례에서 주목할 만한 흥미로운 점은 미 SEC가 실질적 내
부자거래보다 감독부재의 혐의로 회사를 적발하려 했다는 것이다.
   그 회사는 사실상 내부자거래를 방지하기 위한 절차 및 업무관
행, 예를 들어 효과적인 정보차단벽(Chinese wall), 제한대상 및 거
래주의 종목 관련 정책(제3장에서 다룰 예정) 및 적절한 교육실시의
부족과 관련하여 벌금을 부과받았다. 실제 내부자거래 혐의는 증

명하기 매우 어려울 수 있는데, 이는 예를 들어 발행사가 동시에 다수의 애널리스트들에게 해당 정보를 제공했다는 사실 때문이다.

　이 사례는 감독당국이 무기고 안에 다양한 무기들을 보유하고 있으며, 확보한 증거자료에 따라 그들이 적합하다고 판단하는 전쟁터를 선택할 수 있다는 것을 애널리스트 및 증권회사에게 가르쳐준다. 비슷한 사례로 엘리엇 네스(Eliot Ness)가 알 카포네(Al Capone)를 살인이나 공갈이 아닌 탈세 혐의로 제압한 바 있다.

사례연구 ••••

가격민감정보의 사용과 전파(영국)

개요 : 2004년 12월 16일 영국의 감독기관인 FSA가 배포한 보도자료에 따르면, 영 FSA는 처음으로 불법적인 정보 배포의 혐의로 관련 개인들에게 벌금을 부과했다. 영국 증권중개회사의 주식애널리스트인 RH는 당시 I Feel Good(IFG)의 재무이사였던 JS로부터 회사의 매수정보를 불법적으로 전달받아 영국의 인기 있는 코믹잡지 Viz의 출판사인 IFG사의 주식을 거래하였다. RH와 JS는 1만8천 파운드와 1만5천 파운드의 벌금을 부과받았다.

세부사항 : RH와 JS는 친구와 옛 동료로서 오랫동안 알고 지내는 사이였으며, 위의 보도자료는 해당 거래의 발표 전날 둘 사이에서 주고받은 11개의 문자메시지를 포함하여 둘 사이의 통화, 문자, 이메일 통신 기록을 언급했다. RH 자신은 개인적으로 IFG의 주식

을 거래했으며 5천 파운드 정도의 수익을 기록하였다. 보도자료는 RH가 관련 문제를 해결하는 데 합의했으며 영 FSA에 협조하였는데, 만약 그가 협조하지 않았더라면 그의 벌금은 상당히 높았을 것이라는 점을 분명히 밝혔다.

결론 : 이 사례는 범법자는 승소보다는 패소할 가능성이 높다는 점을 다시 한 번 증명해보였다. 또한 반복해 말하고 싶은 것은 내부자정보에 근거한 매매를 통해 리스크를 감수하고자 하는 애널리스트들은 만약 적발된 경우 감독당국과 협조해야 한다는 것이다. 위의 사례는 본인의 주식계좌로 내부자정보를 이용하여 주식을 거래하려고 한 것과 관련됨을 주목하자.

어찌되었든 내부자정보를 이용하여 해당 주식을 거래하라고 투자자들에게 권유한 애널리스트에게도 역시 내부자거래 또는 최소한 비위행위의 혐의가 적용될 수 있다(Citigroup의 한 애널리스트가 연루된 선택적 배포에 관한 앞의 사례연구 참조. 또한 영 FSA의 첫 번째 채권관련 불공정행위에 대한 합의사례인 Moore Europe Capital Management 관련 사례도 참조).

추가사항 1 : 2006년 11월 23일자 Financial Times지는 "영 FSA가 외부자 정보를 전달한 트레이더에게 벌금을 부여했다"라는 제목의 기사에서 내부자거래에 관한 예상 밖의 흥미로운 전개를 보도했다. CSFB(후에 Credit Suisse로 전환)의 주식 영업담당자 SP는 내부정보는 아니었지만 Boston Scientific에 관한 정보를 몇몇 헤지펀드들에게 분명 내부정보인 것처럼 포장해 전달한 혐의로 회사에서 해고당하고 2만 파운드의 벌금을 물었다. SP는 그러한 인상을 주려 의도한 적이 없다고 주장했다. 이것은 위에서 언급한 IFG의 사례에서와 같이 실제적 시장 남용이기보다는 비위행위였다. 비록 해당 사례가 애널리스트보다는 세일즈 담당자에 초점이 맞춰져 있지만, 결과적으로 같은 정보를 오해의 소지가 있게 전달하는 애널리스트에게도 똑같은 조치가 취해질 것이라는 것은 명백하다.

추가사항 2 : 내부자거래의 위반은 반드시 공인된 사람일 필요는 없으며 실제 증권 매매를 할 필요조차 없다. 2008년 7월 영 FSA는 윤리적 소매업자인 The Body Shop의 IT 전문가에게 시장 남용과 관련하여 85,000파운드의 벌금을 부과했다. 그는 명백히 그의 IT 기술적 기량을 오용하여 회사중역의 기밀 이메일에 접근하였고, 회사의 크리스마스 거래 결과의 세부사항과 회사가 예상치를 밑도는 실적을 기록했다는 보도자료의 초안을 상세히 명시한 이메일들을 조회하였다. 보도자료가 발표될 경우 주가가 하락할 것으로 예상한 해당 기술자는 돈을 빌려 해당 회사의 주식 80,000주 정도의 매도 포지션을 반영하는 차액계약을 체결했다. 포지션의 청산으로 그는 38,472파운드의 수익을 기록했다.

추가사항 3 : 2009년 3월 영 FSA는 그들의 첫 형사소송을 성공적으로 마무리 지었다. TTP Communications의 법률자문가는 그의 장인에게 Motorola가 TTP를 인수할 것이라는 것을 전했다. 그들은 거의 4만9천 파운드에 달하는 수익을 나누어 가졌다. 두 사람은 유죄를 선고받았고 8개월 동안 수감되었다.

우리는 이미 Morgan Stanley에 근무했던 한 임원에 의한 CITIC Resources의 주식과 관련된 홍콩의 내부자거래의 사례에 대해 살펴보았다. 아래에서는 소규모의 애널리스트 브리핑에서 Goldman Sachs의 애널리스트가 획득한 정보와 관련된 사례를 살펴보자.

사례연구 ••••

가격민감정보의 사용과 전파(홍콩)

개요 : 2003년 6월, Goldman Sachs의 애널리스트는 2001년의 한 애널리스트 미팅에서 New World Development(NWD)로부터 그녀에게 전해진 정보의 선택적 공시와 관련하여 홍콩 SFC부터 징계를 받았다. 여기에는 애널리스트와 관련된 한두 가지의 근본적 이슈가 있다. 첫째는 애널리스트가 고객들에게 새로운 리서치 자료를 배포하기 전에 내부적으로 이를 먼저 배포한 것이고(그녀는 예상치를 대폭 하향조정하였다), 둘째는 그녀가 대중에게는 공개되지 않은 정보를 회사로부터 제공받아 다른 이에게 전달한 것이다.

배경 : 이 사례가 발생한 시점 그리고 이 책을 발간하는 시점에서 홍콩의 발행회사들은 홍콩 HKEx의 규정을 적용받는 반면, 애널리스트들은 홍콩 SFC에 등록해야 한다.

HKEx의 상장규칙은 발행사에게 시기적절한 가격민감정보의 공시를 요구한다. 또한 그러한 정보의 고지에 관한 홍콩 거래소의 기준에 따르면 발행사는 '애널리스트들의 질문들에 대한 답변들이 개별적 또는 통합적으로 미공개된 가격민감정보를 제공하는 경우 대답을 거부해야 한다. 홍콩 SFC가 애널리스트에게 징계를 내렸을 당시 몇몇 동종업계 종사자들은 거래소가 NWD에 대하여는 어떠한 조치도 취하지 않은 것에 대해 우려를 나타냈다. 실제로 HKEx가 NWD에 대한 견책조치를 취했다고 보도했을 때는 애널리스트 미팅으로부터 거의 7년이 지난 뒤였다. 2005년 10월 7일 SCMP에 보도된 바에 따르면 그 사이에 홍콩 HKEx는 별도의 사건에서 선택적 공시와 관련하여 중국의 거대정유회사인 CNOOC를 공개적으로 징계했다.

세부사항 : 우리는 발행사보다는 가격민감정보를 누설한 애널리스트에게 미치는 영향에 더 관심을 갖는다. 2003년 6월 17일 홍콩 SFC의 보도자료에서 당시의 조사부서의 전무이사였던 앨런 린닝(Alan Linning)이 언급하기를 "이 사례에서 행해진 공시는 Goldman Sachs의 세일즈 담당자들 및 트레이더들이 해당 정보를 인지하지 못했던 투자대중들에 비해 정보적으로 유리한 지위를 선점할 수 있게 해주었다. 하지만 이것이 Goldman Sachs의 직원이 해당 정보에 근거하여 행동했다는 것을 의미하지는 않는다." 같은 해 6월 19일 SCMP기사에서 린닝은 "우리는 모든 애널리스트에게 가격민감정보를 입수하거나 선택적 공시를 받아들여서는 안 된다는 명확한 메시지를 전달하고자 한다"고 말했다.

결론 : 몇몇 국내 애널리스트들은 회사가 애널리스트에게 전달한 모든 정보 및 애널리스트의 요구에 응하여 제공되는 모든 정보를 공개적으로 접근 가능한 정보라고 당연하게 간주해왔다. 그러나 이런 가정은 당연한 것이 아니다. 어떤 정보를 애널리스트에게 공

개할 것인지를 결정하는 책임은 전적으로 회사에 있다는 말은 이론적으로 옳으며 정당하다. 그러나 애널리스트는 여전히 해당 정보가 모든 사람에게 접근 가능해야 한다는 조건을 충족하는지 확인해야 한다.

비록 애널리스트가 부정직하게 행동하지 않았다는 점을 홍콩 SFC가 인정했지만, 이 사례는 애널리스트가 회사로부터 받은 정보를 전달하는 과정에 여전히 주의를 기울일 필요가 있다는 것을 증명해 보인다. 애널리스트들은 내부정보를 원치 않는다는 것을 회사에게 분명히 전달할 필요가 있다.

추가사항: 뒤집어 생각해보면, 만약 공시에 관한 절차를 회사가 제대로 준수했음에도 애널리스트가 퍼뜨린 루머 때문에 관련 절차를 준수하지 못한 것처럼 보인다면, 해당 회사는 불만을 느낄 수 있다.

필자의 옛 동료인 마르산느 지(Marsanne Gee)은 2008년 8월 19일 중국의 통신기기제조업체인 ZTE사에 의하여 공식 발표된 내용을 전해주고 있다. 공식 발표에서 회사는 상하이의 한 증권회사의 통신 분야 애널리스트에 의해 유포된 것으로 추정되는 China Telecom의 CDMA 네트워크 제조업체의 공개매입이 거의 마무리 단계라는 루머를 명백히 부인하였다. 애널리스트는 ZTE의 주요 국내경쟁사인 Huawei Technologies가 ZTE에게 할당된 주문량보다 훨씬 더 많은 주문량을 확보했으며, 이것이 ZTE의 주가가 6일 연속 하락한 이유라고 설명하였다. ZTE에 따르면 그들은 정보의 공시 고지원칙을 위반하지 않았으며, 그릇된 분석 자료를 내놓은 개인 또는 기관에 대하여 법적조치를 취할 권리를 유보했다.

같은 해 8월 21일 SCMP지는 ZTE가 실제로는 전체 주문의 반 이상을 확보하게 되었으며, 나머지는 Alcatel-Lucent, Huawei 그리고 다른 경쟁사들에게 배분되었다고 보도했다.

Sidleg Austin의 파트너가 되기 위하여 이직했던 리닝과 홍콩 SFC 수석조사국장인 유진 고이네(Eugene Goyne)는 필자에게 중국의 식료품 제조업체인 Tingyi Holdings, Deutsche Bank의 애널리스트, 그리고 Royal Skandia의 펀드매니저가 연루된 흥미로운 홍콩 내부자거래 사례에 대해 상기시켜주었다.[26]

사례연구 ●●●●

가격민감정보의 사용과 전파(홍콩)

배경 : Royal Skandia 펀드매니저의 요구에 따라 Deutsche Bank의 애널리스트와 그의 상관은 반기결산 결과가 발표되기 이전인 2000년 7월 11일 Tingyi Holdings를 방문했다. 당시 애널리스트는 펀드매니저에게 해당 회사의 영업에 대한 긍정적인 보고를 했다. 같은 해 7월 12일 펀드매니저는 해당 회사의 주식을 매수했다. 다음날 애널리스트는 이메일을 통해 약 100명의 고객에게 그가 확인한 사실을 배포했다. (7월 17일에 이르러서야 Deutsche Bank는 공식적인 매수 추천과 미화 3,200만 달러의 연간이익추정치를 포함하는 보다 상세한 리서치를 공표하였다.)

8월 3일 회사는 2000년 회계연도 반기결산결과를 발표했고 회사는 2년 연속의 손실 이후 급격한 전환점을 만나 전반기에 미화 1,710만 달러의 수익을 기록했다고 보고했다. 관련 사실의 공표 이후 연 이틀간 해당 회사의 주식은 36%나 급등했다.

세부사항 : 여기에서의 쟁점은 애널리스트가 회사 방문을 통해 시장에서 아직 알려지지 않은 미공개의 가격민감정보를 입수했는가의 문제이다. 여기서 강한 호기심을 불러일으키는 것은 애널리스트와 펀드매니저가 사촌지간이었다는 것이다. 피고는 시장이 이미 해당 회사의 흑자 전환을 예상하고 있었다는 충분한 증거에 근거하여 무죄를 선고받았다. 따라서 급격한 주가상승은 흑자전환 자체보다는 그 수익의 크기에 놀란 시장의 반응이었다고 볼 수 있다. 판사는 해당 애널리스트로부터 100명의 펀드매니저가 이메일을 받은 뒤에도 Tingyi의 주가는 실질적으로 움직이지 않았으며 따라서 결과적으로 그는 중요한 가격민감정보를 제공하지 않았을 것이라고 언급했다. 전문가 증인들은 피고들이 회사로부터 이미 알려지지 않은 정보를 받지 않았음을 확인시켜주었다.

결론 : 이는 어느 쪽으로도 진행될 수 있었던 장기간에 걸친 소송이었다. 관련자 모두는 세상의 주목을 받을 것이다. 이 사례는 내부자거래와 관련된 것이지만, 리서치의 공정한 공시에 관해서도 문제가 제기될 수 있었다. 시장의 모든 애널리스트들은 공정공시와 내부자거래 모두를 진지하게 고려해야 한다.

다음의 내부자거래 사례는 흥미롭다. 상기의 사례가 일회적인 상황들과 관련된다면, 아래의 미국 사례는 여러 관련자들에 의한 일련의 내부자거래 사건에 관한 것이다. 실제로 최근 미국에서는 일련의 내부자거래 사건들 또는 내부자거래 일당들이 증가하고 있는 듯하다. 아래의 사례 이외에도 우리는 나중에 '정보의 인용' 부분에서 다른 예시들과 대규모 내부자거래 혐의에 관한 하나의 사례들을 살펴볼 것이다(ASCO에 대한 언급을 참조). 물론 우리는 이미 유명한 Galleon의 사례를 논의한 바 있다.

사례연구 ● ● ● ●

가격민감정보의 사용과 배포(일련의 내부자거래)

개요 : 2007년 3월 미 SEC는 UBS와 Morgan Stanley의 내부자로부터 현금 리베이트의 교환 조건으로 얻은 중요 가격민감정보에 근거한 두 건의 내부자거래와 관련하여 13명의 피고인을 기소했다. 2001년과 2006년 사이에 피고인들이 이러한 수법을 통한 수만 건의 내부자 거래로 적어도 미화 1,500만 달러의 수익을 얻었다는 혐의이다.

세부사항 : 미 SEC에 따르면, UBS의 수법은 UBS애널리스트에 의한 투자등급의 상향 및 하향 이전의 불법적인 거래와 Morgan Stanley의 기업금융고객이 연루된 회사의 인수합병 발표에 관한 것이다. 음모의 거미줄에서 UBS와 Morgan Stanley뿐만 아니라 Bear Stearns의 직원도 연루된 것처럼 보인다. 이 사건들에는 비밀회의와 폐기 가능한 핸드폰을 통한 암호화된 문자메시지의 사용이 포함된다.

우리의 리서치 관련 관점에서 결과적으로 유죄를 선고받은 자들 중 하나는, UBS의 주식 리서치 담당 전무이사로서 불법수익의 일정부분을 공유하는 조건으로 투자등급의 상향 및 하향 관련 정보를 트레이더들에게 제공한 MG였다. UBS의 투자검토위원회 위원으로서 그는 리서치 자료가 출간되기 전 이를 미리 살펴볼 수 있었다. 그는 2008년 11월에 78개월의 징역과 미화 1,580만 달러의 벌금을 선고받았다.

또 다른 기소 건은 Morgan Stanley 준법감시부서 변호사 RC가 임박한 기업 인수에 대한 내부자정보를 훔치고 개인 변호사인 그녀의 남편 CC에게 이를 전달하게 하여 그가 불법 수익의 공유를 조건으로 이를 다른 사람에게 제공하게 한 혐의이다. "Quis custodiet ipsos custodies?"(누가 감시인을 감시할 것인가?)라고 누군가는 질의할 것이다. 또한 컬럼비아 대학의 증권전문교수 존 커피(John C. Coffee Jr.)는 2007년 3월 1일자 Bloomberg 기사에서 언급한 대로, "Morgan Stanley의 준법감시 변호사가 관련되었다는 것을 알게 되었다. 이것은 추기경이 교회에서 매춘부와 함께 체포된 것과 흡사한 경우다"라고 성토했다. 남편과 아내 모두 유죄 판결을 받았다.

그러나 2007년 10월 5일자 NY Times지의 보도에 따르면, 남편의 건강이 악화된 점과 피고인들이 먹이사슬의 가장 아랫부분에 위치했으며 해당 사기 음모를 계획하지 않은 점 그리고 많지 않은 수익만을 취했다는 점이 참작되어 처벌은 상대적으로 가벼웠다. RC는 4년, CC는 3년간의 집행유예와 함께 두 사람 모두에게 6개월간의 가택연금이 선고되었다.

결론 : 필자는 교회에서의 성추문에 대해 알지 못하지만 일반적으로 추기경의 죄목이라는 측면에서 보면 이 사례는 다시 한 번 탐욕이 인간의 판단을 얼마나 흐리게 하는 가를 명확히 보여준다. 만약에 범죄자가 유죄를 선고받는 경우 예상되는 범칙금, 투옥기간, 망가진 명성 등을 반영한 리스크/보상 비율은 매우 낮다. 감독당국의 영향력은 점차 향상되는 검사기술과 자료접근성의 향상으로 감독당국의 영향력은 점점 증가하고 있을 뿐만 아니라, 일련의 내부거래 관련자들은 연관된 공모자와 트레이더의 수가 더 많기 때문에 체포의 리스크가 더 크다. 미국의(최근에는 영국에서도) 기소과정에서 유죄인정타협과 면책의 사용은 내부자거래와 같은 범죄와의 전쟁에서 효과적인 조치로 증명되었다.

또한 미 SEC와 같은 많은 감독당국들은 내부자거래 사건의 해결에 도움이 되는 제보에 대하여 포상금을 지불할 수 있는 권한이 있다.

사례연구 ● ● ● ●

가격민감정보의 사용과 배포(잠자리에서의 대화)

2007년 8월 26일자 Sunday Times지는 "미국의 사법기관은 내부자의 잠자리 대화를 주의 깊게 듣고 있다"라는 제목의 매우 흥미로운 기사를 실었다. 그 이야기는 "미국의 감독당국들은 내부자거래 조사를 이사회에서 침대로 옮기기 시작했다"라는 문장으로 시작한다. 기사가 발표되었을 당시 미 SEC는 2006년 한 건의 사건과 비교하여 2007년에만 부부가 연루된 7건의 사건에 대한 조사 결과를 발표했다.

위에서 언급한 변호사 부부의 사례와 마찬가지로, 또 다른 사례는 중국 태생의 뉴저지 거주 부부(임박한 거래와 관련되어 비밀정보를 보유하고 있었던 Morgen Stanley 재무부서의 재무 관련 애널리스트 JW와 그녀의 남편인 ING Investment Management의 전직 애널리스트 RC)와 관련된 것이다.

그들 모두는 2007년 12월 유죄로 밝혀졌고, 18개월의 징역형을 선고받았다. 이는 그들의 모국 중국에서는 내부자거래에 대해 지금까지 관대한 태도를 보여왔다는 문화적인 배경을 강조한 간청에도 불구하고 내려진 결정이었다. 판사는 두 사람이 문화적 차이보다는 단지 탐욕에 의해 행동했다고 간주하였다. 판사는 미화 60만 달러를 약간 넘는 그들의 불법적 수익을 몰수하도록 명령했지만, 그들의 갓난아이를 위해 부부가 교대로 복역하는 것을 허용하였다.

2010년 1월 complinet.com의 특집기사에 따르면, 17살 때 "부자 삼촌"으로부터 수백만 홍콩달러를 받은 홍콩의 한 젊은 여성은 그녀가 Vanda 주식에 대한 내부자거래와 관련하여 받은 선고에 대해 항소하였다. 연루된 여러 명의 흥미로운 인물들 또한 유죄 선고를 받았다. 판사는 그녀가 받은 금액의 정도를 고려하여, 남자친구들에 의하여 '이용당하고 착취당했다'는 그녀의 주장에 의문을 제기했다.

'잠자리에서의 대화'의 리스크와 정보의 접근 가능성을 보여주는 다른 일련의 내부자거래 사례와 관련하여, 전 Lehman Brothers의 세일즈 담당자 MD는 2009년 5월 맨해튼 법원에서 유죄를 선고받았다. 연루된 전직 동료, 세무담당변호사, 데이트레이더 역시 유죄를 언도받았다.

MD는 국제적인 광고회사인 Brunswick Group에서 근무하고 있던 그의 부인으로부터 전해들은 유용한 비밀정보를 이용하여 2004-2008년 사이 13건의 임박한 기업거래에 관하여 친구들 및 친척들에게 제보한 것과 관련하여 기소되었다. 그가 관여한 매매들 중에는 Anheuser-Busch, Eon Labs, Alcan, Take-Two Interactive Software 및 Rohn & Haas가 관련된 중대한 거래들이 포함되었다. 각 회사들은 당시 중요한 인수합병 또는 여타의 회사 재무구조개편이 진행되고 있었다. 미 SEC는 이러한 불법거래가 미화 480만 달러의 수익을 가져다주었다고 추정했다.

미 SEC는 MD가 내부자정보를 제공함으로써 그의 친구 및 사업 동료들로부터 환심을 사고 그 대가로 현금과 까르띠에 시계, 바니스(Barneys) 뉴욕 상품권, 대형 TV, 랄프 로렌 가죽점퍼 및 포르쉐 운전 교습권 등과 같은 사치품을 받았다고 주장했다. 그 정보제공자가 그의 부인을 황금알을 낳는 거위로 부른 것은 놀랍지 않았다.

그런데 London School of Economic의 다미안 탐비니(Damian Tambini)는 그의 금융 저널리즘에 관한 논문에서 오늘날 광고회사가 얼마나 내부자정보의 원천에 근접해 있는지를 보여주며, 2003년 Corporate Watch에 발표된 Guardian지의 금융담당기자 사라 화이트블룸(Sarah Whitebloom)의 평을 다음과 같이 언급했다. "만약 당신이 기업과 금융업계에서 무엇이 진행되고 있는지를 진정으로 알고 싶다면, 재무기사 읽는 수고를 하지 마라. 그들 이야기의 90%는 홍보회사의 팩스에서 신속하게 나오거나, 영국의 금융 중심가에 몰래 접근하는 수많은 홍보맨들이 '제공'한 것들이다."

위의 사례에서 확인한 것과 같이, 증권전문가가 아닌 그 누구라도 내부자거래 규율과 관련된 문제를 일으킬 가능성이 있다. 수년간 글로벌 투자은행의 리서치 부서에서 애널리스트의 감독관(리서치 준법감시인)으로 일해온 필자는 이코노미스트가 직면하고 있는 위험성에 관하여 종종 질의를 받아왔다. 이어지는 사례연구들에서 보다 많은 것들을 보여주겠지만, 이코노미스트들 역시 명예훼손, 저작권 등과 같은 사회의 광범위한 규칙을 준수해야 하는 것과는 별도로 증권 특유의 규칙 및 시장 일반의 규칙과 규정에 좀더 많은 관심을 기울일 필요가 있다.

사례연구 ●●●●

가격민감정보의 사용과 전파(이코노미스트)

개요 : 2004년 4월 12일자 Wall Street Journal Asia지의 보도에 따르면, 사건 발생 당시 Goldman Sachs의 부사장이며 이코노미스트였던 JY는, 해당 회사가 수백만 달러의 수익을 기록하게 해준 미 재무성 채권에 관한 내부자정보를 제공한 것과 관련하여 33개월의 징역형을 선고받았다. JY는 증권사기를 포함한 많은 혐의에 대해 유죄를 선고받았다. 그는 또한 미 SEC에 미화 24만 달러의 범칙금 지불에 동의하면서 민사소송 관련 부분도 합의했는데, 그것은 그가 증권회사에 근무하는 것을 영원히 금지하는 것이었다. Goldman Sachs는 잘못된 행위에 대해 시인도 부인도 하지 않고, 미 SEC의 기소를 해결하기 위하여 미화 930만 달러를 지불했다.

2003년 11월 12일자 미 SEC의 소송 보고서에 의하면, Goldman

Sachs는 2001년 10월 31일 미 재무성이 더 이상 30년 만기의 미 국채를 발행하지 않는다고 발표하기 이전에 해당 채권을 매입하였다. 미 재무성의 이러한 발표는 1987년 10월 이후, 30년 만기 일일 채권의 최대 가격 변동을 야기하며 시장에 엄청난 영향을 미쳤다.

결론 : 33개월의 징역형은 낮은 축에 속했으며, 이 사례는 미 재무성 국채와 관련한 가격민감정보의 내부자거래가 상대적으로 매우 드문 경우임을 고려할 때 아주 극단적인 예라고 할 수 있다. 그러나 이 사례는 적어도 채권 및 기타 증권과 관련된 경우, 이코노미스트들이 증권 관련 규정으로부터 면제되지 않는다는 사실을 증명해보이고 있다. 또한 이코노미스트들이 활동 중인 국가의 시장이 상대적으로 규제가 덜한 경우, 이러한 사례가 미국에서와 같이 매우 드문 경우가 아닐 수도 있다.

추가사항 : 이코노미스트는 해당 증권에 직접 관여하지 않아도 해고될 수 있다. 아시아 담당 Morgan Stanley의 유명 이코노미스트인 AX는 싱가포르에 관한 개인적이고 명백히 민감한 견해를 밝힌 그의 내부 이메일을 누설한 이후인 2006년 10월 회사를 그만두었다. (AX는 현재 좋은 회사에서 근무 중이다. New York Times지는 글로벌판 International Herald Tribune에 실린 싱가포르의 지도자들에게 2010년 3월, 16만 싱가포르달러를 지불하는 것에 동의하였다. 해당 언론사는 "All in the family"라는 제목의 기사가 독자들에게, 싱가포르 건국자의 아들이 실력을 통하여 현재 위치에 오르지 않았다고 오해시킬 소지가 있다는 것에 동의했다. Wall Street Journal과 Bloomberg, Economist를 포함한 여타의 신문사들도

최근 싱가포르 지도층의 분노를 초래했다.)

Goldman Sachs의 유명 이코노미스트인 JH는 2007년 12월 2일, 그가 New York Times지에 기고한 글에 대해 벤 스타인(Ben Stein)의 비난을 받았다. 형평성을 위해 언급하자면 스타인은 이제까지 JH의 지적 능력에 관하여 수많은 찬사를 보내왔다. 그러나 이번 비난은 JH가 미국에서의 서브프라임 문제에 대한 '공포 심리를 전파'하여 Goldman의 자체적 저당권담보부증권 공매도 전략을 지원하려 한 것과 관련된 것이었다. Goldman은 대변인을 통해 자사의 이코노미스트는 독립적이며, 애널리스트는 높은 객관적 기준을 준수하고 있다고 주장하며 그런 의혹을 부인했다.

그러나 훨씬 중요한 사안은 Goldman이 그들 자신의 계좌로 그러한 의심스러운 증권에 대한 공매도를 진행하느라 열중해 있던 바로 그 당시, 고객에게는 거리낌 없이 해당 주식을 매수하라고 추천했다는 사실이다(제3장의 명확한 이해상충 관리에 대한 사례연구 참조).

이 문제와는 별도로 2009년 4월 발간된 홍콩 SFC의 감독보고서상 한 익명의 홍콩 투자은행이 발간한 경제 리서치 보고서가 언급되었다. 홍콩 SFC는 그 리서치가 대량의 경기부양책에 관해 언급했지만 그 출처 및 근거에 대하여 어떠한 언급도 하지 않았다고 밝혔다. 독자들은 그러한 주장이 사실인지 아니면 단지 저자와 투자은행의 견해인지 확인할 수 없었다.

홍콩 SFC는 주식시장에 관한 이코노미스트 리서치는 주식종목에 관한 리서치만큼 시장에의 영향이 직접적이지는 않다는 것을 인정했다. 그러나 동시에 홍콩 SFC는 민감한 사안을 포함하고 있는 이코노미스트 리서치는 언론에 의해 보도될 수 있으며, 따라서 국내증권시장에 상당한 영향을 미칠 수 있다고 강조했다.

결론적으로 홍콩 SFC는 투자은행들이 이코노미스트 리서치를 포함한 모든 리서치의 발간 시, 모든 주장이 신뢰할 만한 출처와 합리적인 분석에 근거하는지 적절히 검토해야 한다고 강조했다. 또한 감독당국은 보고서의 발표 시 투자대중을 오도하는 것을 방지하기 위해 저자의 개인적 의견 등 예측치와 신뢰할 만한 출처로부터의 사실과 정보가 있는 회사의 의견은 명확히 구분해야 한다고 덧붙였다.

구체적인 요구와 자기 정보

구체적 요구 : 개인고객이 애널리스트에게 등급이 없는 회사에 대하여 맞춤 리서치를 작성하라고 요구하거나 투자의견을 내놓으라고 요구하는 상황이 발생할 수 있다. 일반적으로 대중과의 의사소통 과정에 대한 리서치 관련 규정은 1인 고객과의 의사소통 과정의 경우 적용되지는 않는다. 그리고 이러한 근본적인 원칙은 일반적으로 내부 고객을 위해 리서치를 작성하는 자산운용사 애널리스트를 포함하여 일반 고객들을 위한 보고서를 작성하는 애널리스트들과 달리 개인 고객들에게 맞춤형 투자 조언을 제공하는 재무/투자자문사들의 경우에도 적용된다. 최소한 투자등급이 매겨진 회사의 경우, 증권사 애널리스트는 한 고객에게만 여타 고객에게 제시한 조언과 일치되지 않는 조언을 주어서는 안 된다는 점에 주목해야 한다.

몇몇 규제제도들에서는 무엇이 리서치로 간주되는지(따라서 리서치의 규정, 제한, 공시 의무를 충족시켜야 하는지)를 결정하는 데 있어 그 배포기준을 광범위하게 정의하기도 한다. 예를 들어 2004년 3월 리서치 및 애널리스트에 초점을 맞춘 미 NYSE/NASD의 공동 가이드라인은 '개별증권 또는 회사에 대한 분석을 포함하는 고객과의 의사소통은 투자결정을 하는 데 있어서 합리적으로 충분한 정보를 제공하고, 최소 15명에게 배포되는 경우 리서치로 간주될 수 있다'고 명시하고 있다. 이러한 요소들은 이후 미 FINRA의 핵심규정에 포함되었는데 미 NASD와 미 NYSE의 특정 규칙들을 결합시킨 것이었다. 게다가 2003년 4월 14일 발효된 미 SEC의 애널리스트 확인 규정은 특정인 또는 15인 미만의 한정된 그룹을 위하여 준비된 분석보고서는 일반적으로 리서치로 간주되지 않는다고 명시한다.

그러나 대규모 리서치 회사들은 앞선 12개월 동안 15명 미만의 고객을 보유했던 투자자문사들이 일반적으로 대중에게 자신들을 투자자문사로 소개하지 않기 때문에, 애널리스트 확인 규정(AC)에 첨부된 주석에서 그 숫자가 임의적으로 선택되었다는 점을 인식해야만 한다. 이 예외조항을 종종 이용하는 글로벌 리서치 회사들은 규정을 글자 그대로 위반하는 것은 아니지만 그 취지를 위반하고 있는 듯하다. 또한 일반 고객층에게 리서치의 특정 항목을 제한적으로 배포함으로써, 글로벌 리서치 회사들은 고객들을 동등하게 대우해야 한다는 투자 관련 법률 및 규정의 원칙에 대한 신뢰를 저버리고 있다. 궁극적으로 필자는 다음의 사례연구에서 다루고 있듯이 감독당국에서 실제로 사용되는 기준에 대하여 살펴보고자 한다.

<u>개요</u> : Nomura증권에 대한 2005년 10월 17일 미 NYSE의 거래소 공청회 결정 05-112에서, 거래소 이사회는 "두 사람 이상에게 배포되는 리서치 자료는 '일반적으로 배포된' 또는 '고객들과 대중에게 공개되었다는' 조건을 적용한다"고 밝혔다.

<u>결론</u> : 이는 시황 분석 또는 시장 속보의 배포라는 관점에서 명시된 내용이지만, 리서치에게도 분명 동일한 원칙이 적용될 것이다.

객관적인 '비리서치 보고서'의 기준을 충족시키도록 그 내용을 제한하는 것은 관련 리스크를 감소시킬 수 있는 행동방침일 것이다. 애널리스트가 완전한 리서치(즉 투자결정에 기초가 될 수 있는 분석과 충분한 정보)를 제공한 이후 좀 더 광범위한 고객층의 이익을 위해 해당 주식을 공식적으로 담당하기로 결정한 경우, 만약 그가 이미 '리서치 자료'를 이전에 한두 명의 선택적인 고객들에게 배포한 적이 있다면 해당 애널리스트는 선택적 배포 및 고객에 대한 불평등 대우와 관련한 혐의로 기소당할 수 있다.

리서치의 제한적 배포 : 어떤 보고서들은 규제 목적으로 특정 시간대에 배포될 수 없다. 소위 프리 딜 리서치(Pre deal research)는 제3장에서 논의될 것이다.

자기 정보: 증권 리서치 중개회사는 특정 산업이나 상품에 관해 보다 많은 정보를 수집하기 위하여 외부의 시장조사분석 대행사들에게 종종 리서치 자료를 의뢰하기도 한다. 그럴 경우에는 비록 수집된 정보와 도출된 결론이 그 회사의 소유라 하더라도 누구나 대행인을 고용하여 유사한 시장조사정보를 얻을 수 있다는 전제 하에, 필자는 그것이 비공개정보에 해당하지 않는다고 생각한다.

과거 투자의견에 대한 불공정한 묘사

매수자 위험부담원칙은 오랫동안 지켜온 업계의 일반적인 원칙이다. 그러나 전 세계 증권규정들의 명시된 목적 중 하나는 투자자 보호이며, 특히 부도덕한 무허가 증권중개인들로부터 상대적으로 전문지식이 부족한 개인 고객을 보호하는 측면이 강조된다. 누군가에게 무언가를 판매하고자 하는 사람은 있는 그대로의 사실을 전부, 즉 긍정적인 요소뿐만 아니라 부정적인 요소도 모두 설명하는 것이 무조건적으로 합리적인 처사다.

애널리스트나 중개인이 고객들에게 그들이 제공한 투자의견의 훌륭한 성과를 입증해 보이고자 할 때, 그들의 분석대상 종목군에서 모든 투자의견이 일정 기간 내에 어떤 성과를 거두었는지 보여줌으로써 공평하고 균형 잡힌 근거자료를 제공해야 한다. 이것은 부도덕한 중개인들이 성과가 좋은 거래만을 예로 들어서 그들이 제공한 투자의견들의 전체적 성과를 왜곡 포장하는 것을 방지하기 위함이다.

어떤 규정들은 분석대상 종목군, 투자기간, 수익에 관하여 구체적인 정의를 요구하는데, 필자는 이 모든 것이 궁극적으로 해당 정보를 제공하는 전략가, 애널리스트 및 중개인의 동기에 달려 있다고 생각한다.

예를 들어, 미국에서는 이제 증권을 추천하는 리서치 보고서에 적어도 직전년도에 걸쳐 제공된 등급이 매겨진 모든 투자의견의 성과를 명시해야만 한다. 이것이 다른 시장들에서도 필수조건인 지의 여부와는 관계없이, 모범 실무기준에 따르면 애널리스트들은 성과가 좋지 않았던 경우들도 빠짐없이 포함시켜 그들이 제시한 모든 투자의견들에 대해 균형적으로 묘사하지 않고서는 그들의 성과를 자랑할 수 없다. 또한 규정들은 변함없이 과거의 성과가 미래의 성과를 보장하지 않는다고 투자자들에게 경고하도록 요구하고 있다.

사례연구 ●●●●

과거 투자의견의 성과

세부사항: Merrill Lynch의 전 직원인 MT는 2002년 3월, 과거 투자의견의 성과에 대한 적절한 주석사항을 공지하지 않았다는 이유 등으로 미 NYSE에 의해 부과된 2개월간의 영업정지와 미화 1만 달러의 벌금에 합의했다. 미 NYSE가 관련 조사보고서에서 지적한 감독당국의 주석공지에 대한 요구사항을 아래에서 살펴보기로 하자.

미 NYSE 규정 제472.40조에 따르면, 투자의견(비록 투자의견이라고 명시적으로 표시되어 있지는 않더라도)은 적절하게 뒷받침될 수 있는 논리적 기준이 있어야 하고, 투자의견 제시 시점의 시장가격이 표시되어야 한다. 또한, 당해 규정에 의해 과거 투자의견의 성과나 실제 거래가격의 추세를 보여주는 기록이나 통계의 제시가 요구되는 경우, 해당 투자의견은 구체적인 상황을 적시하여야 하고, 균형이 잡혀 있어야 하며, 최소한 직전 12개월 동안의 기록이나 통계를 포함하고 있어야 한다. 또한, 본 규정은 과거 투자의견의 성과에 대한 결과를 전달하는 내용이 미래의 성과 지표로 보이지 않아야 할 것을 요구한다.

2007년 7월 미 NASD는 두개의 Fidelity계열 증권회사에 총 미화 40만 달러의 벌금형을 부과했는데, 이는 투자계획과 관련된 부적절한 투자판촉물을 군인인 고객들에게 배포하였기 때문이었다. 회사는 시인도 부인도 하지 않는 조건으로 관련 벌금 협상을 타결했다. 이 투자판촉물은 마케팅 자료로 분류되었는데 이러한 종류의 판촉물에는 애널리스트나 이들의 업무에 적용되는 동일한 공지에 대한 원칙이 적용된다. 해당 자료는 특정 금융상품이 어떻게 S&P 500지수보다 향후 30년 동안 성과가 더 좋았는지를 보여주고 있었다. 하지만 해당 투자자들에게 보다 적합한 투자기간으로 인식되는 10년 또는 15년의 기간에 대해서 동 금융투자 상품의 성과가 더 나빴다는 것을 보여주지 않았다. 또한, 이 판촉물은 이 상품의 1년, 5년, 10년간 또는 전체 투자기간 동안의 평균수익률은 보여주었지만, 각 투자대상 기간 동안의 S&P 500지수에 상응하는 투자수익률이 어떠했는지는 보여주지 않았다. 판촉물은 투자대상 기간에 상응하는 S&P 500지수의 연 평균수익률을 제시함으로써 당해 지수의 수익률이 최근 기간 동안 당해 투자상품의 수익률보다 월등히 높았다는 것을 보여주었어야 했다.

결론 : 이와 같은 사례는 과거 투자의견의 성과에 대한 규정이 집행되었던 실질적인 사례와 당해 규정을 위반했을 때의 잠재적인 결과에 대해 보여주고 있다.

모델 포트폴리오는 통상 애널리스트의 고유한 분석대상 종목군으로 알려져 있다. 하지만 시간이 지남에 따라 언제라도 모델 포트폴리오는 변화될 필요가 있다. 증권회사의 전략분석가는 포트폴리오에 새로운 주식이 추가되거나 삭제될 때마다 이를 추가적으로 설명해야 한다.

투자의견의 성과에 대한 수치를 제시할 때, 증권사의 전략분석가나 애널리스트는 포트폴리오나 분석대상 종목군 전체에 모든 주식들의 성과를 정기적으로 표시함으로써 균형 잡힌 정보를 제공해야 한다. 즉, 성과가 좋은 것만 골라서 공지해서는 안 된다. 필자의 생각으로는 균형 잡힌 투자의견의 성과를 제공하는 것이 과거 성과에 대한 관련 규정을 준수하는 것 이상의 의미를 가진다.

현재의 시장가격을 제시하는 것과 더불어 전략분석가들은 지난 거래일 이후 개별 주식의 투자성과가 과거 12개월 동안 (만약 최근에 투자종목으로 추가되었다면 추가된 날 이후부터) 어떠했는지를 보여주어야 한다. 현재의 가격과 이러한 과거 실적치 정보를 추가함으로써 전략분석가들은 해당 주식이 처음으로 투자종목으로 추가되어 투자비중이 마지막으로 변경되었을 시점의 원래 동 주식의 시장가격이 어떠했는지를 표시해야 하는 요구사항을 충족시킬 수 있게 된다. 전략분석가들이 특정 포트폴리오를 12개월 이상 운용하지 않을 경우에는 그때까지의 펀드의 운영성과를 보여주는 사항을 별도로 표시하고, 그 아래 과거 12개월간의 포트폴리오의 성과를 표시하는 부분에 "해당사항 없음"으로 표시해야 할 것이다.

과거의 성과가 미래성과와 직결되지 않을 수도 있다는 주석사항은 반드시 표시되어야 하며, 만약 거래비용이 있는 경우에는 어떤 거래비용이 발생할 수 있는지에 대한 사항도 반드시 표시되어야만 한다.

이해상충과 이해관계에 대한 고지

이해상충의 문제와 이해관계의 고지에 대한 문제는 제3장에서 자세히 논의할 것이다. 리서치가 일반대중에게 발표되기 전 준법감시부서는 실제로 존재하거나 잠재적인 이해상충 문제들을 적절히 관리했으며 분석대상 회사와의 모든 이해관계가 적절히 공지되었다는 것에 대한 확신을 가질 수 있어야 한다. 이는 공식적인 서면으로 작성된 리서치 자료뿐만 아니라 방송에 출연하거나 신문 등에 기사를 제공하는 경우에도 동일하게 적용된다.

특정 투자기준에 속하는 투자자 집단에 대한 서비스 제공

어떤 투자자나 투자펀드는 특정한 도덕적, 법적 기준을 만족시키는 투자의견만을 원할 수 있다. 한 예로서 대체에너지, 탄소배출감소 또는 환경친화적인 회사나 높은 수준의 기업지배구조를 갖춘 회사들에만 투자하는 윤리적, 사회적 책임투자와 같은 것들이 있다.

사회적 책임 투자펀드가 다른 펀드에 비하여 성과가 더 좋은지에 대한 논란이 있다. 소피아 그렌(Sophia Grene)은 2008년 12월 15일자 FT지에서 두 프랑스 연구소의 연구결과를 비교분석했다. 투자컨설팅 회사인 Altedia사는 사회적 책임 투자펀드들의 성과가 더 좋다는 것을 보여주었으나, Edhec Business School은 이러한 차이를 검증할 수 없었다. 동일한 조건하에 장기간에 걸친 비교연구를 수행했을 경우에만 좀 더 적절한 비교연구가 가능할 것이다.

2008년 9월 Innovest에서 출판하고 WWF-Norway에서 의뢰한 연구보고서는 탄소배출문제 관리를 잘하는 회사에 대한 투자가 보다 좋은 투자성과를 낸다는 것을 증명했다. 동 연구는 네덜란드의 ABP나 미국의 CalPERS를 사회적이고 환경적 양심이 있는 투자 철학을 가지고 있는 투자회사로 극찬했다.

그 다음 달 말레이시아의 경영 및 투자출판물인 Edge는 말레이시아의 주식투자운용사인 Corston-Smith 자산운용사와 영국소재 연금펀드매니저인 Hermes Equity Ownership Services (BT Pension Scheme의 운영사)가 공동으로 Asean Corporate Governance Fund(아세안 기업지배구조펀드)를 발족했다고 보도했다. 이 펀드는 일정 수준의 기업지배구조를 갖춘 회사들에만 투자하며, 투자회사의 기업지배구조 수준을 지속적으로 향상시키는 것을 목표로 한다.

일반적으로 펀드매니저들은 기업지배구조 수준이 낮은 회사들을 매도하거나 최소한 매입하지는 않으려고 한다. 예를 들면 한국에서 Tiger Asia Management사는 이러한 주식에 대해 적극적으로 공매도를 하는 투자전략을 취하여왔다. 반면에 본인들의 이와 같은 투자성향이 회사의 경영과 전략을 변경시킬 거라고 믿는 Lazard Korea Corporate Governance Fund와 같은 행동주의 주주들과 펀드매니저들은, 잠재적인 가격상승요인이 있기에 도덕적 기준이나 기업지배구조 수준이 낮은 회사에 투자하는 것을 선호한다.

세계 투자환경에서 이슬람 금융의 중요성이 증대되면서 애널리스트들이나 투자자문사들은 본인들이 담당하는 증권이나 투자의견이 얼마나 샤리아 율법을 충족시키는지를 알고 있어야 한다. 샤리아 펀드가 무슬림 투자자에게 의미가 있는 것처럼, 달마 펀드는 자연 및 자연의 방법에 최우선의 가치를 두는 힌두교, 불교, 도교 그리고 아마도 제다이 기사와 같은 투자자들에게 특별한 의미가 있을 것이다.

엄격하게 말해, 샤리아 율법은 금전의 대출을 금지하고 이를 불법적인 행위로 간주한다. 이자수익을 얻기 위해 대출하는 것은 주주가치를 높이는 일반적인 행위이기 때문에 이슬람 투자자들이 투자한 기업들이 이러한 투자목적을 어떻게 만족시킬 수 있는지에 대해 사람들은 의아해 할 것이다.

그러나 학자나 전문가들이 동의하지 않을 수 있으나, 법적 또는 이론적 시스템에는 항상 다른 관점이 있을 수 있다. 지난 수년 동안 사회에 대한 실제적인 고려와 변화 필요성에 의해 인정할 수 있는 한도의 수준이 조금씩 변화되어왔다. 보다 완화된 해석과 당사자 간의 동의에 의해, 그들의 율법 위반 행위들이 크게 규정을 위반하지 않는다면 투자회사들의 행위는 적격한 투자로 인정받을 것이다(아래의 사례연구 참조).

증권 리서치 애널리스트에게 샤리아 율법의 의미(주식)

개요 : 2008년 11월 금융위기가 한창 고조되었을 때, Dow Jones Islamic Market(DJIM)지수(샤리아 율법에 의한 전 세계 주요 투자가능회사들에 대한 지수)는 총 시가기준 미화 11조4천억 달러로 총 2,300개 회사가 대상이 되었다. 이는 규모상 무시할 수 없는 수준이다. 이에 비하여 미국의 Dow Jones Global Index에 속한 회사들 1,500개의 시장가치는 거의 미화 10조 달러에 달한다.

과거 몇 년간 샤리아 율법에 적합한 회사들에 대한 투자가 증가한 것을 설명해주는 몇 가지 요인이 있다. 필자의 머리에 떠오르는 세 가지를 우선 꼽아보면, 첫째, 원유가격의 급등으로 중동 오일달러가 넘쳐났기 때문이며, 둘째, 전 세계적으로 이자율이 낮게 형성되어 있어 높은 이자율 환경에서 보다 많은 회사들이 샤리아 율법에 적합하게 되었으며(주어진 부채와 현금수준에 대한 제한에 따라서), 셋째, 좀 더 도덕적이고 지속가능한 투자에 대한 일반적인 경향에 의한 것이라고 할 수 있다.

중요한 것은 샤리아 율법에 적합한 회사들은 부채담보부증권이나 부동산담보부증권 같은 금융위기에 문제가 있었던 위험투자 상품에 노출 정도가 심하지 않았기 때문에, 다른 회사들보다 국제금융위기의 영향을 크게 받지 않았다.

세부사항 : DJIM지수를 구성하는 방법에 대한 충분한 가이드

라인은 http://indexes.dowjones.com에서 확인할 수 있다. DJIM지수를 구성하는 주식은 이슬람 투자목적에 적합하지 않은 주식을 배제하고 영업활동과 금융비율에 대한 분석을 통하여 최종 선택된다.

먼저 배제되는 경영활동에는 주류, 담배, 돈육 관련 제품, 금융거래(은행, 금융회사, 보험회사를 포함), 무기 및 방위산업체, 호텔, 카지노, 영화 등의 오락사업 등이 포함된다.

다음으로는 부채와 현금의 수준에 비추어 부적절한 금융비율을 가지고 있는 회사는 배제되는데, 즉 부채/시가총액, 현금과 이자수취 채무증권/시가총액, 미수금계정/시가총액 비율이 33% 미만이어야 한다. 이때 시가총액은 각 회사의 12개월 평균 시가총액으로 된다.

추가사항 : DJIM지수의 방법론에 대한 중요한 검사방법론을 다룬 유용한 자료로 카트카타이(M.H. Khatkhatay)와 샤리끄 니자르(Shariq Nisar)의 저서 *Investment in stocks: A Critical Review of Dow Jones Shari'ah Screening Norms*가 있다. 동 연구는 2007년 8월 27-29일 인도네시아 자카르타에서 열렸던 Islamic Capital Markets 국제회의에서 발표되었으며, 다우존스 지수들의 웹사이트에서 관련 자료를 얻을 수 있다. 당해 회의는 사우디아라비아의 제다에 있는 Islamic Development Bank(IDB)의 Islamic Research and Training Institute(IRTI)와 인도네시아 자카르타의 Muamalat 연구소 주최로 개최되었다.

봄베이 주식거래소의 BSE 500지수에 포함된 500대 기업의 실증자료가 동 연구에 사용되었는데, 연구보고서에 따르면

2002년부터 2006년까지 BSE500주식의 평균 86.3%의 기업이 영업적합성조건을 통과했다. 이 중 32.6%가 재무분석비율을 통과했다. 다우존스의 기준에 따르면 BSE 500기업의 28.1%가 샤리아 율법에 적합했다. 그러나 연구자들은 이러한 투자 가능회사가 엄격한 샤리아 율법에 "적합한" 회사라기보다는 샤리아 율법에 "거슬리지 않는" 회사라는 것을 강조했다.

결론 : 애널리스트는 본인의 리서치 대상에 있는 어떤 주식이 샤리아 율법에 적합한지를 알아야 하며, 그리하여 본인들의 리서치 시장성을 높여야 한다. 샤리아 율법 관련 주식에 대한 투자자들의 관심을 끌기 위해, 별도의 샤리아 전문가에 의해 승인받은 투자권고종목이나 투자대상집단을 만들 필요도 있을 수 있다. 이 경우 이슬람금융감독위원회와 이슬람 회계원칙 및 감사기구에서 발간한 회계 및 회계감사조직 기준에 대한 조언을 받을 필요가 있을 것이다. 애널리스트는 샤리아 율법에 적법한 투자수요나 공급이 이자율 수준 등의 여러 요소에 따라 변동성이 심할 수 있음을 숙지해야 한다.

이슬람 채권시장은 다음 사례에서 보듯이 다소 복잡한 면이 있다.

사례연구

••••

증권 리서치 애널리스트에게 샤리아 율법의 의미(채권)

배경 : 존경받는 샤리아 학자인 무함마드 타끼 우스마니(Muhammad Taqi Usmani)는 2007년 당시 발생되어 유통되는 Sukuk(이슬람 채권)의 85%가 샤리아 원칙에 부합하지 않는다고 주장함으로써 논쟁을 야기했다.

확정환매 개념이 리스크와 수익을 거래상대방 간에 공유해야 한다는 이슬람 원칙에 위반된다는 것이 논쟁의 초점이 되었다. 이에 더하여 이슬람 회계원칙 및 감사기구는 이러한 이슬람 채권의 발행이 불법행위라고 주장했다. 이러한 유권해석은 계약의 성격상 문제를 보다 복잡하게 만들 수 있는 기발행 채권들에 대하여 소급적용하고자 하는 것이 아니라 앞으로 발행될 채권에 동 원칙이 적용되기를 바라는 것이었다. 그러나 이후 시장에 발행된 상품의 유동성에 심각한 문제가 발생했다. 만약 이슬람 채권의 발행자가 파산하는 경우에는 어떻게 될 것인가?

세부사항 : East Cameron Gas사는 미국회사로서는 처음으로 이슬람 채권 Sukuk을 발행한 회사이다. 이 회사는 2008년 11월 파산을 선언했다. 법원은 해당 이슬람 채권의 소지자가 기초자산으로부터 발생하는 현금흐름에 대한 권리를 행사할 수 있다고 선언했다. 쿠웨이트에 있는 Aston Martin Lagonda라는 자동차생산업체

주식의 50% 지분을 소유하고 있는 Investment Dar사는 미화 1억 달러 상당의 이슬람 채권을 지급불능시킨 최초의 중동회사가 되었다. 2009년 9월 Investment Dar사는 은행과 투자자에게 소위 정지협정(Standstill Agreement: 역자주-한 기업 또는 개인이 다른 기업과 관련된 특정행위를 일정기간 취하지 않을 것을 양 기업 간에 약속한 협정) 상태에 들어섰다고 공표했다.

이러한 정지협정의 개념은 2009년 11월 두바이 정부가 Dubai World사와 그 자회사인 Nakheel Properties사가 미화 260억 달러에 상당하는 부채의 상환을 6개월간 유예할 것을 요청할지도 모른다고 발표함으로써 전세계에 악명을 떨쳤다. Dubai World사는 총 미화 590억 달러의 부채를 가지고 있었으며, Wikipedia에 따르면 이 규모는 아랍에미리트의 총 부채금액인 미화 800억 달러의 거의 4분의 3에 해당되는 것이다. 다행스럽게도, 아랍에미리트에 있는 두바이의 이웃인 아부다비가 2009년 12월 14일에 미화 100억 달러의 구제금융을 두바이에 지원했다. Dubai World사는 미화 41억 달러를 상환기일이 도래한 Nakheel사의 이슬람 채권을 상환하는 데 사용하겠다고 밝혔다.

결론: 바레인의 Shamil 은행과 영국의 Beximco Pharmaceuticals사 간의 소송사례에서 살펴볼 수 있는 흥미로운 사실은 영국의 상소법원은 2004년 영국법이 샤리아 율법에 우선 적용된다고 판결했다는 것이다. 당 법원은 샤리아 원칙을 적용받고자 했던 소송당사자에게 이를 당사 간의 계약관계에 명시적으로 포함시킬 것을 권고했다. 이와 관련하여 전 세계적으로 법원과 판사들이 샤리아 율법과 관련한 사항들을 어떻게 판단했는지에 대한 사례들을 추가

적으로 살펴볼 필요가 있다.

애널리스트와 그들이 속한 리서치 부서는 기업지배구조가 좋다거나 환경친화적이거나 예상된 기호변화로부터 혜택을 받는, 즉 식품, 수자원, 에너지의 개발 생산, 정제, 저장, 배포 등에 있어서 적합한 기업으로 구성된 주식 포트폴리오를 구성하는 범주에 의해 그들의 분석대상회사들을 다시 한 번 평가해볼 수 있을 것이다. 위에 본 것과 같이 고객들은 나쁜 지배구조가 있는 회사에 투자하는 것처럼 알코올, 담배 그리고 게임 산업 등 유해산업에 속한 회사에 투자하기도 한다.

사례 ●●●●

유해산업투자의 장점

세부사항 : 2009년 12월 19-20일자 FT판에 스펜서 야컵(Spencer Jakab)이 기고한 바에 따르면, 프랭크 파보치(Frank Fabozzi) 등 예일 대학의 연구진들은 전 세계 21개의 거래소에서 거래된 소위 유해산업주식[27] 포트폴리오에 속한 주식들에 대해 37년간의 투자성과를 분석해본 결과, 시장수익률이 7.87% 상승한 것에 비해 이 주식들은 19.2%의 수익률을 보여주었다. 이 포트폴리오는 연구대상 기간인 37년 중 35년에 대해 보다 좋은 성과가 있었던 것으로 나타났다. 2008년 11월 21일자 SCMP지의 LaiSee 칼럼에서 벤 퀵(Ben Kwok)이 기고한 바에 따르면,

Merrill Lynch가 작성한 분석자료는 1969년 이후 미국에서 있었던 여섯 번의 불황에서 Altria, Philip Morris, Molson Coors 와 같은 회사의 주식이 10% 이상의 평균 투자수익률을 보인 반면 S&P 500지수의 평균수익률은 1.5% 하락했음을 보여주었다.

결론 : 애널리스트들은 투자자에게 유해산업주식을 투자할 것을 권고해야 하는가? 고객의 도덕적·종교적 신념상 문제가 없다면, 그리고 회사가 법적 제한이 없다면 최고의 수익률을 달성하는 투자는 단지 시간의 문제임이 확실하다. 과거수익률이 미래수익률을 보장할 수는 없지만 위의 사례에서 본 바와 같이 이러한 유해산업에 투자하는 투자자들은 시장수익률을 상회하는 수익률을 얻을 수 있었다.

애널리스트 서베이

애널리스트 서베이에 대해 언급할 필요가 있다. 애널리스트들이 탐내는 것 중의 하나는 Institutional Investor 투표와 같은 애널리스트 서베이에서 좋은 등수에 오르는 것이다. 이러한 평가 설문에서 좋은 등수를 받는 것은 증권산업에서 고객으로부터 본인의 가치를 궁극적으로 증명받는 일인 것이다.

그러나 어떤 경쟁 환경에서나 마찬가지로 공격적으로 보일 수는 있으나 일반적으로 인정된 마케팅 유세를 하는 경향이 있으나 이러한 선전이나 사전유세의 정도가 지나친 경우에는 간혹 평가의 공정성에 영향을 주는 경우도 있다.

사례

표를 얻기 위한 게임

개요 : 2005년 8월 전년도 전체 부문에서 1위를 한 회사인 CLSA가 Asiamoney지의 증권회사 선정 투표에서 기권하였다. 2005년 8월 19일자 SCMP에 따르면, 회사는 관련 세일즈 담당자와 애널리스트에게 고객들을 대신하여 선정 투표와 관련된 자료를 작성하고 제출하는 부적절한 행위를 지시했다는 것에 대해 인정했다

세부사항 : 8월 18일자 SCMP지 보도에 따르면 CLSA의 경영진은 직원들에게 "이것은 게임이다"라는 문장으로 시작하는 이메일을 보내 투표조작을 최대한 신중히 해야 한다고 지시했다고 한다. 이러한 조작은 서로 다른 고객으로부터 접수된 투표용지상의 작성자가 동일인이라는 사실이 밝혀짐으로써 알려지기 시작했다. CLSA는 부적절한 행동을 한 관련자를 해고했으며, 그해 투표에서 기권했다.

결론 : CLSA는 평가 설문이 끝나기 전 투표에서 기권했다. 극단적인 사례이지만 독립적이지 않고 명백히 조작에 의한 것이라고 판명된 평가 설문의 결과는 증권회사들에 대해서 오해를 불러올 수 있다. 이러한 결과는 고객이나 독자가 진실로 좋은

애널리스트들이 아닌 특정 애널리스트에 대한 선호도에 영향을 미칠 수 있다.

추가사항 : CLSA는 그 다음해 Asiamoney 투표에서 그 지위를 다시금 회복했고, 2006년 투표에서 여러 분야의 상을 휩쓸었으며, 2007년과 2008년에는 가장 독립적인 금융투자분석상(Most Independent Research Award)을 수상한 바 있다.

Bloomberg사와 StarMine사는 전 세계적으로 좋은 주식을 잘 선정하고 또한 이익예측을 성공적으로 수행하는 애널리스트에 대한 객관적인 연구를 수행했다. 그들은 애널리스트의 목표주가 대비 실제주가 이익예측치 대비 실제결과치에 대한 성과를 추적 조사했다. 예를 들면 Bloomberg사는 전 세계적으로 432개의 리서치 회사와 투자은행에 있는 3천 명 이상의 애널리스트에 의해 수행된 리서치 중에서, 2008년 3월 31일로 끝나는 사업연도에 대해 시가총액 기준 미화 50억 달러 이상인 300개 회사를 대상으로 한 종목추천 순위를 분석했다. 이러한 서베이는 인지도 조사는 아니며, 애널리스트의 투자의견과 예측에 대한 객관적인 분석이다. 자료가 정확하고 최신의 것이라는 가정하에 설문평가에서 조작이 발생하거나 선호에 대한 오차가 발생할 가능성은 낮다.

최소한 이러한 서베이는, 2007년 4월과 5월에 FT지 기고에서 Alliance Boots사의 회장 니겔 루드(Nigel Rudd) 경이 자신의 회사를 담당하고 있는 증권회사 소매금융 애널리스트를 멍청이라고 묘사한 것처럼, 애널리스트에 대한 비판가로부터의 의미 있는 조언을 통해 귀중한 통찰력과 정확한 예측을 제공하는 애널리스트들을 구분하는 데 도움을 줄 수 있을 것이다.

2007년 4월 14일자 FT지의 Long View 칼럼에서 존 아서스(John Authers)는 리서치에 있어 시기적절함과 이해상충의 문제를 언급했다. 그가 고객에게 쓴 이메일에서, 거의 모든 리서치 자료가 인터넷 웹사이트에서 발표 즉시 접근 가능하기 때문에 리서치 자료의 배포에 대한 보다 강력한 통제가 있어야 한다고 말했던 Merrill Lynch의 리서치 부서장인 캔디스 브라우닝(Candace Browning)은, 증권사 애널리스트의 삶이 예전보다 많이 고달파졌지만 아직 최악은 아니라는 주장에 동의했다.

아서스는 브라우닝의 말을 언급하면서, 애널리스트는 주가가 시장에서 최대한 공정하게 형성되게 함으로써 결과적으로 시장경제의 가장 중요한 기능의 하나인 효율적 자본배분에 결정적인 역할을 하고 있다고 주장했다.

이를 뒷받침하는 증거로 최근 Greenwich 설문조사에서 밝혀진 바에 따르면 미국의 설문투표자인 2,000개 이상의 기관투자가는 수수료의 42% 이상을 상위권에 속한 증권회사에 지불했다고 답변하였다. 아서스는 제3장에 언급되는 Merrill Lynch의 전 인터넷 담당 애널리스트였던 헨리 블로젯(Henry Blodget)을 인용하면서 가장 가치 있는 리서치는 기존의 일반적 의견에 도전하는 것이라고 주장했다.

2006년 6월 FT지의 기사에 따르면, HSBC의 글로벌 증권 리서치 사내 이메일에서 리서치의 대다수가 무가치하며 애널리스트 대부분이 월급 값을 못 하고 있다고 주장하면서 흥미로운 논쟁거리를 제시했다. FT지의 독자 대다수가 이러한 주장에 동조했다. 한 독자가 이에 대한 댓글에서 제시하기를 애널리스트의 예측치 성과를 추적해본 결과, 추천을 그대로 따랐을 경우 투자의견의 반 정도가 가치가 없는 것이었다고 주장했다. 하지만 필자 생각에 이것은 투자의견의 반 정도가 의미 있는 것이었다는 것을 보여주는 것이라고 생각한다. 투자자와 애널리스트를 고용한 회사에게 중요한 일은 투자의견이나 예측뿐만이 아니라 설득력 있는 이유와 논쟁거리를 제시하여 의미 있는 정보를 지속적으로 제시하는 애널리스트를 찾아내는 것이다.

아래 알렉스의 만화에서 보듯이 애널리스트의 동료들도 전혀 도움이 되지 않는 모양이다.

증권 리서치 보고서를 활용하는 자산운용사의 지원에 관한 세부사항은 본 저서의 서문을 작성한 Templeton사의 마크 모비우스(Mark Mobius)의 주장을 참조하길 바란다. 이와 같이 Fidelity사에서 성과가 뛰어난 펀드매니저인 앤서니 볼튼(Anthony Bolton)의 저서[28]에 의하면 Fidelity사는 내부의 금융투자 분석자료를 보완하기 위하여 최고의 외부 리서치 자료를 사용한다고 한다. 2009년 1월에 FT지에 보도된 바와 같이 Fidelity사의 개인고객들은 회사에게 독립적인 리서치 기능을 요구하였으며, 그 결과 Fidelity사는 고객에게 정확한 종목선정에 근거하여 애널리스트 평가순위를 제공하는 첫 번째 자산운용사가 되었다. 본 장의 초반에 언급된 헤지펀드인 GLG Partners는 2009년 9월 발표된 직전 4년간의 자료를 활용한 분석자료에서 유럽 증권회사들의 일별 종목선정 포트폴리오를 구성, 이를 3개월간 보유하는 경우 평가대상 75%의 뮤추얼펀드보다 높은 수익률을 얻을 수 있었다고 주장했다.

증권회사의 리서치에 대한 긍정론은 자산운용사의 리서치와의 비교자료를 보면 알 수 있다. 2009년 7월 31일 Bloomberg지에 기고한 에릭 마틴(Eric Martin)은 하버드 경영대학원과 노스 캐롤라이나의 교수들에 대한 설문결과를 발표했다. 이 연구는 1997년부터 2004년의 연구기간을 대상으로 340명의 자산운용사 애널리스트와 12,000명의 증권 애널리스트의 투자의견을 비교한 결과 증권 애널리스트의 성과가 3배나 우월한 것으로 나타났다.

대형 투자은행에 소속되어 있거나 독립적인 리서치 회사에 속해 있건 간에, 증권 애널리스트는 현실에 안주해서는 안 되며 본인들의 분석방식을 시대의 흐름에 따라 항상 변화시켜야만 한다. 2007년 9월 FT지의 편집장과의 일련의 서신교환에서 Deutsche

Bank의 기업 조사분석 부서장인 가이 애슈턴(Guy Ashton)과 주식
전략 부서장인 스튜어트 파킨슨(Stuart Parkinson)은 같은 해 9월 5
일자 FT지에 실린 루크 존슨(Luke Johnson)에 의해 주장된 "고전적
리서치의 재탄생"에 대해 다음과 같이 반박했다.

> 주식 리서치가 애널리스트 몇 명에 의해 대충 작성되고 부서장에
> 의해 간략하게 검토되거나 전 세계 기관투자자들을 방문하여 보우
> 팅(Voting)을 받아 소속 투자은행에 의미 있는 공헌을 하던 시대가
> 있었다. 이러한 "Ranking and banking model"이라 불리는 이 구시
> 대적 모델은 이미 없어졌다. 그러나 새로운 모델은 더 좋다. 오늘날
> 애널리스트들에 의한 투자자 및 회사경영진과의 대화가 보다 의미
> 가 있으며 이를 통해 그들에게 통찰력과 추가적인 투자수익의 기회
> 를 제시함으로써 애널리스트의 업무에 가치를 부여하고 이에 따른
> 정당한 보상을 받고자 한다. 21세기의 금융투자분석은 홍행업이 아
> 닌 실질에 관한 것이다.

독립적인 리서치 보고서를 제공하라는 글로벌 투자은행의 의
무사항이 2009년 7월 종료됨에 따라 독립적인 리서치 회사는 과
거의 영예를 되찾을 필요가 있다.[29] 2008년 5월 FT지는 StarMine
과 공동주최로 연례수상자를 발표했다. 투자자의 신경을 날카롭
게 하고 포트폴리오에 심각한 손실을 보게 한 신용경색으로 인한
Enron 시대의 리서치 스캔들 이후 회복 불가능한 것처럼 보였던
금융투자분석의 중요성이 부활하는 것을 경험했다고 수상자들은
주장했다.

FT지의 부편집장인 마틴 딕슨(Martin Dickson)은 최상위권의 리

서치 보고서는 매우 가치가 높다고 주장했다.

　월스트리트의 모델에 결함이 있다고 판명된 2008년 12월 금융
위기가 한창 진행되고 있을 무렵, Bear Stearns사의 전 CEO인 앨
런 그린버그(Alan Greenberg)는 Bloomberg지에 주장하기를 인수
합병에 특화되어 있는 회사들은 독자적인 의견에 대한 수요가 증
가하기 때문에 사업을 계속해야 한다고 했다. 이러한 전문가 의견
이 타당하고 증권 리서치가 의미 있는 방식으로 변화되어 앞으로
도 계속 업계에서 살아남기를 바란다. 이렇게 말하는 것이 필자에
게 이해상충 문제가 크게 없다면, 필자는『증권 리서치 바로 쓰기』
에 대한 수요가 지속될 것으로 기대해본다.

정보의 원천을 찾아서

정보의 원천을 인정하기

공개가 되어 이용 가능한 정보의 원천을 보호하지 않는다면 애널
리스트들은 가격을 조작하기 위해 근거 없는 뜬소문(특히 나중에 근
거 없음으로 판명 나는 경우)을 유포하거나 내부자정보에 의한 거래
를 하거나(특히 정보가 사실로 판명 나는 경우) 명예훼손, 과실, 오도,
표절, 저작권 위반 또는 계약위반 등의 문제로 고소될 수 있다. 이
는 다양한 원천과 경로를 통해 여러 가지 정보를 조합하여 독자적
인 의견을 제시하는 것(일명 모자이크이론)이 불가능하다는 것을 의

미하는 것은 아니다. 반대로 이렇게 하는 것이 애널리스트들의 일이다. 하지만 애널리스트는 본인의 리서치 의견을 증명할 수 있는 사실과 합리적인 가설을 구분하여 설명할 수 있어야 한다.

애널리스트가 본인의 정보 원천으로 관련자(공급자, 고객, 경쟁자 등)를 언급할 때마다 리서치 자료에 있는 관련자의 성명을 명기해야 하는 것은 아니며, 법원이나 감독당국에 의해 요구가 있다면 본인들의 주장을 입증할 필요가 있다. 증권의 가격이 공식적으로 발표되기 전에 급변하는 민감한 인수합병 상황 등과 관련이 있는 경우에도 감독당국은 시장조작 등의 증거를 찾고자 할 것이다.

현지 지식 : 연관이 있는 사항은 회사에 한정된 정보만은 아니다. 회사를 둘러싼 환경을 구성하는 다양한 사항들이 이해되고 적절히 평가되어야 한다. 전 세계적으로 가장 높은 위험 조정수익률을 추구하는 국제적 투자자들에게 있어서 지역사회에 대한 이해와 경험은 크게 도움이 될 수 있다. *The Super Analysts*라는 책을 쓴 앤드류 리밍(Andrew Leeming)은 인도네시아의 최고 애널리스트이자 모든 아시아 애널리스트 중 최상위 5위 안에 드는 조 페치(Joe Petch)의 성공투자의 비결에 대해 "아시아 증권시장에 중요한 영향을 주고 있는 인도네시아의 독특한 정치적·문화적 문제들을 정확하게 이해한 것"이라고 표현했다. 세계 각 나라와 지역은 자신마다 독특한 특색을 지니고 있으며 그런 지역사회의 문제를 잘 이해할 수 있는 애널리스트들이 고객들에게 비교우위가 있는 조언을 해줄 수 있는 것이다.

한계 설정 : 애널리스트들은 그들이 공개되지 않은 정보를 준비할

때 항상 어디까지 이를 공개해야 할지에 대한 한계를 명확히 하여야 한다. 목적이 항상 수단을 정당화할 수 있을까? 진실을 파악하기 위하여 독창적으로 노력하는 것과 비도덕적인 행위를 하는 것 (또는 비도적적인 행위를 하는 것처럼 보이는 것) 간의 차이는 다음의 사례가 보여주는 것처럼 명확하지 않으며 항상 최소한의 회색지대가 남아 있다.

사례연구 ●●●●

비밀정보의 수집

개요 : 2002년 10월 미 NASD의 보도자료에 따르면, 애널리스트인 DR1과 그의 형제인 보조 애널리스트 DR2가 비밀정보를 부적절하게 사용했다는 이유로 각각 8개월과 5개월간 리서치 활동 정지와 미화 35,000달러와 미화 5,000달러의 벌금을 부과받았다. 두 사람은 미 플로리다 주의 Sterling Financial Investment Group에 소속되어 있었으며, 이 회사와 그들의 상관인 리서치 부서장에게도 형제의 활동에 대한 감독 책임을 물어 벌금 부과 및 제재가 가해졌다. 관련자들은 미 NASD의 주장에 대해 시인도 부인도 하지 않았다.

세부사항 : DR1이 Neurocrine Biosciences Inc를 분석할 때, 회사에 의해 개발된 불면증 치료약의 시연을 하는 연구소에서 회의를 하기로 약속했다. 그러나 DR1은 약속장소에 그의 형제인 DR2를 본인을 가장하여 보냈다. DR2는 DR1인 것처럼 행동했고, 확실하

지 않은 정보원천을 포함한 비밀스러운 약품정보를 입수했다. DR1은 이 정보를 이용하여 그 정확성을 검증도 하지 않고 리서치 자료를 작성했다. 이와는 별개로 2002년 8월 21일자 WSJ지의 아시아판에 따르면 또 다른 애널리스트인 JA는 소송에 대한 정보를 얻기 위해 의사인 척하여 정보를 얻었다는 이유로 미 버지니아 주에 있는 Friedman, Billings, Ramsey Group Inc에서 쫓겨났다. JA가 소속된 회사는 이것을 JA가 회사의 애널리스트 행동강령을 준수하지 못한 탓으로 돌렸다. JA는 의사인 척 거짓말한 것에 대해 인정했으나 자신의 행위는 진실을 밝히기 위한 것이었다고 주장했다.

결론: 애널리스트는 정보를 모으는 데 있어서 경쟁적 우위를 찾으려고 노력한다는 점에서 칭찬받아야 한다. 하지만 이러한 것에 너무 집착하지 않아야 한다. 대의를 논하는 것은 항상 옳은 일이나 이러한 일로서 직업을 잃고 벌금을 내며 징계를 받을 수 있으며, 사기나 잠재적 소송의 리스크에 노출될 수 있다.

우리는 Galleon사에 있는 애널리스트들이 내부자정보를 제공하지 못하는 경우 어떻게 질책받고 배척받는지를 앞서 언급한 바 있다. 물론 균형 잡힌 감각이 필요하다. 애널리스트들은 고용주를 만족시키는 동시에 규정을 어기지도 말아야 한다. "펀드매니저가 증권 애널리스트에게 요구하는 것(What portfolio managers want from security analysts)"이라는 제목의 1993년 4월 26일자 자료에서 Morgan Stanley의 바이런 위엔(Byron Wien)은 증권업계가 좋은 애널리스트들을 자산운용업계에 빼앗길 위험에 처해 있으며, 남아 있는 애널리스트들도 옛날에 이 분야를 인기 있게 만들었던 창조적 재능이 거의 없다고 주장했다. 그는 본인이 실리콘밸리의 한

선술집에서 어떤 엔지니어랑 이야기를 나누며 흥미로운 소재거리를 찾아 헤맸던 기억을 계속 회상했다. 그는 당시 자기 자신을 취재기자나 비밀요원으로 생각했다고 말했다(바이런에게 감사! 다음에 일과 후 술 마시러 갈 때 이 사례를 이용해 아내에게 일하러 간다고 말해야겠다).

다음의 사례도 역시 흥미롭다. 내부자 거래와 관련된 사례이지만 전 세계에 걸쳐 흥미로운 주제인 고객에 대한 정직성 및 공정성에 관한 사항을 포함하고 있다. 이 사례를 여기에 소개하는 이유는 체계적이며 사전에 치밀하게 계획된 정보수집에 관한 사례이기 때문이다.

사례연구 ●●●●

비밀정보의 취득

개요: 미 SEC에 접수된 2006년 7월의 소송자료는 Goldman Sachs의 전 채권 리서치 부서 직원인 EP, Goldman Sachs의 전 애널리스트인 DP, 그리고 Merrill Lynch의 전 M&A 애널리스트인 SS, 그리고 미국과 유럽에 사는 EP와 DP의 친구 및 가족 등 다수의 피의자에 대한 것이다. 미 SEC는 전체적으로 피의자들(정보를 제공한 자와 제공받은 자들)에게 불법이익을 취했다는 이유로 총 미화 680만 달러의 벌금을 부과했다. SS와 EP, DP는 모두 유죄를 선고받았다.

세부사항 : 미 SEC의 민원에 따르면 DP와 EP는 공개되지 않은 비밀정보를 얻기 위하여 인터넷 채용공고를 냈으며, 미공개 비밀인 인수합병 관련 정보를 제공해줄 수 있는 투자은행 소속 직원, 월스트리트의 전문가로부터 정보를 얻을 수 있는 이국적인 댄서 그리고 일반대중에게 배포되기 전에 잡지의 기사를 입수할 수 있는 사람을 만났다.

미 SEC는 구체적인 방법들을 상세히 제시했다. DP와 EP는 SS를 고용했는데 그는 최소한 Merrill Lynch가 추진 중인 Reebok 건을 포함한 (adidas-Salomon에 의한 합병 전에) 최소한 여섯 개의 인수합병에 관한 비공개정보를 그들에게 제공했다. 한편, 두 명의 피의자는 주가를 움직일 수 있는 영향력 있는 잡지인 Business Week지의 인쇄소 중 한 군데에 취직시키기 위해 두 명을 채용했다. 이들은 DP와 EP에게 발간되기 전에 중요 기사를 제공했다. 세 번째 방법은 Bristol-Myers Squibb사의 잠재적인 회계사기 사건을 조사하기 위해 모였던 연방대배심원의 일원인 DP의 친구에 의해 전달된 비공개정보를 취득한 것이다.

SS는 내부자거래로 재판소에서 유죄를 선고받았으며 2007년 1월 37개월의 징역형에 처해졌다. EP도 공모에 의한 유죄를 선고받았고 2년의 보호관찰과 57개월의 징역형을 선고받았으며, 미화 1만 달러의 벌금을 부과받았고 불법이익의 환수를 명령받았다. DP 또한 유죄를 선고받았다. 당국에의 협조를 고려하여 그는 일정기간의 징역을 선고받았으나 이미 2년의 복역기간이 초과되어 추가적으로 3년의 보호관찰에 처해졌다. 그 또한 미화 1만 달러의 벌금을 지불하고 불법이익을 몰수당했지만, 그는 보호관찰기간에 도주했다.

배심원, 인쇄공 등 다른 공모자들도 유죄를 인정하고 형사상의 처벌을 받았다.

관련사항 : 미국에서의 내부자거래에 관한 규제사례뿐만 아니라, 영
FSA와 영 중대조직범죄수사국(The Serious Organized Crime Agency)
은 2010년 3월, 16개의 장소를 급습하여 Deutsche Bank, Exane
BNP Paribas 그리고 Moore Capital Management사의 직원 7명
을 체포했으며, 언론에서는 훨씬 많은 직원이 체포될 수 있을 것
이라고 보도했다. 영 FSA는 본 사건을 사상 최대의 내부자거래에
대한 작전이라고 표현했다.

　2008년 7월 런던의 FSA는 J.P. Morgan Cazenov의 계약사와
UBS의 하위직 직원을 포함한 8명의 개인을 체포했는데, 이 사건
은 Cazenove Partners에 장기근무했던 직원인 MC에 의한 내부자
거래 고발 건이었다. Daily Mail지에 따르면 그는 별명이 "Streaky"
였는데 이는 그가 베이컨 조각처럼 말랐기 때문인 것으로 전해
진다. 하지만 Dow Johns가 발간한 Private Equity News지에 따
르면 그가 Streaky로 불린 진짜 이유는 학생처럼 거리를 싸돌아
다녔기 때문이라고 한다. 어떤 이유가 진짜라고 생각하는지는 당
신의 몫이다. 어찌되었든 MC는 HP Bulmer, Macdonald Hotels,
British Biotech, Vernalis, Johnston, South Staffordshire 및 RAC
와 관련된 일련의 인수합병 거래에 관한 비밀정보를 악용하여 내
부자거래에 관여되어 있다는 혐의를 부인했다. MC는 결국 유죄
판정을 받았으며 21개월의 징역형을 선고받았다. 흥미롭게도 영
FSA는 은퇴한 출판업자이자 보험중개인인 그의 공모자와도 양형
거래를 했는데, 이 사람은 MC 대신에 시장에서 직접 거래를 하여
거래이익의 3분의 1을 얻고자 했던 사람이었다.

이러한 협상의 결과로 영 FSA는 이 공모자에게 형법상 처벌이 아닌 감독당국의 벌금형을 부과하였다. Cazenove사는 영국 여왕의 주식 중개회사인데, MC가 Cazenove사를 떠난 후인 2003-2005년에 발생했던 일을 필자가 여기에서 논한 것에 대해 여왕이 기분 나쁘게 생각하지 않기를 바란다.

결론 : 오늘날 내부자거래 사건의 경우 리스크가 이득보다 확실히 크다. 감독당국은 대중에 공개되기 전 비정상적인 가격변동을 조사하고 관련자들을 적발하는 데 있어서 사후조사의 이점을 가지고 있다. 연속적인 내부자거래 사건은 관련된 개인들에게 보다 위험하다. 관련이 많이 되면 될수록 적발될 확률은 더 높아지며, 공모자가 많으면 많을수록 공모자 중 한 명에 의해 발설될 가능성이 높아진다.

유럽(독일과 크로아티아)에 거주하며 회사를 운영하는 미 SEC 사건의 몇몇 피고인 및 미국 바깥에 근거지를 둔 투자자들이나 애널리스트들도 미국 감독당국으로부터 규제를 받는다. 미 SEC의 규제권은 미국이라는 지역 범위를 벗어나 멀리 외국까지 영향을 미친다. 국가 간의 인수합병에 의해 대형거래소가 탄생할 뿐만 아니라 감독당국도 국가 간의 협력 폭을 증대하고 있으며, 말할 것도 없이 현지 감독당국의 힘도 자체적으로 점점 증대되고 있다.

내부자거래 정보를 제공하는 자뿐만 아니라 전달된 정보를 이용하는 자도 관련 규정을 위반하게 되므로 내부자거래 정보를 친구나 가족에게 전달하는 것처럼 무책임한 행동도 없다. 친구나 가족이 탐욕 없이 내부자정보의 사용에 동참할 수 있다. 하지만 애널리스트나 다른 증권업 전문가들은 우선 이런 사람들을 유혹에 빠뜨리지 말아야 한다.

다시 약품에 대한 임상실험과 관련된 사례로 돌아가서, 상당한 규모의 내부자거래가 이루어진 것으로 보이는, 미공개정보 및 내부자거래 조직에 관한 다음의 사례를 살펴보자. 이것은 제이콥 골드스타인(Jacob Goldstein)이 "생명공학주식의 누출금지 정보 약정 위반"란 제목의 사설을 2007년 5월 18일 기고한 이후 Wall Street Journal지의 건강에 관한 블로그에서 흥미로운 논쟁거리로 발전되었다.

사례

비밀정보의 취득

개요: 여러 해 동안 전미 임상종양학회(The American Society of Clinical Oncology: ASCO)는 연차회의 이전에 수천 명의 의사에게 의학정보요약서를 배포해왔다. "ASCO효과"라고 불리는 이것은, 간혹 당해 회의 이전에 실질적으로 해당 회사의 주식가격을 움직일 수 있었다. 이에 따라 내부자거래가 발생할 수 있다는 의심이 있었으며, 2008년에 이르러 이러한 관행은 중지되었고 그 이후로 ASCO는 의사들과 언론 그리고 투자자들에게 동시에 의학정보요약서를 배포하기 시작했다.

세부사항: 2007년 5월 18일자 WSJ지의 건강 블로그 칼럼에서, 제이콥 골드스타인은 생물공학 주식들이 ASCO 회의에서 공표되기 전 2주 동안 관련 정보에 따라 어떻게 움직였는가를 분석했다. 그는 회의에 발표될 연구 관련 정보가 누설되지 않아야 하며 주식거래에 사용되어서는 안 된다는 지시가 회의

전 2만 명의 의사에게 공표되어왔다는 사실을 보도했다. 자료의 출처 이외에(생물공학 회사 자체의 것이든 아니면 독립적인 과학자의 것이든 간에) 여기에 관련된 세 당사자가 있다. 즉, 1) 위와 같은 지시사항을 조건으로 의사들에게 비공개정보를 제공하는 ASCO, 2) 이와 같은 정보를 ASCO로부터 받아 투자자들에게 전달한 의사들, 3) 의사로부터 정보를 받아 거래를 한 투자자들. 어떤 블로거들은 내부자거래가 틀림없을 것이라는 의구심을 댓글로 달았다. 하지만 본문이 제기하듯이 관련 정보가 계속 전파됨에 따라 법적인 책임문제는 희미해진다.

일반적인 고려사항 : 미국의 감독당국과 검찰은 1934년 제정된 증권거래법의 포괄적 사기규칙인 미 SEC 규정 제10b-5를 적용했는데, 이 조항이 바로 위에서 본 가격민감정보의 제공에 대한 일반적인 사례이다. 그러나 이 경우 의도적인 사기나 속임수가 증명되어야 한다. 1921년 뉴욕의 Martin 법에서는 반드시 필요하지 않았다.

　필자는 변호사가 아니지만, ASCO의 사례와 같이 다수의 당사자가 관련되어 있으며 정보가 제공된 상황을 고려할 때, 어떤 기준으로 내부자거래가 발생하고 누군가에게 과실이 있었는지를 판단하는 데 있어 미국의 검찰은 '인식'의 기준과 '부적절성'의 이론을 고려해야 한다고 생각한다. 미 SEC에 따르면 "트레이더가 매매 당시 중대한 미공개정보를 알고 있었다면, 그 거래는 중요 미공개정보에 근거하여 이루어진 것이다"라고 하였다. 이는 다른 시장에서 내부자거래를 증명하기에 충분한 미공개 중요 정보의 단순한 '사용'과 비교할 때 좀 더 명확한 것이다. 당사자가 증권거래와 관련된 사기를 저지를 때, 또는 증권거래 목적으로 비밀정보의 출처에 대한 의무사항을 위반하는 경우 정보의 불법사용에 관한 기준이 적용된다. 미 SEC에 따르면 신뢰성과 확신의 의무는 다음과 같은 상황에서 발생한다.

1) 당사자가 신뢰성 있게 정보를 누설하지 않기로 동의하는 모든 경우
2) 누군가 정보를 제공할 때 정보수령자가 정보를 누설하지 않을 것으로 기대한다는 것을 인지하거나 합리적으로 알아야 한다는 확신에 대한 과거의 사례나 정황이 존재하는 경우
3) 특정 가족구성원인 경우

결론 : 궁극적으로, 우리의 관점에서 누가 누구에게 언제, 왜, 비밀서약서를 작성하거나 작성하지 않았는지에 대한 복잡성이 있더라도, 만약 정보가 중대하고 가격민감한 것이라면 언론에 의해 광범위하게 일반인에게 공개되지 않는 한, 애널리스트는 이를 사용하지 말아야 하고 이에 근거한 투자의견을 제시하지 말아야 하며, 이를 다른 사람들에게 전달해서는 안 된다.

"나는 누가 비밀서약서에 서명하고 누가 서명하지 않았는지를 잘 알지 못했고, 그들이 비밀서약서에 서명했다면 그들은 나에게 이러한 비밀사항을 이야기하지 않았을 거라고 생각했다"라는 식의 변명은 방어논리로 주장하기에는 위험하다. 2005년 8월 7일자 Seattle Times지의 루크 팀머만(Luke

Timmerman)과 데이비드 헤스(David Heath)에 의해 보도된 바에 따르면 이것은 UBS의 한 애널리스트는 신약개발과 관련된 리서치의 누설에 대해 위와 같이 주장했다.

애널리스트는 내부자정보(루머)를 첫 번째로 인쇄하고 싶지는 않을 것이다. 만약 그렇게하면, 소송자료가 공표되기 전에는 어떤 설명도 되지 않는 주식가격의 변동 원인을 규명하고자 하는 감독당국이나 검찰의 손쉬운 먹잇감이 될 것이다.

애널리스트는 증권전문가로서 감독당국의 레이더 화면의 중앙에 위치하고 있으며 어떠한 부적절한 의심스런 사항도 가장 먼저 감독의 대상이 된다는 것을 명심해야 한다. 애널리스트가 만약 그들이 중요하고 가격민감정보에 근거해서 예측치의 변경을 한 경우, 어떤 것이 중요하고 가격에 민감한지를 반드시 잘 알고 있어야 한다는 것은 근거없는 주장이다.

추가사항 : 애널리스트의 관련성이 문제가 되었을 때 모든 것이 이론적으로 해결되는 것이 아님을 보여주는 사례로 2006년 2월 미 NYSE의 결정에 따라 Merrill Lynch사 전 애널리스트인 DTL은 의료기구 시제품 평가결과에 대한 미공개정보 유포 행위에 대한 견책에 동의하여 2개월간의 업무정지와 미화 5만 달러의 벌금을 부과받았다. 그는 이 혐의에 대해 시인도 부인도 하지 않았다.

비록 판결과 합의는 각 사례와 관련된 구체적인 사실에 근거해야 함을 다시 한 번 강조해야겠지만, 이 책에서 필자는 판례연구와 사례들을 통하여 원칙을 보여주고자 노력했다. 그 어떤 상황도 다른 상황과 완전히 동일할 수는 없다. 아래에서는 비밀보호와 관련하여 의외의 결과를 도출한 흥미로운 사례를 살펴보기로 하자.

사례연구 ●●●●

비밀정보의 취득

세부사항 : 2009년 7월 Bloomberg지에 보도된 바에 따르면 텍사스의 한 판사는 Dallas Mavericks 농구구단의 소유자이자 백만장자인 마크 쿠반(Mark Cuban)에 대한 미 SEC의 내부자거래소송을 기각했다.

　미 SEC는 2004년 6월 쿠반이 Mamma.com[30]의 CEO에게 시장가 이하로 계획된 사모발행과 관련한 정보의 비밀을 유지할 것을 약속했다고 주장했다. 쿠반은 즉시 본인의 주식을 팔아 미화 75만 달러 이상의 손실을 회피했다. 판사는 미 SEC가 쿠반이 비밀을 유지하기로 한 것만 입증했을 뿐, 그 정보에 관련된 거래를 하지 않기로 동의했다는 혐의를 입증하지는 못했다고 말했다. Bloomberg지는 담당 판사의 주장을 다음과 같이 인용했다. "미 SEC는 쿠반이 비밀유지계약을 한 것은 적절하게 증명되었지만, 그것이 쿠반이 자신의 이익을 위해 명시적으로나 묵시적으로 그 정보를 사용하거나 거래하지 않기로 동의했다는 혐의를 입증하지는 못했다." 미 SEC는 본 판결에 항소했다.

결론 : 이 사례에서 혐의가 인정되지 않았거나 다른 사례에서 상황

이 보다 명확해지지 않았다면, 어떤 사람들은 최소한 미국에서는 미공개정보 이용거래 금지 의무가 비밀계약서에 반드시 암시될 필요가 없다고 생각할 수도 있을 것이다.

제 3장의 호주 사례연구에서 비슷한 경우를 볼 수 있는데, 해당 사례에서 재판관은 Toll Holdings사에게 Patrick사에 대한 적대적 인수합병에 대한 투자자문 업무를 제공하는 동시에 Patrick사의 주식을 자기계정으로 거래한 Citi 그룹이 신의성실의 의무를 위반하지 않았다고 판단했다.

쿠반 사례의 결론에도 불구하고, 모든 애널리스트나 증권회사 관련자들이 세계 어디에 있든지 간에 이 문제에 대해 조심할 것을 권고한다. 위의 ASCO의 사례에서 본 바와 같이 정보의 부적절한 사용은 미국에서 내부자거래의 중요한 요소 중의 하나다. 영국이나 다른 지역에서 내부자거래는 적절성 여부를 막론하고 중대하고 미공개정보의 사용이 보다 광범위한 의미에서 내부자거래 범죄를 구성한다. 증권회사의 전문가들은 내부자거래를 사용하거나 배포해서는 안 된다. 만약 경우에 따라 미공개정보를 정보차단벽 밖으로 통과시켜야 하거나, 비밀스러운 정보를 받게 되는 경우 정보의 수령자가 비밀정보를 누설하지 않을 것에 동의하게 할 뿐만 아니라 이 정보에 근거하여 거래하지 않을 것에 동의하도록 해야 할 것이다.

루머, 추측 그리고 인수합병

시장을 움직일 수 있는 거짓이나 뜬소문을 퍼뜨리는 것은 대부분의 선진시장에서는 법규위반 사항이다. 감독당국은 서구에서 소위 옮겨 말하기(Chinese whisper: 역자주-이야기가 전달되는 과정에서 처음 말해진 것과는 전혀 다르게 왜곡되는 것)로 불리는 것에는 별로 신경을 쓰지는 않지만, 의도적으로 뜬소문을 시장에 퍼뜨리는 것에 대해서는 더욱 신경을 쓰게 된다.

애널리스트는 본인의 고객들에게 루머에 대한 관심을 유도할 필요가 있으며, 이 경우 Bloomberg, Thomson Reuters, TV채널, 신문이나 인터넷 같은 언론에 널리 보도된 소문의 원천을 제시해야 하고, 각각의 당사자가 이러한 루머를 확인하거나 부정할 수 있는 기회를 주어야 한다.

소문의 원천을 제시함으로써 애널리스트는 공개적으로 취득 가능한 정보를 보고하는 것이 되지만, 정보의 원천이 언급되지 않는다면 예를 들어, 만약 해당 정보가 거짓으로 판명될 경우 애널리스트는 가격을 조작할 루머를 유포했다거나 만약 정보가 진실로 판명 나는 경우 내부자정보로 거래했다는 소송을 당할 위험이 있다.

애널리스트가 잠재적인 인수합병의 상황을 논의할 때는 각별한 주의가 필요하다. 앞에서 논의했듯이 기본적인 원칙은 애널리스트가 증명 가능한 사실과 합리적인 가정에 근거한 의견만을 제시해야 하고 또 실제로 그렇게 행동해야만 한다는 것이다. 만약 곧 벌어질 인수합병에 대한 내부정보가 있고 특히 인수합병의 대상인 회사의 주식에 대해 매입 또는 매도를 권고하는 경우, 애널리스트들은 회사를 가지고 게임을 하는 것으로 보일 수 있으며 내부자거래를 한 것으로 고소를 당할 수도 있다. 감독당국은 인수합병이 발표되기 전 어떤 비정상적인 가격변동이 있었는지의 여부를 판단하기 위해 주가의 추이를 분석할 수 있다는 면에서 사후 조사의 이점을 갖고 있다는 점을 명심하라.

그러나 만약 애널리스트가 내부자정보를 갖고 있지 않고, 사실에 대한 분석과 합리적인 논리에 따라 분석결과를 제시한다면, 잠재적인 인수합병 당사자를 알아내는 것은 좋은 리서치 소재가 될 수 있다. 2007년 6월 20일자 Bloomberg지의 기사에서 밥 드루몬드(Bob Drummond)는 미 SEC의 검사부 부장 린다 톰슨(Linda Thomsen)의 말을 인용하면서 시기적절한 합병 전 투자가 항상 불법인 것은 아니라고 주장했다. 회사의 재무제표와 최근 인수합병 양태를 연구함으로써, 현명한 투자자들은 미공개정보를 이용하지 않고도 고수익의 투자목표를 찾아낼 수 있다. 중요 미 공개정보가 내재되지 않은 루머나 추측이 있을 수도 있다. 해당 사안에서 톰슨이 특별히 애널리스트를 염두에 두고 말한 것은 아니지만, 동일한 원칙이 애널리스트에게 적용된다. 왜냐하면 애널리스트들은 현명한 투자자들을 대신하여 인수대상 회사를 찾아낼 수 있다.

리서치 준법감시인으로서 만약 애널리스트가 한 회사의 이름만 무작위로 선택한 후 설명도 없이 이 회사가 인수대상 회사로 기대된다고 말한다면 필자는 이를 의심할 것이다. 만약 몇 가지 인수합병 루머가 신문에 게재되어 한 산업 전체가 문제가 된다면, 이런 상황하에서 애널리스트는 산업에 대한 체계적이고 이론적인 연구를 수행하여 각 회사가 인수합병이 가능한 대상이 될 수 있는지 없는지에 대한 근거를 제시함으로써 이에 대한 그들의 입장을 표명할 것으로 기대한다. 이러한 연구 분석은 각 회사의 잠재적인 시너지에 대한 민감도 분석이나 규모의 경제에 대한 분석을 포함한다. 이에 덧붙여 시장중복 정도, 비용절감 가능성, 잠재적 인수자의 활용 가능한 자금력 그리고 잠재적인 대상의 가치평가를 분석할 수도 있을 것이다. 또한 동일한 시장과 산업 내에서 당해 건과 비교 가능한 최근의 인수합병이 어떻게 이루어졌는지에 대한 언급도 필요할 것이다.

관련된 회사의 경영진이나 주주들이 공식적으로 인수합병에 대한 그들의 전략이나 의도에 대하여 어떻게 말했는지, 또는 언론에서 관련된 회사에 대한 추측이나 루머를 어떻게 보도했는지에 대해 분명히 하는 것은 특히 중요하다. 처음으로 잠재적인 인수합병을 언급하는 애널리스트는 아래의 사례에서 설명하듯이 본인의 주장근거를 명확히 제시해야 한다.

또한 인수합병이 조만간 이루어질 것이라는 확신이 없는 한, 애널리스트는 관련자들에 의한 공적 논평을 포함해서 공개적으로 활용할 수 있는 정보의 부분들을 모두 모아서 만든 자료를 기반으로 본인의 가치평가에서 가격상승 및 하락 리스크를 모두 다 고려하여 잠재적인 인수합병 건을 분석해야 한다.

공개된 정보에 근거하여 가장 가능성이 높은 결과에 근거해서 일반적으로 기본적인 분석이 이루어져야 한다. 만약 애널리스트가 인지된 인수합병에 대해 완전히 독립적인 추천을 하고 향후 조사를 받게 될 리스크를 감당할 각오가 있다면, 만약 본인의 투자의견 잘못으로 판단되었을때 신뢰성의 손실뿐만 아니라 리서치 보고서에 모든 적절한 고지사항을 표시했는지를 다시 한 번 점검해야 할 것이다. 이러한 고지사항에는 애널리스트가 속한 회사와 대상 회사와의 이해상충 관계, 해당 회사와의 사업관계 등이 포함된다(제3장을 참조하라).

인수합병 대상 회사 찾아내기

<u>개요 :</u> 2000년 5월, UBS증권회사의 TH는 루머를 사실이라고 표현한 것과 관련하여 유죄를 인정하고 미 NYSE에 미화 7만5천 달러의 벌금을 지불했다.

UBS도 역시 유죄를 인정하고 적절한 감독자 책임을 다하지 못한 것에 대해 미화 6만 달러의 벌금을 지불했다. 미 NASD는 1997년 10월 Stephens Inc.의 제프리 퍼터맨(Jeffrey Putterman)에 대한 기존의 입장을 번복했다. 필자가 퍼터맨이라는 실명을 언급하는 것은 당사자는 본인이 무죄라는 것을 가능한 한 많이 말해주기를 원한다고 가정하기 때문이다. 퍼터맨의 경우 무죄로 판결되고 TH는 유죄로 판명되었으므로 이러한 사례들을 분석하는 것은 애널리스트들이 인수합병에 대한 루머와 추측을 논의할 때 어디에 선을 그어야 하는지 알려주는 좋은 판단근거가 될 것이다.

<u>세부사항 :</u> 퍼터맨 사례의 주요 쟁점은 애널리스트가 합리적인 조사를 수행했는지, 그리고 Shoney's Inc.가 TPI Enterprises Inc.와 합병할지(결국에는 합병했지만 3년이 경과된 후 합병이 이루어짐)에 대한 의견을 형성하는 데 합리적인 분석의 근거가 있었는지에 대한 것들이었다. 해당 애널리스트는 여러 가지 사실과 루머를 서로 조합하여 소위 모자이크 이론에 의해 잠재적 합병에 대한 결론을 도출했으며, 항소에 의해 이러한 분석이 해당 미 NASD 규정을 위반하지 않은 것으로 판정되었다.

TH는 루머를 유포하여 미 NYSE 규정을 위반했다. 이는 당시에 실제로 루머였다기보다는 사실이라고 생각되었는데 그는 Travelers Group이 Bankers Trust New York Corporation을 인수할 것이라고 말했다(결과적으로 Deutsche Bank가 이 회사를 인수했다).

결론 : 퍼터맨의 사례는 애널리스트가 루머가 아닌 "증명 가능한 사실"(명백히 내부자정보에 의해서가 아닌)에 근거한 분석적 방법에 의해 결론에 도달했는지, 그리고 그의 분석결과를 사실이 아닌 의견으로 제시했는지를 증명할 때만이 가능한 인수대상기업을 찾아낼 수 있다는 원칙을 재확인한 것으로 보인다. 실제로 FT지는 2006년 12월 14일 피터 탈 라슨(Peter Thal Larsen)과 데이비드 위튼(David Wighton)이 쓴 흥미로운 기사를 게재했는데, 이 기사는 어떻게 이와 같은 관행이 분명하게 자리 잡았는지를 보여주는 것이었다. Barclays 은행 주식이 갑자기 급등하자 이에 대한 설명으로 해당 기자들은 Merrill Lynch에서 발간된 리서치 자료를 지목한 트레이더를 언급하면서, Barclays 은행이 Bank of America의 가능한 인수대상 기업이라고 주장했다. 인수대상 기업을 찾는 데 흔히 쓰이는 방법으로 FT지의 기사는 다음을 언급했다.

1) 투자의견을 위한 헤지펀드로부터의 수요 증가.
2) Spitzer 개혁(리서치에 관한 감독당국과의 합의: Global Research Analyst Settlement)에 의한 투자은행 애널리스트들의 독립성 증대.
3) 리서치 부서의 예산에 대한 증대되는 압박 속에서 애널리스트 본인들의 가치를 증명할 점증적인 유인책.

퍼터맨의 사례에서 볼 수 있듯이 가능한 인수대상 기업을 발굴하여 이를 증명하는 것은 미묘한 문제며 상당한 주의를 기울여야 한다는 것이다. 더욱이 당해 사례는 판결에 2년 이상의 기간이 소요되었으며, 그 기간 동안 퍼터맨과 그의 고용주는 부정적인 여론에 시달려야 했고 고용주는 TPI사에 투자해 손실을 본 고객에게 미화 270만 달러의 손해배상금을 지불해야 했다. Wall street Journal지에 따르면 퍼터맨이 다시는 애널리스트로 일하지 않겠다고 공언했다는 사실은 전혀 놀라운 일이 아니다.

만약 당신이 확인되지 않은 보고서의 원천을 언급하고 당사자에게 의견을 표명할 기회를 준다면 이는 루머를 유포하는 것이 아니다. "신문이 이렇게 이야기 했다"라든지 "회사는 논평하기를 거부했다"라고 표현하는 것은 전혀 잘못된 것이 아니다. 즉 당신은 사실을 말한 것이다. 하지만 애널리스트가 널리 알려지지 않은 루머를 유포하면 그는 회사를 상대로 게임을 한 것이며 공개적으로 활용할 수 없는 정보로 거래한 것으로 보여질 것이다.

만약 루머에 의한 인수합병에 대해 언급하면서 이것은 "모든 사람이 다 알고 있다"는 근거하에 루머라는 언급 없이 사용하는 경우 이는 변명이 될 수 없다. 이 장의 전반부에서 영국에서의 시장 조작 사례에서 확인된 선택적 공시에 대한 원칙을 다룬 바 있다.

애널리스트의 의견이 뒷받침하기 좋은 근거로 되어 있다는 것을 자신이 아는 것만으로는 충분하지 않으며, 증거를 제시함으로써 타당한 근거를 보여주는 것이 애널리스트 자신에게 이득이 된다. 부적절하게 보이는 것을 회피함으로써 애널리스트는 언제나 여러 가지 문제로부터 자신을 보호할 수 있다. 다시 말해서 애널리스트들은 법원이 아닌 보고서에서 본인을 방어할 수 있어야 한다.

그런데 만약 회사가 공식적으로 인수합병 관련 루머를 부인한다면, 애널리스트는 인수합병 건에 관한 의견을 낸 것에 대해 곤경에 처할 수 있게 된다. 회사는 통상 공시서류에 있어서 진실의 의무가 있기 때문에 잠재적인 명예훼손을 수반할 수도 있는 상황에서 경영진이 루머를 부인함에 따라, 애널리스트가 리서치에서 거짓을 말한 것으로 여겨질 수 있다. 애널리스트는 회사의 대변인이 거짓말쟁이라는 것을 암시하지 않도록 매우 주의해야 하지만, 대변인은 항상 거짓말쟁이가 될 위험성이 있다. Enron이나 WorldCom의 사례는 우리에게 경영진이 탐욕에 눈이 멀어 진실하고 정직하지 않은 일이나 말을 한 사실을 보여주었다. 어찌되었든 간에 초기에는 인수합병에 관여하거나 관심을 보여주지 않았으나 나중에 경영진이 의사결정을 번복하여 그 기회를 잡으려 할 위험이 있다. 애널리스트들은 리서치 보고서의 독자들한테도 이러한 위험성이 있음을 알려야 한다. 회사는 어떤 루머에 의한 인수합병이 현재 상태로서는 불가능할 것으로 주장하고 있지만, 애널리스트들은 그것이 만약 성사된다면 어떻게 될 것인지를 가상해서 설명해야 한다(제2장의 기업지배구조에 관한 Vivendi의 사례에서 회사의 잘못된 재무제표에 대한 예를 참조하라).

인수합병만이 루머의 대상이 되는 것은 아니다. 이와 유사하게 매수위주 전략을 구사하는 투자자가 상승기에 시장을 의도적으로 상승시키고자 하는 경우도 있으며, 2007-2008년 신용위기 당시 소수의 헤지펀드가 시장을 하락시키기 위해 불공정행위를 하다가 기소된 경우도 있다. 예를 들면 어떤 사람들은 공매도 세력이 Bear Stearns를 몰락시켰다고 이야기한다. Lehman Brothers도 자기 회사주식의 급락이 공매도 세력에 의한 것이라고 그들을 비난했다.

주식을 갖고 있지 않은 사람이 보다 싼 가격으로 주식을 매입하여 나중에 이익을 얻을 수 있거나 손실을 줄일 수 있다는 기대 속에서 주식을 투기적으로 매매하는 공매도를 허용하는 데에는 타당한 이유가 있다. 이러한 투기적 거래는 시장에 유동성을 공급하고 시장의 효율성에 기여한다. 2008년 4월 30일자 New York Times지 기사에서 제니 앤더슨(Jenny Anderson)은 금융업자인 버나드 바루크(Bernard Baruch)의 말을 인용하여, "매도 세력이 없는 시장은 마치 언론의 자유가 없는 나라와 같다"고 주장했다.

감독당국의 과제는 그 제도의 긍정적인 기본 취지에서 행해지는 공매도를 행하는 자와 거짓 소문을 유포한 후 공매도 포지션을 통하여 이익을 얻고자 하는 투기자를 구분하는 일이다. 비평가들에 따르면 이러한 일에는 감독당국이 활용할 수 있는 정보가 충분하다는 것이다. CNBC와 TheStreet.com의 시장평론가인 짐 크래머(Jim Cramer)는 헤지펀드 매니저였던 그의 경험에 의거하여 공매도 세력이 어떻게 루머를 퍼뜨림으로써 특정 주식을 공격하거나 초보 기자에게 특정 회사에 대한 부정적인 기사를 작성하게 하는지를 설명했다. 2008년 4월 언론에 보도된 바와 같이 미국 SEC의 의장인 크리스토퍼 콕스(Christopher Cox)는 미 SEC가 이러한 루머와 공매도에 의해 시장을 교란하는 자들을 조사하고 적발하여 엄중 조치하는 데 집중할 것이라고 전했다.

헤지펀드의 공매도(사기적인 루머를 퍼뜨리는 일)

배경 : 영 FSA가 HBOS(역자주-스코틀랜드 은행산하의 영국금융보험그룹
인 Halifax Bank of Scotland) 주식의 거래에 대한 조사를 시작하는 시
점에 아일랜드 금융감독당국은 Anglo Irish 은행 주식에 대한 유
사한 조사에 착수했다.

이러한 조사는 2008년 3월 17일 아일랜드의 수호성인 패트릭
기념일에 활발하게 거래된 두 주식의 가격 급변에 대한 것이었다.

Anglo Irish 은행은 은행의 자본구조와 유동성에 대한 루머가
퍼져 있었으며, 이는 누군가가 회사의 주식가격을 조작하기 위
한 것이라고 감독당국에 불평했다. 이 은행은 그 전 해 10월에
도 유사한 불평을 제기했다. 2008년 4월 13일자 Irish Sunday
Independent지는 "Wimps at Anglo cry foul"이란 제목의 기사에
서, 은행의 경영진은 Anglo Irish 은행과의 인수합병에 대한 잘못
된 루머가 이미 있음에도 예전에는 불평하지 않았다고 밝혔다. 이
기사는 HBOS와 Anglo Irish 은행이 영국과 아일랜드의 상업부동
산시장이 붕괴될 경우 위험해진다고 한 FT지의 유명한 Lex 논평
을 인용하면서, 이 두 은행이 다른 어떤 은행보다도 부동산에 대
한 의존성이 높다는 점을 강조했다.

아일랜드의 금융감독당국과 영 FSA는 조사에 착수하여 은행과
증권사의 거래내역 및 Anglo Irish 은행과 HBOS와 관련한 통신자
료를 제출받아 검토하기 시작했다. 그동안에 미국의 감독당국은
Bear Stearns의 멸망과 2008년 상반기 중 70%에 달하는 Lehman

Brothers의 주식가격 하락과 관련된 공매도 세력을 조사하기에 바빴다. 이 시기에 Lehman이 Barclays에게 크게 할인되어 팔린다는 근거없는 루머가 번졌다.[31]

미국의 금융감독당국은 2008년 3월 말 보도자료를 내어 시장에 확인되지 않은 루머를 배포하고 시장조작을 도모하는 행위에 대해 경고했다. 이 보도자료는 의도적으로 루머를 배포하거나 회사의 재무조건에 영향을 주는 기만적 행위를 간과하지 않을 것이며 엄격하게 조사할 것이라는 내용이었다. 흥미롭게도 2010년 3월 미국 법무부는 SAC Capital이나 Greenlight Capital과 같은 헤지펀드에게 그리스의 부채위기에 즈음하여 유로화 거래와 관련된 거래 내용을 보관할 것을 요청했다. 통화시장에서 결탁에 의한 의심스러운 거래는 각국의 감독기관의 관할권 밖에 있는 사항이지만 법원은 이 모든 사항에 대한 접근권한이 있다.

7월 중순, 미 SEC는 비상명령을 내려 Fannie Mae, Freddie Mac 및 상업은행과 투자은행의 국채전문딜러에게 주식에 대한 무차입 공매도행위를 금지시켜 투자자를 보호하는 조치를 단행했다. 이 조치에 따라 증권을 보유하고 있지 않은 공매도자는 해당 증권을 차입할 것이 요구되었다. 이러한 조치의 존속기간이 소멸한 9월 중순부터 보다 엄격한 조치가 미국과 영국의 감독당국에 의해 모든 금융회사주식에 적용되었으며 전 세계 다른 감독당국들도 유사한 조치를 속속 도입했다.

대서양 양안의 감독당국들은 상호 협조하여 특이한 형태나 공통적 요소가 있었는지에 대한 협동조사를 수행했다.

세부사항 : 특히 Anglo Irish Bank는 2008년 2월에 이루어진 거래

에 대하여 2008년 6월 Mirabaud 증권회사에게 법적 조치를 취했다. 당 은행은 Mirabaud의 직원이 이메일을 발송하여 ML이 미화 20억 달러의 신용한도를 축소했는가라는 루머를 유포한 것에 대해 문제 삼았다. 그러나 이러한 소송은 결국 증거불충분이나 법원 밖 타협에 의해 소멸되었다.

별도로 2008년 4월 28일 미 SEC는 전에 Schottenfeld Group[32]과 관련 있었던 월스트리트 트레이더인 PB와 Blackstone의 Alliance Data Systems 간의 합병에 관한 거짓 루머를 의도적으로 퍼뜨린 혐의에 대해 서로 합의를 보았다. 6개월 전 Blackstone이 ADS를 주당 미화 81.75달러로 인수하는 협상을 하려고 했을 때, 이 트레이더는 Blackstone이 ADS를 주당 미화 70달러에 인수하려는 문제에 대해 ADS 이사회가 회의를 소집했다는 루머를 퍼뜨린 혐의로 고소당했다. 미 SEC는 그 루머가 주식가격을 급락시켰고 트레이더는 동 주식의 공매도로 이익을 취했다고 주장했다. 시인도 부인도 하지 않은 상태에서 해당 트레이더는 미화 26,129달러의 이익과 이에 대한 이자를 반환했으며 벌금 13만 달러를 지불했다.

영 FSA는 HBOS주식의 거래에 대한 조사를 마치고 2008년 8월 1일 다음과 같은 보도자료를 발표했다. "루머가 주식가격의 하락에 영향을 미쳤음에도 불구하고 영 FSA는 루머가 관련자에 의해 주식가격을 조작함으로써 이익을 취하고자 하는 시도로 이루어진 것이라고 하는 명백한 증거를 발견하지 못했다. HBOS의 회장인 스티븐슨(Stevenson) 경은 투자자들에게 영국은 화이트컬러(지능) 범죄를 잘 다루지 못한다고 주장했다. 이 책의 관점에서 볼 때 문제점이 발견되지 않았다는 것은 슬픈 일이었다. 독자들은 심각한 형벌을 기대했을 수 있다.

결론 : 애널리스트와 증권중개인들은 위의 사례에서 감독당국이 증거를 찾지 못한 것이 다음에도 반복되리라고 예상해서는 안 된 다. Anglo Irish 은행의 사례에서 회사의 주식이 왜 하락했는지에 대한 원인을 찾거나 주식이 기본적인 성과의 문제가 있어서 하락 했는지는 논란거리가 된다. 애널리스트들은 항상 본인의 권고사 항에 대해 어떤 이유로 매도 또는 매수 의견을 제시하는지, 그리 고 주식가격을 조작하기 위한 루머에 관련되어 있지는 않은지에 대한 근거를 가지고 있어야 한다.

내부자거래와 시장조작에 대한 앞선 사례에서 살펴보았듯이, 그 런 행위들은 리스크를 감당할 만큼의 충분한 보상이 주어지지 않 는다. 또한 평판과 미래의 고용전망 면에서의 손실이 너무 크며, 무엇보다도 징역형을 살 수도 있는 것이다.

독자들은 Greenlight Capital과 HBOS의 유상증자에 관하여 "헤 지펀드에 의한 공매도-한계에 도전하기"란 제2장의 사례를 참조 하기 바란다. 또한 제3장의 OCBC의 사례와 Gradient Analytics에 대한 갈취사건의 사례도 참고하기 바란다.

회사의 주식가격 하락이 회사의 영업과 존속에 영향을 미치는 지 이유에 대해 궁금한 사람은 앞서의 사례와 같이 미 SEC의 긴 급명령하에 2008년 3월 10일 회사에 대한 투자자의 신뢰를 없애 버린 Bear Stearns의 유동성 문제에 대한 루머를 생각해보기 바란 다. Bear Stearns의 주식이 하락하자 거래상대방들이 우려하기 시작하고 주 후반에 신뢰성위기가 발생했다. 특별히 Bear Stearns의 거래상대방들은 Bear Stearns에게 그동안 주어졌던 일반적 조건의 자금 대출을 하지 않았다. 2008년 8월 발간된 Vanity Fair지에서 브라이언 버로우(Bryan Burrough)는 Bear Stearns의 붕괴를 거의 살육에 가까운 것이라고 사후 분석을 했다.

별도로 Lehman Brothers의 전 종업원은 2008년 9월 12일자 FT지에서 주장하기를 어느 누구도 Lehman과 거래하는 마지막 거래상대방이 되기를 원하지 않았으며, 이는 마치 스스로 만든 쓰나미 효과와 같았다. 모든 것이 신뢰의 문제였다.

2008년 9월 24일 사람들은 은행에 돈을 두지 않아야 한다고 말하면서 홍콩 East Asia 은행에서 그들의 돈을 출금했다. 문자메시지로 해당 은행이 곧 문을 닫을 거라는 소문이 나돌았다. 회사의 회장인 데이비드 리(David Li)가 보도자료를 내어 은행은 충분한 유동성 자금을 보유하고 있으며 본인 스스로 회사의 주식을 살 것이라 주장했다. 홍콩의 재무장관과 홍콩 통화청의 총재도 나서서 시장을 진정시키고자 그 루머가 근거 없다고 확인했다. 이는 확인되지 않은 루머가 얼마나 쉽고 빠르게 대중에게 전파되는지를 보여주는 사례이다. 우리가 블로그나 트위터를 통한 루머의 전파를 논의한 것과 같이 감독당국이 핸드폰이나 노트북을 이용한 일반대중의 루머 전파를 얼마나 효율적으로 통제할 수 있는지는 지켜볼 일이다.

국내규정들 간의 차이 : 애널리스트들은 각 국가의 규정 차이를 잘 이해해야 한다. 예를 들어 홍콩 SFC는 애널리스트가 중대하고 시장가격에 민감한 정보를 세일즈 담당자나 고객에게 전달하기 전에 동 정보가 일반대중(즉, 투자전문가가 아닌 일반인)이 활용 가능한 정보이어야 함을 요구하고 있다. 만약 그렇지 않을 경우 선택적 공시(selective disclosure)에 대한 규정 위반으로 볼 것이다. 일본의 선택적 공시기준은 보다 엄격하여 단지 하나의 공공적 수단에 의해 정보를 공시하는 것만으로는 정보의 공개 요건을 완전히 충족시켰다고는 보지 않는다.

명예훼손 – 문서나 말로 하는 중상모략

거짓 루머를 전파하는 것은 명예훼손의 문제와 관련된다. 명예훼손은 문서나 말에 의한 두 가지 형태로 구분할 수 있다. 문서에 의한 명예훼손은 비교적 장기간 계속되는 중상적 논평을 포함하는 반면, 말에 의한 명예훼손은 보다 일시적인 형태이며 기록된 것이 아닌, 말로 하거나 제3자에게 듣게 되는 명예훼손의 형태이다. 애널리스트의 리서치 자료는 좀 더 영구적인 기록의 형태를 띠므로 조사분석보고서에 나오거나, 이메일이나 Bloomberg 인터뷰 등에 적힌 문서 형태의 명예훼손 문제에 논의의 중점을 두고자 한다.

　명예훼손 법률은 국가마다 다르며 여기에 논쟁거리가 있게 된다. Bloomberg지의 국제 언론 카운슬러인 찰스 글래서(Charles J. Glasser)는 그의 책인 *International Libel and Privacy Handbook*에서 보다 넓은 의미로 문서에 의한 명예훼손을 정의하면서 저술가와 출판사에 논쟁거리를 제시했다. 그는 문서에 의한 명예훼손은 통상적으로 저술가가 제3자에게 거짓일 뿐만 아니라 명예를 훼손하는 진술을 하고, 그것이 특정인의 평판에 해를 끼치는 것으로 드러났을 경우에 성립된다고 주장했다. 그러나 그는 문서에 의한 명예훼손이 사실을 누락시킨 경우에도 성립한다고 강조했다. 심지어는 예를 들어 어떤 사람이 일어나지도 않은 일에 대한 가정적인 질문을 하는 것만으로도 명예훼손이 성립될 수 있다. 이 주제에 관한 또 다른 유용한 책은 도렌 바이젠하우스(Doreen Weisenhaus)의 *Hong Kong Media Law*이며, 그것은 주로 홍콩의 문제를 다루었으나 다른 지역의 문제도 다루고 있다.

필자는 다양한 시장에서 애널리스트가 작성한 보고서를 승인하고 전 세계 고객에게 배포 전에 이를 승인하는 리서치 준법감시인으로서, 애널리스트가 일반적인 모범기준에 적합하고 일반대중에게 받은 정보를 이용하여 합리적인 가정과 본인이 사용한 정보의 원천을 밝힐 수 있도록 지도하는 일을 맡고 있다. 그리하여 이러한 내부검토 과정이 애널리스트들을 대부분의 시장에서 보호할 수 있게 해준다.

리서치의 내용상 명예훼손의 여지를 색출할 필요가 있는 검토자의 관점에서, 명예훼손 소송의 위험성은 매수의견이 아닌 매도의견의 리서치일 경우가 더욱 크다. 한편으로 애널리스트는 기업지배구조에 문제가 있거나 명예훼손을 충분히 받을 정도로 심각한 문제가 있는 회사에 대해 긍정적인 투자의견을 제시하기 꺼려할 것이다. 만약 애널리스트가 흥분해서 이러한 부정적 평가를 하게 된다면, 해당 애널리스트는 아마도 개요문단에서 이에 대해 다시 반복하게 될 것이며 이 경우 이를 발견하기 쉬울 것이다. 다른 한편으로 담당회사가 애널리스트에 의해 전반적으로 긍정적인 평가를 받는 경우에는 만약 좋은 소리를 못 듣는 경우에도 이를 불평하기 힘들 것이다.

애널리스트는 아마추어 블로거나 지역 언론보다는 Thomson

Reuters, Bloomberg, Financial Times 그리고 Wall Street Journal 과 같은 유명한 제3자의 언론(이런 회사들은 통상 전문가집단이며, 내부교육 및 내부검토의 질이 우수하다)으로부터 제3자 논평을 인용하는 경우에 명예훼손으로부터 좀 더 보호받을 수 있다

어쨌든 간에 만약 애널리스트가 명예훼손으로 고소되었을 때는 이를 회사의 준법감시인에게 즉시 신고한 후 독립적인 법률가의 도움을 받아야 한다.

그러나 특정 리서치의 주제가 아무리 잘 구성되고 사실에 근거하더라도 애널리스트는 "경영진이 계약을 어겼다"라든지 "회사가 파산했다"는 것과 같은 명백히 사실적인 문체를 사용함으로써, 마치 회사에 선입견을 가진 것처럼 보이지 않도록 조심해야 한다. 예를 들면, 애널리스트는 법정관리제도와 회사정리절차, 파산 또는 파산보호절차의 차이점을 잘 구분할 수 있어야 한다. 각 당사자가 본인의 의견을 표시할 기회를 주는 것은 대부분의 법률시스템의 원칙이다. 따라서 애널리스트는 "회사/언론에 따르면", "경영진이 동의하기를", "법원이 판결하기를" 등의 문장을 사용함으로써 정보의 원천을 명기해야 한다. 만약 일부 관련자의 주장일 경우, 애널리스트는 경영진이 이 건에 대해 어떻게 말했는지, 즉 계약파기를 인정했는지 아니면 혐의를 부인했는지 등에 대한 설명을 추가해야 한다.

애널리스트는 사실과 정보의 원천에 대한 확신이 있어야 하며, 이를 설명이나 주장으로 뒷받침할 수 있어야 한다. 만약 회사가 계약의 위반 등 아직 유죄로 판명되지 않은 어떠한 이유로 소송이 제기되는 경우, 회사는 마치 이러한 사실이 이미 밝혀진 명백한 진실인 것처럼 주장한 애널리스트를 다시 고소할 수 있다.

특히 실명을 거론하며 회사 경영진을 비판할 때는 항상 조심해야 한다. 이 경우 사람들은 매우 민감하게 반응하며 감정적이고 비이성적인 행동을 취하는 경향이 있다. 경영진이 해결할 필요가 있는 문제나 그들이 발전시킬 필요가 있는 전문적 지식 등에 대해 독자들의 관심을 끌 수 있는 긍정적인 방법이 항상 있을 것이다.

사례연구 ● ● ● ●

명예훼손

세부사항 : 2002년 8월 SCMP에 따르면 중국 가전제품 제조사인 Haier 그룹은 증권회사의 종업원인 CY와 명예훼손에 관한 소송을 타결했다. CY는 Haier 그룹의 업적과 전망 그리고 기업투명성을 증가시키는 문제를 쓴 보고서의 저자였다. CY는 공식적으로 이를 사과하고 다음과 같이 성명을 발표했다. "본인은 보고서를 작성하기 전 Haier 그룹과 사전인터뷰도 하지 않았으며 그룹에 대한 관련 자료나 사실을 검토하지 않았다. 보다 심층적인 조사에 의해 본인은 당해 보고서가 오류와 부적절한 설명을 포함하고 있다는 것을 인정하며 그룹의 평판에 해가 되었다는 것을 인정한다." CY는 이미 배포한 해당 보고서를 모두 회수해야만 했다.

이와 별도로 2002년 7월 SCMP의 보도에 따르면 UBS Warburg와 그 회사 애널리스트 중 한 명인 JZ는 Greencool Technology Holdings에 의해 제기된 명예훼손 소송 건에 대해 30만 홍콩달러를 지불하는 협상에 합의했다. UBS의 대변인은 이 소송의 합의가 결코 UBS Warburg나 JZ 측에서 관련 고소에 대한 불법행위를 인정하는 것을 의미하는 것이 아니며, 단지 추가적인 법률비용을 피하기 위한 것이라고 주장했다. Greencool과 그 회사의 회장은 그 후 자체적인 파문에 휘말렸다.

또 다른 사례로 2007년 3월과 5월 FT지는 일련의 기사를 작성하여 일본의 통신재벌 Softbank와 CLSA 간의 논쟁에 관한 일련의 기사를 보도했다. CLSA가 회사에 대한 비판적인 보고서에 대한 사과문을 내기 전까지 Softbank는 법적인 조치를 취할 것이라고 위협했다. CLSA는 애널리스트가 문제를 삼았던 일련의 계정과목에 대해 회사의 감사인이 보증한 것을 명확히 하지 않은 것에 대해 사과했을 뿐만 아니라 애널리스트가 리서치 보고서의 제목으로 신용사기꾼(역자주-Confidence man은 헤르만 멜빌(Herman Melville)의 소설 제목임)" 단어를 사용한 것에 대해서도 사과했다

유럽에서 애널리스트 업계에 파문을 일으킨 Morgan Stanley와 프랑스의 LVMH 사례도 있다(자세한 사항은 제3장을 참조하라). 2006년 6월, Morgan의 LVMH에 대한 리서치에 편향된 의견이 있었다고 판단한 하급심의 결정을 상급심이 번복했음에도 불구하고 Morgan이 LVMH에 대해 "도덕적으로 중대한 손실"을 입혔다고 알려져 있다. 도대체 누가 리서치 자료에서 회사에 대해 부정적인 이야기를 할 수 있을까?

결론 : Haier의 사례에서는 애널리스트가 잘못을 시인한 반면 Greencool 사례에서는 무죄를 주장했다. 그러나 두 가지 사례 모두에서 애널리스트는 벌금이나 부정적 대중의 압력으로 고생했다. Greencool의 사례가 고객의 마음에서 JZ의 평판을 훼손했는지는 의문인데, 왜냐하면 그는 2003년 애널리스트들의 투표에서 Asia money의 중국 내 최고 분석가로 뽑혔기 때문이다. 이러한 사례는 애널리스트가 사실에 대해 확신을 갖는 것과 정보의 원천을 언급하는 것이 얼마나 중요한지를 알려주는 것이다. 애널리스트는 본인이 제기한 주장의 그 어떤 것도 검증할 수 있어야 한다.

미국에서 헨리 블로젯(Henry Blodget)과 잭 그루브만(Jack Grubman)의 사례(제3장을 참조하라)는 본인의 추천종목을 지지하기 위해 일류 애널리스트가 지나치게 긍정적인 리서치를 작성하면서 발생했다. 다른 공매도의 사례와 같이 Haier, Greencool, Softbank, LVMH의 사례는 애널리스트가 지나치게 부정적인 분석을 하는 경우에도 조심해야 함을 보여주고 있다.

애널리스트는 그 민감도를 감안하여 기업이나 경영진을 비평할 때는 특별히 주의를 할 필요가 있다. 경영진을 비판함으로써 애널리스트는 잠재적인 명예훼손 소송, 법무비용/합의 그리고 부정적 평판의 위험성뿐 아니라 그 회사로부터의 정보흐름이 차단 될 수 있는 위험성이 있다. 이러한 위험성은 그 자체적으로 불공정하거나 잘못된 것일 수 있다. 또한 제2장에서 "리스크와 변동성을 강조하기"라는 제목으로 된 부분에서의 OCBC 사례를 참조하라. 애널리스트가 그들의 진실성이나 독립성을 희생하지 않고 그들의 메시지를 전달하는 방식에는 더욱 긍정적이며 건설적인 방법이 있다.

일단 어떤 사건으로 인해 언론이나 감독당국 또는 법원이 관련되면, 그들이 추가적인 고소를 위해 부정확한 자료에서부터 더 심각한 영역에 이르기까지, 애널리스트의 서랍에서 다른 수치스러운 비밀을 몹시 찾고 싶어한다는 것을 알 수 있을 것이다.

지적재산권 – 저작권과 표절

명예훼손과 마찬가지로 지적재산권에 관한 문제 또한 중요한데, 만약 저작권법이나 표절 윤리와 관련한 의심을 받게 된다면 애널리스트는 준법감시부 또는 독립적인 법무부서의 조언을 받아야 할 것이다.

표절과 저작권 침해의 차이는 미묘하다. 일반적으로, 표절은 누군가가 다른 누군가의 아이디어를 정당한 승인도 없이 부적절하게 사용하는 행위로서 학문의 세계나 연구분야에서 발생할 수 있다. 저작권 침해는 범법행위로서 승인받거나 보상하지도 않고 누군가의 창조적인 노력(노래나 문서, 사진 등)을 훔치는 것이다.

사례 ● ● ● ●

지적재산권

개요 : 표절행위는 증권업계뿐만 아니라 모든 연구 분야에서 발생할 수 있는 문제이다. 부정행위는 특히 경영대학원에서 만연해 있는 것처럼 보인다. 이런 만연한 부정행위는 일과 업무에 대한 경쟁이 심한 직장으로까지 그 방법이 확산된 듯하다.

내용 : 2006년 9월 21일자 Financial Times지는 미국과 캐나다의 MBA 졸업생을 대상으로 설문을 실시했는데, 그들의 56%가 표절행위 또는 웹사이트로부터 에세이를 다운로드 받는 등의 잘못된 행동을 했다고 시인했다. 이에 못지않게 영국 대학

생들도 2006년 10월 18일자 "만연된 표절로 학생들의 신선한 사고가 억압되다(Plagiary is rife as bullet points stifle discovery)"는 제목으로 FT지 기사의 주제가 되었다. 그 기사는 표절된 파워포인트 발표와 배포자료들이 학생들 스스로 생각하는 것을 막고 있다는 전국학생불만감시단(national students' complaint watchdog)의 주장을 인용했다.

2008년 5월 19일 FT지는 필립 델브스 브로우톤(Philip Delves Broughton)의 연구를 언급하면서, 경영학과 학생들은 다른 학과 학생들보다도 부정행위를 더 많이 하는 경향이 있다고 주장했는데, 이는 아마도 그들이 계속 공부하는 목적이 학문적인 만족감보다는 결과적으로 더 좋은 직업을 갖기 위한 것이기 때문이라고 분석했다.

예로써, New York Times지의 JB 기고문과 Raytheon사의 대표이사가 쓴 "경영진의 불문율(Unwritten Rules of Management)"이란 출판물 등 최근의 표절사례는 기자, 평론가, 애널리스트 그리고 작가들이 고의로 이야기를 꾸미거나, 소재의 원천을 속이거나, 소재의 원천을 표시하지 않는 것이 그들의 명성이나 경력에 잠재적으로 부정적인 영향을 미친다는 것을 보여준다.

결론 : 리서치 부서의 책임자는 그들의 팀원들에게 윤리의식의 중요성을 강조할 필요가 있다. 2006년 8월 16일자 Wall Street Journal지 기사에서 미국의 밴더빌트 대학 의학센터의 윤리학 교수인 엘리자베스 하이트만(Elizabeth Heitman)은 학문적인 자료의 표절에 대해 다음과 같이 주장했다. "우리는 종종 사람들

이 규정을 알 것이라고 가정을 하고 그들에게 문제가 발생하기 전까지는 그 규정이 뭔지에 대해 말하지 않는다." 이 언급은 의학 리서치와 직접적인 관련이 있으나, 동일한 원칙이 분명히 증권 리서치를 포함한 모든 연구분야에 적용된다. 리서치 부서 책임자는 애널리스트가 입사할 때, 옳고 그름의 행동양식뿐만 아니라 부적절한 행동으로 애널리스트와 애널리스트의 동료들에게 끼칠 영향에 대해서도 가르쳐줄 필요가 있다.

애널리스트는 정보의 원천을 밝혀야 하며, 다른 사람의 자료를 사용하는 경우에는 허가를 받아야 한다. 만약 의심스러운 점이 있다면 법적 조언을 구해야 한다. 궁극적으로 고객은 애널리스트로부터 독창적인 아이디어를 듣고 싶어한다.

<u>추가사항</u> : 애널리스트 자신들 또한 그들의 업무가 복제되거나 도난당할 위험에 놓여 있다. 2006년6월, Merrill Lynch, Morgan Stanley, Lehman Brothers사는 회사가 작성한 주식 리서치의 '저작권을 침해'당했다고 주장하면서 theflyonthewall.com(역자주-최신의 금융뉴스를 제공하는 웹사이트)을 고소했다. Bloomberg 뉴스의 패트리카 우르타도(Patricia Hurtado)에 의해 인용된 사례에서 Lehman사는 2005년 3월 1일 Genentech에 관한 리서치를 발표했는데, 거기엔 "우리는 미화 0.95~1달러라는 회사의 이익예측은 연료비가 상승하더라도 여전히 가능하다고 믿는다"라고 쓰여 있었다.

같은 날 이 웹사이트는 Genentech에 대해서 다음과 같이 썼다. "우리는 미화 0.95~1달러라는 회사의 이익예측은 연료비가 상승을 유지하더라도 여전히 가능하다고 믿는다." 해당 웹사이트는 기소를 부인하고 맞고소를 하였으나, 지방법원은 이를 기각했다. 이후 세계의 주요 은행과 증권회사는 그들의 리서치 배포에 대해 더 엄격해졌다.

기술적으로 말해서 표절, 저작권 침해나 계약 파기 중 그 어느 것이 문제가 되는지는 중요하지 않다. 애널리스트는 모든 측면을 고려해야 한다. 우리가 앞에서 자세히 논의했듯이 애널리스트는 정보의 출처를 밝힐 필요가 있다. 또한 자료를 사용할 수 있는 허가도 필요할 것이다.

애널리스트는 데이터 공급업자나 다른 정보제공자들의 자료를 사용하고 배포하는 데 있어서 정보사용에 대한 계약을 위반하지 않도록 해야 한다.

마치 내가 이 책에서 알렉스의 만화를 위해 했던 것처럼 애널리스트가 사진이나 다른 그래프로 된 자료를 자신들의 보고서에서 재사용하려고 할 때마다 필자는 그들이 적절한 승인을 얻었는지 의문을 갖는다.

마찬가지로, 이 책에서 필자가 한 것처럼 뉴스 발표 자료를 인용하는 것은 괜찮은 반면에, 전체 기사나 여러 단락을 그대로 복제하는 것은 애널리스트를 위험에 노출시킬 수 있다. 만약 동 자료를 재사용함으로 인해서 원저자가 상업적으로 손해를 보았거나, 또는 여타의 불이익을 당했다고 주장한다면 그 위험성은 고조될 것이다.

애널리스트는 유명한 책이나 노래 제목 또는 기발한 문구 (catchphrases)를 그들의 리서치 제목이나 부제목으로 사용하고 싶어 한다. 필자가 기억하기로는 나의 옛 동료는 밥 딜런의 노래 제목들을 특별히 좋아했다. 일반적으로 말해, 제목이나 특정 문구는 저작권에 의해 보호되지는 않는다. 우선, 제목과 특정 문구 자체가 문학작품이라고 주장하기는 어려울 것이다. 더욱이 많은 제목과 특정 문구가 이미 "저작권 소멸상태"이다. 저작권 보호가 만료되었다는 것이 이에 대한 충분하고 분명한 사례이겠지만, 그러나 이미 일상적으로 사용하는 어떤 제목과 문구에 대해서 소유권을 주장하기 어려울 것이다. 〈유주얼 서스펙트〉(역자주-유력한 용의자(The Usual Suspects)라는 제목의 영화)를 예로 들어보자. 비록 이 제목이 영화 〈카사블랑카〉를 참조했지만, 이 문구는 이미 전 세계 경찰들이 통상적으로 사용해왔던 문구이다(스페인어로 "casa blanca"가 "하얀 집(white house)"으로 보편적으로 사용되는 것은 말할 것도 없고, 〈카사블랑카〉라는 제목조차도 이미 존재하는 특정 장소의 이름이기 때문에 원 저작물로 간주될 수 없다). 작가에 의해서 창조된 어떤 단어는 자주 사용되어 그 단어들이 사전에 기재되기도 한다. 예를 들어, 영국의 작가인 롤링(JK Rowling)의 "muggle(역자주-마법을 쓰지 않는 보통사람)"과 톨킨(JRR Tolkein)의 "hobbit(역자주-가공인물인 난쟁이)"이라는 단어들은 이제 옥스퍼드 영어사전에 실려 있다.

"공정한 사용"이라는 개념 역시 적용할 만한 또 다른 원칙이다. 비평이나 해설의 목적으로 자료를 공정하게 사용하는 것은 합리적이며 일반대중의 이익을 위한 것이라고 여겨진다. 흥미롭게도 2008년 5월, 맨해튼의 한 판사는 존 레논의 "Imagine"이라는 노래 전곡을 다큐멘터리에 사용하는 것에 대해, "공정한 사용" 원칙에 근거하여 문제가 없다는 판결을 내렸다.

몇 년 전 Morgan Stanley의 한 애널리스트는 호주의 상장법인인 Coca-Cola Amatil사에 대한 기업분석보고서에서 이 회사의 영업범위상 부족한 면을 지적했다. 해당 애널리스트는 "언제나 코카콜라가 있다(There's always Coca-Cola)"라는 기업광고 슬로건을 이용하여 본인의 리서치의 제목으로 "코카콜라가 언제나 있는 것은 아니다(There's not always Coca-Cola)"라고 인용했다. 회사의 기업광고 문안은 자주 리서치의 제목으로 사용되는데, 만약 "Show me the money"(역자주-1996년 영화 〈제리 맥과이어〉에서 나오는 명대사) 또는 "The Good, the Bad and the Ugly"(역자주-〈석양의 무법자〉로 소개된 1966년의 영화제목)라는 제목이 다시 한 번 리서치의 제목으로 사용된다면 필자는 지겨워서 소리를 지를 것이다.

만약 어떤 제목이나 상표가 제품이나 기업과 연관되어 있다면, 그 제목이나 상표들은 상표 등록권에 의해서 보호될 수 있을 것이다. 그렇다고 해도 상식적으로 누군가는 동일한 상표를 가질 수도 있다. 상품이나 기업에 어떤 경쟁적인 위협을 제기해도 결과적으로 회사의 수익을 빼앗길 위험성이 없다면 리서치에는 해당 상표를 사용할 수 있을 것이다. 만약 당신이 상표에 대해 ©(역자주-저작권 상징), ®(역자주-등록상표 상징) 또는 TM(역자주-등록상표)이 있다는 것을 언급한다면 저작권 문제에 관해 좀 더 안전해질 수 있을 것이다.

만약 어떤 제목, 상표 또는 문구를 사용할 수 있는지가 불확실하다면, 애널리스트는 법무팀이나 준법감시부서에 자문을 구해야 한다. 대부분의 경우 애널리스트는 당해 제품 상표나 문구가 이미 공공연히 사용된다든지, 또는 "공용 도메인" 제목이나 "공정 사용"(역자주-저작권자의 이익을 부당하게 침해하지 않는 범위 내에서 저작권자의 허락 없이 저작물을 제한적으로 사용할 수 있도록 허용하는 규정) 문구를 공정한 목적으로 사용되었다는 항변으로 이를 정당화하겠지만, 그러나 가끔 원작자에게 보충적으로 승인을 요청할 필요가 있을 것이다. 만약 의심의 여지가 있는 경우, 법무팀이나 준법감시부서는 당신에게 지적재산권 소유자의 허가를 받도록 요구할 것이다.

마지막으로, 만약 출처를 밝힌다면, 필자는 애널리스트가 대상으로 하는 기업의 웹사이트 자료를 사용하는 것이 받아들여져야 한다고 생각한다. 애널리스트가 해당 자료를 재사용함으로써 기업의 독자를 넓히는 데 도움을 준다면, 결국 기업이 불평을 할 이유는 없을 것이다. 물론 애널리스트는 해당 자료가 사실적이며 합당하다는 것을 확인해야 한다. 어찌되었든 필자는 애널리스트가 기업의 로고를 리서치에 사용하지 말 것을 제안하는데, 그것은 마치 기업이 리서치를 승인하는 것처럼 보이게 할 수도 있기 때문이며, 따라서 이는 리서치가 독립적이지 않다는 것을 암시할 수도 있다.

리서치의 진실성과 일관성

문제점

—

증권회사에 있는 기본적 분석 애널리스트, 기술적 분석 애널리스트, 전략가 그리고 세일즈 담당자/트레이더는 명시적이든 묵시적이든 간에, 가끔 회사의 공식적인 리서치 투자의견과는 일치하지 않는 것처럼 보일 수도 있는 투자의견을 내고 싶은 유혹을 받는다. 만약 그러한 다양한 의견이 확인되지 않고 표현된다면, 이에 의해 투자자들은 혼란을 일으킬 수 있다. 투자자문에 있어 혼란과 오해를 일으키는 비일관성이나 원인의 제공은 규정 위반이 될 수도 있으며, 만약 고객들, 특히 개인 고객들의 투자에 문제가 생겼을 때에는 책임을 요구할 근거를 제공하게 된다.

다음의 관련사항은 애널리스트보다는 재무상담사와 관련이 있으며, 투자회사 내의 직원들 간 상충되는 조언을 포함하고 있지는 않다. 독일에서 발생한 이 기이한 이야기는 개인 고객이 그들의 투자에서 손실을 본 것에 대해 어떻게 반응하였는지를 보여준다. 누구든 투자조언을 하는 경우 매우 주의해야 한다.

관련 사항

불만에 찬 고객들

내용 : 일단의 연금수령자들이 한 재무상담사를 서독에 있는 슈파이어 지역의 그의 집 밖에서 말을 못 하게 재갈을 물린 채, 아우디 A8의 트렁크에 집어넣었다. 2009년 6월 24일자 Daily Telegraph지의 보도에 따르면, 그들은 상담사를 차에 태운 채 300마일이나 끌고가, 바바리아 지역에 있는 한 저택에서 본인의 투자에 관해 재무상담사를 심문했다. 이 재무상담사는 연금수령자들의 투자금 전액이 시장 상황이 좋지 않아 사라져버렸다고 대답했다고 한다(우디 앨런의 영화 속 대사에 따르면 증권중개인은 당신의 돈이 모두 없어질 때까지 투자하는 사람이다).

　재무상담사의 주장에 따르면, 그는 장애인용 보행보조기로 두들겨 맞고 담뱃불로 지져졌으며, 두 개의 갈비뼈가 부러진 채 속옷만 입고 동물처럼 지하실에 감금당했다고 한다. 그는 유괴범들에게 만약 보유하고 있는 증권을 팔 수만 있다면 돈을 모두 갚아주겠다고 말했다. 그들은 상담사에게 스위스에 있는 은행에 팩스를 보내라고 했고, 그는 팩스에 "경찰에 신고해달라"라는 암호전문을 함께 표기해 보냈다. 다행히도 은행직원이 암호문을 발견하게 되었고, 무장한 해병대가 그 집을 급습하여 상담사를 풀어주었다. 납치된 사람뿐 아니라, 납치범들의 나이와 병약함 때문에 의사가 해병대와 동행했다.

　경찰이 관절염 마약사건 이후 "노인 갱단(Geritol Gang)"이라는 별명을 붙인 이 연금수령자들은 2010년 3월에 유괴죄로 유죄 판결을 받았다. 74세의 주모자는 6년간 투옥되었다.

원칙들

리서치이거나 또는 아니거나 : 형식보다 실질적 내용이 우선한다는 원칙에 따라서 새로운 "리서치"처럼 보이는 것으로 의사를 표현하는 그 누구든, 그들의 공식적 직책이나 역할에 관계없이 애널리스트로 간주될 수 있고, 이에 따라 리서치 규정의 적용을 받을 수 있다. 세일즈 담당자와 트레이더처럼 리서치 부서가 아닌 직원들은 통상 리서치 부서에서 공식적으로 공표된 투자의견을 반복하여 고객들에게 전달하는 것으로 예상된다.

명시적이거나 묵시적인 투자대안을 분석하고 이를 제시하거나 대체적인 투자의견을 제공하는 것은 새로운 "리서치"를 제공한다고 간주될 수 있다. 만약 그렇다면, 리서치 자료는 리스크 및 다른 공지사항을 적절하게 포함하여 고객에게 동시에 그리고 공정하게 배포되도록 승인을 받을 필요가 있다.

매수는 매수, 매도는 매도를 의미 : 미 SEC는 "투자등급의 정의는 그들의 일반적 의미와 일관성이 있어야 한다"고 하였다. 예를 들어, "유지 등급은 투자자가 증권을 팔아야 한다는 것을 의미하거나 그런 암시를 해서는 안 된다." 이러한 사례를 포함시키는 확실한 이유는 애널리스트가 사적으로는 자신이 소속된 회사의 투자은행 거래와 관련되어 있는 기업을 폄하하는 한편, 공개적으로는 고객에게 동

기업의 증권을 매수하라고 추천함으로써 발생하는 이해상충의 가능성을 방지하기 위한 것이다. 어쨌든 투자은행과의 관련성에 상관없이 동일한 원칙이 모든 공표된 자료에 적용되어야 한다. 투자기간, 가치평가 방법 그리고 어떤 투자의견과 목표가격에 관련된 리스크 또한 고지되어야 한다.

리서치의 진실성 : 증권회사들은 변함없이 그들의 공식적인 리서치 투자의견의 진실성을 유지하고 싶어한다. 회사가 투자조언을 할 때 담당하는 기업에 대한 철저한 조사분석을 했다는 것에 대해 고객이 신뢰할 수 있어야 하고, 최소한 미국의 증권규정에서 요구되는 것처럼 그러한 투자의견은 "합리적으로 입증될 수 있는 근거"를 가지고 있어야 한다.

몇몇 회사에서는 내부 투자/상품 검토위원회나 패널이 애널리스트의 리서치 의견이 확고하다는 것을 보증하는데, 이는 애널리스트가 지켜야 할 중요한 회사규정이다. 그러나 만약 증권회사가 그들의 공식적 투자의견에 대해 근거가 불충분하거나 또는 일관성 없어 보이는 묵시적이거나 명시적인 투자의견을 퍼뜨리고 다닌다면 리서치의 질에 대한 고객의 신뢰도는 약화될 수 있다.

투자의견의 일관성 : 개별 주식에 대한 기본적 분석 투자의견은, 우선 명확한 비일관성을 설명한 후에 증권회사에서 수립된 투자전략이나 매매제안과는 다른 리서치의 시발점이나 기준을 제시한다. 리서치 부서의 공표 시스템은 사적이고 입증되지 않은 의견을 발표하려는 사람들이 무질서하고 자유롭게 편승할 수 있도록 설계되지는 않았다. 의견 차이가 없다고 말할 수는 없지만, 모범실무는

애널리스트가 '일관성이 있거나 또는 분명히 일관성이 없다는 것을 설명해야 한다'고 요구하고 있다.

일관성이 있거나 혹은 명백한 비일관성을 설명하기

투자의견과 목표가격 : 모든 공식적 투자의견과 목표가격은 중요하게 다루어져야 하고, 이 두 가지는 명확한 투자기간에 기반을 두어야 한다. 예를 들어, 현재 주가로부터 일정비율을 조정한 절대수익에 근거하는지 또는 국내시장 지수와 같은 지수나 MSCI처럼 사적으로 산정되는 지수와 연관이 있는지 등 무슨 근거로 어떤 목표가격이 설정되었는지를 분명히 해야 한다.

투자의견과 목표가격은 서로 일관성이 있어야 한다. 회사의 규정상 매도등급이 보다 일관성 있어 보이는 목표가격에 매수등급이 제시되는 경우 투자자들은 혼란을 일으킬 수 있으며, 만약 추천된 투자나 매매가 잘못된다면 투자자들이 공격할 빌미를 제공할 수도 있다.

참조 : 새로운 목표가격에 대한 근거는 항상 본문에서 주어져야 한다. 그러나 목표가격이 바뀌지 않을 때조차도 목표가격에 대한 근거와 이유에 대한 설명이 필요하고, 애널리스트는 그 목표가격이 여전히 적절한 이유를 설명해야 한다. 만약 목표가격이 공정가치와 다를 경우, 애널리스트는 투자기간과 가치평가의 전제들을 적절히 제시하기만 한다면 본문에 "공정가치"를 기재할 수 있다.

앞서 살펴보았고 이후에 더 충분히 논의하겠지만, 애널리스트가 자기의 최종 견해를 현재 검토 중이라고 하는 경우가 있을 수 있다. 그러나 고객들은 담당하는 업종에 대해 정확히 알고 있지 못하다는 것을 이유로 검토 중이라고 하면서 습관적으로 분명한 의견제시를 회피하는 애널리스트를 높이 평가하지 않는다. 애널리스트들은 일간 시황자료나 또는 상대가치 비교표에 대한 뉴스 논평을 쓸 때는 "검토 중"이라는 궁색한 변명으로 피해갈 수도 있을 것이다. 그러나 그 주식 자체가 공식적인 리서치 보고서에서 특종으로 보고되거나 최고 투자의견 목록에 포함되는 경우에는 "검토 중"이라는 용어의 사용을 정당화하기가 더욱 어려울 것이다. 이 경우에도 고객들은 애널리스트로부터 투자의견과 목표가격 사이에 일관성이 있는 시기적절한 의견을 요구할 것이다.

방법론과 가정의 일관성 : 만약 애널리스트가 기업의 가치를 평가할 때 전반적으로 동일한 가치평가 방법론을 사용하는 동종비교 방식을 채택한다면, 적어도 일부 업종에서는 종목 간의 비교를 보다 쉽게 할 수도 있을 것이다. 이러한 원칙으로부터 벗어나는 방식과, 같은 업종 종목들 사이에서 사용된 가치평가 가정에 어떠한 차이가 있을 경우 적절한 설명이 주어져야 할 것이다.

필자는 가끔 보고서 초안에서 애널리스트들이 잠재적 신규사업이나 자산을 그들의 목표가격/가치평가에는 포함시키지만 재무모델에는 포함시키지 않는 것을 보는데, 이것은 일관성이 없다고 판단된다. 기업의 인수합병이 합의에 도달하거나 또는 진보된 임상실험이 승인을 받은 경우 등 만약 기업이 잠재적인 자산이나 사업을 취득하거나 이익을 발생시키게 될 때 애널리스트가 매우 높은 확실성에 근거하여 설명할 수만 있다면, 애널리스트는 자산과 예상수익 모두를 일관성 있는 가정 속에서 경기전망과 목표가격 양쪽 모두에 이를 포함하여 고려해야 한다. 만약 잠재적 인수가 여전히 짐작의 수준이라면 애널리스트는 이를 경기전망과 목표가격에서 일관성 있게 배제시켜야 한다. 어느 경우든, 재무모델과 가치평가 양쪽에서 무엇을 가정했고 무엇을 가정하지 않았는지를 독자들에게 명백히 밝혀야 할 것이다. 그리고 만약 잠재적 이익을 추정하는 경우, 애널리스트는 예상되는 긍정적인 수익요인이 발생하지 않을 것에 대비하여 잠재적 이익과 관련된 평가방식에서 존재하는 리스크를 분명히 밝혀야 한다. 이에 대해 BHP Billiton사가 갑자기 Rio Tinto사의 기업인수를 철회한 M&A 리스크와 관련된 제2장의 사례연구를 참조하라. 마찬가지로, 만약 애널리스트가 그들의 예측과 가치평가에서 해당기업에 대한 잠재적 자산을 제외한다면, 자신의 재무모델과 가치평가에 좀 더 긍정적인 리스크 요소들을 설명하면서 독자들의 관심을 끌 수 있을 것이다.

전략가들에 의해 제시되는 것처럼 그들의 바텀업(Bottom up) 종목선정과 톱다운(Top down) 투자전략(역자주-Bottom up 방식은 개별 종목의 가치에 중심을 두고, Top down 방식은 거시적인 시장전망을 통해 종목을 선정함) 사이에 분명한 일관성이 없는 것에 대해서도 애널리스트는 이를 강조하고 분명히 설명해야 한다. 마찬가지로 애널리스트는 회사의 이코노미스트와 원자재 애널리스트에 의해 이미 발표된 공식적인 경제 및 원자재 전망치―예를 들어 GDP성장률, 환율, 물가상승률 그리고 유가 등―를 사용하거나, 또는 대안적 전망이나 가정이 사용된 이유에 대해 타당한 근거를 설명해야 한다. 되풀이하지만, 민감도 분석이 독자들을 도와줄 수 있으며, 리스크에 대해 강조해야 한다는 요구사항을 충족시켜줄 수도 있다.

보고서상 가격책정 : 애널리스트는 잘못되었거나 시대에 뒤떨어진 정

보에 의한 의견을 공표하는 것을 피해야 한다. 상대가치 비교표에서 동 업종의 주식에 대한 가치평가가 적절한 비교가 가능하도록 동일한 시점의 가격이 책정되어야 한다. 그러나 이미 공표된 리서치를 포함하는 경우, 원래의 공표시기와 가격책정 날짜가 명확히 공시되고 당해 리서치가 여전히 유효한 경우, 이미 공표된 리서치와 다른 가격을 반드시 다시 책정할 필요는 없다. 어쨌든, 만약 가격을 책정한 날로부터 또는 리서치가 공표된 날로부터 변화가 발생하면, 애널리스트들은 어떠한 변화가 발생했는지, 그리고 언제 새로운 가격이 책정되었는지에 대해 각주와 함께 본인의 가장 최근의 생각을 제시해야 한다.

미국 증권규정에서 요구한 것처럼, 투자의견과 가치평가에 기반을 둔 가격이 명확히 제시되어야 한다. 이 경우 고객이 애널리스트의 투자의견과 가치평가가 어떤 가격에 근거하는지를 이해하는 데 도움을 준다. 가격을 포함시키는 것은 투자의견이 작성된 시간과 투자자가 매매를 한 시간 사이의 급격한 주가변동으로부터 애널리스트와 증권회사를 보호할 수 있다. 그렇지 않으면 애널리스트가 여전히 주식을 매수하도록 권유하는 가격대를 벗어나는 수준으로 주가가 갑자기 오르는 상황이 발생할 수 있다. 이 경우 투자자는 애널리스트가 그 주식을 매수하도록 추천했던 것을 불평할 수 있다. 이에 대해 애널리스트는 "네, 맞습니다. 그러나 이 가격에는 아닙니다"라고 응답할 것이다.

덧붙여 말하면, 투자의견이 어떤 가격에서 성립하는지를 애널리스트가 분명히 밝힐 경우에도, 필자는 아직 알려지지 않은 상황을 가정해 미래의 투자의견을 내는 것을 좋지 않다고 생각한다. 간단한 예로, 애널리스트는 고객에게 목표가격에 도달하면 그 주식을 매도하라고 하지만 이러한 상황은 시간이 흐름에 따라 바뀔 수도 있고, 모든 애널리스트가 알고 있듯이, 목표가격에 도달한 시점에서 애널리스트가 예측치를 다시 올릴 필요성이 있을 수 있거나, 혹은 투자등급을 유지하거나 심지어는 상향할 수도 있을 것이다.

애널리스트는 보고서가 어떠한 이유로든 간에 공식적으로 승인되거나 공표되지 않으면 작성과정 중의 보고서에 대한 언급을 회피해야 한다. 애널리스트들은 세일즈 부서와 선택된 일부 고객들에게 향후에 예상되는 투자 결론과 투자의견에 대해 은밀히 귀띔해주는 것을 금해야 한다. 그렇지 않을 경우에는 선행매매가 될 위험성이 있다.

투자기간의 차이에 따른 거래전략: 애널리스트는 자신의 투자의견에 관하여 투자기간을 명확히 해야 한다. 투자기간은 일반적인 공지 사항이다.

담당하는 종목에 대한 공식적인 등급을 지지하기 위해 장기 목표가격을 제시하는 애널리스트는, 만약 그들이 분명히 투자의견과 기간을 정의하고 리스크에 대해 독자들에 중요성을 강조하여

적절한 공지를 제공한다면, 별도의 투자의견으로서 단기적 매매 기회를 제시할 수 있다. 이 경우에는 장기투자에 대한 기본적 분석 투자의견과 단기적인 매매 제안의 차이를 명확히 해줌으로써, 투자자가 혼란에 빠지지 않도록 해야 한다. 필자에게 승인 요청을 했던 어떤 리서치 초안에서 한 애널리스트는 동일한 주식에 대해, 단기투자자들에게는 매도를 권유한 반면 장기투자가들에게는 보유를 권고했다. 애널리스트의 공식적인 추천은 매수였으나, 투자자들에게는 동시에 매수, 매도 및 보유를 주장하고 있었다. 이 경우 공식적인 투자의견과 목표가격이 서로 일치하지 않기 때문에, 그것은 마치 해당 애널리스트가 공식적인 투자의견을 매수에서 보유로 변경하고자 하는 신호로 보일 우려가 있다. 앞서 언급했듯이, 이러한 신호는 독자들에게 서로 다른 의미를 줄 수 있기 때문에 좀 더 주의를 기울일 필요가 있다.

투자등급을 제시하지 않는 주식의 경우, 애널리스트는 실질적인 분석 없이도 시장에서의 급작스러운 움직임이나 가능한 단기 매매 기회에 대해 독자의 관심을 객관적으로 이끌어낼 수 있어야 한다. 예를 들어 세일즈 담당자나 트레이더와 같은 다른 논평가들은 감독당국에 의해서 '애널리스트'로 간주되어 리서치 관련 규정의 적용을 받아야 할 우려가 있기 때문에, 주관적인 대안분석과 투자의견을 제시하는 것으로 보여서는 안 된다. 그러나 그들은 애널리스트의 투자의견을 되풀이하여 말할 수는 있다. 애널리스트들은 또한 단기투자수익률을 추구하는 매매 기회를 객관적으로 찾아낼 수 있어야 한다.

비공식적인 투자의견 용어 : 애널리스트는 공식적인 투자의견과 목표가격에 대해서 항상 강조해야 한다. 만약 이러한 공식적인 투자의견에 대한 정의가 명확하지 않다면, 약세일 때 사거나 또는 강세일 때 파는 것과 같이 유사 투자의견이 제시되는 경우, 현재의 투자의견을 어떻게 해석해야 하는지 고객들은 의문을 제기할 것이다. 주식가격이 앞으로 얼마나 움직일 때 투자의견에 따른 매매를 개시해야 하는지에 대해서도 명확하지 않다. "특히 시장이 약세장일 때 우리는 매수 의견을 준다"와 같은 문구들은 아마도 이런 특별한 문제를 피할 수 있을 것이다. 대체 가능한 주식으로 교환한다는 것은 묵시적으로 특정 주식을 매도해야 한다는 것을 의미하는데, 이 경우 공식적인 투자의견이 해당 주식을 사는 것이라면 아마 이상하게 보일 것이다. 이 경우에 애널리스트는 다른 종목에 비해 어느 하나의 종목을 더 선호한다는 측면에서 투자의견을 제시해야 할 것이다. 어떠한 경우든 애널리스트는 교환거래나 선호거래가 상대적인 매매와 관련 있다는 것을 분명히 해야 하며, 어떤 종목을 교환하거나 비중을 확대하라는 것인지를 분명히 해야 한다. 마찬가지로 애널리스트는 나눠 먹기(top-slicing) 또는 이득 취하기가 무엇을 의미하는지 확실하게 보여주어야 하는데, 이러한 것들이 그들의 공식적 투자의견과 일치하지 않는 것처럼 보이는 경우가 있다. "일부 투자자들은 이득을 실현하는 것을 고려할 수 있다" 등으로 객관적으로 표현하는 것이다.

참조 : "공정한"이나 "합리적인"과 같은 말들은 일반적으로 매수, 비중확대, 또는 시장수익률 상회와 같은 등급보다는 보유나 중립 투자의견과 관련이 있다. 반면에 매수, 비중확대, 시장수익률 상회와 같은 등급은, 가령 "매력적인", "저렴한", "저평가된" 그리고 "주목할 만한" 등의 언어와 쓰는 게 더 적절할 것이다. 이러한 용어들

은 언제나 애널리스트의 의견을 대변하고 있다. 주식 보유 의견의 경우, 필자는 현재의 가치평가가 "매력적이지 않다"(즉, 투자자가 주식을 사기에는 충분히 매력적이지 않다)고 말하는 것일 수도 있다고 생각한다. 그러나 애널리스트가 "주식을 유지하는 것조차 충분히 매력적이지 않다"라고 잘못 표현한 것에 대한 오해를 피하기 위해, 필자는 매도등급 종목에 대해 "매력적이지 않다"라는 문구를 사용하는 대신에 유지등급에 대한 가치평가는 "공정하고", "합리적이고" 혹은 "타당한"이라는 용어를 사용해야 한다고 생각한다.

더불어, 2002년 2월 3일자 Independent on Sunday지의 보도에 따르면, 한 UBS애널리스트가 "A종목을 매수하라고 추천할 수 없다(원제: Cannot Recommend A Purchase, 즉 CRAP('쓰레기' 주식)을 의미함)"는 뜻의 두문자(頭文字)어를 사용함으로써 부지불식간에 투자자에게 경고를 하려 했다는 것 때문에 해고되었다는 것을 기억하기 바란다.

업종/국가 비중과 분석대상 회사군

전략가와 같은 거시경제 애널리스트는 통상 업종과 국가 비중을 결정한다. 그들은 어떤 상황정보/분석대상 회사군에 의해 업종 및 국가 비중을 결정할 것인지를 분명히 해야 한다.

이에 따라 지역별 전략가는 담당 국가와 업종 비중을 공표할 수 있고, 각 개별 국가 및 업종의 책임자는 본인들이 담당한 분석대상 회사군 내에서 개별 회사들의 비중을 확정할 수 있다. 예를 들어 한국 담당 대표는 한국 업종에 대한 비중을 결정하고, 지역 은행업종 책임자는 담당하는 지역 안에서 은행업종에 대한 비중을 결정한다. 그러나 개별 국가의 책임자가 지역적 맥락 안에서 그들 각각의 시장에 대해 자체의 비중을 정하는 것과, 각 개별 국가 내의 업종 책임자가 지역별 업종의 맥락 안에서 그들 각각의 업종 비중을 결정하는 것은 결코 쉬운 일이 아니다.

국가별 전략가들과 지역별 전략가는 상호 의견교환을 통해 지수 목표가 지역적 비중과 일관성이 있도록 해야 하고, 또한 일관성이 없는 경우라도 그에 대한 명확한 설명을 제시해야 한다.

사례   ●●●●

견해의 일관성

2001년도에, 당시 ING Barings사(후에 Macquarie Bank에 인수됨)의 아시아 전략가였던 마르쿠스 로스젠(Markus Rosgen)은 그의 아시아 모델 포트폴리오에서 홍콩에 대해서는 비중을 확대했고, 한국에 대해서는 비중을 축소했다. 같은 시기에 홍콩 담당 전략가는 홍콩 항생지수가 하락할 것이라고 한 반면, 한국 담당 전략가는 한국 주가지수(KOSPI)가 약간 상승할 것으로 예상했다.

이런 명백한 비일관성에 근거한 결과, 은행 쪽 애널리스트는 HSBC 주식에 대해 매도의견을 제시했고, 마르쿠스는 그의 모델 포트폴리오에 해당 주식을 포함시키지 않았다. 한편 유지 등급이었던 Hutchison Whampoa 주식은 모델 포트폴리오에 포함되어 있으나 애널리스트의 투자의견은 비중축소였다. 이들 두 종목은 상대적으로 큰 시가총액 비중으로 인해 홍콩

지수를 끌어내릴 것으로 기대되었다.

그러나 HSBC 주식을 제외시키고 비중축소를 제시한 Hutch 주를 포함한 홍콩 모델 포트폴리오는 한국 포트폴리오보다 더 높은 상향 가능성을 제공했다. 이런 이유로 마르쿠스의 전체 아시아 모델 포트폴리오에서는 홍콩에 대한 비중확대와 한국에 대한 비중축소를 제시하였던 것이다. 결국 이것은 인덱스 추적 펀드(index-tracking fund)가 아닌 추천 포트폴리오였다.

예를 들어 지역(아시아) 안에서 그들의 업종(가령 금융업), 특정 시장(대한민국) 안에서의 그들의 업종, 전체로서의 시장 등 애널리스트가 어떤 주식을 선호한다고 주장하는 경우 어떤 분석대상 회사군에서 이를 언급하는 것인지를 명확히 해야 한다. 이러한 애널리스트는 그들 자신의 담당 범위를 알고 있지만, 독자들은 이러한 사실이 분명하지 않을 수도 있다. 또한 애널리스트 자신은 본인의 분석대상 회사군이 특정한 업종에 제한되어 있다는 것을 명확히 알고 있지만, 본인의 기업보고서가 시장 전체에 대한 월별 시장전략보고서 내에 포함되어 있는 경우, 독자들은 이를 전체 시장상황에서의 선호종목으로 이해할 수 있다.

모델 포트폴리오, 헤지펀드 그리고 추천종목 : 증권회사 전략가들은 그들의 추천종목 리스트를 위한 투자요인들을 명확하게 정의해야 한다. 전략가들은 그들의 각 추천종목 리스트에 증권회사가 전체적으로 담당하는 분석대상 회사군 중에서 최고의 투자의견이나 추천종목 리스트에 포함시켰던 종목들을 반드시 포함시켜야 한다.

왜냐하면 추천종목 리스트에 포함되었다는 것은 이 종목에 대한 추천의 투자의견을 내포하는 것이기 때문이다. 그러한 투자의견들은 리서치 관련 규정의 적용을 받게 되며, 따라서 가치평가의 이론적 근거, 의견제시에 대한 리스크 평가 그리고 리서치 공지에 관한 규정의 준수가 필요하다.

사례연구

추천종목(리서치 요구사항들)

내용 : 미 FINRA의 징계처분 중에는 추천종목을 작성한 저자들이 적절한 등록요건을 갖추었거나 이에 대한 적절한 공지요건이 갖추어지지 못한 다양한 사례가 있다. 예를 들어, 2009년 8월, 애틀란타 주의 한 애널리스트가 Series 86 또는 87 자격을 취득하지 못함으로써 미화 1만 달러의 벌금과 30일 정직이라는 제재를 받았는데, 이는 해당 애널리스트가 "회원사 소식지에 있는 추천종목 선택 면의 주요 저자이거나 기고자"인 경우 반드시 필요한 등록요건이었다. 더욱이 해당 애널리스트가 종목 선택란을 '리서치'에 포함되는 것으로 간주하지 않았기 때문에, 애널리스트는 종목 선택으로서 특집기사를 쓴 증권사에 대한 그녀의 소유권에 대해 적절히 공지하지 못했고, 그녀의 가치평가 방법과 투자 리스크에 대한 필요한 설명이 없었다.

혹자는 동의하지 않을 수 있으나, 필자는 모델 포트폴리오에 등

급 없는 종목을 포함하는 것에 대한 정당성의 근거를 제시하고자 한다. 투자 포트폴리오는 위험성, 업종의 구성과 시가총액이 적절히 고려되어 구성되어야 하는데, 포트폴리오의 적절한 구성에 크게 기여하거나 특정 업종에서 가장 중요한 역할을 하는 특별한 주식을 배제하는 경우, 증권회사 전략가가 고객에게 불이익을 줄 수 있다. 특정 업종에서 시장 주도기업은 반드시 포함되어야 할 것이다. 물론 전략가는 해당 주식을 담당하고 있지 않다거나 등급을 매기지 않았다는 것, 그리고 단지 설명을 위해 적절한 포트폴리오를 구성하기 위한 투자목적으로 포함시켰을 뿐이지 그 자체로는 투자의견이 아니었다는 것을 표시할 필요가 있다. 애널리스트는 아마도 당해 종목에 대해 합의된 투자의견이 무엇인지를 별도로 표시해야 할 것이다.

시장이 가장 비관적일 때가 매수시점이라고 말한 고(故) 존 템플턴(John Templeton) 경의 격언을 인용할 수도 있겠지만, 혹자는 시장에서 매도 등급으로 합의된 종목을 모델 포트폴리오에 포함시키는 것은 거의 정당화하기 어려울 것이라고 반박할 것이다. 비록 여러분이 이와 같이 투자의견을 제시하지는 않을 것이지만, 대상 기업이 공시 규정을 위반하는 리스크를 감수하지 않도록, 여전히 애널리스트와 증권회사의 관심사와 관련성을 독자에게 강요하는 것이 바람직하다. 이러한 정당화가 아무리 그럴듯하게 보여도, 일반적으로 필자는 추천된 포트폴리오에 등급이 없는 종목을 포함시키는 것을 권하지 않는다. 만약 그 종목이 포트폴리오에 포함될 가치가 있다면, 그것은 아마도 분석대상으로서의 가치가 있을 것이고, 이 경우 좀 더 안전하게—그리고 더 상업적으로—당해 종목을 다루기 위해서는 재빨리 분석대상에 신규 편입해야 할 것이다.

참조: 특정 테마와 상당히 연관성이 있는 주식들로 구성된 등급이 없는 종목을 포함하고 있는 여타 목록들은 측정 가능한 기준에 의한 기반을 둔 객관적인 선별기준에 따라 만들어진 것으로 간주된다. 이러한 목록은 만약 그 종목들에 긍정적인 투자의견이나 등급을 공식적으로 제시하지 않았다면, 저자가 시장수익률 상회라고 생각하는 종목들을 주관적으로 선택한 것으로 보아서는 안 된다. 만약 애널리스트의 목표가 의도한 결과를 얻기 위해 선별 작업의 결과를 조작하는 것이라고 보여질 수 있다면, 애널리스트는 그러한 측정할 만한 기준의 선택조차도 주관적인 것이라고 간주될 수 있다는 것에도 주의를 해야 한다. 어떤 종목에 대해 등급이 없는지, 그리고 등급이 없는 종목에 대한 가치평가가 합의된 추정치 즉, 데이터 제공업자로부터 데이터 사용에 대한 허가에 기반을 두고 있는지 확실히 해야 한다. 만약 그 종목이 증권회사의 담당범위 분석대상 회사군에서 빠진다면, 증권회사 전략가는 그 종목을 뺄 수 있는, 예를 들어, 종목을 더 이상 수행하지 않는 것과 같은 좋은 이유가 있을 때까지 포트폴리오에 포함하는 것이 더 합리적으로 보인다. 그러나 담당 분석범위에서 빠지게 된다는 사실은 각주에서 분명히 해야 한다. 만약 어떠한 주식이 더 이상 분석대상이 아니라면, 아마도 해당 증권회사 자체의 예측치는 아닐 것이므로 누구의 어떤 가치평가에 근거했는지도 분명히 해야 한다.

증권회사 전략가가 본인의 포트폴리오 내 각 종목의 비중을 결정하는 것은 당연하다. 마찬가지로, 증권회사 헤지펀드 전략가가 롱-숏 전략에 대한 헤징 전략을 제공하는 것은 이치에 맞는 일이다. 어쨌든 그들은 증권에 대한 투자의견이 해당 애널리스트의 기본적 분석 투자의견과 분명히 차이가 나는 경우에 대하여, 명백한 근거를 제시하고 투자기간을 분명히 표시함으로써 독자의 주의를 끌어내야 한다.

　매수등급을 받은 종목을 선택할 수 있는데도 유지등급을 받은 종목을 추천종목 목록 안에 포함하는 것은 정당화하기 어려울 것이다. 예로 들면, 업종, 시가총액이나 리스크 관리 목적으로 모델 포트폴리오에 유지등급 종목을 포함시키는 것은 가능하지만, 매수 포트폴리오 안에서 매도등급을 받은 종목을 포함하는 것을 정당화하기는 어렵다. 사례를 들자면, 홍콩의 한 전략가는 내수 관련 종목에 대해 비중을 확대하고 수출 관련 종목에 대해 비중을 축소하라는 아시아 전략가의 상대적 의견제시에 따라, 매수의견의 수출주도 종목을 롱-숏 포트폴리오(시장 중립적 포트폴리오: 현물매수/선물매도)상 매도항목으로 포함하는 것을 정당화했다. 마찬가지로 만약 애널리스트가 매수등급 종목에 대해 더 높은 수익을 기대한다면, 헤지 전략가들은 동시에 한 종목을 매수하고 다른 종목을 매도하는 것이 타당할 것이다. 만약 헤지 전략가들이 명확한 근거 없이 정반대 투자방식으로 선택하거나, 또는 기업의 애널리스트가 등급이 없는 종목에 대한 투자의견을 제시한다면, 이 경우 애널리스트는 위에 약술된 리서치의 모든 요구사항을 충족하는 새로운 '리서치 보고서'를 쓰는 것으로 간주될 수 있다.

　포트폴리오 구성, 추천종목 그리고 신규/추가/단기자금 매수와 애널리스트가 선호하는 종목의 선정에 있어 명확한 비일관성이 존재하는 경우 이를 반드시 설명해야 한다. 예를 들어 업종 책임자는 A종목을 B종목에 비해 상위로 등급을 매길 수 있으나, 전략가는 단지 B종목만을 그의 투자의견 목록에 포함시킬 수도 있다. 때때로 전략가, 국가 책임자와 업종 책임자가 어떤 주식이 애널리스트에 의해 제시된 의견과는 서로 다른 투자의견이 적절하다고 생각할 수도 있다. 마찬가지로, 어떤 전략가들은 추천종목 목록에서 단지 다른 목록을 보여주기 위해, 본인의 전략 보고서에 별도의 선호종목 목록을 제시한다. 이상적으로는 추천종목 목록과 선호종목 목록이 서로 동일해야 한다. 그러나 예를 들어, 만약 투자목록에 대한 투자 대상기간이 서로 상이한 경우에는 이를 분명히 표시해야 한다. 이상적으로는, 그런 문제들에 대한 결론은 내부 상품 또는 투자검토위원회 모임에서 논의하여 결정해야 하고, 여기에서 합의된 결론이 세일즈 담당자와 고객에게 제시되어야 한다.

물론 전문적인 고객들은 단순히 '회사' 내부의 견해보다는 슈퍼스타 중개인의 독립적인 견해를 더 인정할 것이다. Morgan Stanley의 전략가와 한 거시 이코노미스트는 아래의 사례에서 보여주듯이, 서로 상이한 투자 견해를 제시하는 것으로 유명했다.

사례

일관성 있는 의견

1997년 10월 7일, New York Post지는 "견해의 차이가 Morgan Stanley 회사 내부에서 언쟁을 초래했다"라는 제목의 기사를 실었다. 이 기사는 강세장을 주장하며 주식을 선호하고 있는 바턴 빅스(Barton Biggs)와 약세장을 주장하며 주식 대신 채권을 추천하는 스테판 로치(Stephen Roach)에 대한 이야기를 다루었다.

2000년 1월 7일에, 제이크 반 데어 캠프(Jake van der Kamp)는 South China Morning Post지에 실은 그의 기사를 "최근 한 해 동안의 홍콩 지수에 대해, 어떤 전문가는 20,000을 그리고 다른 전문가는 12,000을 예상함으로 해서 Morgan Stanley사는 마치 여러 개의 회사처럼 보였다"는 글로 시작했다. 이 회사의 전략가로 근무했던 그는 "만약 애널리스트 모두에게 회사의 견해만을 강요한다면, 재능을 갖고 있는 다양한 의견을 가진 사람들로부터 보다 많은 의견을 기대할 수 없다는 것이 회사의 입장이다"라고 함으로써 다양한 견해를 용인하는 관행을 지지했다.

결론: 일관성이 있어야 한다거나 비일관성을 설명해야 한다는 원칙 아래, 필자는 전략가들이나 이코노미스트들이 자신의 동료들이 공표했을 수도 있는 어떤 다른 견해들에 대해 독자들의 관심을 끌 수만 있다면, 최소한 거시적인 관점에 있어서는 다양한 의견을 제시하는 것도 문제가 없다고 본다.

그러나 몇몇 시장에서는 투자등급에 대한 정의와 과거의 제시자료에 대한 공지 필요성이 있기 때문에, 특정 종목에 대해서 서로 상이한 투자의견을 제시하기는 어려울 것이다. 이러한 견해의 차이는 장단기 투자기간이나 기본적 분석 또는 기술적 분석의 차이에 의해 설명될 수 있다. 어떤 기관투자자들은 보통 투자의견에는 거의 의존하지 않지만, 애널리스트가 제공하는 근거 있는 분석이나 정보 그리고 데이터에는 좀 더 관심을 갖는다고 한다("투자의견이 없다"라는 아래의 사례를 참조하라).

기술적 분석

—

증권 산업에서 기술적 분석이 얼마나 유용한지에 대해서 많은 논쟁이 있어 왔다. 2006년 7월 19일 Reuter 기사에 따르면, Redtower Research에 있는 기술적 분석 애널리스트인 엘리자베스 밀러(Elizabeth Miller)는 다우존스 주식 인덱스가 피보나치 패턴(Fibonacci patterns)에 따라 2000년에 최고조에 올랐다가 인터넷 기업 열풍(dotcom boom)때문에 붕괴했다고 주장했다. 그러나 런던에 있는 Cass Business School의 로이 배첼러(Roy Batchelor) 교수와 리처드 래미야르(Richard Ramyar) 박사는 1915년에서 2003년 사이의 다우존스 산업평균 지수의 최고점과 최저점을 분석하였으며, 최고점과 최저점을 예측하는 데 있어서 피보나치 패턴의 사용을 지지하는 어떠한 통계적 증거도 찾지 못했다.[33]

반면에 인지적 재무이론의 주장자들은 시장이 반드시 이성적이거나 효율적이지 않으며, 집단심리가 시장 움직임을 결정하는 역할을 한다고 주장한다. 금융위기 이후 영국의 CFA는 회원들에게 '시장 효율성'을 믿는지 물어보았다. 2009년 6월 16일 FT지에서 보고하였듯이, 조사대상 전문가들 중 3분의 2는 그들이 인지적 재무이론을 효율적 시장이론의 유용한 추가이론으로 간주한다고 말했다고 한다. 그러나 단지 14%의 사람들만 인지적 재무이론이 단독으로 새로운 패러다임이 될 것이라고 생각했다.

제2장의 적절한 가치평가 방법론 부문에서 더 논의를 하겠지만, Standard Life사의 글로벌 전략책임자인 앤드류 밀리건(Andrew Milligan)과 그의 동료 리처드 배티(Richard Batty)는 투자자들이 사용할 수 있는 투자성과 향상을 위한 가치평가 도구 방법을 검토했

다. 자신들의 연구에서 가치평가가 주로 장기적인 관점에서 중요시되는 반면, 1년이라는 짧은 기간에서는—예를 들어 투자 심리와 포지셔닝 같은—기술적 문제점들이 더욱 중요하다는 결론을 내렸다. 그들은 또한 인지적 재무이론과 같은 다른 측정이론으로도 고려되어야 한다고 결론지었다(2007년 10월 16일자 FT지를 참조하라).

우리는 여기에서 기술적 분석이란 주제를 자세하게 다루지는 않을 것이며, 여러분의 관점에 따라서 이 주제에 대해 더 자세하게 알고자 하는 독자들은 '기술적 분석'에 관한 책인 찰스 키르크패트릭(Charles Kirkpatrick)과 쥴리 달퀴스트(Julie Dahlquist)의 『금융시장의 기술자를 위한 완전한 자원』(원제: *The Complete Resource for Financial Market Technicians*)을 읽는 편이 훨씬 도움이 될 것이다.

어쨌든 미 SEC는 "거래량과 주가에 근거하여 업종, 지수 또는 산업에 대한 수요와 공급을 논의하는 기술적 분석"이 "만약 개별 주식에 대해 투자의견이나 등급을 제시하지 않는다면" 리서치로 취급하지 않을 것이라고만 밝혔다.

기술적 분석 애널리스트들은 그들이 담당하는 개별 종목에 대한 분석이 '리서치 보고서'로 간주될 수 있다는 것을 알아야 한다. 그런데 만약 해당 보고서가 기본적 분석에 의해 이미 제시된 같은 종목에 대한 투자의견을 지지하지 않는다면, 동 종목에 대한 기술적 분석의 논평은 반드시 객관적인 용어로 표현되어야만 한다. 하나의 사례로 "도표에서 보여주듯이 60개월 저항선이 돌파되어 시장이 강세의 신호를 보여준다" 등으로 표현되어야 한다는 것이다. 헤지나 포트폴리오 전략가에게도 기술적 리서치는 단지 특정 종목에 대한 기본적 리서치 투자의견들이 무엇인지를 알려주는 데 도움을 줄 것이다.

유용한 조건(기술적인 분석)

● "기술적 분석은 담당하는 종목들에 대해 매수/매도 거래의 지표나 신호 등이 감지되었다."(기본적 분석은 스크린상에서 그 투자의견을 보여줄 수 없다.)

● "기술적 분석 애널리스트에 의해 추천된 종목을 반드시 회사의 기본적 분석 애널리스트가 담당할 필요가 없으며, 기본적 분석 애널리스트가 담당하고 있는 종목에 대한 투자의견이 기술적 분석 애널리스트의 투자의견과 반드시 일치하지 않을 수도 있다."

● "과거의 성과는 미래의 성과에 대한 보장을 제공하지 못한다"는 사실을 공지해야 한다(모든 증권 리서치에 대해서 적절한 주석사항 달기).

담당할 분석대상 종목군
– 분석대상 신규편입, 분석 종료 및 이전

책임 원칙

증권회사는 고객들에게 분석대상 종목군에 어느 기업들이 속해 있는지, 그리고 어느 애널리스트가 기업분석에 대해 담당하고 있는지에 대해서 명확하게 밝혀주어야 한다.

애널리스트가 관련 기업에 대해 철저하게 리서치를 착수한 것으로 볼 때까지는, 애널리스트는 특정 종목에 대한 전문가로서 그들 자신의 의견을 시장에 드러내지 말아야 한다. 고객들은 특정 애널리스트의 논평과 투자의견을 어느 정도까지 심각하게 고려해야 할지 알 필요가 있다. 또한 고객들에게 투자를 권유하는 경우에, 애널리스트는 고객들의 투자종목 시점인지 아닌지에 관한 사항을 알려주어야 할 의무가 있다.

리서치 공표와 같이, 분석대상 신규편입, 이전 그리고 분석종료는 감독자와 내부검토위원회의 승인이 요구된다. 또한 이에 대한 적절한 리서치 공지도 필요할 것이다.

담당할 종목의 분석대상 신규편입

신입 또는 기존의 애널리스트가 어떤 주식이든지 분석대상을 신규로 편입할 때에는, 보고서의 시작부분에 분석대상 신규편입이라는 것을 분명히 표시해야 한다.

투자자가 투자결정을 내리기 위해서는 충분한 정보가 제공되어야 한다. 여기에는 회사에 대한 소개(사업개요, 자본구조, 경영진, 경쟁자 등), 수익창출구조, 가치평가 논평(예를 들어, DCF(현금흐름할인모형) 또는 DDM(배당할인모형) 가치평가), 동종업계비교/과거 성과 비교, 목표가격에 대한 기준과 같은 전체 경기전망 그리고 알고 있는 기업지배 문제들을 포함한 리스크에 대한 논의가 확실히 포함되어야 한다. 내부검토위원회가 애널리스트에게 공표 전 검토할 것을 요구하는 질의와 관해서는 제1장의 앞부분에서 언급한 "리서치에 대한 감독과 관리"를 참조하라.

종목 코드 : 어떤 특별한 종목을 애널리스트가 추천하는지에 대해서도 또한 명확히 해야 한다. Bloomberg나 Thomson Reuters의 티커 코드와 기업명에 대해 자체 명칭을 사용하는 것은 종목 코드 설명에 도움을 준다. 종목 코드를 사용하지 않는다면 독자는 보통 주를 추천하는 경우에 우선주로 잘못 투자하거나 완전히 다른 회사의 주식에 투자할 수 있다. 애널리스트는 본인이 미쓰비시나 삼성그룹 내에 특정 회사를 언급한다는 것을 알 수 있지만, 어떤 독자들은 특정 회사의 지정이 분명하지 않을 수도 있다.

담당종목의 이전 또는 분석대상 신규재편입

담당하는 기업을 다른 애널리스트─예를 들어 팀원─에게 이전하려는 경우 애널리스트는 이를 독자에게 분명히 밝혀주어야 한다. 종목을 넘겨받는 애널리스트는 담당할 종목과 최근 공표된 의견에 대해 즉각적인 책임을 져야 할 필요가 있다. 만약 새로운 애널리스트가 이런 책임을 질 준비가 되어 있지 않다면, 담당할 종목의 이전은 보류되어야 한다. 그 종목을 새로 맡은 애널리스트는 그 기업을 위해 자신의 투자의견, 재무모델 그리고 리스크 평가와 함께 담당종목을 분석대상으로 신규로 재편입해야 한다. 분석대상 신규편입처럼, 애널리스트는 투자자에게 투자결정을 내릴 수 있도록 충분한 정보를 제공할 필요가 있다.

상황이 허락되고 고객들이 이 상황을 인지하고 있다면, 다음번 리서치 공표 때는 종목을 넘겨받은 애널리스트의 이름을 추가하고, 원래의 애널리스트 이름을 리서치의 다음 공표에서 삭제함으로써 이전 과정이 적절하게 수행될 것이다. 이러한 방식으로, 담당 종목의 연속성이 달성된다. 이는 런던 타워에 있는 도끼의 머리 부분과 손잡이가 교대로 바뀌었음에도 불구하고, 마치 1687년 이래로 아무런 변화가 없는 것처럼 보이는 것과 거의 비슷한 방식인데 이것은 여행가이드가 나에게 말해준 것이다. 담당종목의 이전이 분석대상 신규편입이나 신규재편입을 위한 지름길로 간주되어서는 안 되며, 애널리스트는 여전히 해당 기업에 대해 깊이 있는 리서치를 수행하고 있다는 것을 보여줄 수 있어야 한다.

애널리스트가 공동으로 리서치를 수행했다면 그 리서치에 대한 책임도 공동으로 져야 한다. 그러므로 과도기 동안에 본인의 이름들이 저작자로 제시된 상황에서, 양쪽/모든 애널리스트는 이와 같은 공동책임을 인식해야 하고, 제시된 어떠한 견해와 예측에 대한 모든 책임을 져야 한다. 제3장의 "애널리스트의 확인의무"의 사례도 참조하라.

사례연구 ● ● ● ●

공동저작의 책임

개요: 리서치에 관한 감독당국과의 합의의 일부로써 잭 그루브만 (Jack Grubman)에 대한 이해상충과 적절한 벌금기준에 대한 사항은 제3장에 상세히 살펴볼 것이다. 한편 흥미로운 사항은 Winstar Communications Inc.사에 대한 리서치를 쓴 그루브만의 공동저자 또한 책임을 벗어나지는 못했다는 사실이다. 2004년 4월 5일

미 NASD은 Salomon Smith Barney(후에 SSB는 Citigroup의 일부가 되었다)[34]의 전 부사장이자 시니어 애널리스트였던 CG가 리서치를 오도한 혐의로 미화 10만 달러의 벌금과 6개월간의 정직을 받았다고 발표했는데 CG는 이러한 혐의에 대해 시인도 부인도 하지 않았다. 추가적으로 그녀는 자신의 이름을 리서치 보고서에 게재하는 것을 18개월간 금지당했다.

내용 : Winstar Communications사는 SSB은행의 고객 중 하나였다. CG와 고객 사이의 사적인 이메일 교환 내용은 리서치가 사실을 오도하고 있으며, 리서치에 대한 합리적인 근거도 없다는 혐의를 입증하는 증거로서 사용되었다. 그녀와 그루브만은 높은 잉여현금흐름 성장률을 그들의 가치평가에 사용했는지에 대한 고객의 질문에 대해 다음과 같이 대답했다. "비록 주당 50달러는 극단적으로 공격적이라고 인정은 하겠지만, 광학산업에 대한 우리의 목표가격을 변경하고 싶지 않았다는 것을 제외하고는 실제로 타당한 근거가 하나도 없다." 당시 그 주식의 가격은 미화 20달러였으나 후에 99%나 폭락하여 주당 0.14달러까지 내려갔다.

결론: 리서치 보고서에 이름을 등재한 모든 애널리스트는 개인적인 책임을 져야 한다. 그들은 이해상충이 적절히 관리되었다는 것에 대해 확신이 있어야 하고, 본인들의 의견이나 견해에 대해 리스크를 강조하면서, 견해와 의견에 대한 충분한 근거를 제시해야 한다. 신입이나 보조 애널리스트는 본인들의 신념에 용기를 가질 필요가 있으며, 슈퍼스타인 상사에 의해 잘못된 방향으로 이끌려가서는 안 된다. 또한 본 사례는 세상에 사적인 이메일은 그 어디

에도 없다는 것을 다시 한 번 보여주고 있다. 어떠한 이메일이라
도 고객, 언론, 감독당국 또는 법원에 의해 검토될 수 있는 것이다.

담당종목 분석종료

담당종목의 분석종료 시에는 고객과 의사소통을 해야 한다. 공표
하는 것을 중단하게 되면, 그에 대한 설명을 해주어야 하고 마지
막에 투자의견도 언급해야 한다. 애널리스트의 투자의견과 반대
로 주식가격이 움직였다는 사실이 담당종목을 중단하는 합리적인
이유가 될 수는 없다. 그러나 만약 매수등급 종목의 시가총액이
너무 낮아져서 회사의 분석대상 기준이 되는 시가총액보다 감소
하는 경우, 증권회사 법인고객의 투자성향을 고려해서 이 종목에
대한 분석을 종료하는 것은 당연하다.

이 경우에 전략가와 회사/업종 대표를 포함한 다른 애널리스트
는 이전의 애널리스트가 제시한 투자의견, 목표가격, 가치평가 또
는 예측치를 포함해서, 관련된 특정 기업에 대한 투자의견을 제시
해서는 안 된다. 그러므로 당해 종목들은 투자의견 목록을 포함하
여 담당하는 분석대상 회사군 목록에서 모두 삭제되어야 한다.

이와 같은 원칙의 예외가 될 수 있는 경우는, "업종/국가별 비중
과 분석대상 회사군"이란 주제에서 살펴본 이유들로 인한 모델 포
트폴리오의 경우일 것이다. 만약 이 종목이 더 이상 회사의 애널
리스트에 의해 분석되지 않을 것이라는 것에 대해 회사가 독자의
주의를 이끌 수만 있다면, 리서치 담당범위가 중단된 종목이라도
자연스럽게 종목을 뺄 수 있는 상업적인 이유(예를 들어 주식이 더 이

상 실적이 없다든가 하는)가 있을 때까지는 모델 포트폴리오에 남아 있을 수 있을 것이다. 덧붙여, 회사는 누구의 예측치 혹은 가치평가를 사용했는지에 대해 명확히 보여주어야 한다.

　참조: 증권회사는 그들의 담당종목과 이익예측자료를 정기적으로 모니터링해서, 현재 담당하는 애널리스트가 더 이상 적극적으로 담당하지 않는 기업들이 있는 경우, 이 기업들을 확실히 삭제하도록 지시해야 한다. 이것은 또한, 추천종목 목록—예를 들어 일일 혹은 국가별/업종별 상품—에도 해당한다. 이것은 회사에 의해 배정된 특정기업인 경우에도 적용된다. 만약 애널리스트가 현재의 투자의견, 목표가격, 가치평가 그리고 예측치에 대해 완전히 책임을 질 수 없다면, 그리고 그들이 어떤 회사에 대해서 더 이상 정밀한 조사를 할 수가 없다면, 적절한 통지를 준 후에 담당종목을 즉각적으로 분석대상에서 제외해야 한다.

'검토 중'

▬

이익 예측치가 상향 또는 하향될 리스크가 있음을 표시하는 것은 중요하다. 그러나 애널리스트는 투자의견을 '검토 중'이라고 표시하는 것을 피하도록 노력해야 한다. 이것은 상업적인 관점에서 볼 때, 애널리스트가 담당 종목에 정통하지 않다는 것을 고객에게 보여주는 것이고, 최악의 경우에는 고객에게 상충되는 암시를 할 수도 있다는 것이다. 비록 고객들이 같은 정보를 동시에 받는다고 하더라도 그들 중 일부는 이유가 무엇이든 간에, 절대로 발생하지 않을 수도 있는 변화를 예상하고 행동할 수도 있고, 반면에 또 누군가는 신중하게 변화를 기다릴 수도 있을 것이다.

가끔 지나친 변동성, 투자의견 그리고 목표가격이나 공정가치에 대한 상향 또는 하향의 투자의견 보고서는 서로 일관성이 없을 수 있다. 예를 들어 목표가격에 대한 마이너스 수익률이 있는 매수 투자의견과 그 반대의 경우가 그렇다. 이 경우 기본적 분석 애널리스트의 초기 반응은, 그가 투자의견에 대해 '검토 중'이라는 표시를 하는 것이다.

일단 그가 분석에 착수하는 경우는, 그동안의 모든 새로운 정보와 시장에서의 어떠한 변화를 고려하면서 투자의견보다는 먼저 목표가격이나 공정가치를 변경시키고자 할 때이다. 애널리스트가 목표가격이나 공정가치를 변경할 때에는, 단지 주가의 오르내림에 따라 시장을 쫓아다닌다고 보이지 않도록, 변경에 대한 타당한 기본적 분석의 근거를 반드시 제공해야 한다.

만약 어떤 견해나 투자의견이 불안하다면 이를 고객들에게 알리는 것이 중요하다. 명백하게 일관성이 없는 것을 설명하기 위해서, 애널리스트는 변경을 하려는 것이 투자의견인지 목표가격인지의 여부를 지정하지 않고, 단순히 그의 투자견해를 재평가하고 있다고 말하는 것으로 충분하다. 이것은 독자들에게, 애널리스트의 최근 공표된 견해에 의존하지 말라고 하는 충분한 경고를 주는 것이다.

만약 투자의견이 내부 통신망에서 단지 '검토 중'으로 표기된다면, 그리고 세일즈 담당자나 트레이더가 어떤 변경을 기대하며 행동한다면, 감독당국은 이것을 애널리스트가 회사의 세일즈 담당자나 트레이더에게 정보를 귀뜸해준 '선행매매'의 증거로서 사용할 것이라는 것에 주의해야 한다.

애널리스트는 서로 일관성 있는 투자의견과 목표가격에 대해서 분명한 의견을 제시해야 한다. 주식가격이 투자의견 근처의 작은 범위 내에서 움직이는 유동적인 상황에서는 어느 정도의 재량권이 적용될 수 있다. 그러나 투자의견과 목표가격 사이에 상당한 차이가 있다면, 애널리스트는 이중 어느 하나를 변경하거나, 또는 다른 것을 변경하라고 요청받을 것이다.

새로운 리서치 공표하기

이전에 언급했듯이, 세일즈 부서의 오전 미팅 때 제공한 새로운 리서치는 이미 공표가 되었던 것이기 때문에 고객에게 제공할 수 있다. 모든 고객에게 공정하기 위해서, 그리고 선행매매 혐의 가능성을 피하기 위해서 애널리스트는 아직 공표되지 않은 자료를 세일즈 부서에 언급해서는 안 되며, 또한 고객에게 개별적으로 전화를 해서도 안 된다. 애널리스트는 세일즈 부서에 그들의 기존 견해와 투자의견을 상기시켜줄 수는 있으나, 공표되지 않은 새로운 '리서치'를 제공해서는 안 된다. 회사의 공식적인 공표 시스템을 통하여 모든 고객에게 동시에 공정하게 공표되었을 때는 출간물이 개인 고객과 내부 구성원들, 예를 들어 세일즈 담당자나 자기매매 트레이더 그리고 구조화 상품팀에게 개별적으로 마케팅될 수 있다(관련 사례연구는 이 장 앞부분의 "선행매매와 선택적 리서치의 배포"라는 글을 참조하라).

투자의견이 없다?

—

다음의 생각들은 고객들의 수요와 국내 규정에 따른 실무적인 것이기보다는 학구적인 것으로 판단될 수 있다. 투자의견과 목표가격 사이의 비일관성을 피하는 하나의 잠재적인 대안은 아마도 공식적인 등급/투자의견 선정은 피하고, 가치평가/목표가격이나 또는 기업의 업무와 그 이익에 집중을 하는 것이다. 상업적인 관점에서, 세일즈 부서가 리서치를 중개할 때는 여전히 중개업자로 행동할 것이지만, 리서치 상품 그 자체는 주식의 가치평가에 대한 독립적인 분석을 제시해야 한다. 이것은 마치 독립적인 자산-가치평가 보고서가 해당 자산을 사거나 팔라는 투자의견이라기보다는 재산의 가치평가를 중점으로 하는 것과 같다.

투자은행가가 애널리스트의 업무에 영향을 미치기 전에, 사실상 애널리스트는 주가 분석에 대한 독창적인 아이디어로 돌아가라고 제시하고 있는 것이다. 그러한 가치평가에 집중하는 시스템에 대해 모든 고객이 동의할 수는 없겠지만, 특히 최근의 이해상충 스캔들로 인해 애널리스트들을 신뢰하지 않는 사람들에게는 호소력을 발휘할 수 있을 것이다.

사실, 2003년 11월 공표된 '투자 리서치 활동에 관한 투자자 조사'(원제: Investor Survey on Investment Research Activities)에서 홍콩 SFC의 주요 발견사항 중 하나는, 개인과 기관 투자자 양쪽 모두가 특정 투자의견과 목표가격보다는 특정 종목이나 특정 산업부문에서의 사실적 내용과 분석에 더 관심이 있었다는 것이다. 이 조사에 따르면, 응답한 기관투자자 가운데 86%는 특정 종목에 대한 분석에 관심이 있다고 표시한 반면, 36%는 특정 투자의견에 관심 있다고 표시했다. 이것은 기관투자자가 자신들의 결정을 애널리스트의 투자의견에 의존하기보다는 사실과 분석에 기반을 두는 경향이 있다는 것을 암시한다.

더욱이 앤드류 리밍(Andrew Leeming)은 그의 책『슈퍼 애널리스트들』(원제: *The Super Analysts*)에서, 마크 모비우스(Mark Mobius)(역자주-Templeton Asset Management의 부사장)에게 증권회사 애널리스트 입장에서는 어떤 것이 더 중요한지를 물었을 때, 그는 어떤 펀드매니저들은 주식에 대한 의견제시나 가치평가가 아니라 단지 기업과 산업에 대한 정보와 자료를 원한다고 말했다는 것을 언급하였다. 모비우스는 이것이 합당한 언급이었다고 대답하면서, Templeton사에서 애널리스트들은 시간상 민감성 때문에 실제로 투자의견에 가치를 두지 않고 기업과 산업에 대한 정보를 얻기 원했다고 말했다. 책 후반부에서, Murdoch Murchison(역자주-Templeton Global Advisors의 포트폴리오 매니저)은 Templeton사를 대표하여 이 견해를 지지했다. CFA협회 Private Wealth 부문 대표인 스테판 호란(Stephen Horan)의 말을 인용한 2008년 4월 4일 SCMP지에 의하면, 투자전문가들도 가끔 투자의견이나 등급을 무시하며 그들이 결론을 도출할 때는 많은 근거자료 중 하나로서 보고서 전체 내용을 이용한다는 것이다.

홍콩 SFC의 행동규칙 16조는 리서치로 분류되기 위해 보고서로서 충족되어야 할 필요성이 있는 세 가지 기준을 제시함으로써 '리서치'가 무엇인지에 대한 이해를 제공하고 있다(이 장의 도입부를 참조하라). 투자분석에 기반을 둔 조언이나 투자의견을 보고서에 포함시키는 것은 세 가지 기준 중 하나지만, 그러나 그 자체로는 반드시 필요조건인 것은 아니다. 몇 년 전까지만 해도 미국 증권감독당국도 대중과의 소통을 위해 '리서치 보고서'를 정의함에 있어 '투자의견'이란 단어를 포함했다. 감독당국이 참고문헌을 삭제했을 때 그들의 의도는 확실히 '리서치'로서 분류될 수 있는 것의 정의를 더욱더 확장하려는 것이었으나, 이는 또한 공식적인 투자의견이 이제는 리서치로 간주되기 위한 전제조건이 아니라는 것을 암시한다.

게다가 미국 감독당국이 '리서치 애널리스트'를 정의할 때, "리서치 보고서를 준비한다는 것은 투자의견을 작성하거나, 대중에게 의견을 제공하거나 또는 등급이나 목표가격을 세우는 것"이라고만 언급했다.

참조: 규정은 투자의견/등급 시스템에 대해 충족해야 하는 기준을 정하고 있다. 예를 들어, 투자의견은 합리적인 근거가 있어야 하고, 투자의견을 낼 때는 시장가격을 반드시 표시해야 하며, 등급의 의미도 공지해야 한다. 어찌되었든, 최소한 미국에서 '리서치 보고서'와 '리서치 애널리스트'의 의미는 투자의견/등급 시스템 그 자체로는 요구사항이 아니라고 되어 있다.

이와 관련하여 주의할 점이 있다. 미 SEC 규정은 "사용했던 모든 등급"이 공개되기를 요구하고 있고, "등급용어의 정의 또한 그들의 일반적인 의미와 일치되어야 한다"는 것이다. 공시규정에 대한 미 FINRA의 해석도 "만약 회사가 '매수', '보유/중립' 그리고 '매도'의 용어를 사용하는 등급 시스템을 이용하지 않는다면, 회원은 그 자체 등급 시스템에 기반하여, 세 개의 범주 중 어느 등급에 해당되는지를 결정해야 한다." 특정 투자등급 시스템이 반드시 사용되어야 하는 규정은 없으나, 투자등급이 리서치 자료에 제시되어 있다면 위와 같은 규정과 해석이 적용되어야 한다. 투자의견이나 등급이 명시되지 않는 경우, 목표가격을 상향/하향하는 것은 감독당국에 의해서 묵시적인 등급 시스템으로 간주될 수 있다.

증권회사가 절대적인 투자의견(가령, 매수/매도)이나 상대적 등급 또는 비중(가령, 시장수익률 상회/시장수익률 하회 또는 비중확대/비중축소)을 제시하든지 간에 공식적인 투자의견이 없다고 해도 문제가 없는 것은 아니다. 최소한 상대적 성과등급은 이를테면 기술적으로 말하는 '투자의견'은 아닐 수 있지만, '등급'으로 간주될 수 있다는 것을 유념하라.

명시된 투자기간 중에 단지 목표가격에 대해 상승/하락의 의견을 주는 것은 분명히 투자자 자체의 투자요인과 리스크 측면을 가정하지 않았기 때문에 주식에 순위를 매기는 가장 순수한 형태가 될 것이다. 어쨌든 거래를 할 때는 언제든지 그 가격에 거래를 원하는 매수자와 매도자가 있다. 그래서 한 투자자에게 매수를 의미하는 가치평가 수준이라는 것은 다른 투자자에게는 매도를 의미하는 것이다.

가끔 정치적으로 도전받는 매도등급의 경우처럼 이용 가능한 가장 낮은 투자의견을 사용하지 않으면 규제 관련 문제가 제기될 수도 있다. 그러나 보통은 투자의견에 대한 시스템이 없다면 제기되지 않을 것이다. 2003년 4월 리서치에 관한 감독당국과의 합의 과정에서 증권회사를 향한 하나의 비판은 애널리스트가 가장 낮은 투자의견/등급을 드물게 사용한다는 것이다. 이와 같은 사항은 관련 보고서의 별도 문단에서 분명히 강조되었다.[35] 이러한 비판은 분명히 투자은행 거래와 관련해서 발생했으나, 추측하건대 동일한 비판이 일반적인 리서치에도 적용된다.

증권회사는 보다 독립적인 평가자로 보임으로써 자신을 경쟁

환경 속에서 두드러지게 할 수 있다. 초점은 다른 가치평가/목표 측면에 더 많이 주어질 것이다. 펀드매니저에게 다양한 투자 기준을 제공하려는 증권회사는 더 많은 선택권—예를 들면, 선택된 인덱스에 대해서 절대적 기준에서 목표/공정가치가 3월 물과 12월 물 상승/하락과 상대적 기준에서의 3월 물과 12월물 상승/하락 등—을 보여줄 수 있다. 물론 목표/공정가치를 많이 보여주면 보여줄수록 더욱 더 복잡해질 것이다.

예를 들어, 리서치 전략가들은 비중확대와 비중축소된 주식이 있는 포트폴리오를 보여줌으로써, 여전히 그들의 추천전략이나 추천종목 목록을 제시할 수 있다. 이런 시나리오하에서 애널리스트는 개별기업보고서에 매수, 유지 그리고 매도 투자의견을 사용하지는 않을 것이다. 그러므로 투자의견이나 등급이 없는 시스템은 모든 '천편일률적인' 투자의견이나 등급 시스템에서 발견되는 내재적 결함을 무시하는 것처럼 보이고, 또한 앞에서 마크 모비우스가 논평한 것에 의해 판단하건대, 최소한 어떤 고객들에게는 유용할 수도 있다는 것이다. 그러나 우리가 여기에서 '리서치' 기준과 규정을 피하는 것에 관해서 이야기하는 것이 아니라는 점에 주목하라. 다시 말해, 만약 투자 결정을 할 수 있는 분석과 충분한 정보를 보유하고 있다면, 명백한 투자의견이 없는 주식에 대한 보고서도 여전히 리서치로 분류가 될 수 있다. 이와 같이, 법적인 조언이 필요할 수도 있겠지만 관련된 사법권에 적법하다면 리서치 공시는 여전히 제공될 필요가 있다. 리서치를 고객에게 배포하는 증권회사와 세일즈 대표들이 그들 자체의 비공식적 투자의견, 예를 들어 '매수' 또는 '매도'를 추가할 유혹에 빠질 수 있는데, 필자는 또한 여기에 대해서도 주의를 주고 싶다. 만약 그들이 이러한 의견제시를 개별 고객이 아닌 불특정 다수에게 배포하고자 한다면 그들 자신을 애널리스트로 내세우는 것으로 보일 수 있고, 부지불식간에 '리서치'와 관련된 법과 규정의 적용을 받게 된다. 자신들의 일률적인 투자의견을 추가함으로써, 그들은 등급에 대한 과거 자료와 등급에 대한 배포를 공지해야 할 필요성이 있을 것이다.

사례

투자의견 없음

2004년 11월 중순부터 약 6개월 동안, HSBC는 글로벌 리서치 담당 종목 범위에서 주식에 대한 특정 투자의견, 등급 또는 목표가격을 부여하지 않았다. 그 기간 동안 HSBC는 주식 리서치 뒷면에 재무분석에 대한 근거를 제시하기 위해 다음과 같은 설명을 덧붙였다.

"HSBC는 목표가격이나 투자의견을 제공하기 위해 기업을 평가하려고 노력하지 않는다. 그 대신, HSBC의 업종과 기업 리서치의 주요 목표는 어떻게 특별한 주제나 아이디어가 기업의 미래 수익이나 현금흐름에 영향을 줄 수 있는지를 보여주는 것이다. 이 목적을 위해서 우리는 설명에 도움이 되는 현금흐름 할인법을 포함한 영업실적과 현금흐름 예측치를 제공하고, 가치지표기준을 제시하여 고객들이 그들의 투자의사 결정을 하는 데 도움을 주고자 한다."

그래서 이 기간 동안 HSBC의 애널리스트들은 그들이 담당하는 종목에 대해 특정 공정가치나 목표가격을 제시하려고 시도하지 않았다. 마찬가지로 그들은 주식의 현재가격에 대한 할인이나 할증이 보장되는 범위에 대해 결정하려고 노력하지도 않았고, 또한 일률적인 투자의견이나 등급을 제안하려고 시도하지도 않았다. 단지 HSBC의 세일즈 부서는 개별적으로 고객들과 리서치 주제에 대해 논의를 했고, 고객의 특정한 투자기준(예를 들어, 고객의 가치나 성장 선호도, 투자기간 그리고 리스크 구조 등)에 부합하기 위해 맞춤형 투자조언을 하였다.

주식등급은 그 이후에 도입되었다. 2005년 5월 23일 FT지에서 발간한 Lex 칼럼에 따르면 HSBC는 분석근거를 다시 되짚어 봐야 한다는 이유로 "애널리스트의 선호도가 명확하길 바라는" 감독당국을 부분적으로 비판했다는 것이다. 리서치 관련 공시는 새로운 비중확대, 중립 그리고 비중축소 등급에 대한 정의를 제공하기 위해 변경되었다. 본질적으로, 기본적 분석을 근거로 주식을 평가하는 방법은 변경하지 않았다. HSBC는 여전히 다양한 지표에 기반을 둔 여러 유형의 기업 가치평가를 제공하고 있으며, 또한 민감도 모델을 사용해서 그러한 가치평가에 대한 리스크를 보여주고 있다. 이에 더하여 HSBC는 3개월 미만의 단기매매 아이디어를 소개하였다.

결론: 모든 '일률적인' 투자의견이나 등급 시스템에서 내재적인 결함이 발견되어도, 필자는 그러한 투자의견을 제시하지 않는 이론적 모델은 여전히 장점이 있고 기관투자자인 고객들에게

는 여전히 유용하다고 생각한다. 다른 증권회사가 감독당국으로부터 징계를 당하거나 포기하는 일이 없이 이러한 시스템을 성공적으로 도입하고 유지할 수 있는지 지켜볼 필요가 있다.[36]

1 FINRA는 미국증권협회(NASD: National Association of Securities Dealers)와 미국 뉴욕증권거래소(NYSE)의 회원 규제, 집행 및 중재기능을 합친 기관이다.

2 미국 증권거래법 1934의 규칙 15a-6 참조.

3 2008년 6월 27일자 미 SEC가 제안한 "여타 외국 브로커와 딜러에 관한 예외조항" 규칙 참조.

4 물론, 대안투자의견은 애널리스트 및 그의 동료(다음의 리서치 영역 참조)에 의해 적절한 리서치 담당 기준을 충족한다면 제시할 수 있는데, 동 증권이나 금융상품을 담당하고 있는 회사 동료로부터 인정되어야 한다.

5 어떤 감독기관은 리서치로서 인정될 수 있는 의견을 고객에게 전달하는 세일즈 담당자, 트레이더 그리고 여타의 전문가에게 반드시 애널리스트로 공식적으로 등록되고 자격이 있어야 한다고 요구하지는 않는다. 그러나 감독기관은 그들로 하여금 동 보고서가 객관적이고 공정하게 배포되었으며 위험성 또는 기타 고지사항을 제공하는 등의 일반적인 리서치의 필요사항을 준수하도록 기대하고 있다. 예를 들어 이것은 미 FINRA가 2008년 10월 규제통보 #08-55에서 제시한 예외조항 중 하나이다.

6 www.sec.gov and www.finra.org 참조.

7 채권시장협회와 증권업협회가 증권산업 및 금융시장협회로 합병 후 이러한 자발적인 원칙은 현재 www.sifma.org/research/pdf/Guiding_Principles_for_Research.pdf 에서 확인할 수 있다.

8 www.ec.europa.eu/internal_market/securities 참조.

9 www.sfc.hk 참조.

10 홍콩 SFO 245와 285조, 민사법 13장과 형사법 14장 참조.

11 www.iosco.org 참조.

12 http://www.iosco.org/library/pubdocs/pdf/IOSCOPD301.pdf 참조.

13 "2004년 헤지펀드 리서치에 관한 애널리스트 규칙에 미치는 영향"에 대

한 전체 기사는 Journal of Financial Regulation and Compliance 2006, Vol. 14, No 2에서 재기재되었으며 www.emeraldinsight.com에서 조회 가능.

14 흥미로운 저널리스트 관련 사례는 Polis and the London School of Economic의 데미안 탐비니(Damian Tambini)의 "재무 저널리스트는 누구 인가. 위기와 변화의 시대에 윤리와 책임" 보고서에서 명시됨.

15 미 FINRA는 2010년 1월 Facebook, Twitter 및 LinkedIn과 같은 SNS(Social Networking Sites)와의 소통 및 블로거를 취급하는 증권회사를 위하여 기준을 제시하였는데, 궁극적으로 동 의견이 리서치로 간주된다 면, 고지, 감독 및 기록유지 등이 요구된다.

16 과태료는 동 정보가 공개되었을 때 내부자가 모든 주식을 매각했다면 취 할 수 있는 명목이익금을 말한다. 피고 측 변호사는 DJ가 금융위기가 심 각했던 시기에, 그가 보유한 주식의 절반에서 매각손실이 발생하여 전체 적으로 그의 자본이익은 단지 2백만 홍콩달러였기 때문에, 보다 적은 금 액의 과태료를 요구하였고 DJ는 항소했다.

17 2008년 10월, 미 FINRA의 감독고지 #08-55에서 제시한 새로운 조치 중 의 하나는 회사가 모든 고객에게 동 리서치의 동 사실을 고지한다면 회사 는 고객의 일정부류에게 서로 다른 리서치 보고서 및 서비스를 제공할 수 있다는 것이다.

18 고유자산 운용 관련 제약이 존재하는 시장은 대한민국이다. 기본적으로 회사가 투자의견의 중대한 변화, 즉 등급 및 목표가격이 변경된 리서치를 발간한 후 24시간 동안은 동 주식의 거래를 할 수 없다.

19 미 SEC에 따르면 만약 트레이더가 동 주식을 매매하는 시점에 미공개 중 요정보를 알고 있었다면 그는 미공개 중요정보에 근거하여 매매했다고 간주할 수 있으며 더구나 그는 동 정보의 원천에 부여된 의무를 위반하여 동 주식의 거래 목적을 위해 미공개정보를 유용했을 때 사기를 저지른 것 이다.

20 FT지의 빅토리아 킴(Victoria Kim)과 브룩 마스터스(Brooke Masters)는 Measuredmarkets가 편집한 자료를 분석한 2007년 8월 5일 보고서에서 현재까지 북미에서 발표된 27개의 대규모 거래 중 거의 60% 정도에서 동 거래에 앞서 동 거래 대상회사의 주식매매가 설명할 수 없는 원인으로 급

증되었다는 것을 발표했다. 게다가 2003년 이후 평균적으로 비정상적인 대규모 거래가 선행된 거래의 비율은 49%이었으며 이는 카지노와 호텔 (전체 60%) 및 은행(52%)으로 과도하게 편중되어 있다. New York Times 지를 위한 Measuredmarkets의 유사 분석에서도 바이아웃(buyout) 신청을 받은 회사의 41%의 주식이 동 거래가 공표되기 전 수일 또는 수 주간에 비정상적이고 의심스러운 거래 양태를 보여주었다.

21 영국 FSA는 공개매수 관련 의심스러운 거래가 2007년 28.7%에서 2008년 29.3%로 증가했다고 보도했다.

22 2009년 11월 미 SEC는 Galleon, New Castle Funds, Spherix Capital, S2 Captial, Far&Lee, Schottenfeld 및 다수의 개인에게 부과된 혐의를 변경, 새로운 혐의를 추가했다. 미 SEC는 2건의 중복되는 내부자거래에서 피고들은 미화 5천만 달러를 초과하는 수익을 얻었다고 혐의를 제기했다. 동 사례는 Galleon의 라즈 라자라트남(Raj Rajaratnam)과 그의 정보 촉수가 암묵적으로 얼마나 멀리, 광범위하게 퍼져 있는가를 짐작케 하는 "Octopussy"로 불리는, 전 Schottenfeld의 트레이더에 관한 것이다. 내부 자정보는 Polycom, Intel 및 IBM의 경우와 같이 바로 관련회사의 내부자로부터, 또는 Moody's의 등급분석가 그리고 Ropes & Gray의 변호사 및 McKinsey의 임원으로부터 수집되었다. 관련자들 일부만이 유죄를 인정했다. 2010년 3월 Schottenfeld는 기소된 내용의 일부분에 합의하기로 하고 미화 120만 달러를 지불했다.

23 2002년 5월에 수용된 IOSCO의 양해각서는 감독기관들 간의 보다 개선된 법집행 관련 협조와 정보의 교환을 제시했다. 2007년 4월 인도 뭄바이에서 개최된 제32차 연차 IOSCO의 주요 주제는 국경 간 협력에 관한 것으로 www.iosco.org 참조.

24 1934년 미국 증권거래법의 규칙 10b-5는 미국에서의 포괄적 사기방지 (anti-fraud)에 관한 다양한 수단을 제공했다. 1984년의 내부자거래 제재에 관한 법률은 뉴욕 관련 Martin Act라고도 칭하는데 내부자거래로 취득한 불법수익의 최고 세 배까지 벌금을 부과하는 것이다. 2003년에 도입된 홍콩의 사법제재는 내부자거래 관련 최고 10년 이하의 징역 및 1천만 홍콩달러의 과태료를 부과할 수 있다. 영국에서는 내부자거래 관련 최고 7년 이하의 징역에 처할 수 있다.

25 동 건은 영 FSA가 증권사 인턴과 그의 치과의사인 아버지에게 유죄를 확
    정지은 초기의 사례에 관한 사항임.

26 동 건의 상세한 내역은 www.idt.gov.hk 참조.

27 유해산업주식은 주류, 성인물, 게임, 담배, 무기 및 유전자변이 생명공학
    등과 관련된 산업군에서 선정됨.

28 *Investing With Anthony Bolton*(Harriman House, 2006).

29 2003년 "리서치에 관한 감독당국과의 합의" 제3장 이해상충 편에 해당 사
    항을 참조.

30 2007년에 Mamma.com은 사명을 Copernic로 개명.

31 결국에 Lehman Brothers는 더 이상 부정적인 언론을 견디지 못하고 2008
    년 9월 중순 법정관리에 들어가게 되었다. Barclays는 실제로 Lehman의
    영업 일부를 인수했으며 또 다른 Lehman의 영업부문은 Nomura에 인수
    되었다. 이 시점은 영국의 HBOS가 정상적인 상황이었다면 반독점방지법
    에 의해 승인되지 않았을 Lloyds TSB와의 합병을 거행한 때와 거의 일치
    한다. Lloyds TSB는 이후 Lloyds Banking Group으로 개명했다. Angro
    Irish Bank는 2009년 1월 국유화되었다.

32 Schottenfeld사의 Galleon 내부자거래의 사례에 대한 제1장의 주석 22번
    을 또한 참조하기 바란다.

33 www.cass.city.ac.uk 에서 "Magic numbers in the Dow"를 참조.

34 Citigroup은 2009년 1월 Smith Barney 지분을 Morgan Stanley에 처분하
    기 시작했다.

35 예를 들어, Morgan Stanley에 대한 청문회(Hearing Panel) 결정 03-69의
    미 NYSE 사본 62-64부분을 참조.

36 등급이나 투자의견(또는 목표가격)이 언제나 허용되지 않는 일종의 리서치
    를 소위 프리딜 리서치라고 한다. 업무와 위험성의 성격을 고려하여 애널
    리스트는 증권보다는 업무를 전반적으로 분석한다. 자세한 내용은 제3장
    의 프리딜 리서치 부분을 참조.

2장

합리적 기준과 평가, 리스크

🔑 키 포인트

● 애널리스트들은 투자자들이 궁금해 하는 두 가지 기본적인 질문에 답해야 한다. 첫째, 이 증권에 투자하거나 거래해야 하는 이유는 무엇인지 그리고 둘째, 투자에 대한 리스크가 어느 정도인지.

● 애널리스트들은 목표가격이 얼마인지만을 언급하는 것이 아니라 전반적인 평가방법론에 의거, 필요한 경우 업종 간이나 전기와 당기 간 비교를 통하여 왜 특정 목표가격이 적절하고 또 달성 가능한지를 설명해야 한다.

● 기존에 발표된 분석보고서와 관점 및 예측치나 목표가격에 대한 중대한 차이가 있는 경우, 반드시 이를 강조해야 한다.

● 가격의 변동이 크면 클수록, 투자자들은 더욱더 관련된 투자 리스크를 애널리스트가 좀 더 적절하게 고려할 것으로 기대한다.

● 애널리스트들은 투자의견을 제시할 때 차별적 요소를 뽑아낼 필요가 있다. 투자건별 리스크, 지배구조 및 배당성향은 항상 중요하지만, 시장이 하락하거나 급격한 변동이 있는 상황에서는 더욱더 중요하게 된다.

● 한 기업의 주식가격의 평가에 영향을 미치는 요소는 당해 기업의 고객, 공급업체 및 경쟁업체 등 다른 회사의 증권가격의 평가에도 영향을 줄 수 있다. 고객들은 애널리스트가 모든 측면을 검토해주기를 기대하고 있다.

● 애널리스트는 리서치 보고서에 본인의 이름이 적혀 있다는 것을 잊어서는 안 된다. 따라서 본인의 리서치에 책임을 져야 하며 자신이 제시한 투자의견이나 목표가격에 만족해야 한다.

투자자들이 투자행위를 하기 전에 애널리스트 자신의 투자의견을 증명하도록 할 필요가 있다는 것은 주지의 사실이다. 감독당국은 애널리스트가 투자의견에 합리적인 판단의 근거를 가지고 있을 것을 요구한다. 이러한 의무사항을 충족하기 위해 기초분석 애널리스트는 본인이 담당하고 있는 기업에 대한 충분한 지식이 있음을 증명할 수 있어야 하고, 투자의견과 목표가격에 대한 정당한 근거와 방법론을 제시할 수 있어야 한다.

서론에서 논의한 바와 같이, 이 책은 애널리스트와 관련한 리스크와 규제 그리고 모범실무에 대한 문제를 다루고 있으며, 애널리스트가 리서치 업무를 수행함에 있어 필요한 증권분석 등 재무관리적 분석방법론을 가르치기 위한 것이 아니다. 실제로 이러한 재무분석 방법론에 대한 서적은 너무나 많다. 이 분야의 고전서적으로 벤자민 그레이엄(Benjamin Graham)과 데이비드 도드(David Dodd)가 집필한『증권분석론(Security Analysis)』은 증권분석학 관련 서적 중 최고로 평가된다. 평가방법이나 리스크에 관한 이 책은 리서치 준법감시인인 저자가 리서치 초안을 검토하면서 관심을 가지고 있는 일반적인 사항들에 대한 것이다. 본 저서에 수록된 사례연구와 예제들은 이러한 주제들을 다루는 데 도움을 줄 것이라고 확신한다.

투자의견의 일관성

개별 투자의견과 목표가격은 상호간 반드시 일관성이 있어야 하며, 투자의견에 대한 기한이 명시되어야 한다. 미 SEC는 투자의견의 의미가 명확할 것을 요구한다. 예를 들면 보유의견은 매도를 의미할 수 없다. 교체(Switch)의견은 주식들 중 하나를 팔라는 것을 의미하기 때문에 애널리스트는 "선호(prefer)"라는 단어를 사용해야 할 것이며, 관련된 주식이 매도로 평가될 때에만 "교체"라는 의견을 사용해야 할 것이다.

교체의견이 매수나 보유등급 주식에 사용된다면, 애널리스트는 그렇지 않을 경우에는 매수나 보유등급인 주식을 투자자에게 매도하라고 추천할 수 있는 조건에 관해 명확히 설명해야 한다. 이러한 경우로는, 서로 다른 주식 간의 절대적 성과평가가 아닌 두 주식의 성과의 차이를 이용하는 단기적 상대가치 연동매매/헤지매매 등을 포함한다.

단기 투자 기회는 자체적 투자등급 규정을 가지고 투자기간 및 공지사항이 포함된 별도의 '리서치'로 제출되어야만 한다. 만약 투자기간 및 공지사항이 포함되지 않았다면 보고서 내용 속에서 예상되는 시장 움직임에 대한 애널리스트의 공식적 투자의견이기보다는 단기적인 리스크들로 투자자에게 인식될 수 있다. 공식적·기본적 투자의견에는 어떠한 애매함도 없어야 한다.

"하락시 매수" 또는 "상승시 매도" 등과 같은 투자의견은 현재가격하에서의 투자의견이 무엇인지, 또한 매매를 하기 위해서는 주식의 가격변동이 얼마나 하락하거나 상승해야 하는지에 대한 추가적인 질문을 남기게 된다.

비일관성에 대한 설명

리서치 자료를 작성하는 기본원칙의 하나는 애널리스트들이 일관성 있어야 하며 명백한 비일관성은 반드시 설명되어야 한다는 것이다. "검토 중"이라는 단어의 사용은 고객들에게 애널리스트가 업무에 대해 확신이 없다는 인상을 준다. 하지만 가끔씩 애널리스트들은 급격한 가격변동이 있을 때나 리서치 대상 회사로부터 좀 더 상세한 정보를 기다리고 있을 경우, 투자의견과 목표가격이 서로 일관성이 없는 이유를 명확히 설명해야 한다.

곧 발간될 리서치 자료를 세일즈 부서에게 미리 알린다는 의심을 없애고, 고객들에게 잘못된 신호를 주지 않기 위하여, 필자는 애널리스트가 "현재 투자의견을 검토하고 있다"라고 명시하지 않기를 권고한다. 왜냐하면 이 경우 공정가격이나 목표가격이 조만간 변경될 것이기 때문이다. 이렇게 함으로써 애널리스트는 상충되는 투자의견을 제시한다는 비판으로부터 자신을 보호할 수 있을 것이며, 분석을 완전히 끝낼 때까지 어떤 결론을 도출하거나 투자의견을 암시할 가능성을 방지할 수 있다.

"검토 중"이나 "재검토"라는 제한은 애널리스트가 자신의 분석 대상을 제대로 분석하지 못하고 있다는 것에 대한 지속적인 변명으로 사용될 수 없다. 가장 최근에 공표된 투자의견과 목표가격은 어떠한 경우에도 참조와 투명성이라는 목적을 위해 공시되어야 한다.

시장 따라가기

리서치 준법감시인으로서 필자가 관찰한 바에 따르면, 애널리스트들은 종종 중립 또는 보유의견 등과 같은 한 가지 투자의견을 계속 유지한 채, 주식가격의 변동에 따라 단지 목표가격만 계속 변경하곤 한다.

마치 울타리 위에 올라가 이쪽으로 뛰어내릴까 저쪽으로 뛰어내릴까를 고민하듯이, 애널리스트는 목표가격을 실제 시장가격과 좁게 유지하면서 본인의 중립적 투자의견이 적절하다고 주장할 수 있다. 애널리스트는 항상 모든 목표가격의 변경을 증명해야 한다. 하지만 시장을 따라가기 위해 목표가격을 상향했다가 다시 하향하는 것을 반복할 경우, 애널리스트는 고객의 투자기회를 놓치게 만들 수 있다. 애널리스트는 시장을 따라가지 말고 항상 시장보다 앞서나가는 것으로 보일 때만이 고객에게 리서치의 가치를 실현할 수 있다. 여기서 필자는 "변화를 예측하는 것은 변화를 분석하는 것보다 더 가치가 있다"는 바이런 빈(Byron Wien)의 말을 다시 한 번 인용하고 싶다.[1]

가치평가에 대한 보조수단

애널리스트가 한 회사를 평가하기 위해서는 회사의 영업전반, 재무상황 및 수익 창출능력 등에 대한 상당한 수준의 이해가 필요하다. 애널리스트는 회사에 대한 실제상황이 어떤지, 회계상의 계정과목이 회사의 실제상황을 적절히 표시하고 있는지를 판단해야 한다.

회계 계정과목에 대한 범죄수사적 분석

애널리스트는 회계감사인도 아니며, 회계감사인들처럼 회사의 회계자료에 대한 접근이 허용되지 않는다. 하지만 애널리스트는 고객들에 대한 신의성실 의무[2]가 있으며, 리서치 대상 회사의 재무제표와 회계자료가 의심스러운 경우 언제든지 이에 대한 의문을 제시할 수 있어야 한다.

애널리스트는 추가적인 해석이 필요하거나 이사회나 회계감사인이 이의를 제기할 만한 회사의 회계계정을 발견해낼 필요가 있다. 또한 애널리스트는 아래 사례에서 볼 수 있는 바와 같이, 사기적이거나 비정상적 회계부정을 적발해내는 일을 언제나 회계감사인에게만 의존할 수는 없다.

의심이 가는 회계계정의 처리에 대한 대표적 유형으로는, 수익이나 비용의 인식시점을 조정하는 회계이익 유연화나 기간이익 조작이 있다. 회사 경영자들은 주식을 매도하기 전에 매출액이나 회계상의 이익 목표수준을 달성하고 주식가격을 극대화하거나,

이자비용을 조작하여 신용상태나 채권신용평가등급을 올리고자 하는 유인을 가지고 있다. 애널리스트들은 Enron 사태에서와 같이 리서치 대상 회사의 부외부채 항목이 있는지, 부여된 주식옵션이 어떻게 처리되는지, 그리고 Monster Worldwide의 최고업무책임자가 관여된 사례에서 보듯이, 언제 주식옵션이 발행되고 행사되는지에 대한 사항을 자세히 살펴볼 필요가 있다.

회사는 회계상의 숫자를 조작할 수 있는 다양한 방법을 가지고 있다. 아래에서 최근에 널리 알려진 두 가지 사례를 살펴보기로 하자.

사례연구 ●●●●

밀어내기(Channel Stuffing)* 등

세부사항: Coca-Cola사는 2008년 7월 오랫동안 끌어온 미국 내 주주들과의 소송을 미화 1억3,750만 달러의 손해배상금을 지불함으로써 마무리 지었다. 투자자들은 2000년 10월, Coca-Cola사가 일본 내 관련 음료 수입업체들에게 강제적으로 제품 원액을 더 많이 구입하도록 강요함으로써, 소위 "밀어내기"라는 수법을 이용하여 인위적으로 회사의 이익을 증가시켰다고 주장했다. Wall Street Journal은 2008년 7월 8일자 기사에서 이와 유사한 소송사례가 2005년 4월에도 있었음을, 미 SEC가 확인했다고 보도했다. 이 두 가지 사례에 대해 회사는 관련 사항을 시인도 부인도 하지 않고

---

* 역자주-회계연도 말에 판매실적을 인위적으로 올리기 위해 대리점이나 딜러에게 특별 혜택을 제공하여 필요 이상의 제품을 구매하도록 하는 것.

손해배상을 함으로써 마무리 지었다.

이 사건과는 별도로, 헤지펀드인 Greenlight Capital사의 데이비드 아인혼(David Einhorn)은 『어떤 사람들을 계속 바보로 만들기: 롱숏 전략 이야기(*Fooling Some of the People All of the Time: Long Short Story*)』란 책에서, 1998년 Coca-Cola사의 주가 이익 배수가 50배 가까이 되는 것이 적절하지 않다는 것을 분석했다. 이 분석에 따르면 그 당시 회사의 회계상 이익은 회사가 원액주입 사업부를 분사함에 따른 것이므로 이익의 질이 낮았다는 것이다. 아인혼은 Coca-Cola사의 주식을 공매도할 배짱은 없었지만 그렇게 해야만 했다고 주장했다. 그는 이 거대한 회사에 대한 시장 전체의 분석이 잘못되었으리라고는 상상조차 할 수 없었던 것이다.

또 하나의 거대 기업이며 수많은 리서치가 발간되는 미국의 General Electric사는 2009년 8월, 회사가 다양한 회계부정을 통해 투자자들을 오도하여 관련규정 위반을 제기한 미 SEC와의 합의를 위해 미화 5,000만 달러를 지불했다.

미 SEC에 의하면 GE사의 고위직 회계담당 임원은 2002년과 2003년에 각각의 4개 사안에 대하여 일반적으로 인정되는 회계원칙에 부합되지 않은 회계처리를 승인했다. 이 중 하나는 부적절한 회계처리를 통해 회사가 애널리스트의 주당순익 기대치를 달성하지 못한 상황을 피하기 위한 것이었다. 회사는 미 SEC와 본 사항을 시인도 부인도 하지 않는 조건으로 타협했다.

결론 : Coca-Cola사나 General Electronic사와 같은 대형 회사도 회계부정의 논란에서 자유스럽지 못하다. 애널리스트들은 회계조작으로 발생할 수 있는 잠재적인 논란으로부터 예상되는 결과를

고려할 수 있어야 한다.

다음 장에서 소개할 사회적 책임과 관련한 기업지배구조 문제에 대한 Coca-Cola사의 Dasani 생수에 관한 사례를 참조하라. 또한 좀 더 많은 사례를 데이비드 아인혼의 저서『헤지펀드의 공매도(*Short-selling by hedge funds*)』중 "리스크와 변동성을 강조하기(Highlighting risks and volatility)" 부분을 참조하기 바란다.

동종업계의 여러 기업을 동시에 분석하고 있는 애널리스트는 기업 간 비교를 통한 눈속임을 적발하는데 상대적으로 유리한 위치에 있다. 다음의 사례는 가격담합 및 독점방지규정에 관한 것이다.

사례연구

산업 간 독점방지의 문제들

세부사항 : 한국의 LG Display, 일본의 Sharp 및 타이완의 Chunghwa Picture Tubes는 LCD 패널의 가격을 담합했다는 이유로 유죄를 선고받아, 2008년 11월 총 미화 5억8,500만 달러의 벌금을 지불해야 했다. 그 다음 해에는 이 세 회사와 더불어 Epson Imaging Devices, Hitachi, Chi Mei Optoelectronics사가 총 미화 8억6천만 달러의 벌금을 납부했다. 언론보도에 따르면 이 중 LG Display의 부담 분은 미화 4억 달러, Chi Mei사의 부담 분은 미화 2억2천만 달러였다. LG Display에 부과된 벌금은 그때까지 미국 법무부가 반독점방지법의 의해 부과한 벌금 중 두 번째로

많은 액수였다.

　가장 큰 벌금은, 비타민 공급과 관련된 카르텔의 가격담합행위와 관련하여 1999년 F. Hoffmann-La Roche에 부과된 미화 5억 달러였다. 미 법무부는 이와 관련한 소송에서 승승장구했던 것으로 보인다. Bloomberg지에 따르면 Pfizer는 2009년 약품 브랜드명을 오용한 것과 관련 엄청난 금액인 미화 23억 달러의 벌금을 납부했는데, 이 금액은 역사상 가장 많은 벌금인 미화 12억 달러의 형사소송 벌금과 미화 10억 달러 상당의 민사소송 벌금을 포함했다.

　전 세계적으로 가장 큰 세 LCD 패널 생산자들에 대한 과징금 부과는 그 사실의 공시시점에서 해당 회사의 주가를 약 7%에서 11%까지 하락시켰다. Chi Mei의 경우 공시시점에 주식가격이 3% 정도 하락했다. 한편 Bloomberg지에 따르면 과징금 규모는 크지 않지만 Static Random Access Memory(SRAM) 반도체의 가격담합을 공모했다는 혐의로 NEC, Renesas Technology, Micron Technology 및 Hynix Technology를 포함한 6개의 반도체 제조사들은 2010년 1월 총 미화 2,500만 달러의 과징금을 납부하는 데 합의했다.

　국제적 영업을 하는 다국적기업의 경우, 다수의 국가에서 소송이 제기될 리스크가 있다. Intel은 독점적 지위를 남용했다는 이유로 2009년 5월 EU로부터 10억6천 유로의 과징금을 부과받았다. Financial Times지에 의하면 이 벌칙금은 유럽에서 반독점법 위반으로 부과받은 가장 큰 금액이었다. 이 소송은 Intel이 Acer와 Dell과 같은 컴퓨터 제조사에 대한 조건부 리베이트와 관련하여 Intel의 최대경쟁자 Advanced Micro Device에 의해 제기되었다. 이 리베이트의 조건은 두 회사의 컴퓨터에 AMD사의 것이 아닌 Intel 사의 중앙정보처리장치를 독점적으로 사용한다는 것이다. Intel은 동 결정에 항소했다.

Intel사는 2009년 11월 AMD사에게 미화 12억5천 달러를 지불 하기로 동의하면서 이 사건과 관련된 모든 반독점 분쟁을 타결 지 었다. AMD사의 주가는 이러한 사실 보도에 급등했으나 Intel사의 주가는 거의 움직이지 않았다. 이는 소송과 관련한 사실이 이미 충분히 알려져 있었으며, Intel사가 여전히 중앙정보처리장치분야 의 최대 제조사라는 이점을 앞으로도 계속 향유할 수 있으리라는 전망 덕에, 소송결과가 주가의 하락요인으로 작용하지 않았기 때 문이다.

결론 : 애널리스트는 담당하고 있는 회사가 어느 한 국가에서 소송 에 관여되는 경우 다른 국가에서도 유사한 소송이 제기될 가능성 있음을 인지하고, 이러한 소송이 회사의 평판에 어떻게 영향을 미 칠지를 가늠할 수 있어야 한다.

영리한 애널리스트는 다른 회사가 이러한 경쟁사의 소송에 어 떠한 영향을 받는지도 고려해야 한다. 예를 들면 미 법무부는 LCD 패널 가격담합 공모와 관련, 소송의 대상이 된 회사로부터 스크린 을 구입한 회사로 Dell, Apple 그리고 Motorola의 이름을 제시했 다. 이러한 회사들의 경우 별도의 민사소송의 대상이 될 수 있다. 2010년 3월 Dell은 LCD 패널의 구입과 관련하여 수 년 간 부당하 게 가격이 고가로 책정되었다고 주장하며 Sharp 및 Hitachi를 포 함한 다섯 개 회사에 대해 소송을 제기했다.

Fidelity International사의 법인 세일즈 부서 글로벌 책임자인 마이클 고든(Michael Gordon)은 2008년 11월 6일 FT지에 "애널리스트들은 회사의 현금흐름에 좀 더 신경을 써야 한다"라는 제목의 논평을 기고했다. 그는 이 기사에서, 애널리스트들은 지금까지는 회사가 이익예측치를 달성하는지 여부만을 고려했으나, 최근 경기하락과 관련하여 앞으로는 현금흐름과 대차대조표에도 동일한 관심을 가져야 하며, 다양한 자금조달방법이 회사의 주가에 미치는 효과에 보다 더 관심을 기울여야 한다고 주장했다.

2002년 2월 3일에 보도된 일요일자 Independent on Sunday지의 기사에서 Citigroup의 증권 리서치부 공동부서장인 리처드 데일(Richard Dale)은 회사의 애널리스트들에게 이와 유사한 주제를 발표했다. "주가 상승기를 이끈 선배 애널리스트의 시대가 있었으나, 그들은 회사의 핵심내용이 담긴 대차대조표를 보지는 않았다. 애널리스트들은 위험의 신호가 무엇인지에 대해 배울 필요가 있다." 이 발표는 "범죄수사적 분석의 시대(Time for Forensic Analysis)"란 제목이 붙었다.

범죄수사적 분석은 매우 중요하다. 뉴욕에 소재하는 투자분석 회사로서, 가격하락이 예상되는 회사에 대한 리서치를 주로 다루는 RiskMetrics사가 있다. 2008년 11월 19일 FT지의 스티브 존슨(Steve Johnson)이 보도한 바에 따르면, 이 회사는 Northern Rock사가 망하기 몇 달 전 직면하고 있었던 여러 가지 위험들을 확인하였다. FT지에 보도된 바에 따르면 RiskMetrics의 국제부 임원인 닐스 알렌(Niels Aalen)은 "우리는 범죄수사적 접근법에 의해 영업모델의 붕괴 가능성을 예측하며 회계계정의 세부사항 내역을 중점적으로 분석한다"고 주장했다.

물론 Gradient Analystics사가 경험한 것처럼, 회사에 대해 회계적 문제를 제기하는 방법은 그 자체의 위험성이 없지는 않다. Gradient사가 헤지펀드 회사와 함께 주가하락을 공모한 사례에서, 독립적인 리서치 회사가 직면하고 있는 이해상충에 관한 문제를 검토한 사례를 제3장에서 살펴볼 것이다.

　　애널리스트들은 회계 세부사항 및 주석사항과 공시사항에 대해 자세하게 분석할 필요가 있다. 애널리스트는 기간별로 이런 공시와 주석사항들 속에 무엇이 추가되고 삭제되었으며, 어휘나 개념의 정의들이 시간에 따라 어떻게 변화했는지를 파악해야 한다. 애널리스트는 공시 내용의 번역본을 서로 비교해야 한다. 즉 그 회사가 국내의 투자자와 해외의 투자가에게 서로 다른 내용의 공시 번역본을 제공하지는 않는지를 검토해야 한다.

사례 ●●●●

공시와 주석

개요 : New Century Financial사는 2007년의 서브프라임 사태 때 신용위기에 의해 도산한 최초의 주요금융기관 중 하나이다. 미 법무부의 독립보고서에 따르면 회사의 기업회계실무는 부적절하고 투명성이 결여되어 있었다.

세부사항 : 2008년 3월 28일자 International Herald Tribune지의 비카스 바자즈(Vikas Bajaj)가 쓴 기사에 따르면, 조사관들은 New Century사가 이익을 조작했는지를 밝히는 데 충분한 증

거를 확보하지는 못하였으나, 회사의 부적절한 회계관리가 지속적으로 이익의 증가를 가져왔던 것을 밝힌 바 있다. 조사보고서는 회사의 회계상 이익이 임원의 성과보상의 기준이 되고, 회사의 건전한 재무적 상태를 월 스트리트에 설득하는 기준이 되었다고 주장했다. 조사관들은 또한 회계감사인인 KPMG가 회계계정을 감사하는 데 있어 충분하게 의심을 품지 않았다고 비판했다.

RiskMetrics의 회계 및 기업지배구조 분석부의 부서장인 마크 시걸(Marc Siegel)은 New Century사의 회계계정과목에 대한 특정 각주사항과 관련하여, 2006년 6월에 미화 2억990만 달러에 달하는 대출금의 손실에 대한 대손충당금의 효과를 구체적으로 거론했다. 2006년 9월 당시, 해당 각주의 기재 사항이 일부 변경되어 주택담보대출의 손실로 인한 대손충당금과 보유하고 있는 부동산에 대한 충당금이 미화 2억3,940만 달러의 금액으로 변경되었다. 표면적으로는 주석상의 금액만 변경되었으나 충당금에 대한 각주사항을 분리하여 보면, 부동산의 평가충당금은 대출금에 대한 대손충당금의 증가를 위장하기 위하여 주석의 범위를 변경한 것으로 볼 수 있다. 이에 따라 관련 충당금 금액은 9% 감소한 미화 1억9,160만 달러로 표시되었다.

결론 : 앞서 제기한 바와 같이 애널리스트는 회계감사인이 아니며 회사의 내부 회계정보에 대한 접근권을 가지고 있지도 않다. 하지만 회계부정이나 부적절한 회계처리를 발견하는 데 굳이 회계감사인에 의존할 필요는 없다. 투자자는 애널리스트

의 분석과 투자의견에 의존한다. 따라서 애널리스트는 회사의 실제적인 재무사항을 발견하는 데 최대한의 성실의무를 다해야 한다. 애널리스트는 회사의 회계처리 방식이 적절한지 여부뿐만이 아니라 기관별로 일관성이 있는지를 면밀히 살펴보아야 한다.

애널리스트들이 자신의 분석에 대한 리스크를 고지할 필요성을 논의하는 이 장의 마지막 부분에서, 우리는 기업의 지배구조에 대한 다양한 문제를 논의하게 된다. 이 경우 오래된 속담인 "하나를 보면 열 가지를 알 수 있다(falsus in uno, falsus in omnibus)"는 말이 적용된다. 만약 경영자가 의심스럽거나 일관되지 않은 말을 한 것을 알고 있다면, 애널리스트는 경영자의 말이나 행동 그 모든 것을 의심해야 하며, 나아가 회사의 회계계정이나 주석 등을 보다 면밀히 검토해야 할 것이다

추가사항 : 다음은 뉴질랜드의 거래소인 NZX에 있었던 황당한 사례다. NZX는 2009년 8월 NZ Farming Systems Uruguay사에게 연차재무보고서상의 감가상각에 관한 각주사항을 설명하라고 요구했다. 당해 각주에는 "Fudge this to equal depn in FA note 11(역자주-"주석 11번에 있는 감가상각충당금으로 뭉개버릴 것"으로 해석됨)"라고 적혀 있었다. 이 글은 회사가 거래소에 연차보고서를 최종적으로 보고할 때, 부주의로 인해 삭제되지 않고 남겨져 있었던 것이다. 로버트 드 니로와 빌리 크리스탈이 주연한 〈이것을 분석하라(Analyze This)〉란 영화의 속편으로 〈이것을 조작하라(Fudge This)〉란 영화가 곧 나올 수도 있을 것이다.

RiskMetrics사에 의한 분석과 더불어, 회계분석과 회계조작의 발견에 대한 좋은 저서들이 많이 있다. 베스트셀러 중 테리 스미스(Terry Smith)의 *Accounting for Growth*, 하워드 쉴리트(Howard Schilit)의 *Financial Shenanigans*, 그리고 찰스 뮬포드(Charles Mulford)와 유진 코미스키(Eugene Comiskey)의 *The Financial Numbers Game: Detecting Creative Accounting Practices* 3개의 저서를 소개하고 싶다.

가결산 이익 및 선택적 자료의 사용

애널리스트는 투자자들에게 회사의 재무상황에 대한 완전한 그림을 제공해야 하며 리서치의 주제와 부합하지 않는다고 하여 특정 자료를 무시해서는 안 된다. 또한 애널리스트는 회사가 제시하는 대체적인 이익측정치(잠정이익, 주요이익, 영업이익, 경상이익, 기초이익, 지배회사이익) 등 회사가 사용하는 회계추정 방식이 보다 적절하게 회사 재무사항을 보여줄 수 있다고 판단되지 않는 한, 동 방식을 있는 그대로 받아들여서는 안 된다. 애널리스트는 표준적 주당 순이익에 기초하지 않은 다른 형태의 회계상의 이익수치나 주가이익비율을 사용하는 경우, 이에 대한 고객의 주의를 환기시켜야 한다. 애널리스트는 조정된 회계상의 이익수치를 이용하는 경우 항상 어떤 "조정"이 이루어진 것인지를 명확히 해야 하며, 고객을 고려하여 표준적 회계방법에 의한 이익수치를 추가적으로 기재해야 할 것이다.

평가의 적절성

공정가격 또는 목표가격을 제시하는 경우, 애널리스트는 어떻게 그리고 왜 본인의 기본적 예측치가 시장평균 예측치와 다른지를 설명해야 한다. 또한 왜 애널리스트 본인의 평가가 좀 더 현실적이며 달성 가능한지를 설명해야 한다.

　예를 들어, 주식 애널리스트는 할인된 현금흐름(Discounted Cash Flow Model), 배당금 할인모형(Divident Discount Model), 경제적 증분이익 모형(Economic Value Added Model), 순자산가치 모형(Net Asst Value Model)이나 가치합산방식모형(Sum of Parts Model) 등을 언급하는 경우가 있다. 주식의 역사적 평가배수나 동종업체와의 비교치 등 예를 들면 개별주가, 시장 또는 산업별 1년/3년/5년간 최대/최소 평균 주가수익비율, 경제적 가치/이자, 세금 및 감가상각충당금 공제 전 이익 비율이나 시장/장부가 비율 등이 제시될 수 있다. 시가/장부가 비율이 자기자본이익률에 적용된 기대성장률에 의해 정당화될 수 있는지, 주가수익률이 순이익의 기대성장률에 의해 정당화될 수 있는지 그리고 기대 배당수익률이 관련 리스크에 주어진 대안적 투자로부터의 수익률과 비교하여 얼마나 경쟁적인지 등을 고려해야 한다.

애널리스트는 가치평가를 할 때 주어진 가정이 무엇인지를 분명히 해야 한다. 예를 들면 미래 이익의 순현재가치를 계산할 때 사용된 할인율 또는 수익률이 이익, 현금흐름 또는 배당금으로 표현되는지 등, 다시 말해 수익기준이 이익, 현금흐름 또는 배당금 중 무엇인지를 명확히 해야 한다. 또한 애널리스트는 주어진 비교 가능한 시장예측치 평가에 사용된 비교대상 회사의 선정기준이 무엇인지를 정당화해야 한다. 따라서 선도기업이 비교대상기업 군에 선정되지 않았을 경우, 그 이유가 무엇인지 그리고 전망치인 경우 평가년도가 어느 해를 기준으로 적용했는지 등을 명확히 해야 한다.

가치평가의 변경에 관한 중요 사항

애널리스트는 공정가치나 목표가격이 유지되는지 아니면 변경되는지를 항상 명확히 해야 한다. 만약 투자의견을 변경할 때라면 애널리스트는 평가요소 중 무엇이 변경되었는지(예를 들어, 예측치나 할인율 또는 비교목적을 위한 가격기초 평가의 경우에는 배수, 예측기간 등)를 독자들에게 명확하게 전달해야 한다. 투자자들은 애널리스트의 목표가치나 투자배수 등의 변경으로 인하여 투자의견의 변화의 정도가 얼마나 되는지를 시장가격의 변동과 비교하여 알고 싶어한다. 과거 투자의견의 성과와 목표가격의 정보를 제시하는 것은 몇몇 시장에서는 강제적인 주석사항이다.

적절한 가치평가 방법론

대부분의 기본적 주식평가 방법은 회사의 현금흐름, 순이익 또는 배당금 등 어느 것으로 표시되어 있든 간에 회사의 미래이익 흐름의 순현재가치를 평가하는 것이다. 수요와 공급요인도 이와 관련이 있다. 그러나 "사람에게도 각자 장단점이 있다(horses for courses)"라는 격언이 의미하듯이, 산업별로 좀 더 적절한 이익의 형태 및 그 평가요인이 있다. 장치산업에 속한 회사들은 상당히 안정적인 이익흐름을 산출하는 경향이 있는 반면, 거액의 연구비가 조사연구에 투자되어야 하고 자산과 장치의 구입 등 자본지출비중이 높은 산업도 있다. 예를 들면 미래의 기업성장률이 예측 가능하고 입증 가능한 매장량 기준으로 정해지는 금속광물이나 유전탐사 산업이 있다. 내용 연수가 서로 다른 고가의 자산이 있는 항공 산업이나 전자통신회사들을 이자, 세금, 감가상각이나 무형자산상각금의 차감액을 고려하지 않고 동일한 현금이익 발생 기준으로 비교하는 경우가 종종 있다. 애널리스트는 새로운 투자로부터 성과가 나오는 데 얼마나 시간이 걸리는지, 성과가 어느 정도로 예측되는지, 그리고 이 투자와 관련된 리스크는 어느 정도인지를 파악하는 것이 중요하다.

이에 관련하여 Standard Life사의 글로벌 전략부 책임자인 앤드류 밀리건(Andrew Milligan)은 2007년 10월 16일자 FT지에, 유용하지만 위험성이 있는 평가방법들에 대한 흥미로운 기사를 썼다. 그와 그의 동료 리처드 배티(Richard Batty)는 12년 그리고 24년 등 장기적 투자기간에 있어서의 가치평가는 주로 회사의 가치에 의해 결정되지만, 1년 등의 단기적 투자기간에 대한 가치평가는 투자자의 심리적인 측면이나 포지셔닝 등, 기술적인 문제가 중요한 요소로 작용한다고 주장했다. 연구자들은 선진시장에 있어 배당률, 주가/장부가비율, 주가/이익비율이 가장 중요한 평가결정요인이라는 것을 밝혔으며, 주식가치가 장기 이동평균선으로 회귀하기보다는 단기 이동평균선으로 회귀하는 경향이 있다고 주장했다. 단순함과 일시적인 유행이 특정 시점에 특정 주식평가기법으로 선호되는 원인이 된다. 많은 평가 방법이 재무이론에 정교한 평가분야의 하나인 주식 리스크프리미엄의 변화를 예측치로 귀결된다는 점에서, 연구자들은 몇몇 투자자들이 훨씬 단순한 평가방법을 원한다는 것을 당연시했다. 연구자들은 주식의 평가는 투자행동론, 순이익률의 분석 그리고 물가인상주기의 장기요인 분석 등 여러 방법들을 포괄하는 전반적인 분석에 의해 이루어진다고 결론지었다. 애널리스트들은 투자기간이 미리 결정되어 있는 특정 투자자들에게 각각의 평가방법이 어떠한 중요성과 의미를 지니고 있는지를 이해하고 각 평가방법을 적절히 활용해야 할 것이다.

필자가 트레이딩 경험을 통해 배운 것 중 한 가지는 통화, 상품 또는 증권의 투자에서 어떤 거래가 있으면 반드시 헤지 목적이든 투기 목적이든, 그 반대 방향으로 동일한 거래가 있게 되어 시장에 유동성과 변동성을 공급한다는 것이다. 궁극적으로 각 매도자 및 매수자별 투자 또는 트레이딩 목적, 투자기간 및 투자리스크 허용 한도는 모두 다르다. 매도 세력과 매수 세력이 서로 시장에서 만나 마치 줄다리기를 하듯 밀고 당기면서 시장가격이 결정되게 된다. 때로는 한쪽 세력이 훨씬 강해 다른 쪽 세력이 밀려서 결국에는 시장이 붕괴되는 경우도 있게 될 것이다. 시장가격이 기본적인 가치대비와 영원히 괴리를 가지는 것은 불가능하다. 하지만 단기간에는 헤지 세력이나 투기 세력에 의해 시장이 행동심리적 및 기술적 요소에 의해 지배당할 수 있다. J. M. 케인즈가 한 유명한 말 중에 "시장의 비이성적인 상황은 견딜 수 없을 만큼 오래도록 이어질 수 있다(The market can stay irrational longer than you can stay solvent)"라는 말이 있다. 옳은 말이다.

비합리적인 기대 또는 의문이 있는 평가에 대한 기준

신용위기 동안 시장공정가치, 시가평가회계 그리고 시장성 있는 유가증권을 평가하는 방법에 대해 많은 논란이 있었다. 미국 하원의 대변인이었던 뉴트 깅리치(Newt Gingrich)는 2008년 10월 Bloomberg지와의 인터뷰에서 "역사가들은 언젠가 과거를 되돌아보면서, 당시 정부가 인위적인 손실을 만들어 기업들을 도산하도록 몰고 갔다고 이야기할 것이다"라고 말했다.

신용위기 중 보다 명백하게 된 것은, 시장이 부채/부동산 담보부증권과 같은 파생결합상품이 어떻게 만들어지고 그 가치가 정말로 얼마이며, 누가 그것에 대해 궁극적인 책임을 져야 하는지에 대해 아무것도 몰랐다는 것이다.

시장에서 체결되는 가격이 평가의 궁극적인 기준이 되었다. 증권에 대한 시장수요가 없어 시장 자체가 형성되지 않은 경우, 시가평가란 허울 좋은 학술적인 개념에 불과함이 증명되었다. 기본적 분석에 기반한 투자자뿐만 아니라 투기적 투자자나 차익거래자 및 유동성 공급자 등 어느 누구도 어떤 특정 시점에, 특정 증권이나 투자 상품을 거래하고자 하지 않을 경우 기본적 공정가격이 "영"이라고 주장하는 것이 옳은 것인가? 그리고 이러한 현상은 일시적인 것인가?

물론 역사적 원가회계에 대한 비판론도 있다. 자산 가격이 이례적으로 급변할 때 두 가지 방법 중 그 어느 평가방법도 무의미하게 된다.

2007-2009년의 금융위기처럼 드라마틱한 것은 아니었지만, 2000년대 초 인터넷 버블은 어떻게 시장이 비현실적 예측과 비합리적 시장평가방법으로 인해 하락하는지에 대한 고전적인 사례를 제시한다. FRB의 의장이었던 그린스펀이 이야기했듯이 당시 시장의 행태는 "비합리적인 풍요"로 규정된다. 세계화와 기술발전에 의해서 야기된 세계경제의 생산성에 관한 "패러다임의 전환"은 주식 가격의 지속적인 상승을 가져왔다.

예를 들어 안정되고 오래된 기간설비산업에 속한 기업들이 갑자기 새로운 첨단기술에 필요한 인프라설비를 갖추고 있었다는 것을 알게 되었다고 가정하자. 이 기업은 방어적 유틸리티 기업으로 분류되어야 하는가 아니면 최신 기술 기업으로 분류되어야 하는가? 기상천외한 사업 아이디어 외에는 아무것도 없는 신생기업에 대해 회사가치를 평가하거나 목표가격을 제시하기 위해 애널리스트는 해당 기업의 인터넷 웹페이지에 대한 클릭수와 같은 창조적인 방법을 고안해내야 했다.

더 많은 돈을 벌기 위한 탐욕과, 혼자 뒤처지는 것에 대한 두려움은 명백하게 시장의 전반적인 투자심리를 결정했다. 그러나 주가를 끌어올렸다는 것으로 개별 애널리스트들만이 모든 비난을 받을 수는 없을 것이다. 개인투자자들의 그칠 줄 모르는 기대와 삼류언론들의 선정적인 기사들도 비난받아 마땅하다.

사례 ●●●●

과장된 평가

세부사항 : 인터넷 서점인 Amazon.Com은 인터넷 버블시대에 시장에 나온 가장 좋은 기업 중 하나였다. 1998년 7월 8일 Wall Street Journal지는 이 기업의 주가가 얼마나 더 올라갈 수 있는지에 대해 의문을 제기했다. 그 당시 가시적인 수익을 창출하지 못함에도 불구하고 회사는 이미 오프라인 매장을 가지고 있는 가장 큰 두 개의 도서판매회사인 Barnes & Noble사나 Borders Group의 가치를 합한 것보다 두 배나 높은 가격으로 평가되었다. 해당 기사에 따르면 인터넷 주식의 평가방법은 실로 다양하여, 기존의 방법과 달리 미래의 추정수익이나 이익을 추정함에 있어서 웹사이트 사용자의 숫자에 근거하거나, 현재의 영업비용을 활용한 승수를 사용하는 방법이 이용되었다. 이 기사는 Barron사에 의해 "Net 여왕"으로 별명이 지어진 Morgan Stanley의 메리 미커(Mary Meeker)를 언급하고 기술주 평가에 대한 새로운 접근법을 소개했다. 2000년 7월 17일자 WSJ지는, 1998년 12월 아마존 닷컴이 주당 미화

240달러에 거래되었을 때 헨리 블로쳇(Henry Blodget)이 12개월 내에 주당 미화 400달러로 거래될 것이라고 예측했던 것을 언급했다. 그 주식은 4주 내에 목표가격을 상회하여 최고가격인 미화 600달러가 되었다. 하지만 이 기사가 제시한 시점인 7월 17일에 동 주식의 가격은 3분의 1로 하락했다.

PCCW사는 아시아에서 인터넷 회사로 긍정적인 평가를 받은 대표적 기업이다. WSJ지는 2000년 2월 18일자 기사에서 이 회사의 목표가격을 1년 내 15배 상승한 25.8홍콩달러로 제시했다. 그 당시 회사는 Cable & Wireless HKT Ltd를 인수하고자 한창 논의를 진행 중이었다(추후 결국 이 회사를 인수했다).

이 WSJ지의 기사는 Lehman Brothers에 의해 PCCW사의 목표가격을 12개월 내에 35홍콩달러로 제시했는데 이는 그 당시 GM의 미화 460억 달러의 시장가치에 동등하게 책정된 것이었다. 이 기사에 따르면 Lehman사의 아시아 인터넷 담당 책임자는 가치합산방식으로 주당 10홍콩달러와 목표가격인 35홍콩달러의 차이를 설명하면서 이러한 기본적 분석에 의한 인터넷 주식의 평가는 무의미하다고 주장했다. 또한 이 회사의 회장인 리처드 리(Richard Li)의 거래체결능력을 고려하여 보다 높은 주식가격평가가 이루어졌다고 주장했다. 이 지역 기관투자자이며 금융평론가인 데이비드 웹(David Webb)은 시장이 그 정도의 높은 가격을 지불할 의향이 있는지 의심스럽다고 주장했으며, 심지어 경영자가 빌 게이츠라고 해도 터무니없는 프리미엄으로 평가되었다고 비평했다. PCCW사의 주식은 그 다음해 2월 최고가를 경신한 이후 무려 90%나 하락했다.

1999년 11월 4일자 Reuters는 당시 인터넷 기업을 다루는 애널리스트의 주장을 언급하면서 인터넷 주식에 얼마나 애매한 평가방법이 적용되었는지를 설명했다. 이 기사에 따르면 Merrill Lynch의 아시아 태평양 인터넷 리서치 부서장은 "나는 인터넷 주식의 평가에 있어 수치화는 불가능하다고 생각한다"고 언론에 설명했으며 Goldman Sachs의 한 인터넷 애널리스트는 "질적인 방법이 양적인 방법보다 더 중요하며 이는 인터넷 산업이 아직 초창기이기 때문이다"라고 주장했다.

후기 : 다른 인터넷 기업들이 살아남지 못한 반면 최소한 Amazon.com이나 PCCW는 명맥을 유지했다. 2000년 거품의 붕괴 이후 메리 미커는 그녀의 선도적 기업에 대한 확신을 유지했다(2000년 10월 23일자 WSJ지 기사 참조). 그리고 그녀는 계속해서 Morgan Stanley에서 근무하며 업계에서 명성을 유지했다. 헨리 블로젯은 결국 벌금을 선고받았고, 업계에서 축출되었다 (제3장의 이해상충의 예를 참조하라).

리스크와 변동성의 강조

과장된 주식평가에 대한 앞의 논의는 자연스럽게 투자 리스크에 관해 독자의 관심을 끄는 방법에 대한 논의로 이어진다. 증권법규에서는 애널리스트가 투자자에게 투자 위험성에 대한 주의를 환기시킬 것을 요구한다. 몇몇 시장에서는 증권애널리스트 또는 투자애널리스트(일반적으로 고객을 위하여 리서치 자료를 작성하는 애널리스트와 자산운용사 애널리스트의 경우와 같이 회사 내부고객을 대상으로 리서치 자료를 작성하는 애널리스트)와 금융투자상담사(개인고객의 요구에 맞게 투자의견을 주는 자) 간의 구분을 하는 경우가 있다. 그러나 어떤 시장에서는 이러한 구분이 없을 수 있다. 예를 들면 일본에서는 증권사와 자산운용사는 다른 금융기관과 더불어 금융투자회사로 구분된다. 금융투자회사는 고객을 전문투자자와 일반투자자로 구분해야 한다(제1장에 논의했던 강화된 금융법규에 관한 일본의 예를 참조하라). 또한 '다양한 금융전문가들은 신의성실의 의무를 진다'고 주장한 미 SEC의 엘리스 월터(Elisse B. Walter)의 의견을 기억하라. 미 SEC의 의장인 마리 샤피로(Mary Schapiro)는, 증권사와 자산운용사를 감독하고 있는 법규는 기본적으로 동일하다고 주장했다.

애널리스트와 투자상담사들이 법규(사실상은 도덕적 규범)에 따라 투자를 강조해야 하지만 이는 상업적으로도 의미가 있다. 만약 당신이 투자자라면 리스크와 변동성에 관심을 가질 것이며, 이 요건을 충족시켜주는 증권사를 통하여 투자하고 싶을 것이다. 만약 고객들이 원하는 것을 제공하지 못하는 애널리스트가 있다면 고객들은 다른 애널리스트를 찾아갈 것이다.

더욱이 규정에서 요구하는 최소한의 투자 리스크에 관한 정보를 제공하는 것보다는, 최대한 이를 활용하는 것이 애널리스트 스스로에게 좋다고 필자는 주장한다. 포괄적인 리스크의 고지는 추후 전개되는 상황이 예측과 달리 진행될 경우 애널리스트를 보호해줄 것이다. 예를 들어, 만약 애널리스트의 이익예측치가 여타 조건하에서 얼마나 민감한가를 보여주는 민감도분석을 수행하는 경우에는 관련된 리스크가 실제로 일어나거나 발생할 확률이 높아질 경우, 애널리스트는 모든 고객에게 동등하게 배포하기 위하여, 그가 새로운 리서치를 작성할 때까지 기다리기보다는 계속해서 당해 민감도분석에 의한 자료를 제시할 수 있을 것이다. 만약 애널리스트가 관련된 리스크를 적절히 고지했다면, 외부요인이 그의 기본적 가정이 잘못되었음을 증명하더라도 리서치 내용이 전체적으로 잘못되었다는 고소를 당하지는 않을 것이다.

　목표가격에 대한 가격변동이 심할 것으로 예상될수록 독자들은 애널리스트가 증권가격의 변동성과 목표가격 달성에 있어서 리스크에 대한 그들의 주의를 더욱 환기시켜줄 것을 기대한다. 투자자가 특히 맞춤설계 투자나 구조화상품 투자인 경우, 관련상품의 내용을 충분히 알지 못할 때 애널리스트나 투자상담사는 단지 관련된 리스크를 보여주는 것뿐만이 아니라 이를 명확하게 설명해줄 것을 요구받는다. 애널리스트가 자신의 리서치를 세일즈 부서나 고객에게 권유하면서 동 권유내용에 관련된 부정적인 리스크를 환기시켜주는 것이 투자자의 마음에 들지 않을 수도 있다. 그러나 애널리스트들은 반드시 투자자에게 관련된 리스크를 고지해야 한다.

매도의견의 적정성

애널리스트는 매수와 매도 양쪽 모두에 적정한 의견을 내야 한다. 하지만 매도의견을 제시할 때는 매수의견을 제시할 때보다도 근거가 더욱 타당해야 한다. 내심으로 가격상향 리스크보다 잠재적인 가격하향 리스크가 더 높다고 판단하는 경우, 애널리스트는 매수보다는 매도의견을 제시해야 한다. 애널리스트는 주식에 대해 매도의견을 내는 것을 두려워해서는 안 된다. 기본적인 회사의 영업상태가 안정적인 경우에도 동 증권은 시장에서 여전히 과대평가될 수 있다. 물론 애널리스트들은 매도의견을 제시할 때 더욱 주의해야 한다. 시장 전체가 상승에 대한 긍정적인 평가가 만연한 경우에도 애널리스트가 어떤 주식이 과대평가되어 있어 주의가 필요하다고 판단한다면, 그 주식에 대해 매도평가를 내리는 것은 절대적으로 타당하다. 애널리스트들은 고객들에게 적절한 투자의견을 제시할 의무가 있지만, 또한 객관적이지 않고 선정적이고 부주의한 투자의견은 삼가야 한다. 애널리스트는 회생할 수도 있는 기업을 너무 부정적으로 평가하지 않도록 주의해야 한다.

사례
••••

헤지펀드의 차입공매도(한계에 도전하기?)

__개요__ : 헤지펀드의 차입공매도가 Bear Stearns사와 Lehman Brothers사의 붕괴에 책임이 있는지에 대한 논란이 있다. 제1장에서 우리는 근거 없는 루머에 관한 Bear Stearns, Lehman

Brothers, Anglo Irish Bank와 Alliance Data Systems사의 사례를 살펴보았다. 다음의 유사한 두 사례는 이전 사례와는 달리 공매도에 대한 부정적인 시각을 완화하거나 반박하는 내용이다.

세부사항 : 2008년 6월 4일 New York Times지에 루이스 스토리(Louise Story, 언론가의 이름 치고는 적절한)는 다음과 같이 기고했다. "비판가들이 주장한 바와 같이 데이비드 아이혼(David Einhorn)은 곤경에 빠진 기업의 최고경영자들이 최선을 다해 기업을 구하고자 노력할 때, 금융 산업의 건전성에 대해 필요 이상의 두려움을 가지고 있었다." 많은 월가 사람들은 미 SEC가 조사한 바와 같이, 아직도 Greenlight와 같은 헤지펀드가 근거 없는 뜬소문을 유포해 Bear Stearns를 망하게 한 장본인이라고 생각한다. 그녀는 또한 "나는 통상 비판을 받고 있는 사람의 이름을 명시하지 않지만 아인혼은 명백하게 그가 나쁜 회사로 믿었던 기업들에 대해 본인이 옳다고 믿은 바를 관철하고자 했던 사람이었다"라고 주장했다. 그녀는 『어떤 사람들을 계속 바보로 만들기: 롱숏 전략 이야기(*Fooling Some of the People All of the Time: A Long Short Story*)』란 책에서 공매도에 관한 입장을 피력했다. 이 책은 사업개발회사인 Allied Capital사와 관련된 여러 가지 문제에 대해 감독당국의 관심을 불러일으키게 된 아인혼의 기나긴 싸움에 대한 것이었다. 아인혼은 2002년부터 이 회사에 대해 공매도를 시작했다.

다른 사례로, 필자의 옛 동료인 앤드류 잉글리스-테일러(Andrew Inglis-Taylor)가 2008년 6월 17일자 Daily Telegraph

지에 쓴 "영 FSA가 Deutsche 은행의 무차별적인 차입공매도 권유에 화가 났다"라는 제목의 글이 내 관심을 끌었다. RBS사와 HBOS사에 의한 유상증자와 관련해 Deutsche 은행은 고객들에게 유상증자 주식을 매입하고 동시에 주식을 공매도할 것을 권고했다. 이 기사는 이러한 투자방식은 불법은 아니지만 영 FSA가 이에 대해 Deutsche 은행을 비난했다고 보도했다.

결론 : 항상 그렇듯이 애널리스트는 본인의 투자의견과 투자등급을 정당화할 수 있어야 하고 균형감이 있어야 한다. 닷컴 거품시대의 애널리스트들은 그들의 매수의견을 충분히 정당화하지 못했으며, 가격하락에 대한 투자자의 리스크에 대한 고지를 적절히 하지 못했다고 비판받는다. 신용위기로 인해 야기된 약세시장에서는 애널리스트가 매도 투자의견을 정당화할 필요가 있으며 동시에 가격상승 리스크를 적절히 고지함으로써 균형 있는 투자의견을 제시해야 한다는 것을 잊어서는 안 된다.

추가사항 1 : 위에서 본 Deutsche 은행의 사례는, 유상증자를 통하여 자금을 모집하고 있는 회사에 대해 영국 규제당국이 중요 공매도 포지션을 공지하게 하는 새로운 조치를 도입시킨 촉매제가 되었다. 한편 2008년 7월 14일자 WSJ지는 많은 미국 내 회사들이 행동주의 주주들로부터의 투명성에 대한 요구를 만족시키기 위하여, 회사의 주식차입, 주식대여 및 헤지 포지션을 포함한 거래 내용을 주주들에게 더욱 투명하게 공시하도록 정관을 변경했는지에 대해 보도했다. 칼럼리스트인 프레드 드보락(Phred Dvorak)은 "회사의 주가 하락을 확신하면서 동시에 이사회의 자리를 요구하는 행동주의 주주들이 다른 주주들과 동일한 이해를 가질 수 없다"고 논평했다

추가사항 2 : 한편 조나단 웨일(Jonathan Weil)은 2008년 10월 8일 Bloomberg지에, "SEC의 마녀사냥이 난쟁이족을 잡다(SEC's Witch Hunt Nabs a Munchkin)"라는 제목의 흥미로운 기사를 기고했다. 이 기사에 따르면 전 세계가 최악의 금융위기를 겪고 있을 당시 미 SEC는 보도자료를 발표하여, KR과 그의 헤지펀드인 Lion Gate Capital사가 2005년과 2006년에 불법적인 공매도를 통해 미화 207,291달러의 이익을 얻었다고 고소했다. 혐의 내용은 KR이 공모가격이 결정되기 전 투자매매 금지기간 동안 자신이 행한 공매도를 커버하기 위해, 기업공개 기간 동안 매입된 주식을 이용했다는 것이다. 필자는 미 SEC가 문제시한 이 회사의 이름을 들어본 적이나 있는지에 대해 의문을 제기했다.

오사마 빈 라덴이 아직 체포되지 않고 있고(역자주-2011년 5월에 사망했다), Lehman Brothers사와 Bear Stearns사가 망한 것에 책임이 있는 사람들이 거리를 활보하고 있음에도 불구하고, 규제당국이 비버리힐즈의 단 한 명의 헤지펀드 관리자를 공공의 적 제1호로 성공적으로 검거했다는 소식에 Late Show의 진행자인 데이비드 레터만(David Letterman)이 안도의 한숨을 쉬고 있다는 것을 상상해보라! Goldman Sachs의 사기사건은 물론, 매도프와 스탠포드, 라자라트남 스캔들 등도 아직 진상이 완전히 밝혀지지 않고 있다. KR과 Lion Gate사는 일

년도 채 안 되어 혐의에 대해 시인도 부인도 하지 않고 부당이
득금 환수와 판결 전 이자비용으로 미화 10만 달러의 과징금
과 민사상 벌금 미화 5만 달러를 지불하는 데 동의했다.

다음 사례 또한 흥미롭다. 한 애널리스트가 부도가 날 위험이 있
는 회사를 찾아내어 좋은 리서치를 작성했다고 주장했다.

사례연구
●●●●

부정적 리서치에 대한 경영진의 반응(법률소송)

세부사항 : 2008년 7월 22일 Dow Jones에 따르면 Bank Atlantic사
는 Ladenburg Thalmann사의 애널리스트와 회사에 대해 명예훼
손과 과실을 이유로 소송을 제기했다. 소송의 내용은 그 애널리스
트가 분석방법을 잘못 사용하여 Bank Altlantic사가 망할 회사로
보인다고 주장했다는 것이다. Bank Atlantic사의 주식가격은 은행
이 여전히 자본상태가 건실하다고 보도자료를 발표한 후 다시 회
복될 때까지 급락했다.

은행은 종속회사의 재무 상태를 파악하기 위해 지주회사의 회
계정보를 적용하는 것은 상식적이지 않다며, 은행 자체는 재무적
으로 건전하다고 주장했다. 하지만 애널리스트는 본인의 분석방
법이 적절하다는 주장을 유지했으며, 분석대상 회사가 소송으로
위협하여 독립적인 애널리스트에게 재갈을 물리는 것은 적절하지
않다고 항변했다.

이 사례는 애널리스트가 Ladenburg Thalmann사를 떠나 경쟁 회사로 옮기면서 새로운 전기를 맞았다. 2009년 2월 26일자 New York Time지에 따르면 Ladenburg사는 이 애널리스트가 미화 1백만 달러에 Bank Atlantic사와 타협하지 않으면 회사가 소송을 제기하겠다고 위협했다고 전했다. 2009년 6월 미 FINRA의 징계위원회에 보고된 바에 따르면 Ladenburg Thalmann사는 이러한 비난을 인정하고 미화 20만 달러의 과징금을 내는 것에 동의했다. 회사는 그 리서치에 대한 적절한 내부승인이 있었는지를 포함한 모든 사항에 대해 시인도 부인도 하지 않고 소송을 타결했다. 이는 회사가 미 SEC부터 미화 27만5천 달러의 과징금을 부과받은 직후에 일어난 것이다. 회사는 고객들에게도 미화 120만 달러를 반환해야 했다.

결론: Bank Atlantic사의 사례에서 보듯이 애널리스트들은 항상 사실과 의견을 분명히 해야 하며 리서치 의견이 회사 내부 경영진에 의해 적절히 승인될 필요가 있다.

추가사항: Economist지는 2009년 2월 5일자에서, 일부 리서치 회사들이 부정적 의견을 내는 경우 어떻게 비난을 받아왔는가에 대한 기사를 보도했다. 그 기사에는 매도의견을 낸 뒤 일본식당 주인에게 "사시미 칼을 많이 갖고 있으니 밤길 조심해라"라는 위협 전화를 받았다는 어느 애널리스트에 관한 일화가 소개되었다.

애널리스트들은 제1장의 Haier사 및 Greencool사의 사례 연구에서 보았듯이, 명예훼손의 사례들을 참고해야 한다. 또한 Gradient Analytic사의 사례 등에서 보듯이, 헤지펀드와 함께 특정주식의 가격을 하락시키려 공모했다는 혐의로 고소된 독립적인 리서치 회사에 관한 제3장의 사례를 참조해야 한다. 이 사례들에서 회사가 배울 것은 비판에 대한 소송은 오히려 역풍을 맞을 수 있다는 것이다. 물론 가장 흔히 벌어지는 일은 다음의 사례가 보여주는 것처럼, 회사 경영진이 매도의견을 너무 개인적인 것으로 받아들여 매도의견을 표명한 애널리스트에게 정보제공을 제한하는 것이다.

사례 ••••

부정적 리서치에 대한 경영진의 반응(자료의 제한)

세부사항 : 2007년 10월 26일자 FT지는, 싱가포르의 대형은행 중 하나인 OCBC가 Morgan Stanley의 싱가포르 주재 애널리스트인 매튜 윌슨(Matthew Wilson)을 고위경영진이 주재하는 회사설명회에 초대하지 않은 사실을 보도했다. 당사자들 어느 누구도 논평을 하지 않았지만 OCBC는 Reuters 기자에게 "우리가 회사설명회에 어떤 투자가나 애널리스트, 펀드매니저 또는 언론인을 초대할지는 전적으로 회사의 자율적인 판단사항이다"라고 말했다.

아이러니하게도 FT지의 보도에 따르면, 윌슨은 해당 은행의 기업지배구조에 대해 의문을 제기하는 리서치 자료를 그 사건이 발생하기 직전에 작성했다. 또한 FT지는 월슨이 2004년 OCBC 은행을 담당한 이후로 단 한 번도 매수의견을 내지 않았다는 것을 언급했다.

결론: 만약 그 설명회에서 중요하고 가격에 민감한 정보가 제공되지 않았거나, 제공되었더라도 이러한 사실이 인터넷방송 등에 의해 일반 시장참가자에게 동시에 제공되었다면, 회사의 설명회에 특정 애널리스트를 초대하지 않은 것은 아무런 문제가 되지 않는다. 하지만 만약 일종의 징벌적인 방식으로 특정 애널리스트를 의도적으로 초대하지 않았다면, 이 회사의 기업지배구조에 대해 의문이 제기되어야 할 것이다. 고객들이 월슨의 리서치를 믿었을 가능성은 충분하나 FT지는 이에 대해 아무런 의견을 제시하지 않았다.

불완전 판매와 리스크 고지의무 위반

애널리스트는 투자의견이 어떤 기본 가정에 의한 것인지, 또 그러한 가정과 관련된 리스크는 무엇인지를 본문 중에 자세히 기록해야 한다. 내용이 긴 리서치의 본문에, 리스크에 대한 충분한 강조를 하지 않는 경우 최소한 리서치의 마지막 정리문단에 리스크에 대한 사항을 기재해야 한다. 리서치의 개시와 투자의견의 변경 시에는 마땅히 투자 관련 리스크가 강조되어야 한다.

아래에서 신용위기와 관련 없는 사례뿐만이 아니라 미국과 전 세계에서 신용위기와 관련된 다양한 사례를 살펴보기로 하자. 많은 사례가 증권중개인과 투자상담사의 불완전판매와 관련이 있으며 이는 애널리스트에게도 교훈을 준다.

사례연구 ●●●●

투자 리스크에 대한 강조(2007/2008년의 미국 신용위기)

내용 소개: 미국에 널리 알려진 문제로는 경매방식증권에 대한 불완전판매가 있다. 2008년 6월 30일 FT지에 조안나 청(Joanna Chung)이 기고한 기사에 따르면, 미국 NASAA의 협회장인 카렌 타일러(Karen Tyler)은 경매방식증권을 매입한 투자자들이 낸 민원과 관련해, 투자자들은 당해 증권이 유동적이고 안전하며 현금등가물에 투자한 것[4]이라고 생각했다고 주장했다. 다른 민원들은 해당 증권의 수요가 미약한 경매에 있어서는 동 증권의 유동성을 과도하게 은행의 지원에 의존한다는 사실을 은행이 적절히 고지하지 않았다는 것에 대한 것이었다. 투자자들은 2008년 2월 은행의 지원이 없어져버렸을 때 바로 곤란에 직면했다. 또 일부 투자자들은 그들이 구입한 증권이나 상품이 그들에게 필요하지 않았다고 민원을 제기했다. 다른 민원에서는 투자상품을 판매한 투자은행들이 실제로 투자자와 이해상충의 관계가 있는 포지션을 들고 있었음에도 불구하고 투자의 질이 악화되기 시작했을 때 은행들이 이를 충분히 고지하지 않았다고 주장했다.

Merrill Lynch에 대한 소송은 우리의 주제와 직접적인 관련이 있는데, 이 사례는 회사가 애널리스트로 하여금 고객에게 특정 금융상품을 판매하도록 도와준 것이다(이 사례는 추후 제3장 이해상충의 편에서 상세히 살펴보기로 한다).

이러한 민원들은 2008년 후반 글로벌 투자은행들[5]이 미국 감독당국과 합의에 도달하는 데 근거가 되었다. 결과적으로 해당 은행들은 금융감독당국에 과징금을 납부하기로 동의하고, 개인투자자, 소규모기업 그리고 기부단체 등이 입은 손실을 보상했으며, 해당 대기업과 기관투자자 고객들에 대해서도 자금을 지원해야만 했다.

세부사항 : 경매방식 증권시장과 관련된 형사사건의 초기 조사단계에서 미 법무부는 두 명의 Credit Suisse사 직원 EB와 JT를 기소하면서, 투자자에게 그들이 판매하는 증권이 실제로는 비우량주택담보대출처럼 위험한 부채담보부증권에 의해 보증받는데도 불구하고, 학자금대출에 의해 보증받는다고 거짓말을 했다고 주장했다.

3개월간 스페인으로 도망쳤던 JT는 미국으로 돌아와 공모에 대해 유죄를 선고받았다. EB는 증권사기와 공모혐의로 유죄를 선고받았다. 그는 5년간의 징역과 미화 5백만 달러의 과징금을 선고받았다. 흥미롭게도, 이 사건의 담당 판사는 두 사람이 증권 산업의 규제와 감독이 미약한 환경에서 일해왔다는 점을 인정했다.

WSJ지는 UBS사가 경매방식 증권시장과 연관된 리스크에 대해 투자자를 오도한 혐의로 메사추세츠 주에서 증권감독당국에 의해 기소당한 사실을 보도했다.

보도에 따르면, UBS사는 당해 증권을 현금등가물로 표현했으며, 시장이 곤경에 처한 것을 인지한 후 해당 증권을 더 팔려고 노력했고, 시장기능을 유지하기에 충분할 정도로 이자율을 높게 설정하는 데 적극적으로 관여하였다. 그러나 딜러들이 시장에 유동성 공급을 멈추었을 때, 투자자는 본인들의 투자금을 회수할 수 없게 되었다. 기사에 따르면 해당 주의 최고 증권감독관인 윌리엄 갈빈(William Galvin)은 "이 경기의 결과는 이미 투자자가 손해 보는 것으로 결정되어 있었다"고 주장했다. WSJ지에 의하면, 회사는 그 후 지방채권의 전 세계 책임자를 겸직하는 미국 내 채권세일즈 부서장을 정직시켰다. Merrill Lynch사에 대한 처벌과 관련하여 미 SEC와 합의하는 것에 있어서 다음과 같은 이유로 동 건은 일반민원으로 분류되었다. Merrill Lynch사는 이 증권을 안전하고 유동성 있는 현금등가물에 대한 투자로 잘못 표현했으며, 시장수요가 충분치 않을 경우 증권의 유동성이 Merrill Lynch사의 부양책에 크게 의존한다는 사실을 적절히 공지하지 않았다는 것을 인정했다. 이와 더불어 제3장에서 우리가 살펴볼 것과 같이 동 합의는 이해상충이 있는 리서치와 관련된 증거로 고려되었다.

Citigroup은 앤드류 쿠오모(Andrew Cuomo)가 요청했던 음성 테이프를 녹취했음이 분명했다. 그들은 대화를 녹음한 것이 부주의한 것이었다고 변명했다. International Herald Tribune지에 따르면, Citigroup은 요청받은 10개의 테이프를 실수로 보관하여왔다고 주장했다. 실제로 씨티게이트라고 표현된 회사에게는 미안하지만, 필자에게는 이것이 마치 씨티게이트처럼 들린다.

결론 : 고객에 대한 계약 또는 법적 의무사항과는 별도로 애널리스트, 증권중개인, 투자상담사들은 고객에 대한 신의성실의 원칙하에서 영업을 해야 한다. 또한 그들은 투자와 관련한 리스크를 고객에게 적절히 고지해야 한다. 물론 거짓말을 해서는 안 된다. 고객의 전문성과 관련하여 리스크 고지의 수준은 기관고객보다 개인고객의 경우에 보다 강화되어야 할 것이다. 이러한 기본 가정

도 미 SEC가 부채담보부증권 고객을 기관고객으로 가지고 있던 Goldman Sachs에 대한 사기사건을 고려하여, 보다 조심스럽게 취급해야 할 것이다. 확실한 것은 투자 리스크가 항상 고지되어야 한다는 것이다.

이전의 가치평가의 장에서 언급한 것과 같이 애널리스트와 투자자는 회계감사인에게만 의존해서는 안 되며, 회사의 회계계정이나 공시사항을 본인들 스스로 면밀히 살펴야 하고, 애널리스트가 회계감사인과 같이 회사의 자료와 정보에 동일하게 접근할 수 있다고 가정해서는 안 된다. 마찬가지로 애널리스트가 신용등급에만 의존해서는 안 된다는 것이 자명해졌다. AAA로 평가된 증권의 시장가격이 1-2% 이상 하락할 수도 있다. 실제로 세상에 무위험자산[6]은 존재하지 않는 것이다.

관련 사항

투자리스크에 대한 강조(2007/2008년의 미국 신용위기)

2008년 8월 9-15일자 Economist지에는 신용위기의 원인이 무엇인지에 대해, 익명의 대형투자은행의 고위 리스크 관리자가 쓴 "어느 리스크 관리자의 고백"이란 제목의 기사가 실렸다. 기고자는 2007년 초 당시 자신과 동료들은 무엇이 리스크였는지 몰랐으며 실제로 그 당시가 본인들이 일했던 지난 20년 중에서 가장 문제가 없던 시절이었다고 회고했다. 이 글에는 은행이 신용평가기관의 신뢰를 잃어버린 것을 포함하여,

신용위기와 관련된 다양한 원인과 결과가 논의되어 있었다. 또한 부채담보부증권과 같은 신용파생결합 상품의 거래가 시장리스크 부서의 책임인지 아니면 신용리스크 부서의 책임인지에 대해서는 분명하지 않다.

하지만 본 리스크 관리 실패의 가장 유력한 이유는 영업을 추구하는 은행의 의사결정이 항상 리스크를 선호하는 방향으로 이루어졌으며 리스크를 회피하고 영업기회를 잃는 것과 반대방향으로 편향되었다는 사실이다. 모든 사람에게 통용되었던 상식이 명백히 사라져버린 기간이 바로 신용위기의 시대였다. 이러한 편향성이 향후에 어떻게 바뀔지 두고보아야 할 것이다.

"시스템 리스크 방지하기: 개혁으로 가는 길"이란 제하의 Corrigan 보고서[7]는 2008년 8월 Counterparty Risk Management Policy Group III에 의해 발간되었는데, 2007/2008년의 신용위기에 대해 검토와 개혁에 대해 아주 흥미로운 내용을 담고 있다.

다음에서 볼 수 있는 것처럼, 신용위기와 관련하여 전 세계적으로 여러 가지 사례들이 발생했다.

사례연구

●●●●

투자 리스크에 대한 강조(2007/2008년의 국가별 신용위기)

__호주__: 2007년 12월 21일자 FT지는 Wingecarribee Shire 지역의 회가 부채담보부증권의 판매를 이유로 Lehman Brothers(원래는

Grange 증권회사)를 고소한 사건을 보도했다. Wingecarribee 지역 의회는 Lehman Brothers가 고객의 이해를 최우선으로 고려하지 않았으며 오도와 사기행위를 했다고 주장했다.

Lehman Brothers사는 금융상품을 판매하면서 동시에 고객인 의회에 독립적인 재무상담 서비스를 제공하였으므로 이해상충의 상황이 발생했을 수 있다. Lehman사의 대변인은 고소 사항을 부정했다. FT지의 보도는 리스크 컨설턴트인 사티야지트 다스(Satyajit Das)의 말을 빌려, 부채담보부증권은 매우 복잡한 상품이어서 본 사례의 의회가 독립적으로 리스크를 산정하거나 증권을 평가하기 힘들었을 것이라고 보도했다. Lehman사는 "해당 의회는 스스로 투자결정과 신의성실의 의무를 다해야 할 의무가 있는 전문 기관 투자자"였다고 주장했다.

2008년 9월 Nomura사는 Lehman Brothers사의 아시아지역 영업을 인수하여 이 소송을 넘겨받았다. Nomura사에 행운이 있기를! 고통받은 다른 의회들이 집단소송을 고려하고 있다.

노르웨이 : 2007년 12월 2일 New York Times지는 노르웨이의 한 도시가 유사한 운명에 처한 기사를 실었다. 해당 기사는 북극권 한계선에 있는 나르빅이란 도시가 Terra라는 노르웨이의 증권사에 의해 판매된 투자 상품으로 손해를 본 사례를 보도했다. 당해 상품은 Citigroup에 의해 만들어졌다. 해당 시 정부는 투자 리스크에 대한 경고를 하지 않은 Terra 증권회사에게 속아서 본 상품을 구입했다고 주장했다. 노르웨이의 금융감독자는 나르빅 시의 편을 들고 Terra사의 영업인가를 취소했으며, 이에 따라 해당 회사는 파산신청을 하게 되었다. 나르빅 시와 다른 6개의 시 정부는

2007년 8월 뉴욕연방 법원에 Citigroup에 대하여 미화 2억 달러의 소송을 제기했다. FT지의 보도에 따르면 소송 제기자들은, 보수적인 투자라고 광고해왔던 펀드연동 채권에 연관된 리스크를 숨긴 사기 및 투자 리스크 미고지 혐의로 Citi은행을 고소했다. Citi은행의 소 취하 요구는 2010년 2월 기각되었다.

일본 : 2008년 10월 Reuters지는 일본의 히가시마쯔야마의 한 사회복지위원회가 투자수익을 늘리기 위해, 기금의 4분의 1 이상을 정부채권에서 Lehman Brothers사의 회사채로 변경한 사례를 보도했다. 사회복지위원회는 미화 1백만 달러의 손실로 인해, 사회복지센터를 유지하고 노인들을 도와줄 봉사자에게 지급할 돈이 없어진 것이다.

홍콩과 싱가포르 : 수천 명의 개인투자자가 신용위기의 발생을 불평하면서, 그들이 금융기관에 속아 Lehman Brothers사에 의해 발행된 소위 "Minibonds"라고 불리는 채권을 구입하게 되었다고 소송을 제기했다. 개인들은 '채권'이란 이름 때문에 이 투자 상품을 상대적으로 리스크가 적은 것으로 오해했다고 주장했다. 하지만 미니스커트가 아무리 짧아도 여전히 옷인 것과는 다르게, 해당 투자 상품은 실제로는 채권이 아닌 신용연계상품이었다.

금융투자 상품 간의 명백한 차이가 없어지면서 상품에 사용되는 명칭마저 불분명하게 되었다.

2009년 7월, 홍콩 SFC는 16개의 은행과 본 사건의 처리문제를 합의했다.[8] SCMP지에 따르면 이 은행들은 630만 홍콩달러에 상당하는 벌금을 29,000명의 고객에게 배상하기로 합의했다. 이는 세계에서 가장 큰 규모의 손실보전의 사례였다. Lehman Brothers 사의 미니본드를 가장 많이 판 은행인 홍콩 소재 Bank of China가 총 손실보전액의 절반을 지불했다. 본 합의에 따라 90%의 투자자들은 원금의 70%를 돌려받게 되었다.

Accumulator(나중에 별명이 "I kill you later"라고 지어졌다)라고 불린 상품은 투자자에게 관련 리스크에 대한 설명이 부족했다는 이유로 소비자 민원이 제기된 또 다른 상품이었다. 그 상품은 투자자가 정해진 가격에 일정간격으로 증권(또는 통화나 상품)을 구입하기로 한 계약이었다. 일반적으로 가격이 시장가격보다 높게 할인되어 적용된다는 점이 투자매력이었다. 시장가격이 상승되면 모든 것이 좋으나 시장가격이 하락하기 시작할 때는 손실이 누증된다. 당해 상품은 변함없이 고액자산가나 기업고객에게 마케팅하였고, 그 고객들에게 아마도 특권이라는 우월감을 주었다. 2008년 10월 Asia Risk지는 고객이 Equity Accumulator라는 금융상품을 사지 않도록 한 J.P. Morgan Private Bank를 칭찬했다.

다음은 신용위기 전에 애널리스트와 증권중개인이 리스크에 대한 고객의 주의를 환기시키지 못한 많은 사례들이다.

사례연구 ●●●●

투자 리스크에 대한 강조(일반 사례)

세부사항 : 2003-2006년 리서치에 관한 감독당국과의 합의에 근거

해, 수백만 달러의 벌금을 선고받은 두 명의 애널리스트 중 하나는 Salomon Smith Barney(나중에 Citigroup의 일원이 되었다가 지금은 Morgan Stanley에 합쳐진 회사)의 잭 그루브만(Jack Grubman)이었다. 그는 미화 1,500만 달러의 벌금을 내고 업계를 떠났다. 제3장에서 이와 관련된 이해상충의 사례를 좀 더 자세히 다룰 것이다.

미 NASD는 합의문에서 고객에게 리스크에 대한 주의를 환기시키지 못했다는 것을 언급했는데, 2001년 1월 25일부터 2001년 4월 17일까지 그루브만은 매수권고 등급인 Winstar 주식을 주당 미화 50달러의 목표가격으로 매수할 것을 권했다. 이 시기에 Winstar의 주식가격은 2001년 1월 24일의 주당 미화 20달러에서 4월 17일에는 미화 0.14달러로 99% 이상 떨어졌다. 그의 리서치는 중요한 사항을 빠뜨리고 있었으며 Winstar사에 대한 투자 시 리스크를 고지하는 항목이 누락되었다.

흥미롭게도 그루브만과 공동저자인 CG도 벌금을 물었다. 그녀의 경우 벌금액은 미화 10만 달러로 크지 않았지만, 이는 공동저자와 보조 분석가에게 교훈을 제공한다. 즉 문제가 되거나 벌금을 내는 것은 슈퍼스타뿐만이 아니라는 것이다. 미 FINRA의 제재규정에 따르면, "투자대상 회사의 리스크" 또는 "목표가격 달성 리스크"에 대한 공지사항을 포함하지 않은 리서치를 작성하거나 승인하는 소규모 증권사나 직원에게 미화 1만 달러에서 미화 8만 달러의 벌금이 부과될 수 있다.

2007년 6월 7일 FT지가 보도한 바에 따르면, Citigroup은 미 NASD에 의한 조사에 합의하는 조건으로 미화 1,500만 달러(3백만 달러의 벌금 포함)를 지불하기로 동의했는데, 이는 Smith Barney 증권사가 1994년부터 2002년까지 BellSouth사의 직원들을 오도했다는 소송으로 인한 것이다. 해당 증권사는 퇴직연금설명회에서 수백 명의 BellSouth사 직원에게, 다우존스지수가 2006년까지 20,000포인트에 도달할 것이라고 설명했다고 한다. 미 NASD는 이 증권사가 대부분이 전문투자자가 아닌 고객회사의 직원들에게 비현실적인 기대를 가지게 한 행위는 Citi은행의 책임자가 관련 마케팅 문서를 점검하지 못했으며, 관련 팀을 관리감독하는 데 실패했기 때문이라고 주장했다. 이 사례는 2007년 9월 미 FINRA가 증권사들이 퇴직자와 노년층에 대한 적절한 마케팅 실무를 갖출 것을 요구하는 규정을 제정하는 계기가 되었다.

2006년 2월 9일자 보도자료에 따르면 미 NYSE는 Bear Stearns 사에 대해 2003년 기업공개 회사설명회 기간 동안 부적절한 발언 등을 포함한 몇 가지 법규위반 사항을 물어 미화 150만 달러의 벌과금을 부과하기로 하였다. 미 NYSE의 보도자료는 "애널리스트에 의한 설명의 도입부나 질의응답 시간 그 어디에도 회사에 대한 투자 관련 리스크에 대한 고지가 없었다"고 주장했다. 다음날 WSJ지에는 흥미로운 기사가 나왔는데, 해당 기업이 이해상충에 관하여 벌금을 선고받은 것은 아니며 해당 주식을 과도하게 광고했기 때문인 것으로 보도되었다. 애널리스트가 회사설명회에 참석하거나 도와주는 것을 금지하는 이해상충에 대한 미 SEC 관련 규정은 그 당시에는 시행되지 않았다.

결론 : 독자들에게 위험성을 환시시켜야 한다는 이전에 살펴본 서브프라임 신용위기에 관한 사례와 동일한 결론이 적용된다. 만약 고객이 개인고객인 경우 이러한 의무는 더욱 중요하게 된다.

리스크와 촉매제 평가하기

아래 사항은 리스크의 여러 형태에 대한 심층 연구를 하고자 하는 것은 아니며, 단지 애널리스트의 투자판단과 관련한 여러 가지 리스크를 논의할 때 일반적으로 고려해야 할 사항들에 대한 것이다.

시스템적인 것부터 시장 전반/거시적인 것에 이르기까지 리스크는 다양한 종류가 있으며, 회사의 영업에 좋거나 나쁜(또는 무관한) 영향을 미칠 수 있다. 통상적인 거시 리스크는 사회정치적 리스크와 규제 리스크뿐만 아니라 GDP성장률, 물가인상률, 환율, 이자율 및 유가를 포함한 상품가격 등과 같은 다양한 경제적·재무적 상황의 변화를 포함한다.

애널리스트 및 투자자는 본인 스스로 리스크를 판단해야 한다. 애널리스트는 예를 들어 시장 대비 역사적 변동성이 이미 주어진 주식에 있어서의 베타 리스크 같은 통상적으로 이미 알려진 또는 측정 가능하며 잘 알려져 있는 리스크를 논의하게 된다. 하지만 애널리스트는 학문적이거나 함수에 의한 과거지향적 리스크 분석뿐만 아니라 미래지향적 리스크를 분석해야 한다. 즉 애널리스트는 변화된 환경에서 발생할 수도 있는 새로운 차원의 리스크를 예측할 수 있어야 한다. *The Black Swan*의 저자인 나심 니콜라스 탈렙(Nassim Nicholas Taleb)은 과거지향적 리스크 평가는 리스크를 평가하기 위한 적절한 방법이 아니라고 주장한다. 이를 증명하기 위하여, 그는 흑조가 호주에서 발견되기 전까지는 모든 백조를 흰색이라고 생각했던 사실을 인용했다.

서론에서 이야기했듯이 어느 시대든지 새로운 형태의 위기와 스캔들이 있다. 시장은 가끔씩 기대와 다르게 움직이므로, 좋은 애널리스트는 만일의 사태를 예상할 수 있어야 한다. 애널리스트들은 항상 그들이 다루고 있는 실제적 리스크의 속성을 평가할 수 있어야 한다. 그들은 담당하고 있는 시장에서의 리스크의 역동성을 적절히 이해하고, 이것이 어떻게 본인이 담당하는 회사의 주식가치에 영향을 미치는지 이해해야 한다. 예를 들어 FTI International Risk사의 스티브 비커(Steve Vickers)와 안드레스 젠트리(Andres Gentry)가 지적하듯이 중앙은행이 독립적이지 않고 통화유동성이 없는 몇몇 신흥국가에서는 통화정책이나 국제통상환경이 경제적 필요성보다는 정치적 동기에 더 영향을 받는다는 것을 이해해야 한다.

그 어떤 경우에도 애널리스트는 현재 시점의 투자의견, 평가, 예측의 기반이 되는 가정들이 무엇이며, 이러한 가정이 급격하거나 예상치 않은 변동에 의해 어떻게 영향을 받을 수 있는지를 투자자에게 상세히 설명해야 할 의무가 있다. 애널리스트들은 그들의 예측이 다양한 상황하에서 이러한 가정의 변화에 의해 어떻게 변할 수 있는지에 대해 투자자에게 주의를 환기해야 한다. 민감도 분석표는 이런 점에서 도움이 될 것이다.

촉매제 및 시장평균추정치

실무적으로 많은 애널리스트와 투자자들은 그들의 투자에 대한 리스크를 중요시하기보다는 목표가격에 도달하기 위하여 어떤 일이 발생해야 하는지 그리고 이러한 상승촉매가 발생하지 않으면 주가는 어떻게 되는지 등 목표가격에 도달하는 데 필요한 촉매제와 관련한 사항을 좀 더 중요시한다. 애널리스트는 매도 혹은 매수 의견을 낸 주식이 최종적으로 공정하게 평가되었는지, 그리고 시장평균추정치가 맞을지, 아니면 최소한 애널리스트 자신의 예측보다 더 나쁘지 않았는지 등을 스스로에게 질문해야 한다. 한편 시장평균추정치를 게재한 애널리스트는 본인이 이러한 정보를 사용하도록 허용되었다는 가정하에 시장평균추정치 정보의 원천이 무엇인지를 분명히 표시할 필요가 있다.

시장유동성과 전염 리스크

시장은 대체로 합리적이지만 전형적으로 상승장의 꼭대기나 하락장의 바닥에서 시장이 탐욕과 공포가 지배할 때 비합리적으로 흘러갈 수 있다. 다시 말하면, 한 시장이 솟구치거나 곤두박질 칠 때 종종 다른 시장에도 파급되는 도미노 효과가 있다. 이는 위험수준별 자산분류 등의 차이에 의해 서로 연관된 시장에서 펀드가 유입 또는 유출되는 경우와 유사하다. 닷컴 거품이 팽창하고 붕괴된 것 같은 사례나 1997년 태국과 같은 한 나라의 재정문제가 아시아 전체의 위기를 초래한 사태도 이와 같은 경우이며, 10년 후 미국의 서브프라임 사태로 세계시장 전체에 위기가 찾아온 방식도 시장참가자가 두려움에 동조하면서 발생한 것이다. 이러한 사례들에서 시장변동을 설명할 수 있는 근본원인은 냉정한 논리에 의한 가치평가라기보다는 인간행동에 대한 이해를 통해서 알 수 있을 것이다. 아무튼 애널리스트는 이러한 리스크를 인지하고 투자자들에게 이를 경고해야 한다.

환율과 이자율 리스크

애널리스트는 환율이나 이자율 같은 비율변화가 주가수익률의 예측치에 미치는 영향을 언급할 때, 그들의 예측치가 어떤 특정 환율이나 이자율을 기초로 하는지를 명확히 하여야 한다.

주식 애널리스트들은 현재 소속된 회사의 이코노미스트나 외환전문가에 의해 예측된 환율이나 이자율 또는 현물/선물 예측률을 기초로 분석을 수행해야 하며, 스스로 이러한 비율을 예측하여 독자적인 예측치를 사용해서는 안 된다. 애널리스트는 이자율이 상승하는 시기에 기업이 부채상환불능 리스크에 처할 가능성을 고려해야 한다. 또한 예를 들어 분석대상회사인 은행이 회수 불능 융자부실채권이나 서브프라임 채무에 노출된 정도를 결정할 필요가 있다.

그러나 그 어떤 경우에도 기업의 수입, 비용, 자산과 부채는 환율이나 이자율 리스크 등 여러 가지 측면에서 영향을 받는다. 예를 들면 회사는 상품을 미국 달러화 표시로 수출하는 반면, 이와 관련된 비용은 현지화로 지불하는 경우가 있다. 그리고 두 가지 중 하나의 통화 또는 다른 통화의 부채를 보유할 수 있다. 이 경우 애널리스트의 기본 예측이 서로 다르다는 가정하에 어떻게 변화되는지를 보여주는 민감도분석을 수행하는 것이 도움이 될 것이다. 또한 회사가 선물환, 선물 및 옵션 등 금융상품을 이용함으로써 환율이나 이자율에 헷지하는 정도도 고려되어야 한다. 물론 투자자는 본인 스스로 투자된 통화가 그들의 기초통화와 다르다면 스스로 추가적인 환율 리스크를 고려해야 한다.

환 리스크

개요 : 2008년 말, 엔화의 강세에 따라 많은 일본 제조업체가 2009년 3월 말 결산 시 엄청난 환차손을 입을 것으로 예상되었고, 이는 수천 명의 종업원을 해고하게 했던 한 이유라고 알려져 있다. 2009년 일본 제조업체에 의해 해고된 수천 명의 직원은 Nissan사와 NEC사가 각각 2만 명, Panasonic사가 1만 5천 명 그리고 Pioneer사가 1만 명이라고 보도되었다. 당시 세계경제의 위기상황하에서 2008년 매출상황은 매우 좋지 않았다. 그러나 많은 일본 제조업체가 실제로 그들이 매출을 기록한 국가에서 직접 상품을 생산하고 있기 때문에, 많은 경우에 엔고로 인한 영향이 수출-판매에 지장을 주기보다는 회계 결산자료에 있어 외화환산효과에 의한 것이었다.

세부사항 : 다음은 일본의 주요 종합상사의 하나인 Mitsubishi 사가 2008년 3월 말 회계기간의 연결재무제표의 주석에서 언급한 것으로 엔 환율이 어떻게 매출액에 영향을 주는지를 경고한 좋은 사례이다.

 "해외사업으로부터의 배당금, 해외소재 연결자회사의 수익, 그리고 지분법적용 관계사의 수익이 본사의 순이익을 구성하는 비중이 매우 높고, 이러한 수익의 대부분이 외화로 표시되어 있기 때문에 엔화의 절상은 연결재무제표상 순이익에 부정적인 효과

가 있다. 미 달러화 대비 1엔의 변동은 연결재무제표상 순이익에
약 27억 엔의 효과가 있다."

결론 : 애널리스트는 대상회사의 환율변동에 대한 민감성과 회
사가 불리한 환율 변동에 대응하기 위해 취한 방안을 정확하
게 이해해야 한다. 환율변동은 예측하기가 매우 힘들다. 외환
시장은 거대하고 유동적이며, 불안정하다. 외환시장의 많은
시장참가자들은 단지 이익만을 당면목표로 하지 않는다. 애널
리스트는 기초주식평가를 단지 기대환율변동에 의존해서는
안 되며, 평가 시 대상회사의 기본적인 영업환경에 그 평가분
석의 근거를 두고 잠재적인 환율변동으로 인한 효과는 환율변
동에 따른 긍정적 또는 부정적 리스크로 표현해야 할 것이다.

　　다음은 한 기업의 잘못된 환율 방향성 예측으로 인한 투자실패
와 상황을 더욱 악화시킨 공시에 관한 몇 가지 사례이다.

사례연구 ●●●●

환 리스크

개요 : 2008년 10월 20일 CITIC Pacific사의 주가는 환거래로 인한
155억 홍콩달러의 손실을 공시하면서 50% 이상 떨어졌다(이 숫
자는 나중에 추가적인 주가 하락으로 186억 홍콩달러로 늘어났다). China
Daily지에 보도된 바에 따르면, 회사는 호주달러가 미국달러에 비

해 절상될 것으로 예상하여 베팅했으나 환율은 7월 최고가 대비 30%나 하락하였다. 이는 많은 홍콩의 투자자들을 실망시켰다.

세부사항 : 그러나 투자자들을 훨씬 더 짜증나게 만든 것은 회사의 이사들이 재무 및 투자포지션의 중대한 부정적 변화를 인지하지 못했다는 공식발표와 해당 손실에 관한 사항이 6주 후에나 공시되었다는 것이다. 몇몇 투자자들은 이러한 손실을 사전에 알았다면 투자를 하지 않았을 거라고 주장하면서 본인들의 투자금 반환을 요청했다. China Daily지에 보도된 한 투자자는 본인이 CITIC사에 투자한 이유는 안정적인 재무사항 때문이었다고 주장했다.

중국 국무원 산하의 투자기업인 CITIC그룹이 당해 외환거래에 대한 책임을 지고 추가 자본금을 출자하여 이 홍콩의 계열사를 구제했다(이는 CITIC그룹에 대한 Moody's 신용등급을 하향하게 만들었다. 이후 2009년 7월 말 호주달러의 회복에 의해 해당 거래는 다시 이익의 상태로 돌아왔다). CITIC Pacific사의 재무담당이사와 재무담당책임자는 교체되었으며, 이 스캔들이 상부로 보고되자 회사의 회장과 재무이사는 사퇴했다.

결론 : 앞으로 기업지배구조 리스크의 부분에서 다시 다루겠지만 애널리스트는 회사의 파생상품, 환거래 및 헤지거래 전략에 대한 분명한 이해가 있어야 한다. 또한 애널리스트는 경영진이 리스크 관리절차를 충분하게 구축하고 시기적절하게 시장과 소통한 실적이 있는지에 대하여 만족스러워야 한다.

수익 리스크

영업의 가장 중요한 원칙은 최소한 주식시장에 상장된 주식을 가지고 있는 주주들에게 수익을 안겨주기 위해 자본을 투자해야 한다는 것이다. 영업 및 투자의사 결정은 프로젝트에 대한 예산지출로부터, 자산/부동산, 인적 자원 정보/지식, 수익의 재투자에 대한 의사결정 및 배당의 형태에 의한 수익의 재배분의 결정까지 다양하다. 마찬가지로 재투자 및 수익배분의 의사결정은 투자자의 투자가 단기간에 회수되는가, 또는 미래에 회수되는가에 대한 사항을 결정한다. 요점은 모든 투자는 기대만큼의 자본성장률이나 수익을 예상한 만큼 빨리 창출해내지 못할 수도 있는 기본적인 리스크를 수반한다. 애석하지만 우리 모두가 알고 있듯이 실제로 투자가 전혀 수익을 창출하지 못할 수도 있다.

상표권 도용 리스크

기업의 잠재이익이 지적재산권의 도용에 의해 상실되는 경우가 있다. 다음 사례를 살펴보자.

사례 ●●●●

상표권 도용

개요 : 누군가가 당신의 상품을 복제하는 것도 충분히 안 좋은 상황인데 심지어 회사 전체를 복제하는 경우는 어떠하겠는

가? 이런 경우가 2006년 5월 1일 New York Times지의 데이비드 라규(David Lague)에 의해 보도된 중국의 NEC 사례에서 발생했다.

세부사항: 상표 위조자들은 NEC사의 상표로 중국, 홍콩 및 타이완에 50개의 공장을 설립하였다. NEC사에 고용되어, 본 사례를 조사한 International Risk사[9]의 스티브 비커스(Steve Vickers)에 따르면, 상표 위조자들은 자신들이 만든 NEC사의 명함을 가지고 있었고 NEC의 이름으로 제품 연구와 개발을 위임하고 생산과 공급 주문서에 서명했으며, 공식 품질보증서를 발급하고 각 공장들로부터 로열티를 받았다는 명백한 증거가 존재하였다. 몇몇 공장은 가짜 NEC사의 심볼을 사용했다. 또 그 회사의 제품들은 NEC사의 정품이라고 표시한 포장재를 사용했다. 조사결과 가짜 상품들은 전 세계적으로 판매되었으며 몇몇 경우에는 심지어 NEC사의 소매대리점에서도 판매되었다. 비커스가 주장한 바와 같이 이 경우는 단순한 지적재산권의 도용이 아닌 고도의 조직화된 범죄로 전체 영업모델을 도용한 사례이다.

한편, China Daily지의 쿠이 치아오후오(Cui Xiaohuo)가 2009년 1월 2일 보도한 바에 따르면, 중국 심천의 법원은 대대적으로 Microsoft사의 소프트웨어를 도용한 총 11명을 기소했는데, 복제된 소프트웨어는 Microsoft사 제품의 공식가격의 10분의 1정도로 36개국에 판매되었으며 다른 11개 국가의 언어로 복제되었다. 이 그룹은 미화 약 20억 달러의 수익을 올렸다. 그 불법복제 소프트웨어는 Microsoft사의 적법한 코드를 가지고 있었을 뿐만 아니라, 그들이 직접 코딩을 할 정도로 범죄자들의 복제기술은 뛰어났다.

결론: 결국 모든 사람이 중국제품을 살 수밖에 없을 것이라는 알렉스의 냉소적인 태도(아래 삽화 참조)에도 불구하고, 애널리스트들은 회사의 브랜드 가치가 시장에서 어떻게 보호되고 있는지, 복제자들이 회사의 영업권을 훔쳐가는 경우 어떠한 리스크가 있는지를 이해할 필요가 있다.

아래에서 광범위하고도 조직적인 방법에 의해 선진국 시장에서 발생한 상표권 도용에 관한 흥미로운 사례를 살펴보자

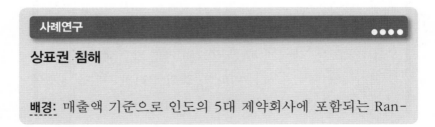

사례연구 ● ● ● ●

상표권 침해

배경: 매출액 기준으로 인도의 5대 제약회사에 포함되는 Ranbaxy Laboratories, Dr Reddy's Laboratories, Cipla, Sun Pharmaceutical Industries와 Glenmark Pharmaceuticals는 미국에서 연간 미화 140억 달러 가치의 일반의약품을 판매하여 약 25%의 시장점유율을 가지고 있었다. 2009년 2월 2일 Wall Street Journal지의 우다이 칸데파카(Uday Khandeparkar)에 의해 보도된 바에 따르면, 이 시장점유율은 다른 어느 나라와 비교해도 가장 높은 것이었다.

칸데파카는 미국 제약업계의 환경 때문에, 특허권 소지자가 제기한 소송이 타결되기 전에 위험한 환경에 놓여 있는 복제의약품을 판매하는 경우 아주 높은 수익을 올릴 수 있다고 주장했다.

세부사항 : 따라서 복제의약품 제조사가 벌금을 내고도 수익을 얻기에 충분한 몇 년의 기간 동안에 브랜드 도용 사례들이 발생하곤 한다. 물론 그 시간 내에 충분한 수익을 얻지 못할 수도 있다. 즉, 복제의약품 제조사들은 도박을 하는 것이다. 특허권 소지자들은 의약품 가격이 떨어지기 전에 시간을 오래 *끄*는 법률소송보다는 가능한 한 빨리 특허권 분쟁을 해결하는 것을 선호한다. 최근에 시간을 오래 끈 소송 건은 2002년에 Pfizer사가 Ranbaxy사를 상대로 제기한 세계적으로 많이 판매되었던 콜레스테롤 의약품인 Lipitor에 대한 특허권 소송으로, Pfizer사는 1심에서는 승소했다. 그러나 항소심에서 Pfizer사의 특허권 자체에 문제가 있다는 것이 발견되었다. 두 회사는 Ranbaxy사가 복제의약품 형태의 Lipitor를 미국시장에서 2011년 12월까지 판매하는 것으로 최종 합의했다.

복제의약품 제조사가 패소할 수도 있다. Barr Pharmaceuticals라는 미국의 복제의약품 제조사는 2005년 9월 Organon사의

Mircette라는 임신조절용 의약품을 복제의약품으로 제조한 것과 관련하여 미화 8천만 달러를 지불하는 것으로 소송을 타결했다. Barr사가 승소한 1심 판결은 지방법원의 항소심에서 반전되었다. 하지만 Barr사가 소송에 성공한 경우도 있다. 예를 들면, 2009년 8월 Bayer사는 Yasmin이라는 임신조절용 알약의 특허권에 대한 항소심에서 패소하면서 복제의약품시장을 Barr에게 넘겨주었다. 이 회사는 나중에 Teva사에 의해 인수되었다.

결론 : 애널리스트는 복제의약품에 대한 특허권 도박에 있어 투자자에게 나쁜 방향으로 결론이 날 위험성을 강조하면서, 도박의 승부 결과에 대한 확률을 측정할 필요가 있다. 특허의약품을 제조하든 복제의약품을 제조하든 간에 약품 제조사에게 특허소송은 대규모의 손실이 발생할 위험성이 크다.

정치적인 측면도 고려해야 한다. 미국의 오바마 대통령은 미국 시민이 저가의 복제의약품을 쉽게 이용할 수 있는 환경을 조성하고자 했다. 이것이 옳건 틀리건 간에 여러 가지 애매한 사항들이 소송으로 이어질 가능성이 있다. (Stoneridge 대 Scientific Atlanta[10]와 BAE시스템의 무기거래[11]와 관련한 소송에서도 알 수 있듯이, 민주주의 국가에서조차도 정치가 법률 시스템에 영향력을 미치는 것을 알 수 있다.)

추가사항 : 물론 상표권이나 특허권의 문제는 제약업이 아닌 다른 모든 산업에서도 발생할 수 있다. 예를 들면 삼성전자는 2010년 1월 Rambus사와의 컴퓨터 메모리 특허 분쟁을 종결하면서 미화 9억 달러를 지불했다. Rambus사의 주식은 14%나 올랐다고 Bloomberg는 전했다.

현금흐름과 유동성 리스크

이익과 관련한 재무리스크 중 하나는 회사가 부채 만기 시 이를 상환하지 못할 위험성이다. 회사는 자산측면에서는 풍족할 수 있고, 여전히 이익을 창출하고 있으나 현금이 부족할 수도 있다. 2008년 3월 시장의 참여자들은 명백하게 Bear Stearns의 유동성에 관련된 우려로 주식을 공매도했다(헤지펀드에 의한 공매도에 관한 사례를 참조하라). 회사의 채권자와 거래처들은 명백하게 회사에 대한 신뢰를 잃었으며 자금공급을 중단해버렸다.

가치평가 리스크

증권이나 자산에 가치를 부여하는 "자본화"란 실제로 미래 기대수익을 순현재가치로 환산하는 것이다. 현금흐름할인법이나 배당할인모형의 중요한 부분은 순이익의 형태로(현금수익이건 배당이건 간에) 적절한 수준의 기대수익을 결정하는 것뿐만 아니라 가장 적절한 할인율을 결정하는 것이다. 애널리스트와 시장이 해야 할 일은 리스크를 적절히 평가하는 것(즉, 소위 무위험 이자율에 대한 리스크 프리미엄을 수량화하는 것)이다. 실제로 과대평가나 과소평가의 위험성이 당면한 가장 중요한 리스크다.

　일부 애널리스트는 단순히 그들의 목표가격이 현금흐름할인법이나 배당금할인모형에 기초한다고 주장하지만, 예를 들어 리스크 조정 할인율, 가중평가 자본비용 가치평가 시 사용된 베타 등 기초가격 산정 시 적용되는 가정들이 무엇이고, 그들이 왜 이러한 기초 가정들이 적정하다고 생각하는지를 투자자에게 적절하고 충분하게 알려주는 것이 더욱 중요하다. 그리하여 만약 고객들이 다른 가정을 가지고 있다면, 고객들 스스로가 애널리스트의 가치평가에 대해 적절한 조정을 할 수 있는 것이다. 다시 말해 민감도 분석은 다른 가정들하에서 현금흐름할인법이나 배당금할인모형의 평가결과가 어떻게 달라지는지를 보여줄 수 있다. 주가 대 수익비율이나 경제적 가치 대 이자, 세금, 감가상각 전 이익비율, 배당수익률 같은 평가승수들은 주식의 역사적 가치평가나 산업평균에 대한 비교치로서의 가치평가가 상대적으로 높은지 낮은지를 비교할 수 있도록 도와준다. 그리하여 주어진 목표평가치를 달성하는 리스크를 평가하는 데 도움을 줄 수 있다. 회사의 주가 대 이익비율과 수익률 간의 평가나 시장가 대비 장부가액 비율과 비교한 자기자본 수익률과 성장률 간의 비교치 등은 비슷한 도움을 줄 수 있다. FT지의 존 아서스(John Authers)가 선호하는 두 가지 측정치는 첫째로 회사의 주식시장가치와 자산의 대체비용을 비교하는 q비율(토빈의 q비율 같은)[12]과 둘째로, 현재의 주가를 경기 사이클을 고려하여 과거 10년간의 평균수익과 비교한 주가 대 수익비율이다. 물론 이러한 측정치가 비교 가능 측정치라는 전제를 해야 한다.

모형화와 계산착오의 리스크

아주 일반적이지만 애널리스트가 인정하기 싫어하거나 강조하기 싫어하는 리스크 중의 한 가지는 합산을 할 때 발생하는 계산 리스크이다. 가끔 계산오류, 중복계산, 공식의 부정확한 적용 그리고 재수정이 필요한 확고부동한 공식에서의 오류 등에 의해 수치가 잘못 기록된다. 이러한 잘못된 계산은 이익예측치, 가치평가, 목표가격 그리고 투자의견에 영향을 미칠 만큼 중요할 수 있다.

1998년 저명한 하버드 대학 교수였던 멀튼(Merton) 박사와 MIT 대학 교수였던 숄츠(Scholes) 박사를 영입한 LTCM(Long-Term Capital Management)의 몰락 이후 전 세계 재무모형 전문가들은 그들의 공식을 재점검하기 시작했다. 역사적 가치평가가 부적절했는지의 논쟁에 대해 애널리스트들은 나심 니콜라스 탈렙(Nassim Nicholas Taleb)의 *The Black Swan*의 사례를 읽어볼 필요가 있다.

사례

••••

모형화 리스크

개요 : 비록 리서치 모형이 아닌 특정 전산화된 트레이딩 시스템에 대한 것이지만 길리안 테트(Gillian Tett)와 아누즈 강가르(Anuj Gangahar)는 2007년 8월 15일자 FT지에 다음과 같이 기고했다. "천 년에 한 번 나올 법한 사건 몇 가지가 지난 주에 발생하여 수십억 달러의 손실을 발생시켰으며, 이의 원인은 알고리즘 트레이딩 시스템의 설계 오류로 파악되었다."

세부사항 : Euromoney가 발간하는 Euroweek지가 3월 16일자에 보도한 바에 따르면, 2007년 3월 Moody's의 은행에 대한 새로운 등급평가방법은 시장참가자들에 의해 중대한 오류가 있는 것으로 비판되었으며, 어떻게 하면 애널리스트가 계산상 오류를 발생시킬 수 있는지를 보여주는 매우 중대한 사건이었다. 다른 사례는 2008년 5월 21일, 샘 존스(Sam Jones)와 길리

안 테트(Gillian Tett) 그리고 폴 데이비스(Paul Davies)에 의해 FT 지에 보도된 사건인데, Moody's의 고위집행임원은 2007년 초 AAA로 평가된 상품인 '고정비율부채증권(Constant Proportion Debt Obligations-CPDOs)'이 코딩의 오류를 고치면 4단계나 아래의 등급으로 평가되었어야 한다고 보도했다. 그러나 해당 상품의 평가등급은 전반적인 시장하락기인 2008년 1월이 되어서야 하락했다.

결과 : CPDO의 낭패에 대한 FT지의 보도에 따라 Moody's는 당해 사항에 대해 충분한 내부조사를 했다고 발표했다. 하지만 그동안에 Moody's의 주가는 15%나 하락했으며, 두 달도 되지 못해 런던에 근무하던 파생상품업무부 부서장은 회사를 그만두어야 했다.

전 세계 서브프라임 위기로 인한 신용위기는 패키지화되어 판매되고 다시 패키지화되어 재판매된 부채담보부증권과 부동산담보부증권의 가치와 이 부채의 최종 책임이 실제로 누구에게 있는지를 아무도 모른다는 것이 밝혀지면서 2007년부터 시작되었다. 이는 금융상품이 보다 구조화되고 복잡해져 이를 적절히 평가하거나 이해하기가 어려워지면서 발생하게 된 문제이다. 2008년 9월 24일자 Bloomberg지 기사에서 엘리엇 블레이어 스미스(Elliot Blair Smith)는 "노벨상을 수상한 경제학자인 뉴욕 컬럼비아 대학의 조셉 스티글리츠(Joseph Stiglitz) 교수의 말을 인용하여 신용평가기관들은 부채담보부증권을 F등급에서 A등급으로 전환시킨 연금술을 수행한 사람들이라고 말했다"고 보도했다.

가격산정 오류 리스크

세부사항 : 2008년 6월 1일자 New York Times지에 보도된 서브프라임 위기로부터 촉발된 사례는, UBS사와 비교적 소규모 헤지펀드인 Paramax Capital 간의 신용부도스왑 거래의 분쟁과 관련한 것이었다. UBS사는 Paramax Capital사에게 약 미화 13억 달러 상당의 부채담보부증권을 헤지하기 위해 스왑거래를 매도했다. 해당 부채담보부증권은 S&P와 Moody's에 의해 AAA로 평가되고, 유효 보험프리미엄은 분명 0.155%(또는 미화 2백만 달러)였다. Paramax Capital사는 잠재적인 채무에 대한 우려를 표명했지만 UBS사는 이러한 우려를 해소하고자 노력했다. 결국 해당 증권은 AAA의 평가를 받았다. 이러한 헤지펀드의 우려는 해당 부채담보부증권의 가격이 떨어지기 시작하면서 현실로 나타났다. 거래조건상 Paramax사는 가격이 하락할수록 보다 많은 증거금을 쌓아야 했다. 해당상품의 가격이 계속 하락하자, 마진콜이 발생했고 2008년 10월 28일자 보도에 의하면 두 당사자는 결국 상호우호적인 협상을 타결했다.

다른 사례는 Credit Suisse사에서 발생했는데 영 FSA는 회사에 대해 내부통제시스템의 실패에 대한 책임을 물어 영 560만 파운드의 벌금을 부과했다. 회사는 조기타결로 인한 벌금할인을 받았다.

문제의 발단은 특정 자산담보부증권의 잘못된 평가에서 시작되었다. 영 FSA의 웹사이트에 따르면 2008년 2월, 회사는 증권가격

계산상의 몇 가지 실수를 발견했으며, 이에 따라 자산담보부증권 가격이 재계산되었다. 이로 인하여 미화 26억5천만 달러의 수익이 감소되어야 했다. 미 SEC 집행국장인 마가렛 콜(Margaret Cole)은 이러한 갑작스럽고 예기치 않은 공시가 시장의 신뢰를 저해했을 잠재성이 있었다고 전했다.

2008년 2월 5일자 FT지에 보도된 별도의 사례에 따르면, 프랑스 은행인 Natixis는 Terra Firma라는 사모펀드에 소송을 제기했으며, 이는 2002년에 7억5천만 파운드를 조달하는 과정에서 Boxclever의 순현재가치 계산 시 잘못된 재무모델을 사용했다고 밝혔다. Terra Firma는 담당임원이 본인의 경력이나 회사의 평판을 손상시킬 명백한 모델의 오류를 감출 이유가 없었다고 주장하면서 관련 임원을 보호하였다. FT지는 4월 2일, Natixis와 Terra Firma가 수개월간 비밀 협상을 했다고 보도했다.

데이비드 오클리(David Oakley)는 2008년 7월 21일 FT지에 어떻게 유로 존에서 신용부도스왑의 가격이 국가별로 차이가 나는지를 보여주었다. 나라별로 신용 리스크가 다르므로 이는 별로 놀랄 일이 아니라고 할 수 있지만, 흥미롭게도 이 기사는 과거 6주전에 비해 어떻게 신용부도스왑의 가격이 급격하게 인상되었는지를 보여주었다. 해당 기간 동안 독일 정부 국채에 대하여 1천만 유로 상당의 채무 불이행에 대한 보험은 1,000유로(또는 20%)에서 6,000유로로 인상된 반면, 지중해에 위치한 국가들에 대한 인상폭은 훨씬 높았다(예를 들면 아직 국가신용위기가 완전히 해소되지 않은 그리스의 경우 거의 45%였다). 이는 신용부도위험에 대한 가격이 너무 낮게 책정되었다는 명백한 증거가 되었다.

결론 : 애널리스트나 증권의 가치평가와 관련된 많은 사람들은, 반드시 고객들(자산운용사의 애널리스트의 경우 내부고객들)에게 가치평가에 있어서의 예외적인 사항을 설명해야 한다. 애널리스트들은 설정한 가정이 상대적으로 보수적인지, 공격적인지에 대한 직감을 가지고 있어야 하며, 또한 이러한 예상 측정치를 경쟁자들에 의해 공표된 수치들과 어떻게 비교해야 하는지를 알고 있어야 한다. 그들은 고려대상이 되는 다양한 가치평가방법이 있다는 것을 강조해야 한다.

만약 애널리스트가 방법론상 중대한 오류를 발견하거나, 생각한 것과는 달리 기존의 가정들이 타당하지 않다는 것을 발견한 경우, Barings, SocGen, Madoff나 Satyam의 손실을 가져온 장본인들이 문제를 숨긴 후 나중에 보고하여 문제를 더욱 악화시킨 것과 같이 행동해서는 안 되며, 즉시 그것을 공지할 필요가 있다. 만약 애널리스트가 모델에 오류가 있음을 인지한 것이 증명될 경우 법률소송을 당할 위험성이 높다.

정보 리스크

리스크 중에서 어떤 것들은, 예를 들면 미국 국채와 같은 소위 무위험자산의 수익률(주석 6번을 참조하기 바람)은 기존 수익률을 대비하여 측정하거나 조정할 수 있다. 하지만 다른 종류의 불확실성은 측정하기가 쉽지 않다. 이와 관련된 위험성은 정보의 질에 관한 것이다. 이 책에서 중요하게 다루고 반복하는 주제 중 하나는 애널리스트가 정보의 원천이 무엇인지를 명확히 밝히는 것이

고, 이에 대해 얼마나 신뢰할 수 있는지를 결정하는 데 도움을 준다. 이것이 투자자들이 투자의사결정을 하는 데 있어 그 위험성을 평가할 수 있도록 도와준다. 거래소 공시자료나 보도자료의 배포, XBRL(재무보고전용 국제표준 전산언어: eXtensible Business Reporting Language)나 이에 상응하는 쌍방향 데이터, 회사와 일대일 회의에서의 경영자의 논평, 확인 또는 미확인 보도자료, 블로그, 소셜네트워크(SNS)상의 답변, 시장평균예측치, 애널리스트의 예측 등 다양한 정보조달과정을 거쳐 얻은 모든 자료가 분석되어야 한다. 그러나 이러한 정보 중 일부는 다른 것보다 신뢰성이 높다. 또 어떤 정보는 다른 것보다 시장에서 보다 덜 중요하게 고려되어야 한다. 주어진 법규 내에서, 투자자들은 중대하고 가격에 민감한 내부정보를 제외한 모든 정보를 필요로 하며 투자의사결정을 위해서는 그 정보를 얼마나 신뢰할 수 있는지 알 필요가 있다.

인수합병 리스크

기업구조와 여유자금 수준을 포함한, 자본 및 기업구조와 관련된 잠재적 기업구조조정(인수합병이나 주식 대규모 매물부담)의 여러 위험성이 있다. 인수합병 리스크를 강조하는 논의와 관련하여, 제1장에 있는 루머, 투기 및 인수합병 그리고 인수합병 매물을 찾는 과정과 관련된 사례를 참조하기 바란다. 아래에서는 애널리스트가 과거에 예측된 인수합병이 현실화되지 않을 경우, 기존의 가정들을 신속하게 변경할 필요가 있는 사례를 살펴보기로 하자. 이 사례는 다양한 리스크들, 즉 경제적, 인수합병, 기업지배구조 및 경영실행 리스크의 중요성을 보여주는 것이다.

인수합병 리스크

개요 : 2008년 11월 말, BHP Billiton사는 Rio Tinto사를 적대적으로 합병하려고 한다는 놀라운 소식을 전했다. 이 사례는 애널리스트의 가정이 갑작스럽게 변경되어야 할 필요성을 보여주는 것이다. BHP사의 대표이사는 세계 경제상황이 좋지 않음에도 불구하고 여전히 거래를 진행하기를 원하며 이에 대한 융자자금이 준비되어 있음을 확인했다.

세부사항 : 2008년 12월 1일, 아델 퍼거슨(Adele Ferguson)은 Australian지에서 이 딜과 관련한 몇 가지 비용을 강조했는데, BHP사가 이 딜과 관련하여 대손상각한 것은 4억5천만 호주달러가 전부지만 실제 비용은 경영자가 투여한 시간, 주식가격의 급락, 주식재매입이나 다른 딜을 진행하지 못한 기회비용을 고려할 경우 훨씬 더 크다고 주장했다. 또한 그 거래가 철광석 시장의 독점을 가져온다고 걱정하는 지역고객과의 관계에 미친 악영향을 고려하면 계산할 수조차 없는 비용이 발생했다고 전했다.

퍼거슨은 실패한 딜의 중요 제안자가 적절한 공시를 하였는지, 이러한 공시가 주주에게 적정했는지에 대하여 의문을 제기했다. 6개월 후 애널리스트는 BHP사와 Rio Tinto사가 제철소 합작 건에 대한 계획을 보도했을 때 다시 계산기를 두드려야 했다. 그 당시 Rio사는 유상증자나 BHP사와의 합작을 추진하는 대신 보유주식을 늘리라는 Chinalco의 제안을 거부했다.

결론: 애널리스트는 기존의 가정이 변경되는 경우 즉시 반응할 필요가 있으며, 만약 상황이 기대한 바와 같이 진행되지 않을 경우 미리 투자자에게 가능한 모든 연쇄효과에 대한 사항을 경고할 필요가 있다. 이 경우 시장이나 관련 산업에 있는 다른 리서치 대상 회사에 대한 평가에도 영향을 미칠 수 있다.

기업지배구조 리스크

기업지배구조에 대한 중요성이 증가하고 있기 때문에, 필자는 이 주제에 대한 별도의 장을 마련했다. 기업지배구조와 주식시장의 성과가 연결되어 있다는 것을 확신하고자 하는 독자는 하버드 대학의 폴 곰퍼스(Paul A. Gompers)와 스탠포드 대학의 조이 이시이(Joy L. Ishii) 그리고 예일 대학의 앤드류 메트릭(Andrew Metrick)이 공동 집필한 『기업지배구조 및 주가(*Corporate Governance and Equity Price*)』라는 책을 읽어보기 바란다.[13] 해당 연구는 1,500개 기업의 기업지배구조 인덱스를 계산하여, 지배구조의 수준이 가장 낮은 10%에 속하는 기업들, 즉 주주의 권한이 가장 강한 기업을 사고, 지배구조의 수준이 가장 높은 10%에 속하는 기업들, 즉 주주의 권한이 가장 약한 기업을 매도하는 투자전략이 평가기간 동안 연 8.5%의 비정상적 수익률을 구현하는 것을 보여주었다. 그들의 연구결과에 따르면 주주권한이 강한 기업들은 높은 기업가치, 높은 수익률, 높은 매출성장률, 낮은 자본비용을 가지고 있으며 거의 인수합병을 하지 않았다.

그러므로 기업을 평가하는 것은 단순히 재무제표상의 숫자 놀음만이 아니며 회사의 경영진과 기업이 어떻게 경영되고 있는지에 대한 이해가 바탕이 되어야 한다.

기업지배구조 리스크의 측정

1990-2001년에 발생했던 Enron, Worldcom, Ahold 및 Parmalat 사 등과 같은 수많은 기업 스캔들은 기업지배구조에 대한 관심을 야기했다. 이러한 사례는 새로운 회계 및 부외부채의 문제들에 대한 관심을 촉발시켰다. 2007-2008년의 신용위기와 소위 "불법거래 트레이딩(rogue trading)"이라고 불리는 사례들은 일반인들에게 많은 공기업 및 사기업에서의 리스크 관리가 여전히 문제가 있다는 것을 보여준다. 신용위기가 절정의 세계 금융위기로 번져갔고, 이와 함께 자본주의 시스템의 신뢰가 무너졌다. 신뢰를 재구축하는 것은 길고도 지루한 과정이 될 것이며, 각 개별기업은 시장의 신뢰를 되찾을 필요가 있다.

애널리스트는 시스템적인 기업지배구조 리스크가 어떻게 분석대상회사의 평가에 영향을 미치고 회사의 상품이 판매되는 시장에서 어떻게 평가되는지를 고려해야 한다.

다양한 기관과 출판사들이 다양한 범주에 기초해서 매년 기업별 순위표를 작성한다. 예를 들면, 세계은행은 각 나라에서 얼마나 쉽게 영업을 할 수 있는지에 대한 기준으로 국가별 순위를 매긴다.

애널리스트는 기업과 경영진 각각을 완벽히 이해하고 투자자들에게 리스크를 알려줄 수 있어야 한다. 자체적으로 기업지배구조 등급을 책정한 세계최초의 기관인 Governance Metrics International(GMI)은 다음과 같은 기업지배구조 기준에 의해 기업을 측정했다.

- 이사회의 책임
- 재무 공시 및 내부통제
- 주주권한
- 경영자의 보수
- 통제와 소유구조를 위한 시장
- 기업행동 및 기업의 사회적 책임(CSR) 주제들

Euromoney Institutional Investor사(역자주-영국에 본부를 둔 유럽의 가장 큰 금융잡지 출판사)의 시사경제자인 Asiamoney지는 해마다 아시아 지역 기업들에 대하여 공시와 투명성의 측면에서 등급을 정한다. Deutsche은행과 CLSA사와 같은 증권사는 정기적으로 기업지배구조 및 그들의 리스크 관리 수준의 측면에서 분석대상회사를 평가한다. 예를 들어, CLSA사에서 아시아 기업을 대상으로 기업지배구조 등급을 측정하는 것을 담당하는 아마르 길(Amar Gill)은 통상 회사의 평가점수는 지배주주가 없을 때 높다고 주장한다. 2007년 10월 12일 SCMP지의 보도에 의하면 아마르 길은, "고위 경영진은 회사의 지배주주가 없는 경우 지배주주와 기타 주주를 동등하게 중요시한다"고 말했다.

다른 극단적인 예로서 주주 구성이 너무 다양해도 문제가 된다. 소규모 투자자인 개인투자가들은 회사 경영에 무관심할 수 있다. 적극적인 주주활동을 하는 소액주주의 반대가 없다면 경영진은 보다 강력한 힘을 가지고 그들이 원하는 대로 회사를 운영하게 된다. HSBC 주식의 1% 미만을 소유한 나이트 빈크(Knight Vinke)는 2007년 9월, 은행업계의 거인인 HSBC에 회사의 영업 전략을 검토하도록 이의를 제기하면서 기업지배구조에 대한 우려를 불러일으켰다.

이 행동주의 헤지펀드가 HBSC의 최대주주인 Legal & General 사의 도움을 받게 된 것은 2009년 6월 무렵이 되어서였다. 하지만 Legal & General의 주식보유율도 단지 3% 정도였다. 2010년 2월, 주주들이 HSBC가 CEO의 급여를 올리는 것을 3분의 1 이상의 반대로 취소하게 만든 것은 아주 흥미로운 일이었다.

애널리스트나 이와 관련하여 투자자가 참고해야 할 매우 유용한 것은 세계은행그룹의 일원인 국제금융공사(International Finance Corporation, IFC)[14]의 웹사이트다. 이 사이트는 국제금융공사의 담당자들이 투자하고자 하는 회사의 기업지배구조 수준을 확인하는 절차를 보여준다. 이러한 절차에는 투자담당자가 고객을 만날 때의 첫인상, 고객에 의한 자체적인 평가, 이사회, 내부통제 및 공시의 투명성 그리고 주주 권익 등에 대한 상세한 평가를 포함한다.

애널리스트는 본인이 분석하고 있는 회사가 잘 운영되고 있는지, 경영진이 단순히 주주뿐만 아니라 채권자, 종업원, 고객, 거래상대방 그리고 넓게는 지역사회 등 회사와 관련된 모든 관계자의 이해를 적절히 고려하고 있는지를 알고 있어야 한다. 이럴 경우에만 애널리스트는 기업의 평가에 있어서 기업지배구조의 리스크를 적절히 반영할 수 있게 된다. 애널리스트들은 리스크로 인지된 기업지배구조에 문제가 있는 경우, 최소한 이를 강조할 수 있어야 한다. 좋은 기업지배구조에 대한 투자자의 관심은 좋은 회사와 나쁜 회사의 차이점이 두드러지게 나타나는 시점인 시장하락장세와 변동장세에 더욱 높아지게 된다.

아래에서는 사회적 책임, 경영자 보수, 주주에 대한 공평한 대우, 계열사 간의 거래, 독립적인 사외이사 및 리스크 관리와 같은 기업지배구조의 사례를 살펴보고자 한다.

사회적 책임

좋은 기업지배구조란 실제로 기업 경영진이 책임관계를 명확히 하고 모든 이해관계자의 이해를 공평하게 조정하는 것을 의미한다. 앞서 말한 바와 같이, 이러한 이해관계자들은 최대주주뿐만 아니라 소액주주, 종업원, 채권자, 고객, 거래 상대방을 모두 포함한다. 경영진은 보다 광범위한 의미에서 사회적·환경적 책임이 있다.

필자는 회사가 대중소비시장이나 사회 전반을 대하는 방식으로서의 사회적 책임을 기업지배구조의 한 관점에서 본다. 결국 납세자나 공해유발자처럼 상장사는 사회와 직접적 관계를 맺고 있다. 여기서 필자는 담배나 무기와 같은 상품이 가지고 있는 도덕적인 문제를 다루고자 하는 것은 아니며, 회사가 시장에서 해당 상품을 만들어 파는 데 있어 법적 제약은 없다고 가정한다. 사회적 책임 투자에 관한 논의는 제1장에 있는 샤리아 율법에 관한 사례를 참조하라.

기업지배구조(사회적 책임 - 순위)

세부사항 : 2007년 10월 30일자 Sydney Morning Herald지의 보도에 따르면 시드니에서 열린 세계 제1차 국제소비자기구 총회(Consumers International World Congress)는 도덕적 기준에 미달하는 주요회사의 이름을 발표했다.

최악의 기업은:

미국에서 건강에 대한 경고문도 고지하지 않고 "신학기"에 아이들에게 Rozerem이라는 불면증 치료를 광고하여 가장 비윤리적인 기업으로 평가받은 Tekada Pharmaceuticals사, 다른 기업들로는 영국에서 수돗물을 정수하여 Dasani이라는 상표로 병에 든 생수를 판매한 Coca-Cola사, 만화영화의 등장인물을 사용해서 설탕덩어리 시리얼을 전 세계 어린이에게 판매한 Kellogg사, 납 성분이 함유된 페인트에 대한 우려가 제기되자, 전 세계에서 2천1백만 개 이상의 인형을 회수한 후 추가조사를 거부하고 책임을 미룬 Mattel사 등이 포함된다. 국제소비자기구의 단체장인 리처드 로이드(Richard Lloyd)는 Mattel사의 경우를 무책임한 기업의 전형적인 사례로 소개하였다. 2010년 1월 Toyota사는 급발진과 관련한 문제로 전 세계적으로 약 8백만 대의 차를 리콜했다. 그 당시 Toyota는 제품회수 방식에 문제가 있다고 거센 비판을 받았고, 워낙 대규모의 제품회수 조치였기에 불가피하게 회사의 평판에 큰 타격을 입었으며, 그 후 매출에도 큰 영향을 받았다. 회사 대표의 사과 발

표가 브랜드의 신뢰를 회복하기에 시기적절하고 충분했는지에 대한 의문은 여전히 남았다.[15]

취리히에 본사를 둔 Ecofact는 환경적·사회적으로 큰 논란이 있는 기업의 리스트를 작성하고 동 기업들에 대한 언론의 부정적 시각, 그리고 이에 따른 비난을 수치화하여 등급을 부여했다. Shijiazhuang Sanlu, China Petroleum(Sinopec), 삼성그룹, Siemens와 ArcelorMittal도 2008년에 상위그룹에 기재되었다. Sanlu사는 중국의 멜라닌 스캔들과 관련하여 악명을 떨쳤으며, 2008년 12월에 파산했다. Barclays, Citigroup, Societe General, Bank of America와 Deutsche 등의 금융기관도 상위에 올랐다.

결론 : 회사가 이해관계자들 중 어느 한쪽의 이해관계를 적절히 배려하지 못하여 실패하는 경우, 모든 다른 이해관계자에 대한 경영진의 태도가 무엇인지를 단적으로 보여준다. 즉 "하나가 잘못되면 모든 게 잘못된다(falsus in uno, falsus in omnibus)." 경영자와 주주의 의사소통 문제를 다룬 제5장의 사례를 참조하라. 애널리스트는 회사의 기업지배구조 문화에 대한 시스템적 문제가 있는지 그리고 그 문제가 일시적인 것인지, 또는 조직의 문제인지 아니면 개인의 문제인지를 결정할 필요가 있다.

결국 부정적인 언론과 제품회수 조치는 직접적으로 회사의 이익이나 시장가치에 영향을 준다.[16] 하지만 이러한 직접적 영향을 고려하지 않고서도 애널리스트는 기업지배구조에 대한 평가결과에 따라 할증률이나 할인율을 적용하여 회사를 적절히 평가해야 하며, 최소한 기업지배구조에 관한 문제를 투자에 대한 리스크로 강조해야 한다. 회사들은 가끔 위기에 직면한다. 하지만 보다 중요한 것은 경영진이 리스크를 대하는 방식이나 그들이 시장에 전달하려는 신뢰도의 수준이다.

투자결과가 좋은 강세장에서는 대체로 이러한 고려사항이 투자자들에게 특별히 의미가 없지만, 시장이 급변하는 경우에는 투자자들이 입은 손실에 대한 희생양을 찾고 있다는 것을 애널리스트는 반드시 인지해야 한다. 투자 리스크를 강조하지 못한 애널리스트는 손쉬운 희생양이 될 수 있다. 기나긴 시장 침체기 동안 애널리스트는 리서치 대상인 주식에 대한 기업지배구조와 배당수익률 등과 같은 회사 간 차별화 요인을 발굴해낼 필요가 있다.

추가사항 : Coca-Cola사는 분명히 수돗물을 제품화한 유일한 회사는 아니었다. Pepsi사의 Aquafina도 2007년도에 생산된 제품의 표시난에 기재한 것처럼 수돗물이다. 2008년 9월 5일 SCMP지의 Lai See의 칼럼에 벤 콱(Ben Kwok)이 보도한 바에 따르면, Tingyi Holdings의 자회사인 Kangshifu사는 실제로는 수돗물을 사용한 제품을 마치 아름다운 산속 호수에서 담아온 물로 만든 제품인 것처럼 광고한 것에 대해 사죄했다.

필자는 다음 사례에서 좋은 브랜드 가치를 지키는 것의 중요성을 언급할 것이다.

브랜드명의 견고성

세부사항 : Siemens, Volkswagen, Bayer 그리고 Hugo Boss는 독일 나치와의 관련성에도 불구하고 여전히 지난 수십 년간 사업이 번창했다. UBS와 Credit Suisse는 2000년에야 홀로코스트의 희생자에 대한 보상협의를 시작했지만, Barclays 가 남아프리카의 인종차별 사례와의 관련성에도 불구하고 명성을 유지하는 것처럼, 해당 기업들은 금융위기를 겪고 있는데도 여전히 세계적으로 인정받는 이름들이다.

결론 : Hugo Boss는 명백하게 나치의 친위대인 SS의 제복을 생산했다. 그러나 모든 사람이 입을 모으는 평가는 그 옷을 입은 나치 친위대는 나빴지만 그 회사의 옷은 대단히 멋있었다고 한다. 회사가 좋은 제품을 만들기만 한다면 시장은 대단히 너그러워질 수도 있다. 앞에서 언급한 사회적 책임의 사례와 같이 Toyota가 시장의 신뢰성을 회복할 수 있을지의 여부는 앞으로 시장에서 지켜볼 일이다. 이는 2010년 위기 이후의 Goldman Sachs나 BP의 상황과도 유사하다.

대량으로 소비되는 상품에 대해 문제를 일으키는 것은 사회적으로 가장 무책임한 일이다.

기업지배구조(사회적 책임 – 대량소비시장)

세부사항 : 2008년 9월, 멜라닌이 포함된 우유 때문에 중국에서 수천 명의 유아가 사망하거나 병이 났다는 것이 밝혀졌다. 멜라닌은 보통 플라스틱이나 비료의 제조에 이용된다. 그러나 부도덕한 생산자 및 판매사들은 실제보다 단백질 함량을 높게 보이기 위한 목적으로 질소성분이 많은 멜라닌을 식품에 첨가하였다.

멜라닌 파문의 중심에 있었던 Shijiazhuang Sanlu사의 사례에서 언급되었듯이, 베이징 올림픽 후원사였던 홍콩 상장사인 Mengniu Dairy와 Yili Industrial사가 생산한 우유를 성분으로 하는 많은 제품들이 홍콩과 중국의 슈퍼마켓 진열장에서 자취를 감추었다. 국제적 제과업체인 Cadbury사조차도 자발적으로 몇몇 초콜릿 브랜드를 진열장에서 폐기했다(2007년, 살모넬라균으로 오염된 초콜릿을 판매한 혐의로 영국에서 1백만 파운드의 벌금 및 관련 비용을 지불했던 이 회사는, 이번에는 다른 것을 생각할 겨를이 없었다). 인도네시아에서는 제과업체인 Mars사가 중국에서 제조된 자사의 상품이 중국을 제외한 지역의 실험에서는 문제가 없다는 결과가 나왔음에도 불구하고 감독당국이 M&Ms와 Snickers의 묶음상품을 폐기했다는 소식을 듣고 충격을 받았다.

미국에서는 중국에서 수입된 동물사료에서 멜라닌이 검출되었다는 소식이 시장에 파문을 불러일으켰다.

결론: 어떤 경우에 있어서는 어느 시점에 그리고 누구에 의해서 특정 화학약품이 제품에 첨가되었는지를 검증하기가 어려울 수 있다. 하지만 어쨌든 간에 대대적으로 품질관리에 커다란 문제가 있었다는 것이 밝혀졌다.

애널리스트가 이러한 부정적인 보도와 파문에 어떻게 반응하는지에 관해서는 2008년 9월 22일, Mengniu사의 주식에 대한 투자의견에 대해 목표가격뿐만 아니라 비중축소 등급으로 투자등급을 격하시킨 것이 좋은 사례가 될 것이다. 다음날 그 회사의 주가는 20홍콩달러에서 8.15홍콩달러로 하락했다. 파문이 발생하기 전까지 이 주식은 홍콩항셍중국기업지수(Hang Seng China Enterprises Index)에서 프리미엄을 붙여서 거래가 되었으나 그 후에는 그렇지 못했다.

변화를 미리 예측하거나 파문에 휩싸일 리스크가 있는 회사를 발굴해내는 애널리스트는 단지 시장을 따라가는 애널리스트보다 고객에게 더욱 호감을 준다. 이를 위하여 리서치 대상 회사의 현실을 상세히 조사해, 실제로 어떤 일이 일어나고 있는지를 알고 있어야 한다. 그들은 회사 내에서 이러한 리스크를 통제하기 위하여 어떤 안전장치가 존재하는지, 그리고 그 안전장치가 얼마나 효율적인지를 이해할 필요가 있다. 식음료 산업은 항상 테러리스트의 목표가 되어왔다.

물론 항상 나쁜 사례만 있는 것은 아니다. 다음 사례에서 보는 바와 같이 회사는 좋은 기업지배구조로 신뢰를 얻을 수도 있다.

기업지배구조(사회적 책임 – 기업지배구조의 모범)

세부사항 : 2007년 12월 5일 SCMP지는 홍콩에서 첫 번째로 기업지배구조모범대상(Corporate Governance Excellence Awards)의 수상자를 보도했다. 이 보도는 홍콩상장회사협의회와 홍콩 Baptist University의 기업지배구조 및 금융정책센터와 공동으로 수행한 것으로서, Citigroup이 후원했다. 명단에 오른 기업들을 선정한 기준은 사기나 부패 및 다른 문제점들을 최소화하는 효과적인 기업지배구조, 리스크 관리 과정과 내부 및 외부 감사 과정을 포함한다. 총점기준 수상자는 China Life Insurance였으며 부문별 수상자로는 NWS Holdings, Shui On Land, 중국공상은행과 중국건설은행이 선정되었다.

2008년 4월 21일자 FT지에 보도된 바에 따르면 Google은 Millward Brown Optimor의 전 세계 Brandz의 순위에서 1위를 차지했다. 그러나 2007년 12월 4일자 FT지에 보도된 바와 같이 NGO단체인 One World Trust는 "고객과 종업원에 대한 투명성 확보가 절실히 필요하다"는 논평과 함께 Google사를 그 "개방성과 책임성" 측면에서 최하위로 선정했다.

Wal-Mart는 신용위기가 한창 진행되던 시기에 사회적 책임을 중시하는 대표적 기업으로 인정받고자 노력했다. 2008년 10월 28일자 FT지의 마이클 스카핀커(Michael Skapinker)의 보도에 따르면, 회사의 대표인 리 스콧(Lee Scott)은 베이징에서 1,000명의 중국 공급업체 대표들과 가진 회의에서 연장근로와 미성년자 고용에 대해 거짓말을 하거나, 폐기물이나 화학물질을 강과 산에 방치하고, 세금을 내지 않거나 계약을 위반하는 회사들은 궁극적으로 제품의 질에 사기를 치는 짓이라고 주장했다. 다른 회사들은 기업의 생존 문제를 걱정하던 때였다.

Wal-Mart는 기업체 전반의 도덕적 기준을 향상시킬 목적으로 설립된 Ethisphere Institute(역자주-세계적 기업윤리연구소)에 의해 조직된 기업윤리리더십동맹(Business Ethics Leadership Alliance)의 설립회원 중의 하나이다. 회원들은 법규준수, 투명성, 이해상충의 적발 및 책임성 등의 네 가지 기준을 유지하기로 결의했다.

다른 큰 조직과 마찬가지로 Wal-Mart는 부정적 언론의 비판을 받아왔다. 예를 들어 2008년 12월 10일자 AP지에 보도된 바에 따르면, 회사는 미국 미네소타에서 노동자의 휴식시간을 단축한 것을 인정하는 집단소송으로 인해 미화 5,425만 달러를 지불해야 했다. 또한 2005년에는 불법체류자인 계약직 청소원을 고용한 이유로 미화 1,100만 달러의 벌금을 지불했다. 실제로 Wal-Mart는 2008년 Ecofact에 의해 조사된 북미 환경 또는 사회적 문제기업 1위로 선정된 바 있다.

결론: 애널리스트는 회사의 기업행동의 긍정적, 부정적 측면 모두를 고려해야 하고 회사가 특정 이슈나 파문에 대해 어떻게 반응하는지를 살펴볼 필요가 있다. 애널리스트는 이에 근거하여 기업평가에 적용할 기업지배구조 관련 할증률이나 할인율을 결정할 필요가 있으며, 최소한 고객들에게 기업인지도나 기업지배구조에 관한 리스크를 고지해야 한다.

경영자의 보수

경영자의 보수에 대한 문제는 대중의 관심을 끌고 정치인을 화나게 하는 주제이다. 2009년 9월 24일자 WSJ지에 경영자의 보수문제가 금융위기의 원인이 아니라는 기사를 쓴 텍사스 대학의 제프리 프리드먼(Jeffrey Friedman)과 같은 옹호론자에도 불구하고, 은행가들은 그들의 탐욕과 리스크 선호 성향에 대해 광범위한 비난을 받아왔다. 수백만 달러의 보너스를 받은 경영진은 목숨을 위협받았다. AIG의 임원진과 심지어 그들의 가족들은 피아노 줄로 목을 매달겠다는 협박에 시달렸다.

2008년 10월 초, 미국 정부에 의해 공포된 미화 7천억 달러에 달하는 구제금융 프로그램을 논의하는 과정에서 재정위기에 처해 있는 기업의 고위 임원진의 보수와 소위 "황금낙하산"(Golden Parachutes: 역자주-적대적 M&A를 방어하는 대표적인 전략 중 하나로 임원진의 고액퇴직금)을 제한하자는 법률안이 제기되었다. 2009년 2월 취임한 오바마 미국 대통령은 정부 보조를 받는 조직의 고위 임원의 보수를 미화 50만 달러로 제한했다. 유사한 사례로, 2009년 4월 중국의 재무부는 국가기업의 통제를 받는 조직의 임원진 보수를 제한하였다. 신화통신에 따르면 보너스를 포함한 총 보수액은 2008년 수준의 90%를 넘을 수 없었다.

영국의 수상인 고든 브라운(Gordon Brown)은 보너스 제도가 은행가들에게 위험성이 큰 투자를 선택하게 하는 동기를 제공했으며 이에 대한 변화가 필요하다고 하면서 보너스 제도를 비판했다. 유럽 정부는 향후 임원진의 보수는 세 가지의 기준에 적합해야 한다고 주장했다. 즉, 모든 보수와 혜택은 투명해야 하고, 모든 보너스는 회사의 경영성과와 연동되어야 하며, 과도하고 무책임한 위험부담/감수형 투자안의 선택은 권고되지 않아야 한다는 것이다. 네덜란드의 은행연합회는 고위임원진의 보너스가 일 년간 임금의 범위 내에서 제한되어야 한다고 권고하는 업계 모범규준을 만들었다.

2009년 9월 피츠버그에서 열린 G20 정상회담에서는 이 문제를 어떻게 처리할 것인지에 대한 뜨거운 논쟁이 벌어졌다. 그해 12월 중순경 미 SEC는 만약 회사 내 보상정책으로 인해 회사가 중요한 악영향을 받을 수 있는 리스크가 예상되는 경우 회사는 임직원 보상정책을 공시해야 한다는 법규를 제정했다. 영국에서는 25,000 파운드 이상의 2009년 성과기준 보너스에 50%의 슈퍼세금을 한시적으로 부과했다. 이것은 세금을 내는 주체가 직원이 아닌 회사라는 점에서 세금납부가 결국 주주의 주머니에서 나온다는 비판이 제기되었다.

사례 ••••

기업지배구조(경영자의 보수)

배경 : 은행의 주주 대부분이 투자금액을 날린 상황에서, Citigroup이나 Merrill Lynch와 같은 주요 은행의 고위임원들이 어떻게 수백만 달러를 보너스로 가져갈 수 있었는지 의아해 할 것이다.

세부사항 : 2008년 9월 22일자 영국 Daily Mail지 보도에 따르면, Lehman Brothers의 파산절차관리인인 PWC는 Lehman

---

이 파산을 선언하기 직전, 44억 파운드가 런던에서 뉴욕으로 송금된 사실을 발견했다. 이 금액 중 25억 파운드는 뉴욕에 근무하는 고위임원들의 보너스로 별도로 떼어놓은 것이었다. 한편 이 회사의 런던 소재 직원은 그 다음날 아무런 보너스 지급도 확답받지 못하였다. 미국에 있던 경영진들이 회사를 파산에 빠지게 한 바로 그 사람들이 아니던가?

2009년 2월 13일자 WSJ지 보도에 따르면, 뉴욕 검찰총장인 앤드류 쿠오모(Andrew Cuomo)는 바니 프랭크(Barney Frank) 주택금융서비스위원회의 회장에게, Merrill Lynch가 2008년 4분기 적자를 공시하기 직전 미화 36억 달러의 보너스 지급을 비밀리에 미리 집행하였다는 내용의 서한을 보내면서 Merrill Lynch를 고소했다. 네 명의 고위임원은 미화 1억2,100만 달러의 보너스를 나누어 가졌다. 약 700명의 임직원들은 각각 1백만 달러 상당의 보너스를 받았다. 이것은 Merrill Lynch가 구제금융을 받은 직후인 금융위기가 한창 진행되는 동안에 일어난 일이다. 나중에 Merrill Lynch를 인수한 BOA는 이에 대하여 미화 3,300만 달러의 벌금을 내게 되었으나 추가증거로 인하여 2010년 2월 미 SEC와 미화 1억5천만 달러의 벌금을 지불하기로 합의했다. 첫 번째 타협안을 거부했던 지방법원의 제드 라코프(Jed Rakoff) 판사는 미 SEC가 경영진과 변호사가 저지른 일에 대해 회사—즉 주주들—가 벌금을 지불해야 한다고 생각하는 이유에 대해 의문을 제기했다. 결국은 주주들이 희생양이 된 것이다.

판사는 BOA와 미 SEC 간의 타협을 겨우 반만 구운 빵이었다고 표현하며 탐탁지 않게 생각했으나 결국에는 이를 승인하였다. Cuomo는 이 사건에 대해 민사소송을 제기했으며, 이는 BOA뿐만 아니라 회사의 전직 대표이사와 최고재무책임자를 대상으로 하는 것이었다. 소송의 내용은 피고인들이, 첫째 Merrill Lynch에 얼마나 큰 손실이 있었는지, 둘째 Merrill Lynch가 얼마의 보너스를 지불할 계획이었는지를 주주들에게 공시하지 않았다는 것이었다. 회사가 구제금융을 받기 위한 수단으로서 이런 손실들을 이용했다는 사실도 빼놓지 않았다.

결론 : 향후 보다 광범위하고 장기적인 규정이 시장에 도입되어 구제금융 프로그램 또는 일회성 세금부과 방식과 관련된 규정에서 정의된 한도를 초과하는 경영진의 급여를 명백하게 통제하거나 제한할 것인지는 지켜보아야 할 것이다. 자본주의사회의 기본 원칙 중의 하나는 모든 사람이 같은 능력을 갖고 있지는 않으며, 최고의 재능을 가진 사람을 끌어들이기 위해서는 무언가 동기부여가 필요하다는 것이다. 최소한 상업적으로 볼 때, 정책 입안자는 소득에 대한 높은 세율을 부과하는 등의 손쉬운 방법을 택하지 않을 필요성이 있다. (일시적인 세금부과가 종종 영구화되는 경우가 있다. 아일랜드 왕국과 통합되기 전 영국의 소득세는 나폴레옹 전쟁을 대비하기 위한 일시적인 조치로 1799년에 도입되었다.)

몇몇 회사는 자기들만의 방식으로 이러한 도전에 대응하기 시작했다. Morgan Stanley와 Citigroup은 업무성과가 보너스의 기준이 되는 기대성과에 도달하지 못하는 경우 보너스를 반환할 예정이라고 한다. (2009년 중반에 UBS와 J.P. Morgan이 발표했던 것처럼, 이 두 투자은행은 전체 급여수준에서 보너스의 비중을 줄

이려는 시도로서 고위임원의 기본급여를 인상한다고 발표하였다.) 2010
년 Barclays의 고위임원 두 사람은 한 단계 더 나아가, 2009년
분 보너스를 받지 않겠다고 발표했다. RBS와 Lloyds의 대표이
사도 이에 동참했으며, HSBC의 대표이사는 본인의 보너스를
기부하겠다고 약속했다. 당시 필자는 실업 상태였으므로 월급
조차 받지 못했다.

향후 주주들은 지나치게 후한 보수와 보너스 체계에 더 이
상 관대하지 않을 것이다. 2009년 5월 Royal Dutch Shell의 주
주총회에서 주주들의 과반수가 고위임원에 대한 급여안에 반
대하는 표결을 했다. 약 2%의 주주들만이 표결 시 기권을 표
시했다. 우리는 앞에서 이미 HSBC에서 대표이사의 보수인상
계획이 주주압력으로 철회된 사례를 살펴보았다.

궁극적으로 애널리스트는 각 회사의 고위임원들의 보수와
성과, 주주가치가 어떻게 연결되어 있는지에 대해 판단할 수
있어야 한다. 또한 다음 알렉스의 삽화에서 보여주듯이, 회사
가 교묘한 꼼수로 이러한 원칙을 회피하려고 하는 경우 이를
파악하고 있어야 한다.

사례 ● ● ● ●

기업지배구조(경영자의 보수)

개요: CFA협회 아시아지역 금융시장투명성센터의 회장인 리 카룬(Lee Kha Loon)[17]과 그의 동료인 아베 데 라모스(Abe de Ramos)는 2008년 2월, 아시아지역 고위임원들의 보수에 대한 상세하고 시기적절한 "공시의 필요성(It Pays to Disclose)"이란 연구보고서를 발표했다. 당해 보고서는 거의 모든 회사가 적용하고 있는 주식가치연동 보수가 주주와 임직원 간의 이해상충을 방지하는 가장 강력한 장치이나, 아시아에서 이에 대한 공시 기준은 아직 국제적 모범규준과 비교하여 부족한 실정이라고 주장했다.

세부사항 : CFA인 저자들은 다양한 연구결과물을 보여주었다. 그들은 연구보고서에서 경영자의 보너스가 장기적인 주주의 이해관계와 연동되는지, 또한 위임장 표결이나 주주총회를 통하여 주주들의 주장이 고려되는지를 살펴볼 것을 투자자들에게 권고했다.

특별히 기관투자자들은 경영진에게 다음과 같은 질문을 해야 한다고 주장했다.

● 경영자보수의 몇 퍼센트가 경영성과와 관련되어 있는가?
● 성과평가와 보너스의 기준은 무엇인가?
● 주식기준 보상체계는 어떻게 만들어져 있는가?

- 보상위원회는 보상규정에 의한 고정급여 및 변동급여 부분을 적절히 검토하고 승인하는가?
- 누가 가장 많은 보수를 받는가? 그들의 보수는 얼마인가?
- 수익대비 총 임원급여의 비율은 어느 정도인가?

2007-2008년의 신용위기에 따라 전 세계 증권업체들 중 핵심적 증권사들의 의견을 대표하는 보고서인 Corrigan Report는 경영진의 보수가 리스크 감수나 리스크 선호와 좀 더 잘 연결되어야 할 필요가 있음을 주장했다.[18] 해당 보고서는 고위임원의 보수가 전반적인 회사의 성과와 연동되어야 하며 주식가치와 보다 밀접한 관련이 있어야 한다고 결론지었다. 나아가 보너스 지급기간도 위험이 높은 영업부분에서 발생하는 이익 및 손실의 단기간의 급격한 변동효과를 이연하기 위하여 좀 더 장기간으로 설정되어야 한다고 주장했다. 필자의 오랜 친구인 글렌 다윈(Glenn Darwin)은 미국에서 기업지배구조의 수준을 높인 한 사례를 알려주었다. 2008년 10월, 백만장자인 칼 아이칸(Carl Icahn)은 미국 기업들이 잘못 운영되는 것을 방지하기 위해 그의 동료들에게 "미국 내 주주들의 모임" 캠페인에 참가할 것을 요청했다.[19] 회의에서 아이칸은 아래와 같이 임원의 보수와 관련하여 미국 기업의 이사회가 잘못 운영되는 사례를 보여주었다.

- 경영진의 잘못된 의사결정 때문에 나중에 회사가 경영에 실패했을 때조차도, 최고경영자가 수백만 달러의 보너스

를 받도록 허용한 사례
- 경영진과 친밀해진 이사회가 한 달에 단 몇 시간 동안 실질적인 검토 없이 승인하는 고위임원들에게 미화 30만 달러의 연간 보수와 제트기나 골프회원권 등의 부수 혜택을 누리도록 허용한 사례
- 대표이사가 단기간 내에 사퇴할 경우에는 받을 수 없게 되어 있는 보너스를 회사가 도산한 후에도 승인해준 사례

Lehman Brothers 이사회에 대한 비판 속에서 아이칸은 Lehman 이사회가 어째서 회사가 도산한 직후 해고된 두 명의 고위 임원에게 미화 2천만 달러를 지불했는지에 대해 의문을 제기했다.

결론: 우리의 관점에서 볼. 때 애널리스트는 투자자를 대표하며 위에서 논의한 문제들에 대해 그들 스스로가 먼저 확신을 가져야만 한다.

노련한 애널리스트는 내부자의 주식보유를 보다 확실히 조사해야 하며, 동 주식을 구입하기 위한 자금이 어떻게 조달되었는지를 명확히 질문해야 한다. 또한 이사들이 공매도 포지션을 커버하려는 헤지펀드들에게 본인들의 주식을 빌려주었는지 등을 알고 있어야 한다.

사례

기업지배구조(경영자의 보수 공시)

호주의 ABC Learning Centres(호주의 세계적 어린이 교육 프로그램)의 창시자와 다른 세 명의 이사는 2008년 2월, 마진콜에 의해 5천만 호주달러 상당의 주식을 매도했다. 이는 헤지펀드들이 해당 주식을 더 많이 매도하게 하는 촉매제가 되었다. 해당 거래가 금액적으로 중요하였기 때문에 어째서 이사들이 주식대출을 사전에 공시하지 않았는지에 대한 의문이 제기되었다. 이에 따라 호주 ASX와 호주 ASIC는 관련 이사들과 회사를 공시의무위반으로 경고 조치했다. 그해 말 ABC Learning Centres는 파산했다.

2009년 1월 영 FSA는 개인대출의 담보로 사용된 주식 관련 공시에 대한 입장을 발표했다. 회사의 이사나 특수관계인 등 경영자로서의 책임이 있는 임직원은 회사와의 주식거래에 관한 공시를 적절히 해야 하며 이에 따라 해당 회사도 시장에 이를 적절히 공시해야 한다. 이와 관련 Carphone Warehouse 사의 경우처럼 이사가 대출을 얻기 위해 본인의 주식을 담보로 사용한 것을 회사에 적절히 알리지 않은 일 때문에 사퇴하게 된 사례가 있었다. 이와 관련 영 FSA는 당해 기관의 규정이 근거로 하고 있는 EU의 시장남용행위 지침(EU Market Abuse Directive)이 본 주제에 대해 명확한 규정을 가지고 있지 않음을 인정했다. 2009년 1월의 FT지 보도에 따르면, Barclays의 한 이사가 회사의 주식가격이 폭락하기 직전 본인이 소유한 회사주식의 거의 전부인 90만 주를 대출을 위한 담보로 사용했던 불행한 사례도 있었다.

나중에 소개될 사례로, 2009년 1월 인도에서 일어난 Satyam 사의 파문에 따라 인도 SEBI는 모든 증권중개인이 개인대출의 담보로 사용된 주식의 수량을 회사에 알려야 하며, 해당 회사는 시장 감독기관에 이 정보를 보고할 것을 규정화했다. 이 조치는 FT지에 보도된 것과 같이, Tata, Reliance 및 UB 그룹 등 가족기업을 포함한 인도 내 500대 기업에 적용되었다.

결론 : 애널리스트는 임직원의 주식과 관련된 보수뿐만 아니라 임직원의 주식거래에 대한 피상적인 분석이 아닌 상세한 분석이 필요하다. 이러한 사항은 잠재적인 소유구조와 회사의 지배구조 문제의 변경으로 인한 리스크가 있다는 것을 의미한다.

관련 사항 ●●●●

기업지배구조(경영자의 보수 공시)

아래에서는 변동성이 높은 신용위기 당시 주식대출과 주식대차의 리스크를 보여주는 호주의 Opes Prime 증권사가 관리대상회사가 된 사례를 소개하고자 한다. 2008년 4월 5일자 Sydney Morning Post지에 보도된 바와 같이, 대부분의 주식담보대출에서는 투자자들이 더 많은 주식을 사기 위해 소유한 주식을 담보로 대출을 하지만, 주식에 대한 소유권은 그대로 유지된다. 그러나 Opes사의 경우에는, 투자자가 모든 주식의 소유권을 넘기는 조건으로 대출이 이루어졌다. 투자자들의 소유주식은 600여 개의 회사에 걸쳐 골고루 펼쳐져 있었다. Opes 증권사가 보유한 레버리지 효과는 엄청난 것이었으며 이러한 과도한 레버리지는 시장의 하락에 영향을 주었다.

Opes사가 망하자 이 회사에 돈을 빌려주었던 ANZ와 Merrill Lynch, Dresdner Kleinwort는 600여 개 이상 회사의 주식을 소유하게 되었다. 투자자들에게는 Opes사에 대한 미지급청구권만이 주어졌다. 그해 5월 Opes 증권사의 고객인 Beconwood Securities가 해당 유가증권에 대한 본인들의 소유권을 주장하면서 관련 투자자들의 법적 지위가 도마 위에 올랐다. 호주의 연방법원은 Opes 증권사와 맺은 계약조건에 따라 고객들이 해당 유가증권에 대해 더 이상 소유권을 주장할 수 없다고 선고했다.

서브프라임 위기와 관련한 아이러니한 사례로 ANZ사는 Opes 증권사에 자금을 대출함으로써 직접 돈을 빌려주지 않은 회사의 주식에 대한 소유권을 갖게 되었으며, 결과적으로 회사의 부서장은 교체되었다. 미국에서는 ANZ가 Opes Prime 증권사에 노출된 리스크를 적절히 공시하지 않아 고객을 오도했다는 집단소송이 제기되었으나 이는 결국 기각되었다.

FT지의 존 버튼(John Burton)에 의해 보도된 기사는 싱가포르 소재 Jade Technologies사에 대한 이야기를 다루었다. 회사의 대표이자 최대주주인 싱가포르의 사업가는 Opes 증권사에 의해 담보로 잡혀 있는 본인 소유의 Jade사 주식이 Opes

증권사의 다른 채권자들에게 넘어가자, 회사가 진행하고 있던 인수계획을 철회해야만 했다. 보도에 따르면 Jade사의 주식은 3월 27일 채권자에 의해 유치되었으며, 이러한 사실은 공시기한을 넘긴 4월 9일까지 싱가포르 거래소의 투자자들에게 공시되지 않았다. 4월 1일 채권자 중 하나인 Merrill Lynch는 조만간에 보다 높은 가격에 그 주식의 인수가 성사될 것이라고 믿었던 투자자들에게 그 주식을 매각했다. 이에 따라 Jade사나 Merrill Lynch사가 지연된 공시에 책임이 있느냐 하는 문제와 본 인수합병건의 자문사인 OCBC사가 적절하고 충분한 기업실사를 했는지에 대한 의문이 제기되었다. 2008년 6월 11일 싱가포르 금융청(MAS: Monetary Authority of Singapore)는 경찰국 상무부(CDA: Commercial Affairs Department)로 본 사건을 송치했다. 몇 달 후 OCBC사와 해당 기업가는 본 사건과 관련된 혐의로 싱가포르 증권위원회에 의해 제재를 받게 되었다. Merrill Lynch는 기업 인수합병업무와 관련된 규정을 위반했지만, 처벌을 받을 정도로 중대한 위법행위는 없었다고 판명되었다.

고위임원의 내부자거래

업무의 특성상 고위임원은 항상 회사의 중요한 가격민감정보를 알고 있다. 이들은 이러한 정보를 시장에 투명하게 공개할 의무가 있으며, 시장에 공시하기 전 본인들의 취득한 정보를 이용하여 이득을 취하는 행위, 즉 주식을 매매하거나 주식옵션을 구입 또는 행사하는 등 부적절하거나 외관상 그렇게 보이는 행위를 하지 말아야 한다.

그러나 항상 유혹이 도사리고 있다. 회사의 이사에 의한 내부자거래는 항상 기업지배구조 리스크의 원인이 되며, 애널리스트는 이를 인지하고 있어야 한다. 우리는 주요 공시사항 공표 전 회사 주식의 거래수준으로 이사회가 관련 공시정보를 사전에 유출하였는지에 대한 판단을 할 수 있다.

사례연구 ●●●●

기업지배구조(고위임원의 내부자거래)

개요 : 2007년 10월 23일자 FT지의 보도에 따르면 유럽의 우주항공회사인 EADS는 기업지배구조의 기준과 관련하여 소액주주들의 지탄을 받았다. 2008년 4월 페기 홀링거(Peggy Hollinger)와 게릿 와이즈만(Gerrit Wiesmann)이 FT지에 기고한 글에 따르면, 프랑스의 증권시장감독기관은 EADS의 고위경영진과 주요주주들이 자회사인 Airbus가 중장기적으로 수익이 감소할 것이라는 것을 2005년 6월 이미 인지하였다고 결론지었다. 동 감독기관은 또한 회사내부자가 일반대중에게 이러한 중요 정보를 공시하기 전 본인의 주식을 팔았다고 주장했다.

세부사항 : 2005년 11월과 2006년 4월 사이에 EADS와 자회사의 최소 15명의 전현직 이사와 두 명의 주요주주가 회사의 신형기종인 A380 Airbus기의 개발완료가 6개월 연기될 것이라는 2006년 6월

의 공식보도가 있기 전에 회사 주식을 팔았다. 내부자의 매도는 이미 주식가격에 영향을 주었으며, 해당 공시에 따라 회사의 주가는 26%나 하락했다. 프랑스 금융시장청(AMF: Autorité des Marchés Financiers)에 따르면 이 거래로 인한 총 수익은 2천만 유로에 달한다. 모든 피의자는 혐의를 부인했다.

AMF의 감시위원회는 2009년 12월 말이 되어서야, 회사가 시기 적절하게 신형기종 출시의 연기를 주주에게 알렸다고 결론지었다. 고위경영진에게 주어진 정보는 상식적인 투자자가 주가의 중대한 하락을 예상할 만큼 충분히 상세한 정보가 아니라고 판단되었다. 그렇다면 왜 고위임원진이 주식을 팔았는지가 궁금해진다.

EADS 사례와 유사한 인도네시아에서의 사례로, 인도네시아 자본시장감독청인 Bapepam은 PT Perusahaan Gas Negara의 전직 임원 9명에게 내부자거래를 이유로 2007년 12월, 총 32억 인도네시아 루피의 벌금을 부과했다. 다우존스에 따르면 Bapepam은 계획 중인 프로젝트의 연기에 대해 시장이 알기 전에 회사의 전직 임원진들이 회사 주식을 매도하였다는 것을 발견했다. 이 회사와 임원들은 그 이전에도 주요 정보사항을 시장에 공시하지 않아 벌금을 낸 적이 있었다. Bapepam은 해당 회사의 임원들이 약 35일 간 주주들과 정보를 공유하지 않고 있었다는 것을 밝혔다.

결론 : 비록 유죄가 증명되지 않은 사례라 하더라도 피고인들은 본인을 변론하기 위해 엄청난 시간을 들여야 했으며, 결과적으로 회사의 경영에 소홀하게 되었다. 애널리스트들은 그런 사례들이 가져올 결과 및 회사의 사업과 주식의 가치에 미칠 잠재적 영향력과 리스크를 예상할 필요가 있다. 이것은 쉬운 일이 아니며, 따라

서 애널리스트들은 규제기관이나 법원이 판결을 내리기도 전에 그 피고인들을 유죄로 추정하는 등의 편견을 갖지 않도록 주의해야 한다. 판결이 어떠하든 간에, 그 기간 동안 고객, 공급자, 거래처 및 투자자들로부터 잃은 신뢰는 회사에 심각한 타격을 줄 수 있다.

추가사항 : 내부자거래에는 회사의 임원이나 최고경영자 자신이 직접 행한 것만 포함되는 것이 아니다. 2008년 1월에 있었던 세간의 이목을 끌었던 합의사례에서 홍콩의 입법위원회 위원이었던 홍콩 소재 Bank of East Asia의 회장은 미 SEC의 미화 810만 달러 벌금부과에 대해 시인도 부인도 하지 않았다. 이는 그가 News Corporaton이 Dow Jones를 합병하고자 할 것이라는 정보를 친구에게 알려준 것이 발단이 되었다. 그에게는 Dow Jones의 이사회 멤버로서 이 사실을 누설하지 말아야 할 의무가 있었다. 중요한 가격민감정보를 고객이나 친구에게 누설하지 말아야 하는 원칙은 애널리스트에게도 동일하게 적용된다.

주주에 대한 동등한 대우

표면상 좋은 제품을 만들고 높은 매출액을 올리는 회사를 싸게 매입하는 것은 매우 좋은 일이다. 하지만 소액주주들의 이해가 수시로 무시되고 회사의 정보가 소액주주에게 공평하게 전달되지 않는다면, 이 회사에 대한 투자는 망설여지게 된다. 인수합병이 이루어지는 경우, 애널리스트는 회사의 경영진이 소액주주들을 어떻게 동등하게 취급하는지를 살펴볼 수 있는 기회를 가지게 된다.
다음의 사례에서는 놀라운 결과를 볼 수 있을 것이다.

사례연구 ●●●●

기업지배구조(주주에 대한 동등한 대우)

배경 : 2008년 2월 16-22일자 Economist지의 기사에 따르면, 일본 경제산업성(METI: Ministry of Economy Trade and Industry)의 타카오 키타바타는 "…일반 주주들은 회사를 운영할 능력이 없다. 그들은 무책임하며 변덕스럽다. 그들은 단지 탐욕스럽게 배당금이나 많이 받고자 할 뿐이다"라고 주장했다. 이러한 주장은 공식적인 것은 아니지만, 그것은 일본 내의 지배적인 관점을 보여준다. Economist지는 이어서, 대체로 일본의 회사들은 주주만을 위해서가 아니라, 안정된 일자리의 제공과 직원들과 지역공동체의 요구를 배려하는 사명을 가진 사회적 기관이라고 주장했다.

세부사항 : CFA협회의 리카룬과 아베 데 라모스는 일본의 Bull-Dog Sauce사에서 발생한 독소조항(Poison Pill)의 사례로 필자의 주목을 끌었다. 이 사례는 애널리스트에게 법원이 반드시 특정 범주의 주주를 동일하게 다룬다고 가정하지 말라는 경각심을 주고 있다.

2007년 6월 미국의 헤지펀드인 Steel Partners는 아직 소유하지 않은 89.48%의 Bull-Dog Sauce사 주식에 대하여 무권유청약(unsolicited take over bid)을 추진했다(이 당시 Steel Partners는 최대주주

로서의 권리를 유지하고 있었다고 주장하였다. 그러나 다른 주주의 이해를 고려하건데 Steel Partners는 행동주의 "외부주주"로 간주되었다). Bull-Dog사의 이사회는 회사 주식 1주당 3주의 신주인수권을 발행함으로써 경영권을 방어하고자 하였다. 해당 신주인수권의 전환 시 현금을 받게 되는 Steel Partners와 달리, 다른 모든 소액주주는 전환 시 신주를 받게 되는 조건이었다. Steel Partners는 이러한 조치가 그들에게만 부당하다고 주장했다. 2007년 7월 지방법원은 이러한 주장을 기각했으며, 이어 그 다음 달 대법원은 Steel Partners의 상고를 기각했다. 법원은 Steel Partners가 지위를 남용하는 주주이며, 이들에 대한 현금보상은 공정한 경제적 보상이라고 결론지었다.

Bull-Dogs사의 사례는 Steel Partners사와 같은 외국자본에 대항하여 여타 인수대상이 되고 있는 일본기업들을 격려하고 유사한 방어 전략을 구축토록 하는 좋은 사례인 듯하다. 2008년 2월 5일 WSJ지에 보도된 바에 따르면, Sapporo Holdings는 회사 지분을 17.52%에서 66.6%로 높이려는 Steel Partners사를 어떻게 다루어야 하는지에 대한 조언을 받고자 했다. 컨설턴트들은 Sapporo의 기업가치와 주주수익이 Steel Partners의 인수제안에 의해 손해가 날 수 있다고 평가했고, 이에 따라 Sapporo는 Steel Partners사의 제안을 거부했다.

일본에서 있었던 이러한 독소조항에 관한 변형된 사례로, 2008년 2월 25일자 FT지는 미치요 나카모토가 쓴 기사에서, 일본 회사들이 주식 인수권과 연동된 대출을 통해 그룹회사들로부터 어떻게 자금을 조달하였는지를 보도했다. Sumitomo Reality가 그 대표적 사례인데, 이 회사는 Sumitomo Mitsui Banking

Corporation에게 신주인수권이 첨부된 후순위 채권을 발행하여 1,200억 엔을 조달하였다. 우호적인 그룹회사에 의해 행사될 신주인수권의 전망은 향후의 적대적 공개매수자에게 방해물이 될 것이다. 몇몇 투자자들은 이러한 행태로 인해 예전의 일본재벌(zaibatsu) 같은 대규모 그룹 시스템이 부활하는 것은 아닌지에 대한 우려를 표시했다.

결론 : 여타 형태의 주식(우선주, 신주인수권) 등을 보유한 주주들을 평등하게 대우하는 것은 기본적 원칙이지만, 예를 들어 회사의 가치, 주주의 이익 그리고 종업원과 고객 등 다른 관계자를 보호하기 위해서 특정 기업이나 시장에서는 차별적으로 취급할 수도 있다. 일반적으로 시장에서 보통주를 보유한 주주는 평등하게 대우받지만 다른 시장에서는 그러하지 못하다. 조지 오웰은 『동물농장』이란 책에서 공산주의자와 마찬가지로 자본주의를 풍자한 것이 아닐까?
　일본이나 다른 모든 나라의 기업들은 궁극적으로 주주를 공평하게 대하고 주주가치를 극대화하며, 좋은 지배구조를 가지는 것이 적대적 공개매수에 대항하는 가장 좋은 방법임을 깨달아야 한다. 보다 다양한 일본기업의 지배구조 문제는 본 장의 후반부에서 국가이익에 관한 사례를 통해 다시 살펴보도록 하자.

　상기의 사례에도 불구하고, 일본 기업보호주의자의 보호막에 균열이 나기 시작했다. 2008년 5월 Steel Partners를 위시한 외국주 주들은 일본 가발업체인 Aderans의 대표와 최고경영진들을 압박했다. 일본 METI는 Steel Partners가 10% 이상의 지분을 보유한

15개 업체 이상의 일본기업에 대한 연구를 수행했다. 2008년 6월 26일자 FT지의 기사에서 미치요 나카모토가 보도한 것처럼, 일본 METI는 헤지펀드와 공개매수펀드가 상당 규모에 달하는 리스크 자본(역자주-기업이 사용하는 자본 가운데 경영 위험을 부담하는 자본)과 금융기술들을 제공했다고 결론지었다. 일본 METI의 기업금융부의 국장인 요시노리 코미야는 최소한 일본에 보다 많은 자본이 투자되기를 희망한다고 주장했다.

더 나아가, 서방의 독자가 고상한 척하지 않도록, 다음에서 미국과 유럽의 사례를 살펴보도록 하자.

사례 ● ● ● ●

기업지배구조(주주에 대한 동등한 대우)

2008년 5월 22일자 Economist지는 그 당시 미국의 최대 공기업 Exxon Mobil의 대변인이 이사회에서, "좀 더 나은 기업이 되기 위해서는 주주보다 이사회가 더 중요한 역할을 해야 한다"고 주장했다고 전했다. 이러한 주장은 회사의 이사회 의장과 대표이사의 역할을 분리하는 해결책을 지지하는 록펠러가의 주장에 대한 답변이었다.

이와 별도로 Citigroup은 2009년 6월, 투자자가 회사 주식의 5% 이상을 사는 것을 막기 위해 "세금혜택 유예프로그램"을 도입했다. 그러나 어떻게 되었을까? 이 독소조항 프로그램은 회사에게 구제금융을 제공하면서 받은 우선주의 전환으로 최대주주가 된 미국 정부에게는 적용될 수 없었다.

폴 베츠(Paul Betts)와 앤드류 힐(Andrew Hill)이 2008년 2월 12일자 FT지에 기고한 바에 따르면, 거래 손실로 인한 여파로 비상 신주인수권을 높은 할인율로 발행한 프랑스 은행인 Société Générale의 인수는 결코 쉬울 수 없었다. 이는 회사가 종전에 15% 이상의 소유분에 대한 의결권을 제한하기로 했기 때문이다. 투자자는 50%까지의 주식을 소유할 수 있으나 과반수의 주식을 보유하지 않는 한, 15%의 의결권만 주장할 수 있다. 유사하게 Iberdrola라는 스페인의 공익사업회사는 정관에서 개별주주의 의결권을 10%로 제한했다.

인도에서는 관계회사 간 거래를 포함한, 아래와 같은 흥미로운 사례가 있었다.

사례연구 ●●●●

기업지배구조(관계회사 간 거래)

개요 : 인도의 외부용역업체인 Satyam Computer Services사는 갑자기 회장의 가족들이 운영하는 Maytas Properties와 Maytas Infra라는 회사를 미화 16억 달러에 인수할 것을 발표함으로써 프랭클린 템플턴(Franklin Templeton) 같은 주주들을 화나게 했다. (Maytas와 Satyam 간의 관계는 회사의 이름을 거꾸로 지을 만큼 교묘하게 감추어져 있었다). 이런 일이 Satyam 그룹에서 처음 일어난 것은 아니었다. 1999년 Satyam Infoway가 India World를 터무니없는 높은

가격으로 인수하여 많은 사람의 눈살을 찌푸리게 했다.

주주들이 모르는 사이에 또 다른 나쁜 소식이 기다리고 있었다.

세부사항 : 2008년 12월 22일자 FT지에 보도된 바에 따르면, 그 거래는 회사의 현금유동성을 소진하게 만들고, 회사에게 미화 4억 달러의 채무를 떠넘기는 것이었다. 2주 후 FT지의 기사에 따르면, 이 거래는 순자산가치가 미화 2억2,500만 달러밖에 안 되는 Maytas Properties를 미화 13억 달러에 매입하고자 하는 것이었다. 국내외 펀드매니저와의 전화통화 후에 회장은 이 계획을 철회했다.

2009년 1월 7일, 회장은 지난 수년간 회사 회계장부를 분식하였다고 고백하면서 사퇴했다. 그는 주주에게 보낸 서한에서, 보고된 매출과 실제 매출의 차이가 너무 벌어져 이를 메꿀 수가 없었다고 알렸다. 수년간 회계장부상의 구멍이 점점 커진 것이다. Maytas의 딜은 "가공의 장부를 실제로 바꾸기 위한 마지막 시도"였던 것이다. 이 차이로 인해 회사에는 미화 10억 달러에 해당하는 회계장부상의 현금이 비게 되었다. Maytas Properties를 미화 13억 달러에 매입함으로써, 실제로 고평가된 실물 부동산을 현금으로 대체하고자 계획했던 것이다. 회사의 회장은 사직서에서, "당시는 호랑이 등에 올라탄 것처럼 절박한 상황이었다"고 회고했다. 회사의 주식은 당일 80%나 폭락했다. 또한 뭄바이 증권거래소 센섹스(BSE Sensex) 지수는 7% 하락했다.

투자자들은 인도 소재 PwC 계열사의 회계감사인이 어떻게 이를 발견하지 못하였는지에 대해 의아해했다. PwC에 의해 감사된 다른 회사들도 시장에서 유사한 의구심을 받게 되었다. 또한 인도 기업 전체의 기업지배구조가 전반적으로 의심받게 되었다. 그러나 공시라는 극단적인 조치로 이 사건에 대응한 회사들의 경우엔, 오히려 대중의 신뢰가 주어져야 한다. Satyam의 주요경쟁자인 Infosys Technologies는 모든 은행의 현금계정에 대한 상세한 내역을 공시했다.

추가사항 : 아이러니하게도 산스크리트어로 "Satyam"은 "진실"을 의미한다. 세계기업지배구조협의회(The World Council for Corporate Governance)는 직전 연도에 이 회사를 기업지배구조 우수기업으로 선정해 황금공작상을 수여했다. 그 파문이 일어나기 직전, 몇몇 내부자가 회사 주식을 매도했다는 보도가 나왔으며, 회장이 그동안 10,000명의 유령 직원을 꾸며내 임금을 착복했다는 주장도 연이어 나왔다.

한편, 회장의 사직서가 발표되는 날 아침, ABN AMRO의 한 애널리스트가 Satyam 주식을 매입 투자등급으로 상향하는 리서치를 내는 불행한 일이 발생했다. 앞에서 언급한 것처럼 주식은 그날 80% 하락했다.

결론 : 대부분의 시장에서 주식상장 규정, 증권감독 기준 또는 회계 기준에서 명시된 공시의무에도 불구하고, 회사가 얼마나 잘 경영되는지를 투자자가 좀 더 잘 이해하기 위해서는 회사와 경영자에 대해 부지런히 분석하는 것만큼 중요한 것은 없다. 투자자나 이들을 대신하는 애널리스트들은 관계회사 거래 등을 포함해 어떤 방식으로든 그들이 소액주주들처럼 불리하게 취급될 수도 있는 경우의 리스크를 적절히 평가해야 한다.

애널리스트들은 분석대상 회사와 관계회사와의 거래가 제3자 간 가격으로 이루어졌는지를 면밀히 검토해야 한다. 관계회사와 공정하지 않은 가격으로 거래를 하는 것은 주주가치를 훼손하고 소액주주의 신뢰를 잃게 만드는 일이다. 이러한 행동은 Satyam 사건에서 보듯이 훨씬 심각하고 근본적인 문제가 있을 수 있음을 의미한다.

CFA협회가 관계회사 간 거래에 대하여 권고하는 몇 가지 사항을 아래 사례에서 살펴보기로 하자

사례

기업지배구조(주주에 대한 공평한 대우 - 관계회사 간 거래)

개요 : CFA협회에서 발간한 한 연구자료는[20] 아시아에서의 다양한 관계기업 간 거래사례를 수록하고 있다. 이 연구에 따라 저자들은 규제기관, 입법기관 및 기업 경영진 등 다양한 이해관계자들에 대한 권고사항을 만들었다.

결론 : 이 책의 독자들에게 특별히 흥미로운 것은 투자자들에 대한 투자의견으로서 지배주주에 대해 좀 더 관심을 기울여야 한다고 권고하는 사항이다. 이러한 권고사항은 의결권 행사 시 매우 중요하게 된다. 의결 시 퇴장함으로써 반대의사를 표시하는 패배주의에 빠져서는 안 된다. 이 책에는 Lazard Korea

Corporate Governance Fund의 한국 재벌기업들에 대한 투자 사례도 수록되어 있다.[21] 흥미로운 부분은 관계회사 간의 거래가 종종 주식매수청구권을 남용하는 것과 관련이 있으며, 회계감사인은 그것들을 잠재적인 분식회계의 징후로 생각해야만 한다는 것이다. 또한 회계기간의 종료시점에서 중요한 대규모 거래가 있는 경우, 회계감사인은 이를 자세히 살펴보아야 한다고 주장했다.

홍콩에서 발생한 주주평등과 관계회사 간의 거래에 대한 흥미로운 사례를 아래에서 살펴보자.

관련 사항

기업지배구조(의결권 조작)

개요 : 2009년 2월 2일 홍콩시장에 상장된 통신사업자인 PCCW의 주식거래가 정지되었다. 이것은 익명의 제보자가 홍콩주식시장의 자칭 감시인인 데이비드 웹(David Webb)에게 그 통신회사의 인수제안에 앞서서 그룹의 최대주주 두 사람에 의한 의심스러운 의결권 조작이 있었다고 제보한 것에 따른 것이었다. 이 문제는 법원의 소송으로도 이어졌다.

세부사항 : Fortis Insurance(Asia)사[22]의 수백 개 보험 대리점들은 이 회사의 민영화를 결정하기 위한 의결권을 행사하기 위

해 PCCW로부터 각각 1,000주의 주식을 증여받았다는 것이 드러났다.

홍콩의 회사법에 따르면 이러한 증여 안건은 주식 수 기준으로 75%, 주주인원 기준으로 50% 이상의 승인을 얻어야만 통과될 수 있다. 웹은 주당 4.5홍콩달러 상당의 주식 증여로 각자 1,000주씩의 의결권을 가진 주주 500명에게 대략 2백만 홍콩달러의 총비용이 들어갔다는 점에 주목했다. 그것은 해당 거래가 수백억 달러의 가치가 있는 점을 고려하면, 원하는 결과를 얻기에 충분한 수의 주주들을 회유하기 위한 방법으로는 상대적으로 비용이 적게 든 것으로 보인다.

웹은 동일한 회사를 위해 일하는 수백 명의 사람이 동시에 독립적으로 동일한 주식 수에 해당하는 의결권을 각자의 이름으로 위임하기로 결정하는 것은 거의 불가능하다고 주장했다. 그러나 당시에는 PCCW의 관련자에 의한 어떤 연관 증거도 없었다고 말했다.

웹은 이러한 조사내용을 재치 있게 webb-site.com이라고 명명한 그의 홈페이지에 올리고 홍콩 SFC와 홍콩 국가청렴위원회(ICAC: Independent Commission Against Corruption)에게 전달했다. 그는 또한 정부에게 관련 규정을 개정해서 한 주당 한 표의 의결권 원칙을 준수할 것을 요구했다.

민영화 안은 2월 4일의 주주총회에서 격론 끝에 가결되었다. 그러나 홍콩 SFC가 이 사안에 대해 조사를 개시하였으며, 수개월 후 법원의 만장일치 결정으로 해당 주주총회의 의결은 무효화되었다. 법원은 회사의 민영화를 위한 주주총회의 안건은 명백한 조작에 의한 것이었으며, 그것은 회사의 소액주주들의 이익을 침해했다고 판결했다.

소액주주의 권익을 위한 좋은 기업지배구조의 또 다른 요건은 독립적인 사외이사의 공정한 선임이다. 독립적인 사외이사는 경영진이나 지배주주의 이해와 독립적이어야 한다. 소액주주들은 자신들의 이익이 침해받는 것을 방지하기 위해 이런 사외이사들에게 의존한다.

2010년 1월 CFA협회의 리카룬(Lee Kha Loon)과 앙겔라 피카(Angela Pica)에 의해 발간된 "아시아에서의 진정한 독립성에 관한 연구(A Search for True Independence in Asia)"란 연구보고서에서 논의된 사외이사에 대한 연구는 Swissco International의 경우를 포함한 몇 가지 사례를 수록하고 있다.

사례연구 ••••

기업지배구조(독립적인 비상임 사외이사)

세부사항 : 2008년 3월, 싱가포르에 상장된 해운서비스회사인 Swissco International의 두 명의 비상임 사외이사가 사퇴했다. 이는 주요주주이기도 한 이사회 의장이 모든 사외이사는 1년의 임기로 재직해야 하며 의장의 결정으로만 재임명되어야 할 것이라고 주장한 직후였다. 이 두 명의 사외이사는 그들의 독립성이 재임명에 관한 이사회 의장의 결정에 따라 영향 받을 수 있다고 생각했다. 독립적인 사외이사는 경영진이나 주요 지배주주가 아닌

모든 주주의 이해를 반영해야 한다.

결론 : 애널리스트는 사외이사(혹은 감사인)의 사퇴 이유를 주의 깊게 살펴보아야 한다. 만약 사퇴 이유가 독립성이 침해되고 독립적인 견제기능이 작동할 수 없기 때문이라면 이를 보다 주의 깊게 살펴보아야 한다. 물론 타협적인 사외이사들이 항상 양심적으로 행동하지도 않고 언제나 사임하는 것도 아니다. 그러므로 애널리스트는 독립적인 사외이사가 그들의 임무를 독립적이고 적절히 수행할 수 있는지를 판단할 필요가 있다.

국익

한 회사에 대한 투자를 결정할 때, 독점방지규정이 문제될 경우 모든 투자가 백지화되는 것은 물론이며, 대부분의 국가들은 궁극적으로 국익을 추구할 것이다.

사례 ●●●●

기업지배구조(국익)

배경 : 2008년 2월 호주의 수상인 케빈 루드(Kevin Rudd)는 호주에 상장된 Rio Tinto사의 지분을 늘리기 위한 Aluminum Corp. of China(Chinalco)의 신주공모 참여를 호주의 국익 측면에서 평가해야 한다고 주장했다. 그 후, 호주 정부 대변인은

정부가 외국인 주주의 국적에 대해서 알 수 없었으며, 또 중국이나 다른 나라의 투자를 방해하길 원하지도 않았다고 주장했다. Chinalco의 사례는 그 후 어떻게 되었을까?

세부사항 : 당시 Rio Tinto사는 BHP Billiton의 인수제안을 검토하고 있었다. 2008년 2월 6일자 WSJ지의 보도에 따르면, Chinalco는 Rio사의 주식에 대한 투자가 순수하게 상업적 목적의 사업다각화를 위한 것이었으며, 이것은 중국정부에 의해서도 승인된 것이라고 주장했다. 그러나 많은 사람들은 중국정부가 두 회사 간의 합병이 중국의 경제성장에 대단히 중요한 부분을 차지하는 철광석 등의 원자재 가격을 상승시킬 수 있다는 우려에서 BHP와 Rio의 합병을 막기 원했을 것이라고 추측했다.

결국엔 Chinalco의 지분취득을 허용하는 결정이 내려졌다. 이 사례는 2005년 중국 CNOOC사의 미국의 Unocal에 대한 딜이 국익의 관점에서 볼 때 실패한 것과 유사한 것이다. Chinalco의 딜 과정은 아주 투명하게 진행되었으며, 그 당시 중국 기업들은 (중국, 중동 및 다른 나라의 국부펀드들과 함께) 서브프라임 위기에 의해 흔들리는 은행들을 구제하고 있는 중이었다.

그러나 Chinalco가 그 다음해 Rio사에 대한 소유비율을 2배로 늘리고자 했을 때 일은 순조롭게 진행되지 못했다. Rio사는 관련 요청을 거부하고, 그 대신 신주의 발행 및 BHP사와의 철광석 벤처회사 설립을 시도하였다. 이때는 세계 주식 및 상품시장이 긍정적으로 변화하여 경제적 환경이 달라졌다.

Chinalco는 분명히 CNOOC와 같은 경우가 다시 발생하지 않기를 바랐을 것이다. (이 사건 직후, 호주인 한 명을 포함한 네 명의 Rio Tinto사의 고위임원진이 중국에서 간첩협의로 체포되었으며, 그 이후 덜 심각한 범죄인 뇌물과 기업경영기밀을 훔친 것으로 혐의가 변경되었다. 네 명의 피고인은 모두 뇌물혐의로 유죄가 선고되었으며, 이 중 한 명은 기업 경영기밀을 훔친 혐의가 추가되었다. 한 호주 국적 임원에게는 10년의 징역형이 선고되었으며, 다른 세 명에게는 7년에서 14년의 징역형이 구형되었다. Chinalco는 이 형사사건이 앞에 있었던 딜의 실패와 관련이 없다고 주장했다.)

본 주제와 관련한 흥미로운 사례가 일본에서도 발생했다.

사례 ●●●●

기업지배구조(국익)

세부사항 : "헤지펀드인 TCI의 회장이 일본에 투자하지 말 것을 경고하다"라는 제목의 기사가 2008년 4월 19/20일자 FT지의 표지를 장식했다. 이는 전력업자인 J-Power의 주식소유비율을 9.9%에서 좀 더 늘리기 위한 CIF(Children's Investment Fund)의 시도가 국가안보를 이유로 일본 정부에 의해 저지된 후, 행동주의 헤지펀드인 CIF 집행부 임원의 반응이었다. 이 사건 직후인 4월 22일, 유럽상공위원회 의장인 피터 맨델슨(Peter Mandelson)은 FT지의 1면 표지기사로 "일본이 투자자들에게

문을 닫고 있다"라는 문구를 통해 일본이 자국에 대한 해외로부터의 투자를 막고 통상장벽을 높이고 있다고 주장했다.

그 후 5월 15일 아시아기업지배구조협회(Asian Corporate Governance Association)는 일본에서의 기업지배구조 개혁을 요구하는 정책문서를 발간하였다. 이러한 주장은 싱가폴계인 Aberdeen Asset Management, 미국계인 CalPERS(Califonia Public Employee's Retirment Systems), 영국계인 Hermes Fund Manager 등의 주요 세계 연금펀드와 펀드매니저에 의해 확인되었다. 그 문서에 수록된 주요 개선사항으로는 주주 권익향상, 자본의 적정사용, 독소조항과 적대적 인수합병에 대한 대응, 기존 주주의 우선배정권, 주주총회 및 의결권 행사 등이 포함되었다.

결론 : 어느 것이 법적으로나 도덕적으로 옳고 그른지 명확하지 않을 때가 있다. 국익이 도대체 무엇인가 명확한 정의를 내리기 또한 어렵다. 애널리스트나 투자자들이 이러한 문제를 단지 흑백논리로만 보는 것은 현명하지 않은 태도이다. "국익"은 투자이익이 가장 큰 관심사가 될 경우 언제든지 꺼낼 수 있는 정치적 만병통치약과 같은 것이다.

국익이라는 카드가 꺼내질 때는 한 기업만이 아닌 국가 신용등급이나 자본비용 등에 대한 국가 전체의 평판에 영향을 미칠 수 있다. 국가차원의 나쁜 지배구조는 외국투자자들의 자국투자에 매우 부정적인 영향을 줄 것이며, 이 경우 내국투자자 역시 희생자가 될 수 있다.

정부가 책임을 지고 있고 개방성과 투명성 수준이 적절한 경우일지라도, 애널리스트가 논란의 여지가 있는 국익 문제의 논쟁에 따른 결과를 예측하기는 여전히 어려울 수 있다.

관련 사항

기업지배구조(국익)

세부사항 : 2008년 9월 영국정부는 British Energy사를 프랑스 회사인 EDF(Electricite de France)에 매각하는 것을 승인했다. British Energy사는 영국의 핵발전소를 운영하고 있었으며, EDF는 프랑스정부가 소유한 기업이었다. 이를 고려하면 좀 이상하게 생각되겠지만, 영국정부는 장기적인 에너지 공급을 확실히 하는 것이 국가의 이익에 더 도움에 된다는 논리로 해당 딜을 승인했다.

주식투자가 아닌 상품거래와 관련된 것이기는 하지만, 2007년 영국의 중대 사기범죄 수사국(Serious Fraud Office)이 영국의 BAE Systems(영국의 방산업체)와 사우디아라비아 간의 무기거래에 대한 조사를 갑자기 중단했을 때 유사한 논쟁이 벌어졌다. 국제 언론의 보도에 따르면 토니 블레어 영국 총리는 만약 BAE사에 대한 조사를 중지하지 않았다면 사우디아리비아와의 전략적 관계가 유지되기 어려웠을 것이며, 이에 따라 영국 국민 수천 명의 고용유지도 힘들었을 것이라고 주장했다. 2008년 4월 11일자 FT지의 보도에 따르면, 그 후 영국 고등법원은 영국정부에 대해, 이러한 조치는 법의 안정성을 저해한 행동이었으며 외국인에게 법의 정의를 정당하게 적용하지 못한 사례라고 비판했다. BAE Systems사는 관련된 모든 혐의를 부인했으나, 이 파문 후에 강화된 기업행동강령을 제정하여 운영했다. 결국 영국 상원은 중대 사기범죄 수사국이 관련 조사를 중단한 것이 적절한 조치였다고 인정했으며,[23] 이는 그 후 BAE Systems사와 사우디아라비아 간의 무기거래에 대한 의구심을 증폭시켰다. 2009년 9월, 영국정부는 록허비 항공기 폭파 사건(역자주-1988년 12월 21일 뉴욕 행 팬암 항공기가 스코틀랜드 록허비 상공에서 폭파된 사건)의 배후로 지목되어온 리비아와의 원유탐사 및 무역거래에 대한 이전의 거부권 행사를 철회해야만 했다.

그런데 우리가 전략산업이라고 말할 때는 다음의 관련기사가 보여주는 것처럼 원유나 철광석, 원자력이나 전투기 계약만을 말하는 것은 아니다.

관련 사항 ●●●●

기업지배구조(국익 – 전략산업)

2005년 Pepsi사가 Danone을 인수하려 했을 때, 프랑스는 요구르트를 전략산업 제품으로 분류했다는 조롱을 받았다. 또한 2009년 3월, 중국정부가 자국 최대의 과일주스 생산 기업인 China Huiyuan Juice Group에 대한 Coca-Cola사의 인수 시도를 막은 것은 보호주의적 조치이며 정치적으로 의도된 행동이었다는 비판에 직면했다.

아마 궁극적으로는, 한 국가가 식량문제를 국가적인 문제로 생각하는 것이 그렇게 우스운 일은 아닐 것이다. 모든 국가는 자국의 식량자원을 보호하기 위해 최선을 다할 것이며, 어떤 나라들은 식량공급을 늘리기 위해 자국의 영토를 넓히고자 한다. 히틀러는 국민생활권(Lebensraum)을 독일이 주변 국가를 침공하는 명분으로 이용했다. 대제국을 건설한 사람들은 경제적 협력을 강제하기 위해 수 세기 동안 무력을 사용해 여러 국가들을 식민지로 만들었다.

제2차 세계대전 이후 개발도상국 내에서 활동하는 기업들은 사회적으로 보다 완화된 방법, 즉 자본투자를 통해 동일한 목적을 달성하고자 하였다. 예를 들면 Nestlé사나 Coca-Cola사 같은 주요 국제적 식음료회사들은 지분 인수나 합작회사 형태로 전 세계 국가에 진출하여 식량공급권을 확보했다.

2008년 8월 26일자 WSJ지에 보도된 바에 따르면, 아랍에미리트 공화국과 사우디아라비아는 증가하는 식품 수요를 충족시키기 위하여 수단과 이집트, 터키와 파키스탄 같은 개발도상국에서 농업투자를 계획하고 있었다. 수개월 후 Daewoo Logistics사는 마다가스카르에서 농작물을 재배한 후 한국으로 수송하는 딜을 했으며, 캄보디아는 농업용지를 제공하는 데 동의했다. 2009년 1월 FT지 보도에 따르면, 월스트리트의 전직 은행가인 뉴욕 소재 Jarch Capital사의 회장은 토지소유권이 분명치 않은 남수단의 40만 헥타르 땅에 대해 악명 높은 반군 지도자와의 거래를 추진하기까지 했다. 이것은 토지의 소유권이 불분명한 시장에서 악명 높은 반군지도자에게 절대로 땅을 사지 않는다는 필자의 개인적 부동산투자 원칙들 중 하나와 배치되는 것이다.

모든 것 중에서 가장 소중한 재화인 수자원을 확보하기 위한 여러 가지 노력이 강화될 것이다. 기업들은 공정한 플레이를 할 필요가 있다. 2000년 볼리비아 코차밤바(Cochabamba) 주의 물 전쟁은 도시상수원의 공급이 민영화되거나 제한되었을 때 시민의 저항이 얼마나 쉽게 일어날 수 있는지를 보여주는 좋은 예이다.

국익에 대한 논의는 전 세계적인 시장에서 투자하는 국부펀드와 밀접하게 관련되어 있으므로 이에 대한 사례를 살펴보자.

관련 사항 ●●●●

기업지배구조(국익-국부펀드)

금융위기가 발발하기 전, 국부펀드가 그 이면의 동기로서 어떤 정치적인 의도를 갖고 있는 것은 아닌지 또는 그들의 투자가 순수하게 상업적인 이유에서 행해진 것인지에 대한 많은 의혹이 제기되었다.

2008년 스위스 다보스에서 개최된 세계경제포럼에서 미국의 전 재무장관 로렌스 섬머스(Lawrence Summers)는 국부펀드의 투명성 향상을 요구했으며, 국부펀드들이 정치적인 의도를 가지지 않을 것에 대한 행동강령을 채택할 것을 요구했다. 이에 따라 그해 9월에 열린 국부펀드의 국제실무진 회의에서는 자발적인 행동강령으로 소위 "산티아고 원칙(Santiago Principles)" (역자주-IMF가 마련한 국부펀드의 투자운용지침)을 공포했다. 그렇게 많은 국부펀드가 이 제안서를 채택하는 데 동의하도록 하는 것은 쉽지 않을 것이다. 예를 들면 Dubai World의 회장인 술탄 빈 술라옘(Sultan bin Sulayem)은 2008년 4월의 FT지와의 인터뷰에서 국부펀드를 보다 투명하게 운영하라고 강제하는 것은 그가 유럽에 더 많이 투자하는 것을 막을 수 있다고 주장했다.

투자를 받는 입장에서 각 국가는 어느 정도로 엄격하게 국부펀드의 투자를 허용할 것인가를 결정할 필요가 있는데, 그것은 당연히 그 투자의 상대적 중요성에 달려 있을 것이다. 비록 국부펀드들이 금융위기 속에서 상대적으로 일찍 타격을 입었다는 사실이 신문의 헤드라인에 다시 등장하기 전까지 시간이 다소 걸렸다고 할지라도, 2007년부터 2009년까지 전 세계가 겪은 금융위기 동안에는 돈이 필요했던 국가들에게는 이러한 선택권이 없었을 것이다.

2008년 2월 호주정부는 외국투자자로부터의 자본투자 적정성을 점검하는 일련의 원칙을 가이드라인으로 제정했다. 그 후 호주 외국인투자심의위원회(FIRB: Foreign Investment Review Board)는 외국투자자가 해당 정부의 영향을 받지 않고 독립적인 투자를 하는지를 검토하게 되었다. 미국에서는 재무부가 투자지분율 10% 이하의 해외투자에 대한 미국 외국인투자위원회(CFIUS: Committee on Foreign Investment)의 조사권을 강화했다. 2008년 8월 중국정부는 외국기업이 중국 회사를 인수하고자 할 때 적용되는 안보문제를 살펴보는 관계 장관회의기구를 도입할 계획을 발표했다.

리스크 관리

회사의 리스크 관리에 대한 의지 및 능력은 애널리스트가 고려해야 할 또 다른 기업지배구조 문제의 한 분야이다. 애널리스트는 회사 경영진과 전문가들이 실제로 그렇게 정직하지 않다는 것을 알아야 한다.

1989년부터 2003년까지 통신업종의 최상급 애널리스트였던 댄 라인골드(Dan Reingold)는 그의 경쟁자였던 잭 그루브만(Jack Grubman)과의 경쟁관계에 대해 "어느 월스트리트 애널리스트의 고백(Confessions of a Wall Street Analyst)"이란 제목으로 진솔한 글을 기고했다.

> "WorldCom사의 대규모 회계사기의 뉴스는 나를 소스라치게 놀라게 했다. 내가 어떻게 그러한 사실을 놓칠 수 있었는가? 내 분석모델에만 집착해서 나는 위기가 다가오고 있는 것을 알지 못했다. 그때까지 내 분석모델은 각각의 상황에서 주가가 변화하는 것을 멋있게 표현해왔으나, WorldCom사가 일련의 대규모 인수거래를 이용해 회사의 주요 영업이 나빠지는 것을 숨겼던 사실을 보여주지 못하였다. 회사는 이미 통제불능의 상황으로 치닫고 있었다. 나는 다른 사람들이 이 주식에 매력을 느끼게 만든 과장광고에 현혹되지는 않았으나, 내가 분석에만 집착하지 않고 보다 더 직관적이었다면 WorldCom사의 인수중독증과 지속적인 성장률을 가능케 한 공격적 회계처리 관행을 좀 더 잘 이해할 수 있었을 것이다. 내가 부여했던 낮은 투자추천등급은 여전히 공격적이었으며, 회사와 투자자들 앞에 무엇이 다가올 것인지를 정확히 보여주지 못했다."

기업들이 주주들에게 허위 재무보고를 시작하면 그 회사는 하향곡선상에 놓여 있는 것이다. Enron사나 WorldCom사의 사례는 이미 잘 정리되어 있다. 회사에 의해 작성된 허위 회계자료로 인하여 투자자들이 손실을 보았다고 주장한 Vivendi사의 사례를 살펴보기로 하자.

사례연구 ●●●●

기업지배구조(회사에 의한 허위 회계자료)

세부사항 : 투자자들은 2000년 10월 31일부터 2002년 8월 16일까지 회사의 주가가 주당 84.7유로에서 9.3유로로 하락하여 수십억 달러의 투자금을 날렸다고 주장하면서 프랑스 회사인 Vivendi에 대해 뉴욕에서 집단소송을 제기했다. 투자자들은 회사가 1990년대 미화 770억 달러의 일련의 인수거래를 통한 누적 채무를 재무제표상 분식회계 처리했다고 주장하였다.

2010년 1월 30일자 Bloomberg지는 투자자 측 변호사의 주장을 인용하면서, 이는 사상 최대 규모의 증권 관련 집단소송이 될 전망이라고 보도했다. "우리는 57개의 분식된 재무제표를 가지고 있으며 배심원은 이 57개의 재무제표가 분식되었다고 판단했다." 이에 따르면 백만 명의 투자자가 최대 미화 93억 달러[24]의 소송을 제기할 수 있었다. Vivendi사는 항소할 뜻을 밝혔다. 이 소송은 앞으로 오랜 시간이 걸릴 수 있다. (2003년 Vivendi는 미 SEC가 제기한 민사소송을 조기에 타결하기 위해 미화 5천만 달러를 지급하는 데 동의했으며, 또한 회사의 전 회장은 미화 1백만 달러의 벌금을 내는 데 합의했다.)

결론 : 필자가 뭐라고 말할 수 있을까? 애널리스트는 모든 것을 기정사실로 받아들여서는 안 된다. 재무제표의 정보에 다시 한 번 의문을 제기하고 확인해야 한다. 애널리스트는 만약 회사의 경영진이 특정 부류의 주주를 불공평하게 다루는 등 어떤 측면에서든 간에 경영진을 의심하게 되었다면 이를 보다 깊숙이 조사해야 한다. 애널리스트는 인지한 모든 종류의 기업지배구조 리스크를 경고할 필요가 있으나, 사실에 대해 완벽히 확신이 없는 한 회사와 경영진에 대하여 어떠한 명예훼손의 주장을 해서는 안 된다.

리스크 애널리스트는 회사가 실패하거나 망하게 되는 공통요소가 무엇인지를 분석하고자 한다. 이것은 흔히 승인되지 않은 거래나 혹은 과도한 위험 감수에서 비롯된다.

사례연구 ●●●●

기업지배구조(리스크 관리와 불법거래 트레이더)

개요 : 2006년 6월 29일자 SCMP지에 보도된 기사에서 Asia Risk지의 앨런 워링(Alan Waring)과 스티브 턴스톨(Steve Tunstall)은 2004년 파산한 중국항공석유공사(China Aviation Oil)의 사건을 조사한 싱가포르 증권거래소가 회사의 심각한 기업지배구조상의 문제를 발견했다고 주장했다. 이 두 명의 리스크 애널리스트는 본 사례에서 1995년의 Barings사의 사례를 연상케 하는 동일한 실패의 원인들을 발견했다. 또한 FT지는 2008년 1월 Société

Générale(SocGen)사에서 50억 유로의 손실이 발생한 방식을 Barings사에 의해 8억2,700만 파운드의 손실이 발생한 방식과 비교했다. 상황이 변해도 근본이 변하는 것은 아니다.

세부사항 : 2004년 말 중국항공석유공사는 원유 파생거래 관련 미화 5억 달러에 달하는 손실을 누적시켰다. 2005년 8월 싱가포르 통화청(MAS)과 CAO의 지주회사인 CAOHC는 내부자거래에 대한 벌금에 합의했다. CAOHC는 자금을 조달하기 위해 거래 손실에 관해 중요한 가격민감정보를 가지고 있었음에도 불구하고 Deutsche 은행을 통해 유상증자를 실시했다. 이와 관련된 혐의로 대표이사와 전 재무담당부서장은 징역형을 선고받았다.

2008년 1월 25일자 FT지 기사에서 존 개퍼(John Gapper)는 Barings사와 SocGen사에서 발생한 거래 손실들을 서로 비교하면서, 두 경우 모두 거액의 지수선물 거래에 큰 포지션을 누적시켰던 젊은 남자 트레이더들이 관련되었으며, 누적 손실을 숨기기 위하여 그들 모두 전에 일했던 지원부서의 업무처리에 대한 지식을 사용했다는 점에 주목했다. Asia Risk지의 워링과 턴스톨은 싱가포르 거래소의 조사에서 확인한 기업지배구조의 실패에는 모든 단계에서 효과적 통제시스템의 부재와 거래지원 부서의 견제기능 미흡 및 거래 손실의 은폐 등이 포함되어 있다는 점을 주목했다.

결론 : 증권 애널리스트의 중요한 일 중의 하나는 그 기업들의 주식에 투자하는 데 영향을 미칠 수 있는 모든 문제를 예측하는 것과 이에 대한 리스크를 투자자들에게 알리는 것이다. 사건이 발생한 후에 회사의 파산이나 사고를 분석하는 것은 투자자들에게는

너무 늦다. 따라서 이러한 실패의 공통분모를 알고 계속 지켜보는 것이 증권 애널리스트가 위험에 처한 회사를 발견하는 데 도움을 준다.

말하기는 쉽지만 행동하기는 어려울 것이다. 특히 불법거래 트레이더가 의도적으로 손실 포지션을 숨기고 본인의 거래내역을 감추는 경우에는 더욱 어려울 것이다. 그럼에도 불구하고 애널리스트는 최소한 리서치의 대상인 회사가 리스크 관리에 투자한 투자액이나 인력의 수준을 평가하고, 그러한 노력이 회사의 형태나 위험수준에 비추어 충분한지를 판단해야 한다.

애널리스트는 복잡한 파생상품을 포함하여 회사가 체결하고 있는 모든 계약이나 거래에 대한 실제 모습을 이해하는 데 최대한 노력해야 하며, 회사의 리스크 관리 담당자의 업무능력을 평가해야 한다. 또한 애널리스트는 회사의 보험정책에 의해 보전되거나 보전될 수 없는 비상사태가 무엇인지도 결정해야만 한다.

전 세계적으로 다양한 연구들이 애널리스트가 고려할 만한 유용한 사례들을 제공한다.

사례 ••••

기업지배구조(리스크 관리와 불법거래 트레이더)

2008년 4월 미 FINRA는 규정통지문 #08-18을 제정하여 불법거래 트레이딩을 방지할 수 있는 모범실무에 대한 가이드

라인을 제시하였다. 이에 따르면 건전한 기업관행은 다음을
포함한다.

- 거래제한 한도의 위반, 미결제거래에 대한 미실현 손익, 취
  소나 정정에 있어서의 비정상적 패턴 및 장기간 수도 불이
  행 패턴 등과 같은 위험신호에 대한 정밀검토 강화
- 회사 시스템과 리스크 관리 정보에 대한 비밀번호 보안의
  향상 및 다른 보호책
- 회사 내 강력한 준법감시문화 창조

불법거래 트레이더의 횡령사건과는 직접적으로 관련은 없
지만, 2007년 UBS가 주주들에게 배포한 50쪽에 달하는 약 미
화 190억 달러의 서브프라임 관련 대손상각 사례에 관한 보고
서는 우리에게 리스크 관리에 관한 교훈을 주고 있다. 2008년
4월 22일자 FT지에 보도된 바에 따르면 회사의 고위경영진은
아래와 같은 중요한 사항을 발견했다.

- 회사 내부 헤지펀드인 Dillon Read Capital Management를
  설정하고 해체하는 데 있어서의 사려 깊지 못한 처리
- 리스크는 간과하고 수익에만 집착
- 서브프라임 자산의 시장 공급에 과도한 의존

FTI-International Risk(역자주-홍콩에 본사를 둔 컨설팅 회사)의
스티브 비커스(Steve Vickers)가 아시아의 다국적기업에 대한
연구를 수행한 결과, 몇몇 회사의 구조와 조직들이 그들을 더

욱 위험에 취약하게 만드는 요소라는 것을 발견했다. 그는 다음 중 세 가지 이상에 해당하면 회사들이 사기에 대한 높은 리스크에 노출되어 있다고 주장했다.

- 명확한 보고체계가 없는 매트릭스 경영관리 시스템(역자주-전문 스태프를 분산배치해서 현재의 일상업무 조언자이자 중앙의 스태프로서 기능을 동시에 수행하도록 만든 조직)을 운영하는 회사
- 최근 업무재설계 및 구조조정을 경험한 회사
- 2년에 한 번씩 외국인 경영진이 변경되는 회사
- 국내직원의 이직률이 높은 회사
- 지역환경에 비추어 내부통제가 불충분하고, 적절하지 않은 회사
- 실행 중인 고도화된 통제나 "정보차단벽"이 다른 부서에 있는 직원 간의 공모를 막지 못하는 경우
- 신규고용자에 대한 불충분한 사전검토나 최근 고용한 고위임원이 다른 회사에서 같이 일하던 사람을 데리고 오는 경우
- 자금세탁방지 프로그램이 "경직"되어 있거나 국내실정에 맞지 않는 경우
- 외부감사 절차가 취약하거나 내부감사가 국내경영진에 맞서기를 어려워하는 경우
- 경고가 있거나 심각하지 않은 사기가 발생해도 사내 또는 정치적 문제 때문에 적절한 조치가 취해지지 않은 경우
- 근로의욕이 낮은 경우

2007-2008년의 신용위기에 대한 체계적 검토 자료를 읽기 원하는 사람은 2008년 8월 6일 거래상대방 리스크관리지침그룹 Ⅲ(Counterparty Risk Management Policy Group Ⅲ)이 발간한 "시스템 리스크 방지하기: 개혁으로 가는 길(Containing Systemic Risk : The Road to Reform)"이라는 제목이 붙여져 있는 Corrigan 보고서를 읽으면 될 것이다.[25] 자산운영사 고객의 리스크 관리와 관련된 요구사항을 충분히 이해하기 위하여 애널리스트들은 2008년 2월 25일 Buy Side Risk Managers Forum[26]과 Capital market Risk Advisors(역자주-위험 관련 금융자문회사)가 발간한 『자산관리자를 위한 위험 원칙(Risk Principles for Asset Managers)』이라는 책을 읽기를 권고한다.

애널리스트들은 불법거래 트레이딩 행위가 흔치 않게 발생함을 인지하고 있어야 한다.

관련 사항 ●●●●

기업지배구조(리스크 관리와 불법거래 트레이더)

어느 정도의 불법거래 트레이딩은 항상 발생한다. 언론에 보도되는 것은 대규모의 손실이 발생하는 경우이다.

● Toronto Dominion사의 영국지점은 2007년, 채권 트레이더가 본인의 채권 트레이딩 포지션을 허위로 보고하고 본인의 계정에서 발생한 손실을 숨기고자 허위 거래를 만든 이유로 49만 파운드의 벌금을 부과받았다. 2009년 12월

18일자 FT지의 메간 머피(Megan Murphy)가 보도한 바에 따르면 회사는 반복된 내부통제의 실패로 7백만 파운드의 벌금을 부과받았다.

- 2008년 6월 19일자 FT지에 따르면, Morgan Stanley의 런던 지점에서 근무하는 신용파생 담당 트레이더가 본인의 투자계정을 허위로 평가함으로써, 회사에 미화 1억2천만 달러의 손해를 입혔다(영 FSA는 회사에 대해 내부통제의 취약을 이유로 140만 파운드의 벌금을, 그리고 관련 직원에 대해서는 10만 5천 파운드의 벌금을 부과했다. 관련 직원은 금융업계에서 추방되었다).

- FT지 보고서에 따르면 Credit Suisse는 2008년 3월 부적절한 행위로 미화 28억 달러가 잘못 기재된 사실을 인정했다(영 FSA는 회사에 560만 파운드의 벌금을 부과했다).

- Lehman Brothers의 런던 지점에 근무하는 비정형 주식파생상품부서(exotic equity derivatives desk)의 두 트레이더에 대한 정직 건은 현재 검토가 진행 중이며 미화 1억5천만 달러까지의 손실이 발생할 수 있다.

- 2008년 9월 홍콩 소재 Bank of East Asia의 대규모 예금 인출 사태를 촉발한 기폭제 중 하나는 은행이 상반기 실적을 재조정하면서 이제까지 숨겨온 파생상품 트레이더의 9,300만 홍콩달러 상당의 손실을 보고한 것 때문이다.

- 2008년 10월 Caisse d'Epargne사는 주식파생상품거래에서의 6억 유로의 손실로 언론의 첫 페이지를 장식했다.

- CITIC Pacific은 통화거래로 미화 20억 달러의 손실이 날 수도 있다고 보고했다(이전의 사례를 참조하라).

- 2009년 3월 6일자 New York Times지에 따르면, Merrill Lynch의 외환 트레이더는 노르웨이와 스웨덴 통화에 대한 거래로 미화 4억 달러의 손실을 발생시킨 후 정직되었다.

이외에도 많은 사례가 있다.

아마도 "불법거래" 사건 중 가장 큰 것은 매도프 스캔들일 것이다.

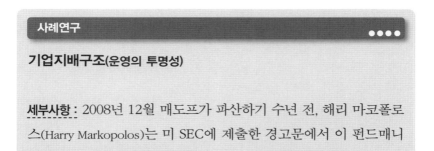

사례연구 ● ● ● ●

기업지배구조(운영의 투명성)

세부사항 : 2008년 12월 매도프가 파산하기 수년 전, 해리 마코폴로스(Harry Markopolos)는 미 SEC에 제출한 경고문에서 이 펀드매니저의 비정상적 수익에 대한 두 가지 가능성을 주장했다.

첫째, 비정상적 수익은 고객의 주문정보에 대한 불법 선행매매의 결과이다.

둘째, 좀 더 그럴듯한 설명으로는 하나의 대규모 다단계 금융사기일 것이다(Ponzi scheme: 역자주-다단계 금융사기를 일컫는 말로, 1920년대 미국에서 찰스 폰지(Charles Ponzi)가 벌인 사기 행각에서 유래된 용어). 필자는 규제기관이 왜 이러한 경고를 과거에 무시했는지에 대해서는 사람들이 판단할 몫으로 남겨두겠다. 70세의 매도프가 11가지의 위법사실에 대해 유죄를 인정하고, 총 150년의 최고형을 선고 받은 것으로 충분하다(우디 앨런의 영화인 〈돈을 갖고 튀어라〉에서처럼 좋은 의도를 가지고 있었다면 징역기간이 반으로 경감될 수 있었을 텐데).

이 사례는 앨런 스탠포드(Allen Stanford)경과 그의 Stanford International Bank에서 발생한 사례와 비슷한 측면이 있다.

- 소유자의 이름을 회사이름으로 사용한 것을 보면 회사의 운영이 한 개인에게 집중되어 있었다.
- 회사의 운영과 투자에 대한 투명성이 없었다.
- 두 조직은 감독당국의 입장에서 명확히 규제대상회사가 아니어서 감독당국의 감시를 피할 수 있었다.
- 회사의 규모에 비해 회계감사법인은 매우 작았다.
- 회사의 고객이 된다는 것은 배타적인 투자클럽의 회원이 되는 것 같이 취급되는 특징이 있었다.
- 수익이 시장수익률을 지속적으로 상회했다.

결론: 위의 사례들은 애널리스트보다는 재무상담사가 고객의 돈

을 어느 펀드나 은행에 투자해야 하는지를 결정할 때 고려해야 할 것이다. 하지만 결론은 회사와 그 주식을 분석하는 애널리스트에게도 적용될 수 있다.

투자할 펀드에 대한 사전조사를 하는 투자상담사는 수익이 너무 높거나 회사가 수익을 발생시키는 방식을 비밀로 하는 경우 이를 조심할 필요가 있다. 2001년 5월 발간된 매도프에 대한 Barron지의 기사에서 에린 아베드룬드(Erin Arvedlund)는 다음과 같이 주장했다. "Long-Term Capital Management사의 붕괴로부터의 교훈은 투자자들이 자산관리자의 투명한 투자전략을 요구해야 한다"라는 것이다.

주요주주들의 가족이 고위경영진에 포함되어 있으면 사람들은 뭔가 잘못되었다는 생각을 했어야 한다.[27]

이와 더불어 금융위기 때 다른 수많은 다단계 금융사기사건이 밝혀졌다.

관련 사항 ●●●●

다단계 금융사기

<u>세부사항</u> : 소위 "레바논의 버니 매도프(Bernie Madoff)"라고 불리는 이상한 사례가 있었다. 2009년 9월 15일자 New York Times지에 따르면, 많은 이슬람 시아파 투자자들은 헤즈볼라와 명백히 관련된 사람이 운영하는 투자처에 그들의 운명과

돈을 걸었다. 언론에 인용된 검찰 측 인사의 말에 의하면 관련 손실이 미화 10억 달러로 추정된다.

2010년 1월 캐나다에서는 자칭 차이니스 워렌 버핏(Chinese Warren Buffett)이라고 하는 사람에 대한 사례도 있었다. SCMP 지에 보도된 바에 따르면 이 자수성가한 투자가는 2004년부터 2006년까지 다단계 금융사기를 저질러 그의 헤지펀드인 Oversea Chinese Fund에는 200명 이상의 투자자가 미화 7,500백만 달러 이상의 자금을 투자했다고 인정했다. 특별히 미국계 중국인들이 그의 표적이 되었다.

Kay Services사는 통일교 재단인 문선명의 평화재단을 대상으로 다단계 금융사기를 저질러 미화 380만 달러의 벌금(이 중 45만 달러는 민사상 배상금)을 부과받았다. 미 SEC에 따르면, Kay Services사의 설립자는 투자자에게 연 50%에서 100%의 수익률을 약속했다. 그녀는 70개월의 징역형을 선고받았다.

2010년 3월, 6년형을 선고받은 뉴질랜드의 한 은행가의 사례가 있는데, 그는 고객을 오도하여 사취한 1,780만 뉴질랜드 달러를 방탕한 사교생활, 비싼 부동산, 차와 와인에 써버렸다. 이는 축구로 번 숱한 돈을 어디에 사용했느냐는 질문에 대한 조지 베스트(George Best: 역자주-북아일랜드의 전 축구 선수로, 맨체스터 유나이티드에서 전설적인 활약을 펼친 선수였으나 약물 복용, 음주, 스캔들 등의 여러 복잡한 사생활로 오랜 선수생활을 오래 하진 못함)의 답을 생각나게 한다. 그는 술과 여자 그리고 레이싱 카 등에 써버렸다고 대답했다.

추가사항으로, 2010년 3월에 미 SEC는 100명 이상의 투자자를 유인하여 미화 600만 달러 이상의 자금을 Delphi

Associates Investment Group에 투자하도록 한 혐의로 자신을 '미국의 예언자'라고 주장하는 국가적으로 인정된 한 정신병자를 고소했다. 그는 자기의 투자 팀에게 투자지침을 제공하기 위해 자신의 초능력을 사용하려 했다고 강력히 주장했다 (내가 알고 있는 몇몇 애널리스트도 이와 비슷한 수법을 사용했다). 엄격히 말해 다단계 금융사기는 아니지만 모집한 펀드자금이 부적절하게 사용되었다. 이 중 일부의 돈은 이 정신병자와 그의 아내가 운영하는 비영리종교단체로 흘러들어갔다. 그는 이미 자신의 사건 결과가 어떠할지를 분명히 예측했을 것이다.

결론 : 위에서 본 레바논 사례에서의 주 희생자인 이슬람 신자들, 캐나다에서 발생한 사례에서의 중국인들, Kay Services 사례에서의 통일교 신도들 및 매도프의 주표적이었던 유대인들의 사례를 통해, 적어도 우리는 금융사기가 인종이나 종교에 따른 편견은 없다는 것을 알게 되었다.

은행이나 다른 금융 산업에서 리스크 관리의 또 다른 분야는 자금세탁 및 테러리스트의 자금조달 문제이다. 이와 더불어 국제적 규모의 뇌물이나 부패 사건의 사례들을 살펴보기로 하자.

개발도상국의 은행감독기관들은 은행감독을 위한 바젤위원회나 자금세탁방지 국제기구(Financial Action Task Force)와 같은 국제기관에 의해 확립된 규정을 반영한 자금세탁방지 제도를 도입하였다. 이 조직들은 높은 관심을 가져야 할 고위험 국가와 고위험 고객의 범주를 규정했다. 미국에서 이와 관련된 책임부서는 미 재무부산하 해외자산관리국(Office of Foreign Assets Control)이다.

다음 사례가 보여주듯이 회사들은 이러한 국제기준을 위반할 수 있다. 애널리스트는 분석대상 회사가 관련 리스크를 경감시킬 적절한 내부통제장치가 있는지, 고객주의의무를 충분히 수행하는지 그리고 신규고객에 대한 적절한 주의의무를 다하는지를 판단할 필요가 있다.

사례연구 ●●●●

기업지배구조(리스크 관리와 자금세탁, 뇌물 및 부패)

세부사항 : 2005년 12월, ABN AMRO는 거래제한 대상국인 이란과 리비아와 연관된 펀드가 두바이를 거쳐 미국에 자금을 공급하는 혐의거래를 파악하고 보고하지 못했다는 이유로 미국 금융감독당국으로부터 총 미화 8천만 달러의 벌금을 부과받았다. Bank of New York은 그 한 달 전, 뉴욕에 거주하는 러시아 이주자인 은행 부행장과 그의 남편이 러시아에서 온 자금 미화 700만 달러를 해외의 제3자에게 송금하기 위해 이 은행을 이용한 것에 대하여 미화 2,600만 달러의 벌금을 지불하고 1,200만 달러를 배상하기로 합의했다.

2007년 1월 10일자 American Banker지에 따르면, 이러한 사례는 거래금액이 크다는 것뿐만 아니라, 명목회사(shell company)가 어디에 있는지를 주목했다. 과거에는 범죄자가 자신의 소유를 감추기 위해 해외에 있는 명목회사를 이용했다. 하지만 은행들이 해외계좌에 대한 조사를 강화하기 시작하자, 범죄자들은 익명성을 보장받기 위해 미국 내에 명목회사를 만들었다.

보다 큰 벌금이 부과된 사례로서 Credit Suisse는 미국정부의 제재조치에 반하여 1995년부터 2007년 사이에 이란 및 다른 거래 제한 국가들과 거래한 혐의에 대한 합의로 2009년 12월 미국정부에 미화 5억3,600만 달러의 벌금을 지불하기로 동의하였다. 2009년 1월, Lloyds TSB는 이란, 수단 및 다른 거래제한 국가의 고객을 대신하여 불법송금거래를 수행한 것을 인정하고 미화 3억5천만 달러의 벌금을 지불하기로 하였다. 미국 법무부에 따르면, 은행은 의도적으로 송금지시서에 고객의 이름, 은행명 및 주소 등 중요한 정보를 지워버려, 미국 금융기관에서 검열을 받을 때 적발되지 않도록 12년 동안 은행 송금지시서를 의도적으로 위조하였다. 회사는 이러한 과정을 "리페어링(repairing: 수선하기)"이나 "스트리핑(stripping: 벗기기)"이라고 불렀다.

같은 달 영 FSA는 뇌물 및 부패방지를 방지하기 위한 효과적인 시스템과 내부통제장치를 설치하고 운영하는 등의 적절한 조치를 취하지 못한 이유로, Aon사에 525만 파운드의 벌금을 부과했다. 회사는 해외의 영업을 유지하기 위해 여러 가지 의심스러운, 약 미화 700만 달러에 달하는 금액을 다수의 해외기업이나 개인에게 송금하였으며 지불대상은 바레인, 방글라데시, 불가리아, 버마(미얀마), 인도네시아 및 베트남에 소재한 제3자였다. 회사는 초기 단계에서 본 혐의에 대해 합의를 했으며, 그렇지 않았다면 750만 파운드의 벌금을 지불해야 했을 것이다. 영 FSA는 본 사건을 자체적으로 적발하여 조치한 회사의 노력을 감안했다.

그 한 달 전, Siemens사는 벌금액으로는 최대금액인 미화 8억 달러의 벌금을 지불하기로 미 SEC와 합의했는데, 이는 2001년에서 2007년에 걸쳐 전 세계 다양한 국가의 공무원들에게 총 미화 14억 달러의 뇌물을 지불한 것에 대한 것이었다. 2009년 5월 27일 자 WSJ지는 이 벌금과 관련된 기사에서 "Siemens의 대변인은 … 본 뇌물공여사건에 관련한 비용이 독일정부에 지불한 벌금을 포함하여 총 12억2천만 유로(미화 17억 달러)에 달할 것이라고 발표했다"고 보도했다. 그러나 Siemens사는 기관의 투명성과 감독자책임 위반에 대한 피해 보상금에 대해 전임 이사들과 개인적 합의를 이끌어냈다.

Mercedes-Benz의 승용차 및 트럭 제조사인 Daimler사는 2010년 3월, 총 미화 1억8,500만 달러(미국 법무부에 대한 벌금 9,360만 달러, 미 SEC와의 민사소송을 타결하기 위한 9,140만 달러)의 벌금을 지불하기로 합의했다. Bloomberg지에 따르면, 회사는 수십만 대의 차량 판매계약을 성사시키기 위해 최소한 22개국에서 수백 명의 정부 관리에게 부적절한 뇌물을 제공했다고 인정했다. 러시아와 독일에 있는 두 개의 Daimler 자회사는 재판과정에서 유죄판결을 받았다.

결론 : 당신이 이라크나 어느 험악한 지역에 잡혀 있다고 상상해 보자.[28] 누군가의 손을 빌려 급행료를 지불하지 않으면 사업을 할 수 없는 나라가 있다. 그러나 위의 사례처럼 이러한 뇌물행위는 회사가 범법행위로 기소되고, 거액의 벌금을 내고 평판에 심각한 손상을 입을 수 있다는 것을 고려해야 한다. 또한 이러한 사안이 발생했을 때는 이를 해결하기 위해 다양한 형태의 재원을 사용해야 한다. 항상 그러하듯이, 애널리스트는 회사가 불법행위에 관련되어 있을 리스크를 측정해야 한다. 돈을 추적하는 것은 감사인의

업무지만, 애널리스트는 어떤 경고 신호나 수상한 거래에도 경각심을 가져야 한다.

뇌물과 관련된 불법행위 관련비용에 대한 Siemens사의 논평은 옛날 격언인 "호미로 막을 것을 가래로 막는다"라는 말을 상기시킨다. 다른 말로 하면 문제를 미리 예견하여 처리하는 것이 나중에 발견하여 처리하는 것보다 훨씬 더 비용을 줄일 것이다. 여타 기업지배구조와 리스크 관리 문제들에서와 같이 애널리스트들은 회사의 경영진이 자금세탁이나 기타 불법적인 문제를 미리 예견하고 대처하는지, 혹은 관련 취약점은 무엇인지를 점검하기 위해 적절한 재원을 배분하는지를 살펴볼 필요가 있다. 다시 말해 이러한 점검은 애널리스트가 회사를 평가할 때 할증이나 할인요인을 부과할 것인지, 즉 최소한 인지된 리스크를 고객에게 고지하도록 해준다.

최근 벌금금액이 급증했으며 앞으로도 계속해서 올라갈 기세이다. 벌금부과만이 규제당국의 무기는 아니다. 제1장에서 보았듯이 일본의 규제당국은 일정 기간 동안의 영업정지를 선호한다.

일본 규제당국은 2004년과 2009년 두 차례에 걸쳐 적발된 자금세탁과 같은 의심스러운 거래에 대해 Citi Group이 적절한 내부통제를 유지하지 못한 것에 대해 상기 조치를 단행했다. 애널리스트는 특정국가의 정치적 문제를 흑백논리로 접근해서는 안 된다. New York Times지는 미국의 거래제한법규를 위반하며 이란과의 거래를 유지한 여러 다국적 회사의 이름을 거론하면서, 이 회사들이 2000년과 2009년 사이의 거래에서 총 미화 1,000억 달러 상당의 수익을 얻었다고 주장했다. 이 회사들은 Royal Dutch Shell, Petrobras, Honeywell, Mazda와 대림산업을 포함한다. 영국 외상은 "Quantum of Solace"란 007 영화 시리즈에서 정보국의 M에게 "우리가 악당들과의 거래를 거부하면 우리는 거래할 상대방이 없다"라고 말한다. 그러한 회사들이 명시적이거나 묵시적인 "어려운 상황을 모면할 수 있는" 카드를 가지고 있든 아니든, 변화하는 정치적 상황은 향후 그들의 입지에 영향을 미칠 것이다.

추가사항 : 증권사의 경영자와 준법감시인이 관심을 가질 만한 미 FINRA의 사례로 Scottrade라는 증권사가 고객에게 온라인 증권 거래시스템을 제공한 경우가 있다. 2009년 12월 미 FINRA의 제재내역에 따르면, 회사는 시인도 부인도 하지 않는 조건으로 신규 영업과 관련한 적절한 자금세탁방지체제를 갖추지 못한 것에 대해 미화 60만 달러의 벌금을 내는 데 합의했다.

신용등급 리스크

위기의 신호를 놓친 것은 증권 애널리스트만이 아니었다. 신용평가기관도 Enron이나 이후의 서브프라임 같은 위기를 잘 파악하지 못하였다고 비판받았다. 신용평가기관 역시도 자신들의 업무수행 과정에 존재하는 필연적인 이해상충의 문제로 비판받기도 한다 (이해상충에 대한 보다 많은 사례는 제3장, 특히 후반부의 "신용평가에 대한 비용지급"이라는 제목이 붙어 있는 사례를 참고하라).

리스크 분석(신용평가기관)

배경 : 금융위기 동안, 세 개의 주요 신용평가기관인 Standard & Poor's, Moody's와 Fitch는 구조화상품에 대한 신용평가 등급이 너무 높았다는 대대적인 비판에 직면했다. 2008년 11월 14일자 FT지의 보도에 따르면, 헤지펀드인 Renaissance Technologies의 대표이사인 제임스 사이몬스(James Simons)는 신용평가기관이 부적절한 평가등급을 부여함으로써 돼지의 귀를 비단지갑으로(역자주-돼지의 귀를 비단지갑으로 바꿀 수 없다는 서양 속담) 판매하는 것을 도왔으며, 이것이 대폭락의 원인이었다고 주장했다. 2007년 8월 20일자 FT지에서 미국 담당 편집자인 프란체스코 게레라(Francesco Guerrera)는 모든 신용평가기관에 대해 다음과 같은 죄목으로 유죄를 주장했다.

● 투자자에게 직면한 재앙을 알리지 않은 죄
● 은행이나 헤지펀드에 의한 비정형금융상품에 대한 망상에 적절히 조치하지 않은 죄
● 문제발생 후, 시기적절한 조치를 취하지 않은 죄

세부사항 : 2009년 7월 New York Times지의 기사에 의하면, 미국의 최대 연금펀드인 CalPERS는 Standard & Poor's, Moody's와 Fitch를 부주의에 의해 잘못된 정보를 제공한 이유로 고소했다. CalPERS는 고소장에서, 평가기관으로부터 받은

AAA 등급이 극히 부적절하며 비합리적으로 높았다는 것과, 신용평가방법의 개념상 문제가 있었으며 따라서 평가등급계산이 부적절했다고 주장했다.

Standard & Poor's사와 Moody's사는 뉴욕에서 진행된 Abu Dhabi Commercial Bank와 Morgan Stanley 간의 소송에서 피고인으로 이름을 올렸다. 2009년 9월 7일자 WSJ지의 보도에 따르면, 아랍에미레이트에 있는 Abu Dhabi Commercial Bank는 예전에 "Cheyne Finance(영국 헤지펀드)"로 알려져 있던 미화 58억6천만 달러 상당의 파생상품을 동 평가기관들이 "투자등급"으로 잘못 평가했다는 이유로 소송을 제기했다. 흥미롭게도 법원은 "신용평가기관이 일반적으로 일반대중이 아닌 제한된 소수의 투자자 집단에게 그들의 투자등급을 제시"하므로, 신용평가기관은 헌법상의 권리인 언론의 자유에만 의존할 수 없다고 결론을 내렸다.

부적절한 가격평가의 리스크와 관련한 앞의 사례에서, 우리는 어떻게 Paramax Capital사가 위험 회피 수단으로 UBS에게 판매한 신용파산스왑거래에 관한 부채담보부증권(CDOs)이 평가받았던 AAA 등급이 암시하는 것처럼 위험도가 낮지 않았다는 것이 증명됨으로써 실패한 사례를 살펴보았다.

문제들이 단지 미국의 제임스 로스(James Rose: 역자주-뉴스해설 웹사이트인 Corporate Governance Asia의 창립자이자 편집자임)가 만든 Corporate Governance Asia에만 적용되지 않는다는 사실이 필자에게 2007년 7월 23일 호주 ABC방송(Australian Broadcasting Coporation)에 의해 방송된 토론회에 관심을 갖게 만들었다. 토론회는 회사의 파산을 투자자들에게 적절히 경고하지 못한 채 뉴질랜드의 Bridgewater 부동산그룹에 대해 계속해서 상대적으로 높은 투자등급을 부여했던 신용평가사들에 대한 투자자들의 의문에 관한 것이었다. 토론회에서 언급된 논평 하나는 Bridgewater사가 파산 직전에 회사의 상품을 판매하는 데 있어 긍정적 신용등급을 강조했다는 것이다.

뉴질랜드의 애널리스트 브라이언 게이노어(Brian Gaynor)는 기업들은 다른 신용평가기관들이 그 회사에 대한 투자등급 제시를 거부한 것을 무시하고, 한 신용평가기관의 긍정적인 신용평가등급만을 강조할 수 있다고 주장하는 것으로 토론회를 마무리했다. 그는 "만약 신용평가기관이 긍정적 평가뿐만 아니라 부정적인 평가등급을 준비하지 않는다면, 일반투자자들은 상당히 오해할 수 있을 것이다"라고 말했다.

추가사항 1 : 필자의 예전 동료인 폴 바일리스(Paul Bayliss)는, 2008년 11월 11일 *Liar's Porker*의 저자인 마이클 르위스(Michael Lewis)가 Portfolio.com에 기고한 흥미로운 기사를 내게 알려주었다. 그는 애널리스트에서 헤지펀드매니저로 전향한 Frontpoint Partners의 스티브 아이스만(Steve Eisman)이 어떻게 금융시스템의 잠재적인 문제를 파악하고 상황이 반전될 것을 미리 알았는지를 알려주었다. BBB 등급의 대출이 AAA 등급의 채권으로 바뀐 것을 신용평가기관이 어떻게 답변해줄 수 있는지를 이해하기 위해, 그는 Standard & Poor's의 대변인에게 부동산가격이 떨어지면 파산(default)등급에 어떤 문제가 생길 것인지를 질문했다고 한다. 대변인의 답변은 본인들의 주택가격에 대한 모델은 음의 숫자를 적용할 수 없으며, 따

라서 항상 주택가격이 상승할 것만을 상정했다는 것이었다고
한다.

추가사항 2 : 2008년 5월 21일자 FT지는 Moody's의 고위임
원들이 2007년 초, AAA 등급으로 평가된 CPDOs(Constant
Proportion Debt Obligation: 역자주-구조화 신용파생상품 중 하나)라
고 명명한 상품이 계산상(coding) 의 실수가 고쳐지면 네 단
계 낮게 평가되었어야 한다는 것을 어떻게 미리 알았는지 폭
로했다. 그러나 회사는 2008년 1월에 시장이 하락하기 시작했
을 때가 되어서야 비로소 해당 상품의 신용등급을 하향했다.
Moody's는 관련사항에 대해 충분한 조사를 했다고 발표했으
며, 2개월도 채 안 되어 글로벌 구조화금융상품 부서의 책임
자는 회사를 떠났다.

결론 : 본 장은 투자와 관련된 리스크에 대해 애널리스트가 파
악해야 할 문제들을 다룬다. 궁극적으로 이는 애널리스트의
기량과 판단의 문제이다. 신용평가기관이 전통적으로 보수를
취득하는 방법에 있어서의 내재된 이해상충 문제는 신용평가
분석가들의 판단을 혼란스럽게 만들었다. 그러나 최소한 미국
에서는 이런 문제를 다루는 데 상당한 진전이 있었으며, 이에
대해서는 제3장의 "신용평가에 대한 비용지급"의 끝부분에서
다시 살펴보기로 하자.

투자은행가에 의한 기업실사

기업들을 시장에 소개하거나 인수합병에 관하여 고객들에게 자문업무를 수행하는 투자은행가들에 의해 수행되어야 할 적절한 기업실사의 수준을 살펴보는 것 역시 유용할 것이다.

"기업실사(due diligence)"라는 용어는 일반적으로 애널리스트가 회사의 금융상황, 회사 경영자들의 성실성에 관한 진실을 결정하는 과정을 의미하며, 위에서 논의한 모든 평가방식과 리스크의 측면에 대한 분석을 포함한다.

투자은행가들은 거래와 관련된 상황들에 대해 독자적인 분석이나 기업실사를 수행할 필요가 있다(거래에 있어서 스폰서, 인수자 또는 자문인의 역할을 하는 은행들을 위해 소위 프리-딜 리서치라는 업무를 수행하는 증권회사 애널리스트들에 관한 논의는 제3장을 참조하라).

사례연구

●●●●

기업실사(실패)

개요 : 홍콩에서의 최근 사례는 투자은행들이 새로운 기업의 상장을 주관하거나 M&A 딜에 관해 조언하는 업무를 수행할 때 필요로 하는 기업실사 과정에 대해 각국의 규제기관들이 얼마나 중요시하는지를 보여준다. 여기에는 Deloitte Touche Tohmatsu, ICEA Capital, Core Pacific-Yamaichi Capital, CSC Asia의 사례가 포함된다. 이 중 몇 가지 사례를 아래에서 살펴보자.

홍콩은 이중의 감독시스템을 운영하는 나라이다. 즉, 상장회사나 상장신청회사는 증권신고서와 관련서류를 홍콩거래소와 홍콩 SFC, 두 군데 모두에 제출해야 한다.

세부사항 : 투자은행부서를 운영하는 회계감사법인인 Deloitte Touche Tohmatsu는 최종 부도 처리된 전자상거래 영업을 하는 Codebank에 대한 기업실사의 실패로 2006년 6월 홍콩거래소에서 9개월 동안 신규상장 업무에 관한 영업정지를 당했다. Codebank와 10대 비밀요원에 관한 영화인 〈Agent Cody Banks〉를 혼돈하지 말기를 바란다. Deloitte는 홍콩거래소와 홍콩 SFC와 관련된 혐의를 시인도 부인도 않는 조건으로 타협했다. 2006년 6월 28일자 SCMP지의 보도에 의하면, 홍콩거래소는 Deloitte가 2001년에 회사의 상장을 도와주면서 회사의 상장서류들 중 연체되거나 미지급된 채무를 적절하게 파악하지 못했다. 홍콩 SFC의 집행국장인 유진 고얀(Eugene Goyne)은 홍콩 SFC는 적절한 기업실사 기준을 충족하지 못한 투자은행에 대해 강력한 조치를 지속적으로 취할 것이며, 해당 회사들을 상당기간 업계에서 배제할 것이라고 밝혔다.

또 다른 사례에서, ICEA Capital사도 관련된 혐의를 시인도 부인도 하지 않고 홍콩 SFC와 3천만 홍콩달러의 기록적인 벌금으로 타협했는데, 이는 2001년 7월 원예회사인 Euro Asia Agricultural(지주회사)의 상장과 관련한 기업실사의무의 실패에 따른 책임을 물은 것이었다.[29] 2005년 1월 28일자 SCMP지에 이녹 이유(Enoch Yiu)가 쓴 기사에 따르면, 동 벌금액은 회사가 관련 거래에서 얻은 수익을 반영한 것이라고 여겨진다. Euro-Asia사는 상장 전 4년간의 수익을 20배가량 부풀렸으며, 투자은행은 이런 사실을 파악하는 데 실패했다. 2001년 Forbes지에 의해 중국에서 두 번째 부자로 알려진 Euro-Asia의 회장은 사기혐의로 18년의 징역형에 처해졌다.

향후 조치: 2006년 4월에 제정된 홍콩 SFC의 "적합하고 적절한 가이드라인(Fit and Proper Guideline)"의 부록으로 추가된 스폰서나 준법감시인을 위한 새로운 가이드라인은 2007년 1월 1일부터 그 효력을 발생하기 시작했다.

결론: 이와 같은 사례들은 스폰서나 인수인 또는 조언자로서 투자은행이 수행해야 할 기업실사에 대한 것이다. 회사가 상장사가 아닌 경우 투자은행의 분석가들은 해당 정보에 대한 기업실사에 좀 더 주의를 기울여야 한다. 동일한 원칙이 모든 애널리스트에 적용된다. 모든 관련자는 회사와 경영진에 대한 사실을 확인해야 하며 고객들에게 그들의 기업실사 결과를 적절히 공시해야 한다.

추가사항: Cody Banks에 대한 사례는 과장된 것이 아니며, 특히 비상장회사에 대한 기업실사는 거의 수사 수준으로 해야 한다. 아시아 FTI-International Risk사의 스티브 비커스(Steve Vickers)나 라틴아메리카 FTI consulting사의 프랭크 홀더(Frank Holder)와 같은 리스크 전문가는 거의 수사 수준으로 분석업무를 수행했다. 이 수사관들은 회사가 공식적으로 보고한 사항과 재무제표상의 정보에 의존하지 않고, 누가 실제로 회사를 운영하는지, 회사의 업계 내 평판은 어떤지, 회사의 경영진은 어디 출신인지, 그들이 얼마나

존경받고 있는지, 정치적인 관계와 영향력은 어떠한지에 대한 사항을 밝히기 위해 노력했다. 그들은 회사의 부외부채 항목을 면밀히 조사하고, 미래에 리스크를 야기할 수 있는 잠재적인 규제적·환경적·사회적 이슈가 무엇이 있을 수 있는지 밝히기 위해 노력했다.

1 1993년 4월 26일자 "What Portfolio Managers Want from Securities Analysts"에서 발췌.

2 애널리스트의 고객에 대한 신의성실의무의 범위에 대한 논쟁이 있으며, 이는 개인고객의 이익을 최우선으로 해야 하는 재무상담사의 신의성실의무와 같은 높은 수준은 아니라는 것이 정설이다. 한편으로 미 SEC의 엘리스 월터(Elisse B. Walter)가 2009년 5월 Investment News지에 기고한 바와 같이, 개인고객들은 서로 다른 종류의 재무전문가들의 차이를 구별할 수 없으므로 애널리스트들도 다른 전문가와 동일한 수준의 신의성실의무를 부담해야 한다는 주장도 있다.

3 TC Pipelines, Minrad International, IPC Holdings, Axsys Technologies, Randgold Resources, Fiberstars, Pharmaxis, Lifetime Brands, American Capital Strategies, Axesstel, TGC Industries, Brigham Exploration, Gasco Energy and Extra Storage Space가 해당 종목이다.

4 경매방식증권들은 장기채권이나 금리가 주기적으로 변경되어 적용되기 때문에 단기증권으로 구분되어 거래된다.

5 UBS, Citigroup, Merrill Lynch, Wachovia, BOA, JP Morgan, Morgan Stanley, Goldman Sachs, Credit Suisse, Deutsche Bank와 RBC Capital Markets 등이 이러한 혐의를 받았다. RBC Capital Markets은 다국적 금융기관인 Royal Bank of Canada의 관계회사이다. 하지만 지금까지 이 책에서는 이 회사를 다소 가볍게 다루었던 경향이 있다.

6 미국 재무성채권은 통상 무위험등급으로 간주된다. 그러나 이 유일한 무위험등급조차도 디폴트와 관련해서는 우려가 있다. 이론적으로 미국 정부는 채무를 상환하기 위해 무한정으로 통화를 발행할 수 있다. 하지만 이 경우도 평가절하의 리스크가 상존한다. 또한 만기까지 시장이 형성되지 않을 유동성 리스크가 있다. 물론 현행금리는 시장상황에 따라 변화한다. 재무성채권의 만기가 상대적으로 단기라는 것이 어느 정도 리스크를

상쇄시키지만 리스크를 완전히 제거해주지는 못한다. 2010년 그리스의 채무위기 이후, 투자자는 더 이상 국부채권의 신용정도를 완벽하게 신임하지 않는다.

7   Corrigan Report는 감독당국이 아닌 주요 금융기관이 스스로 내부의 문제들을 파악하고 해결방안을 모색하기 위한 방안을 고려하는 공동노력의 산물이었다. 이에 따르면 개별 금융기관들은 공동의 선을 구현하고 시장의 안정성을 도모하기 위해 스스로 인재를 양성하고 기술을 발전시키며 시장관행을 변경해야 할 필요가 있다. www.crmpolicygroup.org를 참조하라.

8   2009년 7월 홍콩 SFC와 Mini bond와 관련하여 과징금에 합의한 은행으로는 ABN AMRO, Bank of China(HongKong), Bank of Communications, Bank of East Asia, Chiyu Banking Corp. Chong Hing Bank, Citic Ka Wah Bank, Dah Sing Bank, Fubon Bank(HongKong), Industrialand Commercial Bank of China(Asia), Mevas Bank, Nanyang Commercial Bank, Public Bank(HongKong), Shanghai Commercial Bank, Wing Hang Bank and Wing Lung Bank 등이다. 그 이전 홍콩 SFC는 Sun Hung Kai Financial 및 KGI Asia와 이미 과징금납부에 합의했으며, 이후 Grand Cathay Securities와도 합의했다.

9   International Risk는 그 후 FTI Consulting으로 합병되었으며, FTI International Risk로 회사명을 변경했다.

10 미국에서 Stoneridge와 Scientific Atlanta의 사례에 대한 논쟁은 사기죄가 확정된 회사에 대하여 투자자가 사기에 동조한 물품공급업자나 조언자 등 제3자인 동업자를 고소할 수 있는지에 대한 것이다. 2008년 1월, 고등법원은 5:3의 투표로 투자자들은 제3자인 동업자를 고소할 수 없다고 결론지었다. 투표의 결과가 다른 쪽으로 나왔다면 이 사례로 인해 국제적 기업들이 미국에서 기업활동을 하는 것을 주저하게 만들 수 있었을 것이다. 따라서 이러한 결론이 정치적 동기에서 나온 것일 거라는 의문이 제기되었다.

11 BAE Systems의 무기거래 스캔들에 대해서는 이 장의 후반부 기업지배구조를 다루는 곳에서 추가사항으로 소개되는 사례를 참조하라.

12 토빈의 Q 비율은 노벨 경제학상을 수상한 예일 대학교의 교수인 고(故)

제임스 토빈(James Tobin)의 이름을 따랐다. 외환송금거래의 Tobin's tax 에 대한 개념 또한 그의 이름을 따라 지어졌다.

13 Quarterly Journal of Economics, Vol. 118. No. 1, pp. 107-155, February 2003, http://ssrn.com/abstract=278920을 참조하라.

14 www.ifc.org를 참조하라.

15 Toyota사는 2010년 1월 21일 제품회수조치를 발표했다. Toyota사의 회장은 1월 31일 사과문을 발표했다. 그 후 2월 9일 추가로 제동장치이상을 이유로 437,000대의 하이브리드 차량의 제품회수조치를 발표했다.

16 Toyota의 자체 추산으로 2010년 초 전 세계적 차량 리콜로 인한 손해액은 개별소송 및 집단소송으로부터의 배상금을 제외하고도 약 20억 달러에 달한다. 2010년 3월 10일자 WSJ지에 따르면 J.P. Morgan은 회사의 총 일회성 차량 리콜비용을 4,000억 엔(미화 약 40억 달러) 및 추가적인 법률비용 1,000억 엔으로 추산했다. Toyota의 주식가격은 2010년 1월 21일 제품회수조치에 대한 보도가 난 후 2주 만에 시장가 기준으로 미화 300억 달러나 감소하여 20%가 하락했다. 이 기간 동안 비교대상 회사인 Honda 사 또한 에어백과 관련한 제품회수 문제를 가지고 있었지만, Honda나 Ford사의 주식은 단지 5% 하락했다. 미국 교통안전감독기관은 Toyota사에게 페달 결함에 대한 공시의 지연에 따라 법정 최대한도인 미화 164억 달러의 과징금을 부과했다. 두 가지 결함이 서로 다른 것이기 때문에 두 번째의 벌금이 부과되었다.

17 리카룬(Lee Kha Loon)은 현재 CFA협회 금융시장투명성센터의 아시아태평양지역 부서장으로 근무하고 있다.

18 www.crmpolicygroup.org를 참조하라.

19 보다 상세한 사항은 www.icahnreport.com을 참조하라.

20 2009년 1월에 CFA협회의 리카룬(Lee Kha Loon)과 그 당시 그의 동료 아베 데 라모스(Abe de Ramos)가 발간한 "Related Party Transactions: Cautionary Tales for Investors in Asia"를 참조하라.

21 "Catering to socially responsible investors"로 제목이 붙어 있는 제1장을 살펴보면 Lazard Korea는 지배구조에 문제가 있는 회사들에 투자하여 이들 회사를 변화시킨 후 회사의 가치를 높이고자 했다.

22 Fortis Insurance Asia는 이전에 Pacific Century Insurance(PCI)라는 사

명을 사용했다. 2007년 PCCW의 회장에 의해 운영되는 Pacific Century Regional Development는 PCI의 중요지분을 Fortis Insurance(Asia)에 매도했다고 보도했다.

23 2010년 2월 BAE Systems사는 탄자니아에 판매한 레이더시스템과 관련하여 대금수수에 대한 적절한 기록보관의무를 위반했다는 이유로 영국에서 3천만 파운드의 과징금을 납부하는 데 동의했다. 이와 동시에 미국에서 광범위한 뇌물 및 사기혐의로 미화 4억 달러의 벌금을 납부하기로 합의했다. 영국의 해결책이 사우디아라비아 스캔들을 잠재우지 못한 반면, 미국의 해결방안은 이를 가라앉혔다는 사실에 대해 영국의 정치가들은, "이는 영국정부에 의한 정치적 간섭의 제도적 폐단"이라고 비판했다고 Bloomberg지는 전했다.

24 2009년 4분기에 Vivendi는 5억5천만 유로를 소송에 대한 보상충당금으로 적립했다. WSJ지의 2010년 3월 2일자 보도는 실제 소송으로 인한 손실은 이 숫자와 크게 다를 수 있다고 주장했다.

25 Corrigan 보고서는 감독당국이 아닌 주요 금융기관이 스스로 내부의 문제들을 파악하고 해결방안을 모색하기 위한 방안을 고려하는 공동노력의 산물이었다. 이에 따르면 개별 금융기관들은 공동의 선을 구현하고 시장의 안정성을 도모하기 위해 스스로 인재를 양성하고 기술을 발전시키며 시장관행을 변경해야 할 필요가 있다. www.crmpolicygroup.org를 참조하라.

26 www.buysiderisk.org를 참조하라.

27 본인의 예전 동료인 폴 바일리스(Paul Bayliss)는 매도프의 형이 준법감시부의 부서장인 동시에 회사의 트레이딩을 했다는 사실에서 이해상충이 존재했을 가능성을 알려주었다.

28 이라크에 있는 Coalition Provisional Authority의 고위임원과 미국의 용역업체는 2006년 공모와 뇌물 공여, 자금세탁혐의로 유죄를 선고받았다. 법원의 문서에 따르면 이 용역업체는 건설용역을 따기 위하여 현금과 차량 시계, 항공권을 뇌물로 주고 바그다드의 빌라에서 성 접대를 했다. Bloomberg지에 따르면 건설과 관련된 대금의 지급은 이라크, 루마니아, 스위스 그리고 암스테르담의 은행을 거쳐서 이루어졌다.

29 2008년 6월 관련 기록은 ICEA group이 2002년과 2004년 사이에 준법감

시규정 위반에 대하여 추가적으로 3,800만 홍콩달러의 벌금을 홍콩 FSC에 의해 부과받으면서 깨졌다. 규제당국은 혐의사항 중 ICEA 증권의 자기계정 트레이딩과 ICEA Capital의 기업금융업무 간 업무분리 실패를 주목했다.

3장

리서치의 독립성과
이해상충

- 잠재적 이해상충은 여러 방식으로 발생할 수 있다. 이러한 잠재적 이해 상충은 증권회사 소속 애널리스트와 1) 같은 회사의 투자은행 부서 또는 기업금융 부서 소속 직원, 2) 리서치 보고서를 이용하는 고객들, 3) 리서치 대상 기업 또는 발행회사 등 사이에서 발생하는 이해상충을 포함한다.
- 전통적으로 신용평가기관들이 서비스에 대한 대가를 지급받는 방식에도 이해상충의 문제가 감지되고 있다.
- 증권회사 애널리스트는 그들의 고객인 자산운용사의 이익을 위하여 리서치 대상회사를 선정해야 하며, 독립성을 유지하는 동시에 편향적이지 않아야 한다.
- 정보차단벽(Chinese Wall) 중 공개영역(public side)에 있는 애널리스트는 공개적으로 가용한 정보를 근거로 본인의 견해와 결론을 도출해야 한다.
- 투자은행의 고객인 기업으로부터 사적 정보나 딜(deal) 관련 정보를 취득하거나 동 기업에 관해 과도하게 우호적인 견해를 제시함으로써 애널리스트는 독립성과 도덕성이 훼손될 수 있다. 그러므로 투자은행가는 애널리스트에게 특정 기업에 대한 우호적인 리서치 보고서의 작성을 요구해서는 안 되고, 애널리스트는 이러한 보고서의 작성을 약속해서도 안 된다.
- 애널리스트는 투자은행가의 영업을 지원해서는 안 된다. 애널리스트, 투자은행가, 기존/잠재고객 간의 3자회의는 외견상 이해상충이 발생할 수 있으므로 반드시 피해야 한다. 기업고객과 애널리스트 간의 회의는 투자은행가가 아닌 해당 고객이 요청하는 경우에만 허용되어야 한다.
- 명백한 또는 잠재적인 이해상충은 적절하게 관리해야 한다. 외견상 부

적절한 것으로 간주될 수 있는 상황까지도 회피하기 위하여 애널리스트와 투자은행가 간의 접촉이나 애널리스트와 기업고객 간의 접촉은 모두 준법감시부나 정보관리인(gatekeeper)을 통해 이루어지는 방식으로 관리하고 관련 기록을 유지해야 한다.

● 애널리스트는 발표된 리서치 보고서에 본인의 관점은 독립적이라는 것을 확인하고 리서치 대상 기업에 관한 이해관계 등을 고지해야 한다.

● 감독당국이나 법원은 애널리스트가 리서치 보고서에 기술한 논점이나 판매 중인 상품의 복잡성을 이해할 필요는 없으며, 다만 감독당국이나 법원은 이들 상품의 중개나 홍보 방식의 일관성이 없는 경우 이를 파악할 수 있기만 하면 된다.

개요

리서치의 독립성이란 그 자체만으로도 본 장 전체를 할애할 수 있을 만큼 중요한 주제이다. 애널리스트는 잠재적 영향력이 매우 크다. 우수한 애널리스트가 작성한 뛰어난 리서치 보고서는 시장을 움직일 만한 힘을 가지고 있기 때문이다. 그러므로, 다양한 이해관계자는 그들의 입맛에 맞는 리서치 보고서를 작성하라는 압력을 행사하고 싶은 유혹에 빠질 수도 있다. 소위 대형투자은행(bulge bracket firms)에 속한 증권회사 애널리스트의 이해관계자들은 투자은행 및 기업금융 부서 직원, 증권회사의 고객, 세일즈 담당자/중개업자, 자기매매 담당 트레이더, 리서치 보고서 대상 기업 등이 포함될 수 있다.

애널리스트는 그들의 고객에게 의무를 지고 있다. 그러므로 특정 종목을 리서치 대상으로 포함시킬지 여부는 투자은행이나 기업금융에 근무하는 동료 직원이 아닌 고객의 요구에 따라 결정해야 한다.

독립성의 명백한 결여에 관한 사항은 뉴욕 주 검찰총장인 엘리엇 스피처(Eliot Spitzer)의 지휘하에 수행된 미국 내에서 영업 활동을 영위하고 있는 대형투자은행의 이해상충 문제를 파악하고 이를 해결하기 위한 노력의 결과 2003/04년 세계적 리서치 애널리스트에 관한 감독당국과의 합의내용(Global Research Analyst Settlements)의 핵심이기도 했다. 첫 번째 조치로 2003년 미국 감독당국은 과징금 및 부당소득의 환수 등으로 구성된 총 미화 14억 달러의 벌금을 10개의 주요 미국 및 글로벌 투자은행에게 부과했다. 또한 이들 투자은행들은 업무수행 방식을 변경하겠다고 공약했다.

또한 서브프라임 사태로 촉발된 2007년의 신용위기 동안 신용평가회사의 서비스에 대한 수수료를 지급받는 방식에 관해 새롭게 제기된 협의는 미 SEC가 국가공인신용평가기관(NRSRO: Nationally Recognized Statistical Rating Organizations)[1]을 평가 대상인 채권의 발행회사로부터 수수료를 지급받지 않는 최초의 회사로 승인하는 결정을 이끌었다. 또한, 이는 미국 및 유럽은 물론이고 상장 과정의 일환으로 발행기업이 신용평가를 받아야 하는 인도와 같은 시장에서 적용되고 있는 관련 규정을 검토하는 움직임을 가속화시켰다.[2]

리서치 부서와 투자은행 부서의 분리

정보차단벽(Chinese Wall)의 "공개영역(public side)"에 속해 있는 증권회사 소속 애널리스트는 뮤추얼펀드 또는 헤지펀드 등과 같은 고객들에게 서비스를 제공한다. 투자은행 업무를 수행하는 투자은행가는 "비공개영역(private side)"에 속해 있어 본인들이 담당하는 기업고객에 관한 미공개정보에 접근할 수 있다. 정보차단벽의 "공개영역"에 속해 있는 애널리스트는 공개정보를 근거로 본인의 의견 및 결론을 도출해야 한다. 그리고 투자은행 부서의 동료 직원들로부터 미공개정보나 딜 관련 정보를 입수함으로써 본인의 독립성이 훼손되는 상황을 방지해야 한다.

고객들은 기관투자자이건 개인고객이건 간에 상관없이 증권회사의 애널리스트나 브로커가 증권회사나 투자은행의 이익보다는 고객, 즉 자신들의 최선의 이익을 도모할 수 있는 방식으로 업무를 수행할 것을 기대한다. 본인이 불평등하게 대접받는다고 생각하는 고객은 다른 회사를 찾아 떠날 것이다. 이는 규정 위반 시 발생하는 결과와는 별도로 상거래상의 상식적 문제인 것이다.

사례연구 ●●●●

이해상충(리서치에 관한 감독당국과의 합의사항)

<u>개요</u> : 2003년과 2004년에 거쳐, 미 SEC와 12개 월가의 국제적 금융회사들 및 2인의 애널리스트 간에 도출된 전 세계적 리서치에 관한 감독당국과의 합의내용(Global Research Analyst Settlements)은 대형 글로벌 투자은행들에게 전환점이 되었다. 합의에 참여한 이들 회사에 대해 제기된 혐의는 다양하지만 주로 아래 혐의 중 1개 이상의 혐의를 받고 있는 것으로 정리해볼 수 있다.

● 애널리스트에 대한 투자은행 부서의 부적절한 영향력 행사
● 리서치 부서와 투자은행 부서에 대한 부적절한 감독
● 상황을 오도하거나, 과장하거나, 입증할 수 없는 리서치 보고서, 합리적인 근거가 없는 의견을 포함하고 있는 리서치 보고서 및 중대한 사실 정보를 누락하고 있는 리서치 보고서 그리고/또는 이해관계의 공시가 불충분한 리서치 보고서의 발표

- 리서치 보고서에 대한 비용을 지급받고 이를 해당 리서치 보고서에 공시하지 않는 경우
- 모든 이메일 통신내역을 요청받았으나 이를 신속하게 제출하지 못하는 경우(제4장 사례참조)

2003년에 도출된 주된 1차 합의 시, 동 합의에 참여한 기관투자자들은 총 미화 14억 달러의 벌금부과 조치를 받아들이고 영업 관행의 변경에 합의함으로써 실질적인 또는 잠재적인 이해상충 상황을 방지하거나 적절히 관리하겠다고 약속했다. 하지만 제기된 혐의에 대해서는 시인도 부인도 하지 않았다. 이렇게 납부된 벌금은 손해를 본 고객에 대한 반환금, 투자자 교육에 필요한 자금 및 독립적인 리서치 보고서의 조달 등에 할당됐다.

세부사항 : 합의에 참여한 은행은 다음과 같다. Bear Stearns, Citigroup(Salomon Smith Barney 포함), Goldman Sachs, J.P. Morgan, Lehman Brothers, Merrill Lynch, Credit Suisse First Boston, Morgan Stanley, UBS Warburg와 Piper Jaffray는 2003년 4월 합의안에 동의했고, Deutsche Bank와 Thomas Weisel Partners는 2004년 8월에 합의했다. 첫 번째 합의안에 동의한 애널리스트는 당시 Merrill Lynch의 인터넷 부문 팀장이었던 헨리 블로젯(Henry Blodget)과 Citigroup/SSB의 통신 부문 팀장인 잭 그루브만(Jack Grubman)이었다. 이러한 합의내용이 있은 후, Wachovia사 역시 주(州) 감독당국과 이해상충 문제에 관해서 합의하기로 동의했다는 점에 주목해야 한다. Wachovia사는 제기된 혐의에 대해서 시인도 부인도 하지 않았다.

상기의 사례들은 문서로 잘 정리되어 있기 때문에 각 개별 사례를 모두 분석해볼 필요는 없을 것이다. 징계 조치를 받은 각 애널리스트의 소속 회사였던 투자은행들의 사례만 살펴보도록 하자. Citigroup/SSB은 총 미화 4억 달러의 벌금과 향후 관련 법규 준수를 확실히 보장하는 약속 등 징계 조치를 받아들이기로 했다.

　Merrill Lynch 역시 총 미화 2억 달러의 벌금과 상기와 동일한 법규 준수 약속의 시행이라는 징계 조치에 동의했다. 이들 회사는 허위 내용과 투자자를 오도하는 내용을 담은 리서치 보고서를 발행하고 이해상충과 관련된 사항을 위반했다는 혐의를 받은 바 있다.

　애널리스트인 잭 그루브만과 헨리 블로젯에 관한 사례 역시 잘 기록되어 있다. 징계 조치에 동의한 이들 애널리스트는 2003년 4월 미 NYSE 청문회 및 미 SEC의 관련 조치가 실행된 후 동 업계에서 영구적으로 추방됐고 각각 미화 1,500만 달러와 400만 달러의 벌금을 납부했다. 이들 애널리스트는 투자은행 부서의 고객에 대해 본인의 의견(블로젯은 본인의 이메일에서 "쓰레기 같은 주식(piece of shit)"이라는 악명 높은 표현을 쓴 바 있다)과 대조되는 의견을 포함시키는 등 허위 사실과 상황을 오도하는 내용의 리서치 보고서를 발행했다는 혐의를 받았다.

　몇 년 후인 2005년 5월, 미 NYSE는 해당 기간 동안 그루브만의 정보관리인으로 SSB사에 근무했던 당사자들인 글로벌 주식 리서치 부문 담당 이사인 JH와 미국 주식 리서치 부문 담당 이사인 KM을 인사조치했다. 그루브만에 대한 감독 부실과 그루브만의 허위/오도 내용을 담은 리서치 보고서 발표를 방지하지 못한 책임을 물어 JH와 KM은 각각 미화 120,001달러의 벌금을 납부하고 15

개월의 감독업무 정직 조치를 받아들이기로 했다. 또한, 제1장 마지막 부문의 공동저술자의 책임과 관련된 사례에서 살펴보았듯이 리서치 보고서의 작성에 공동으로 참여한 당사자들 역시 이러한 책임에서 자유로울 수는 없었다. 이 사례의 경우에는 Winstar Communications에 관한 그루브만의 리서치 보고서 작성에 공동으로 참여한 당사자 역시 벌금형을 부과받았다.

추가사항 1: 이와는 별개로, 2004년 12월 22일자 New York Post지는 UBS가 투자은행 관련 서비스를 제공하고 있는 대상인 Health South에 대해 서비스를 제공하는 기간 동안 "매수"의견을 유지했지만, 해당 주식을 담당하는 애널리스트는 자신은 해당 회사의 "주식을 1주도 보유하지 않을 것"이라는 사적 이메일을 기관투자자들에게 전송했다고 보도했다. 해당 애널리스트는 UBS를 그만뒀다. 그리고 Health South의 경영진은 내부의 부정 스캔들에 휩싸이게 되었다.

추가사항 2: 허위 리서치 보고서, 오도하는 내용을 담고 있는 리서치 보고서를 작성했다는 혐의에 대해 감독당국과의 합의에 도달한 것 외에도 투자자들의 집단소송이 제기됐다. 집단소송의 과정은 수년간 지속될 수 있다. 예를 들어 미국 연방 판사는 2009년 8월 RSL Communications사에 대한 허위 내용을 담고 있으며 사업 확보를 목적으로 동 기업 주가를 인위적으로 부풀린 리서치 보고서를 발행한 혐의로 Lehman Brothers, Morgan Stanley, Goldman Sachs를 대상으로 소송을 제기한 투자자들에게 집단소송의 진행을 허가했다. 이들 세 개 투자은행에 대한 집단소송에는

1999년 4월 30일부터 2000년 12월 29일까지의 기간 동안 RSL의 보통주를 매수한 모든 투자자가 참여할 수 있었다.

결론 : 애널리스트는 본인이 수행할 직무의 독립성 및 누구의 이익을 위해 본인이 이러한 업무를 수행해야 하는지를 망각해서는 안 된다. 또한, 이해상충 문제가 발생했을 때 증권회사와 선임 애널리스트만 징계 및 벌금 처분을 받게 되는 것은 아니다. 동료 직원과 팀원, 감독자 개개인도 각자의 책임을 져야 한다. 그리고 이러한 위반 당사자들은 과거보다 위중한 징계 조치를 받고 있다.

사적 이메일이나 대외비 이메일은 존재하지 않는다. 모든 이메일은 고객이나 감독당국, 사법당국 또는 언론의 수중에 들어갈 수 있다. 본인이 불평등하게 대접을 받는다고 생각하는 고객은 다른 회사를 찾아 떠날 것이다. 부당 행위나 부도덕적인 관행의 증거를 찾아낸다면 감독당국과 사법당국, 언론은 그 외의 다른 문제, 어쩌면 더 심각한 핵심적인 문제점을 찾아내기 위한 추가적인 조사를 개시하려 할 것이다.

UBS 사례의 경우에서처럼, 애널리스트가 본인이 투자의견을 제시하는 기업의 주식을 개인적으로 매수하거나 매수하지 않는 것 자체에도 도적적인 딜레마가 있다. 애널리스트는 본인이 말하고자 하는 내용을 실행에 옮겨 투자의견을 제시한 대상 증권을 매수해야 하는 것일까? 일부는 이를 애널리스트가 자신의 투자의견을 뒷받침하는 최선의 방책이라고 주장할 수도 있다. 하지만 본인이 보유하고 있는 주식에 대한 투자권고를 하는 애널리스트는 본인의 이익을 고객 이익에 우선할 것이라는 반대의견도 일리가 있다. 결국, 현재 적용되고 있는 관련 규정에서는 애널리스트가 본인이 담당하는 기업에 대해 중대한 규모의 지분을 보유하고 있는지 여부를 공시하도록 공통적으로 규정하고 있다(아래 공시 관련 부분을 참조하라).

서브프라임 사태로 촉발된 2007년부터 2008년까지의 신용위기 사태 역시 이해상충 상황을 발생시켰다. 신용위기가 발생되고 얼마 지나지 않아 파산한 Bear Stearns의 2개 펀드를 담당한 펀드매니저를 대상으로 형사 기소가 이루어졌고, 이는 이 기간 중 월가의 전문가들을 대상으로 제기된 첫 번째 형사사건이었다. 또한 이들 펀드매니저의 사례는 위에서 상세하게 살펴본 닷컴 위기 후 블로젯 및 그루브만에게 제기된 혐의와 매우 유사하다.

사례연구

••••

이해상충(부채담보부증권)

개요 : Bear Stearns의 펀드매니저였던 RC와 MT가 본인이 운영하는 펀드와 관련 동료 직원들에게는 본인들의 우려 사항을 얘기하면서도 동시에 이들 펀드를 "멋진 기회"라고 광고해왔다는 혐의가 제기됐다. 또한 이들 중 한 펀드매니저는 본인이 운영하던 펀드에서 미화 200만 달러를 인출하여 다른 펀드에 투자했음에도 불구하고 이를 투자자들에게는 공시하지 않았다는 주장도 제기됐다. 이들 펀드매니저에 대한 형사상 혐의는 2009년 11월 취하됐지만

미 SEC는 이들에 대한 민사소송은 계속 진행할 것이라고 밝힌 바 있다.

세부사항 : The American Criminal Law Review(역자주-미국 조지타 운 대학 법률센터에서 연 4회 발행하는 법학저널)는 이들 펀드매니저에 대한 기소장에서 발췌한 아래의 2개 문단을 나란히 실었다.

- 서브프라임 시장은 추악해 보였다. 부채담보부증권 보고서에 서 기술한 내용 중 어느 한 부분이라도 정확하다고 생각된다면 지금 펀드를 해지해야 한다. 만약 부채담보부증권 보고서의 내 용이 정확하다면 서브프라임 시장 전체가 끝장난 것이기 때문 이다. 만약 체계적인 요인에 의해 AAA 등급 채권의 신용등급 이 하향 조정된다면 이는 우리에게 영원히 돈을 벌 기회가 없 다는 것을 의미한다.
- 그러므로, 구조적 관점이나 자산 관점, 감독 관점 모두에서 현 재의 상황을 우리는 매우 편안하게 생각하고 있다. 펀드는 설 계된 것과 동일하게 운용되어왔다. 결국 신중한 신용평가를 했 으면 막을 수 있었는지 아니면 엄청난 재해와 같은 상황이라고 생각하는지 여부는 판단의 문제인 것이다. 그리고 이 상황이 엄청난 재해라고 생각할 만한 근거는 없다.

위의 첫 번째 문단은 편집이 완료된 이메일로 2007년 4월 22일, MT가 RC의 부인에게 사적 이메일로 보낸 것이라고 알려져 있다. 그리고 두 번째 문단은 이틀 후 이들 두 매니저(MT와 RC)가 Bear Stearns의 고위임원에게 제출한 문서의 내용이다.

이와는 다른 얘기지만, 미국 코네티컷 주의 헤지펀드인 Pursuit Partners는 신용등급이 하락할 것이라는 것을 인지하고 있는 상황에서 부채담보부증권을 판매했다는 혐의로 UBS에 소송을 제기했다. 2009년 9월 10일자 Reuters지에 따르면 Moody's가 UBS에게 의사결정 과정을 슬쩍 엿볼 수 있도록 해줌으로써 UBS가 이러한 정보를 자사에게 유리하게 이용할 수 있도록 했다는 증언을 담당판사는 청취했다. 또한 2009년 9월 11-13일자 Wall Street Journal지에 따르면 "더 많은 쓰레기를 Pursuit사에 팔아 넘겼다"라고 기술한 UBS 임직원이 작성한 이메일을 해당 판사가 인용했다. Bloomberg지는 "아직도 이 토사물을 보유하고 있니?"라는 내용의 이메일을 보도하기도 했다. 이들은 헨리 블로젯의 사례에서 아무 교훈도 얻지 못한 것일까? 최종 판결 전 사전배상의 방식에 의해 UBS에 발생 가능한 잠재적 손실을 담보할 수 있도록 판사는 미화 3,550만 달러의 보증금을 적립할 것을 명령했다.

결론 : MT와 RC는 형사소송에서 유죄가 아니라는 판결을 받았다. 하지만 법정까지 간 모든 사례는 어떤 결론이 나게 될지는 알 수 없다. 제시된 변론 사항을 살펴보면 부당행위가 지속되고 있는지 여부를 확인하기 위해 감독당국과 법원이 부채담보부증권과 같은 복잡한 상품의 내용을 반드시 이해해야 하는 것은 아니다. 감독당국과 법원은 펀드매니저나 증권회사, 애널리스트 등이 본인의 아이디어를 주장하는 방식에 문제가 있는 경우 이를 포착할 수 있기만 하면 된다.

위에서 다시 한 번 살펴보았듯이 모든 이메일은 사적인 이메일이라 하더라도 어떤 식으로든 일반에 공개될 수 있다.

또한 후반부에 기술하고 있는 Goldman Sachs와 관련된 "이해
상충 관리" 사례도 함께 살펴보기 바란다.

우리는 제2장에서 경매방식채권의 불완전판매 사례들을 살펴본
바 있다. 아래는 이러한 상황에서 리서치 고유의 이해상충에 관한
여러 혐의를 정리한 것이다. 그리고 본 장의 마지막 부분에서는
신용평가기관과 관련된 이해상충 상황을 살펴보기로 한다("신용평
가에 대한 비용지급" 사례를 참조하라).

사례연구 ●●●●

이해상충(경매방식채권)

개요 : 2008년 8월 22일 Reuters는 뉴욕 주 검찰 총장인 앤드류 쿠
오모(Andrew Cuomo)의 발언을 인용, 2008년 가을에 도출된 경매
방식채권(ARS) 관련 합의사항 역시 이해상충과 관련된 증거를 반
영한 것이라고 보도했다.

세부사항 : 메사추세츠 주 주무장관인 윌리엄 갈빈(William Galvin)은
리서치 부서를 끌어들여 고객들을 대상으로 한 증권발행 업무를
지원했다는 혐의로 Merrill Lynch를 기소했다. 2008년 9월 29일자
Securities Industry News에 따르면 갈빈 장관은 하원에서의 증언
을 통해 "독립적이어야 할 리서치 부서를 자사의 경매방식채권 보
유분을 감축하기 위한 세일즈 업무를 지원하도록 끌어들인 터무

니없는 Merrill Lynch의 각종 행위에 대해 진술했다. 또한 갈빈 장관은 Merrill Lynch가 자사의 경매방식채권 담당 데스크를 포함하는 세일즈 트레이딩 부서가 "다양한 방법으로 리서치 부서에 부당한 영향력과 압력을 행사"하도록 허용했다고 덧붙였다.

Merrill Lynch에서 경매방식채권 데스크를 담당했던 전무이사가 "…모든 과세 현황, 지방채 경매와 학자금대출담보부채권(student loan-backed bonds)… 등의 건전성이 뛰어나다는 점에 초점을 맞춘 리서치 보고서…는 매우 유익할 것"이라는 내용의 이메일을 리서치 부서의 애널리스트에게 보낸 것을 그 예로 들 수 있겠다.

갈빈 장관은 또한 Merrill Lynch의 세일즈 담당 임원이 애널리스트가 세일즈 콜(sales call: 역자주-세일즈와의 컨퍼런스 콜) 당시 애널리스트가 답변하는 방식도 조작하려고 시도함으로써 허위진술이 이루어지게 했다고 밝히면서 "애널리스트가 부정적인 사건은 가볍게 다루는 대신 투자의 적합성에 대한 객관적인 의견을 도출하는 데 있어 합리적인 투자자가 필요로 하는 중대한 정보를 생략하는 행위가 일상적으로 이루어졌다"고 덧붙이기도 했다.

리서치 부서가 작성한 문서만으로도 경매방식채권 시장에 단독으로 타격을 줄 수 있다는 내용의 이메일을 경매방식채권 데스크 담당 전무가 금융상품그룹(Financial Product Group) 부서에 보낸 후 리서치 부서가 기존의 입장을 철회하고 문서를 재작성했던 사례도 인용됐다. 그리고 이 이메일은 대문자로 작성됐다고 알려져 있다.

결론: 앞에서 살펴본 리서치에 관한 감독당국과의 합의는 정보차단벽의 공개영역에 속해 있는 애널리스트들과 그 반대영역인 비

공개영역에 속해 있는 투자은행 동료 직원 간에 발생할 수 있는
잠재적인 이해상충을 잘 보여주고 있다.

이번 사례는 공개영역에 속해 있는 상품 데스크 부서와 이러한
상품을 거래하는 세일즈 담당자 및 트레이더인 동료 직원들로부터
애널리스트가 어떻게 독립성을 유지해야 할지를 보여주고 있다.

이 책의 여러 부문에서 자주 설명하고 있듯이 이번 사례는 진정
한 내부 이메일 같은 것이 왜 없는지를 보여주고 있기도 하다. 모
든 이메일은 어떠한 방식으로든 일반에 공개될 수 있는 것이다.

물론 이해상충 문제에 당황하지 않을 고객도 일부 있을 것이다.
이들 고객은 관련 현안을 이해할 수 있고 이를 감안하여 증권회사
의 여러 투자의견을 가려낼 수 있을 정도의 전문투자자이다. 또한
이러한 전문투자자는 어떤 애널리스트를 신뢰하고 어떤 애널리스
트는 신뢰하지 않아야 할지도 알게 된다. 이 책의 앞 부문에서 논
의했듯이 신뢰란 노력을 통해 얻을 수 있는 것이다.

앤드류 리밍(Andrew Leeming)의 저서인 *The Super Analysts*에서
Templeton사의 머독 머치슨(Murdoch Murchison: 역자주-Templeton
Global Advisors의 포트폴리오 매니저)은 "나는 책임감 있는 성인으로
서, 펀드매니저인 우리는 증권회사의 돈 버는 방법을 충분히 이해
해야 한다고 믿는다"라고 얘기하고 있다. *The Super Analysts*라는 저
서는 블로젯과 그루브만 사건이 발생하기 전에 발간됐으며, 필자
는 머독 머치슨이 금융거래에서 발생할 수 있는 잠재적인 이해상
충 상황에 대해 언급한 것인지 아니면 "과도한 회전매매"를 통해
돈을 벌고자 하는 증권회사의 본능에 대해 언급하고 있는 것인지

아니면 양쪽 모두를 언급하고 있는지 알 수는 없다. 그리고 경험 있는 일부 펀드매니저라면 이러한 모든 상황을 꿰뚫어볼 수 있어야 한다는 점에서 상기의 어떠한 부분에 대해 언급하고 있는지는 전혀 중요하지 않다.

2006년 5월 26일자 Financial Times지에 보도된 연구조사 자료에서 INSEAD의 릴리 팡(Lily Fang)과 Wharton School의 아야코 야수다(Ayako Yasuda)는 "관련 규제를 통해 애널리스트들의 손을 묶는 것이 아니라 각자의 평판에 보상을 연계하는 것이 애널리스트들이 편향된 리서치 보고서를 작성하는 것을 방지할 수 있는 최선의 방법"이라는 결론을 내리기도 했다.

애널리스트와 투자은행 직원 간의 정보교류 관리

리서치에 관한 감독당국과의 1차 합의가 완료된 후 당시 미 NYSE의 회장이었던 딕 그라소(Dick Grasso)는 "이번에 도출된 합의는 역사적인 합의로써 투자은행 직원과 애널리스트 간의 명확한 선을 그어준 것입니다. 투자은행 직원과 애널리스트는 분리되어야 합니다"라는 유명한 말을 남겼다. 일부 증권회사들, 특히 이러한 합의에 참여했던 증권회사들은 리서치 부서의 애널리스트와 투자은행 부서, 인수업무 부서 또는 기업금융 부서에 소속된 투자은행 직원 간의 모든 정보교류를 준법감시부를 통하지 않고는 허용하지 않도록 정보관리인 제도를 시행하기도 했다. 하지만 이들 간의 정보교류를 완전히 금지하는 것은 실용적이지 않은 것 같다. 적어도 이러한 합의에 참여하지 않는 회사들의 경우에는 그러하다. 그리고 어느 정도까지 정보교류를 허용할지, 어떻게 이러한 정보교류를 관리할지 그리고 기록유지를 위한 감사 증적(audit trail)을 어떻게 보관할지에 대한 좀 더 합리적인 접근 방식을 결정해야 할 것이다.

어쨌건, 이러한 정보교류가 적절하다고 간주되면 굳이 숨길 필요가 없다. 그리고 애널리스트와 투자은행 직원을 대상으로 이와 같은 조치와 관련된 사항을 정기적으로 교육하는 것도 관련 현안을 이해하는 데 도움이 될 것이다.

아래 삽화가 반드시 이러한 정보교류에 관한 적절한 사례는 아니지만 관련된 잠재적인 이해상충을 설명하는 데는 도움이 될 것이다.

애널리스트와 투자은행 직원 간에 이루어지는 양자 간 정보교류나, 애널리스트 투자은행 부서 직원, 기업고객이 함께 참여하는 3자 간 정보교류는 필연적으로 최소한의 외견상 이해상충을 발생시키게 마련이다. 하지만 고객의 요청이 있는 경우에는 만남의 동기가 정직하다는 가정하에 애널리스트가 고객을 만날 수도 있다. 예를 들어, 기업고객이 애널리스트, 전략분석가 또는 이코노미스

증권 리서치 바로 쓰기

트와 만나 해당 산업 부문, 시장 또는 경제에 관한 독립적인 견해에 대해 논의하고 싶어할 수 있다. 그리고 애널리스트가 새로운 분석 내용이나 투자의견이 아닌 기존에 발표된 관점에 대해 논의하는 경우라면 이들 애널리스트가 속한 증권회사의 기존 고객들이 피해를 입거나 불공정한 처우를 받게 되지는 않을 것이다.

고객이 아닌 투자은행 부서 직원의 요청에 따라 애널리스트와 기업고객 간에 이루어지는 양자 간 회의는 이해상충 상황으로 간주될 가능성이 높다는 점에 유의해야 한다. 예를 들어 투자은행 직원이 본인이 제공할 수 있는 서비스와 관련하여 기업고객을 대상으로 새로운 사업을 권유하거나 투자은행의 입지를 확고히 할 목적으로 애널리스트의 서비스를 이용한다는 주장이 제기될 수 있기 때문이다.

여러 인원이 참여하는 업계 모임이나 축하 행사 등과 같이 모든 당사자들 각자가 독립적으로 참가하게 되는 상황이 발생할 수 있다. 이러한 모임의 목적을 볼 때, 정보차단벽의 반대 위치에 소속된 인원이 참석 초대를 먼저 받아들였다는 이유로 다른 직원의 참가를 금지하라고 주장하기는 어렵다.

정보관리인의 승인: 하지만 독립적이고 다른 이익을 염두에 두고 있지 않은 것으로 간주되는 회사 내의 준법감시인이나 정보관리인으로부터 예외 사항에 대한 승인을 받도록 하는 것은 합리적이라고 볼 수 있다.

이러한 중간적 역할을 하는 사람들은 적절한 회의와 그렇지 못한 회의를 구분할 수 있도록 교육을 받아야 하고 승인된 회의에 관한 내용을 기록하도록 해야 한다. 이렇게 함으로써 부적절하다고 판단되는 특정회의를 승인하는 중간적 역할을 하는 자가 잘못된 결정을 내리더라도 이것은 제3자에 의한 미숙한 판단으로 간주되어 애널리스트의 독립성 및 도덕성을 보호할 수 있을 것이다.

상기와 같이 허용 가능한 예외 상황에도 불구하고 애널리스트는 본인이 정보차단벽의 "공개영역"에 위치하고 있다면 공개정보에 대해서만 논의해야 한다는 황금률을 기억해야 한다.

이해관계의 고지

리서치에 관한 감독당국과의 합의가 도출된 후 세계 각국의 감독당국들은 각국의 관련 규정을, 특히 애널리스트가 리서치 보고서(및 TV나 라디오를 통해 이루어지는 리서치 자료와 관련된 다른 커뮤니케이션)에 공지해야 할 사항과 관련된 규정을 검토하고 개선해 나가기 시작했다. 미국은 사베인스-옥슬리 법안이 발효된 후 새로운 규정이 도입되었고, 그 이후 미 FINRA의 새로운 통합 규칙이 실행됐다. 유럽연합 집행위원회(European Commission)는 시장 불공정행위에 관한 지침(Market Abuse Directive)을 도입했고, 홍콩 SFC는 행동 강령에 리서치와 관련된 새로운 공지 요건을 추가했다.

세계 각국의 규제 체계는 각각 다르므로 도입된 요건 역시 약간씩은 다를 것이다. 그리고 리서치 보고서를 작성 및 배포하는 당사자는 자신의 리서치 보고서를 발표 및 제공하는 대상인 각 시장의 구체적인 규제 요건을 준수해야 할 필요가 있다. 통상적으로 증권회사 내부의 법률지원 및 준법감시부서나 외부 법률자문 회사가 이러한 요건에 부합하는 공시 내용을 작성하는 업무를 지원하게 된다. 제1장에서도 살펴보았듯이 특정 시장에서 신용분석보고서와 관련한 공시 범위를 결정하기 위해서도 이와 같은 자문이 필요할 것이다. 관련 규정에서 리서치 보고서를 작성하고 있는 법인에 요구하는 일반적인 공시 요건은 아래와 같다.

- 최근(예: 12개월) 동 법인과 리서치 대상 기업 간에 투자은행 업무와 관련된 사업관계가 있었는지 여부
- 가까운 장래(예: 향후 3개월)에 투자은행 관련 서비스에 대한 보상을 받을 것으로 예상하거나 또는 보상을 요구할 의도가 있는지 여부
- 리서치 대상 기업과 관련된 재무적 이해관계가 존재하는지 여부(예: 1% 이상의 지분 보유 등)
- 리서치 대상 기업의 주식으로 시장 조성 활동을 수행했는지 여부

리서치 보고서와 투자의견을 작성한 애널리스트에 대한 공시 요건은 아래와 같다.

- 최근 대상 기업으로부터 보상을 받은 적이 있는지 여부
- 리서치 대상 기업의 지분을 보유하고 있는지 여부
- 리서치 대상 기업의 고위임원이나 이사직을 보유하고 있는지 여부

이러한 고지 요건의 적용 대상으로는 애널리스트의 가족 및 관계자들도 포함되게 마련이다. 미국의 경우처럼 과거에 발표한 투자의견도 고지 요건으로 포함시킬 수 있다.

사례연구 ● ● ● ●

이해상충(투자의견과 반대인 임직원의 매매)

요약: 미 NASD는 2006년 2월 8일 뉴욕에 소재하고 있는 Sanford C. Bernstein & Co. LLC사와 소속 애널리스트인 CBH에게 각각 미화 35만 달러와 미화 20만 달러의 벌금을 부과했다고 발표했다. 당시 해당 회사와 애널리스트는 본인이 제시한 투자의견과 달리 Morgan Stanley 및 Lehman Brothers의 주식을 매도했고 이는 미 NASD가 규정한 이해상충 관련 규정을 위반한 행위였다.

Sanford Bernstein사와 CBH는 이러한 혐의를 시인도 부인도 하지 않았지만, 미 NASD의 조사 착수에 동의했다.

세부사항: 보도자료에 따르면 Sanford Bernstein사는 CBH의 요청에 따라 매도금지 규정의 적용 예외를 신청했지만 받아들여지지 않았다. 당시 Sanford Bernstein사는 CBH가 처한 상황이 "곤란"한 상황에 해당되므로 본인이 보유하고 있던 지분을 모두 매도할 수 있도록 허용해야 한다고 주장한 바 있다.

이후 Sanford Bernstein사는 CBH가 미 NASD 규정을 위반하지 않는 방식으로 Morgan Stanley 주식과 Lehman Brothers 주식의 지분을 매도할 수 있을 것이라고 믿으면서 계획을 수립했고 회사의 법무지원 및 준법감시부와 최고경영진이 동 계획을 승인하기도 했다. 이러한 매도 계획에 따라 CBH는 2004년 12월 23일 Morgan Stanley 주식 및 Lehman Brothers 주식의 등급을 각각 "시장수익률 상회(outperform: Sanford Bernstein의 최고등급 임)" 및 "시장수익률(market-perform)"로 평가하고, 이들 회사에 대한 분석을 소위 "종료"한다고 발표했다. 그러나 CBH가 보유하고 있는 동회사 지분을 매도하고 난 후인 2005년 2월 CBH가 이들 회사에 대한 분석을 재개할 것이라고 암시했다.

이와는 별도로, 2008년 6월 미 FINRA가 실행한 일단의 조치를 기록한 목록에서 PK가 조사 결과에 대해서는 시인도 부인도 하지 않으면서 미화 20만 달러의 벌금 납부에 동의했음을 알 수 있다(단, 납부한 벌금 중 상당액은 부당 이익을 환수하기 위한 것이었다). 또한 PK의 미 FINRA 회원 가입도 금지됐다. PK에 대해 제기된 혐의는 PK가 본인이 리서치 보고서에 기술한 투자의견과는 일관성이 없는 방식으로 증권을 거래했으며 다른 증권사에 계좌를 개설하면서 본인의 소속 회사나 계좌 개설 증권회사에 소속 회사 및 계좌 개설 증권회사와 본인의 관계를 보고하지 않았다는 것이다.

결론 : 증권을 거래하고자 하는 애널리스트는 모든 거래에 대해 리서치 부서 경영진 및 준법감시 부서의 승인을 받아야 한다. 본인이 담당하는 대상 기업의 증권을 거래하는 경우는 말할 것도 없다.

일부 증권회사는 애널리스트가 본인이 담당하는 종목이나 담당 업종에 해당하는 증권의 임직원 거래를 금지하는 규칙을 적용하고 있을 수도 있다. 개별 직원은 회사가 본인을 보호하고 있으며 준법감시 부서의 승인을 받았다고 믿고 있더라도 동기가 건전하지 않거나 규칙을 위반했다고 드러나는 경우 여전히 책임을 묻게 될 수 있다는 점을 명심해야 한다.

본인이 담당하는 업종에 포함되는 기업에 대한 리서치 보고서를 작성하고자 하는 애널리스트는 리서치 보고서에 모든 공지사항이 반드시 기술되도록 해야 한다.

또한 특정 기업 등에 대한 리서치를 종료하고자 하는 애널리스트는 본인이 진정 동 대상 기업에 대한 리서치를 종료하고자 하며 이러한 종료 결정을 잠재적인 이해상충을 회피하는 평계로 삼고 있지 않다는 점을 확신해야 한다.

이 사례는 이해상충과 관련된 규정을 위반하는 경우 회사뿐만 아니라 개인도 처벌을 받게 된다는 점을 애널리스트들에게 다시 확인시켜주고 있다. 개인에게 부과되는 미화 20만 달러 상당의 벌금은 형식적인 조치가 아닐 뿐만 아니라 안정적인 일자리와 평판을 잃을 위험을 의미하는 것이다.

애널리스트의 확인(Analyst Certification): 미국은 관련 규정에서 애널리스트는 본인이 작성한 리서치 보고서가 본인의 개인적 견해를 정확하게 반영하고 있으며 본인의 보상은 얼마나 우호적인 투자 의견이나 관점을 제시하는지 여부와는 무관하다는 점을 확인하도록 정의하고 있다.

애널리스트의 확인 규정

세부사항: 2009년 7월 미 FINRA의 징계조치 요약본에 따르면, 애널리스트의 확인 규정에서 요구하고 있는 보상과 관련된 사항을 해당 애널리스트가 작성한 리서치 보고서에 포함시키지 않은 미국 콜로라도 주에 소재하고 있는 Wedge Securities사에 미화 2만 달러의 벌금이 부과됐음을 알 수 있다. Wedge Securities사는 이외에도 보고서상에 기술된 의견이 동 보고서를 작성한 애널리스트 개인의 의견이라는 점을 "명확하고 눈에 잘 띄게" 기술해야 하는 요건도 충족하지 못했다. Wedge Securities사는 이러한 지적 사항을 시인도 부인도 하지 않았다.

결론: 미국의 애널리스트들은 애널리스트의 확인에 관한 규정(Regulation Analyst Certification)에서 요구하는 것처럼 본인이 작성하는 리서치 보고서에 상기의 확인 사항을 기술해야 하는 것은 물론이고 이러한 내용을 명확하고 눈에 잘 띄는 방식으로 표현해야 한다. 즉, 보고서의 첫 번째 표지에 이러한 내용을 언급해야 한다.

과도한 고지(Over-disclosing): 리서치 보고서상에 관련 정보를 과도하게 고지하는 것이 가능한지에 대한 질문이 제기되곤 한다. 관심을 다른 곳으로 돌리는 내용으로 인해 실제 강조해야 할 내용이 잊혀지는 경우 과도한 고지(over-disclosing: 역자주-필요한 것 이상의 정보를 공지하는 것)에 대한 지적은 합리적인 것으로 보인다. 하지만, 고지 자체는 예를 들어 "애널리스트가 동 기업에 대한 지분을 보유하고 있다"와 같은 사실 정보에 관한 문제이다. 내용이 정확하고 최신의 고지사항이라면 감독당국이 과도한 고지를 불법으로 보기는 어렵다.

애널리스트는 어떤 내용을 고지할지 여부를 신중하게 결정하고 관련 규정 및 상식적인 사항(리서치 보고서를 사용하는 독자의 기대 사항)도 감안해야 한다. 궁극적으로 고지가 요구되는 경우는 증권 또는 투자와 관련된 리서치 보고서이므로 결국 "리서치"의 정의를 다시 생각해봐야 한다(제1장 중 "리서치의 영역" 부문을 참조하라). 다시 말해, 특정 기업에 대한 참고 정보를 전달하는 경우가 아닌 특정 종목의 투자에 관련된 사항을 암시하는 경우만 실제로 정보 고지가 필요한 경우로 볼 수 있다. 또한, 2003년 9월 발표된 관련 규칙에 대한 논의 내용 및 해석을 담고 있는 미 NYSE/NASD 공동 공문에서는 "리서치 보고서상에 대상 기업의 주식에 관한 명시적인 또는 암묵적인 등급 정보가 포함되어 있지 않다면 해당 보고서에는 자율규제 기관에서 제정한 투자등급 분포 정보를 포함시킬 필요가 없다. 그리고 대상 기업의 주식과 관련 투자등급이나 목표주가가 포함되어 있지 않다면 동 보고서에 주가 그래프를 포함시키지 않아도 된다"라고 규정하고 있기도 하다.

이해상충(고지)

개요 : 2006년 7월 1일자 Financial Times지는 프랑스 상소법원이 Morgan Stanely가 기업과의 거래 관계를 적절히 고지하지 않았다고 결정한 하위 법원의 판결을 인정했다고 보도했다. 단, Morgan Stanley의 리서치 보고서가 편향되어 있다는 결정은 받아들이지 않았다. 이 사례는 명품제조업체인 LVMH(루이비통 모엣 헤네시)에 의해 제기된 소송과 관련된 것이었으며, 본 소송의 양 당사자는 모두 각자가 승리했다고 주장했다.

세부사항 : LVMH는 Morgan Stanley의 애널리스트인 CK가 작성한 리서치 보고서가 경쟁사이자 Morgan Stanley의 고객사인 Gucci에 유리하게 작성된 편향적인 보고서라고 주장했다. Morgan Stanley는 편향된 리서치 보고서를 작성했다는 혐의는 벗었지만 LVMH에 "도덕적인 관점에서 중대한 규모의" 손해를 발생시킨 것으로 알려져 있다.

2002년 11월 27일자 The Times지는, "Morgan Stanley의 리서치 보고서에는 기술된 공지 내용 중 상황을 오도할 수 있는 내용이 포함되었다"라고 알려진 내용에 대한 세부사항 정보를 일부 보도했다. 특히, 특정 임원이 Morgan Stanley와 LVMH 모두에서 임원직을 겸직했으며 Morgan Stanley가 향후 LVMH의 자문사로 선정될 수 있었다는 점을 지적했다. LVMH는 이러한 고지 사항의 유효성에 대해 이의를 제기했고 이러한 고지 내용이 양사 간에 실제보다 더 밀접한 관계가 존재하고 있다는 인상을 주었다고 주장했다.

  이와는 별도의 경우이나 정확한 고지 내용의 기술이 중요하다는 점을 보여주는 여러 사례를 미국에서 확인해볼 수 있다. 2006년 7월 미 NASD는 Citigroup이 기술 및 계량 리서치 보고서상에 다수의 고지사항을 포함시키지 않았다는 점을 확인하고 이에 대해 미화 35만 달러의 벌금을 부과했다. Credit Suisse의 경우는 목표가치 평가방법론과 이러한 목표가격과 관련된 리스크를 설명하는 고지 부분에서 불확실한 표현을 사용한 것으로 확인됐고 이와 관련해서 미화 22만5,000달러의 벌금이 부과됐다. Morgan Stanley 역시 매수, 보유, 매도 등급의 비중과 애널리스트의 실적 등급평가와 관련된 고지 내용을 명확하고 눈에 띄게 기술하지 못했기 때문에 미화 20만 달러의 벌금을 납부해야 했다. 2006년 12월 미 NYSE는 리서치 보고서 및 공개석상의 출연 관련 사항을 고지하지 않은 것에 대해 Deutsche사에 미화 95만 달러의 벌금을 부과했다. 이렇듯 높은 벌금이 부과된 것은 단순히 고지 내용이 부정확하고 부적절한 것 외에도 관리감독상 결함이 있었기 때문이다. 즉, 조사보고서를 발간하는 부서가 수작업에 의한 데이터를 수집하는 체계가 부적절하다는 점을 지속적으로 경고했음에도 불구하고 관리자들이 이를 무시하는 관리감독상의 결핍이 발견되었다. 2007년 11월 미국 감독당국을 분노시킨 당사자인 Wachovia(역자주-미국 노스캐롤라이나 주 샬롯에 기반을 둔 금융기관. 2008년 Wells Fargo은행에 인수 됨)는 공지상의 문제와 관련하여 미화 30만 달러의 벌금을 납부하기로 동의했다. 상기 투자은행들은 모두 제기된 혐의를 시인도 부인도 하지 않았다.

결론 : 과도한 고지가 허용된다고 주장하기는 어렵지만 상기의 각 사례를 통해서 애널리스트, 데이터 책임자, 리서치 부서 책임자, 준법감시인 모두는 고지 정보가 정확하고 최신 정보에 근거하며 상황을 오도하지 않도록 해야 할 필요가 있다.

　그런데 좀 더 일반적인 관점에서 볼 때, 새로운 규정을 따라잡기 위해 고군분투하는 다수의 투자은행과 증권사들에게 있어 데이터를 수집하고 검색하는 것은 점점 더 어려운 문제가 되고 있다. 다수의 감독당국들이 이러한 거래관계와 상호출자분은 물론이고 매매거래가 실행된 경우, 고객을 위해 최선의 매매 체결(best-execution)이 이루어질 수 있도록 해야 하고 이를 고객에게 확인시켜야 한다고 요구하고 있다.

투자은행 고객에 관한 리서치 보고서 작성

투자은행은 딜과 관련하여 2개의 목록을 작성하고 유지하게 된다. 첫 번째 목록은 투자은행의 리서치 업무를 제한하는 "거래제한 대상 목록(restricted list)"이다. 동 목록에는 이미 일반에 공개된 딜과 관련하여 해당 투자은행이 참여하고 있는 기업이 포함된다. 일반적으로 이해상충을 방지하기 위하여 이들 기업에 대해서는 새로운 리서치 업무를 허용하지 않는 것이 일반적이다.

　두 번째는 "watch", "gray" 또는 "quiet" 리스트로 불리는 거래주의 대상목록이다. 동 목록은 "미공개(private)"정보가 반영되어 있

는, 발표가 임박한 신규 거래 또는 잠재 거래와 관련된 목록이다. 준법감시인, 정보관리인(gatekeeper), 리서치 준법감시인 등을 포함하는 "정보차단벽 위의 임직원들(over the wall, on the wall)"인 당사자만이 이러한 정보에 접근할 수 있다.

정보차단벽을 통과하지 않은 애널리스트는 고객을 담당하는 투자은행 부서 직원이 본인이 담당하는 기업을 대상으로 금융거래 관련 업무를 진행하고 있는 경우라 하더라도 동 기업에 대한 독립적인 리서치 보고서의 작성 업무를 계속할 수 있어야 한다. 즉, 이해상충에 대한 실제 리스크가 발생하기 전까지는 정보차단벽은 완벽하게 작동된다고 가정해야 한다(아래 Citi 사례 참조).

투자은행 부서가 특정 기업과의 자금조달 계약이나 자문계약 체결을 발표하는 시점에 애널리스트가 리서치 보고서를 발표하는 것은 리스크가 있으며, 또는 적어도 외견상 리스크가 있는 것으로 보인다. 애널리스트가 매수의견을 대상 기업에 대한 최초 의견으로 제시하거나 투자의견을 매수의견으로 업그레이드하는 경우를 생각해보자. 그런데 투자은행 부서가 매수 대상 기업과 최근에 계약을 체결했다면 고객들은 의심의 눈길을 줄 수밖에 없을 것이다.

이 경우 애널리스트에 대해서 대상 기업에 대한 긍정적인 보고서
를 작성함으로써 거래 체결 전에 편파적인 "시장 조성"을 하려고
시도한다는 주장이 제기될 수 있다. 또 현지 감독당국이나 기업인
수위원회(takeover panels) 등은 해당 투자은행 부서가 현재 사업
관계를 맺고 있거나 사업 관계를 맺고자 하는 대상인 기업에 대한
리서치 보고서를 발표하고자 하는 경우, 이에 대한 승인을 받거나
아니면 이에 대해 미리 통지하도록 투자은행 부서에 요구할 수도
있다. 그러므로 실제로 존재하는 또는 존재하는 것으로 간주되는
이해상충을 방지하거나 적절하게 관리할 수 있도록 발표 전에 모
든 리서치 보고서를 확인하는 것이 중요하다고 하겠다.

준법감시 부서는 임직원 매매와 관련하여 반드시 거래주의 대
상목록(watch lists)을 점검해야 한다.

이해상충(거래주의 대상목록)

세부사항 : Morgan Stanley는 2006년 6월 내부자정보의 오용을 방지하기 위한 적절한 절차를 유지하지 못했다는 혐의에 대해 미 SEC와 합의하면서 미화 10만 달러를 납부했다. 하지만 제기된 혐의에 대해서는 시인도 부인도 하지 않았다. 미 SEC 홈페이지에 상세히 기술되어 있는 당시 제기된 혐의 중에는 Morgan Stanley가 "수십만 명의 직원 및 이들 직원과 관련된 계좌와 관련하여 거래주의 대상목록을 적절히 감시하지 않았다"는 주장도 포함되어 있었다.

Morgan Stanley의 관련 목록 확인 절차에 관한 문제는 2009년 홍콩에서 또 다시 수면 위로 부상하였다. Morgan Stanley에서 채권부서 전무이사직을 역임했던 DJ는 CITIC Resources 주식에 대한 내부자거래 혐의로 기소됐다. 그는 CITIC Resources의 카자흐스탄 유전 인수를 위한 자금조달 자문 업무에 참여하던 기간 중 이러한 내부자거래를 저지른 것으로 알려졌다. 그리고 재판이 진행되면서 DJ가 8,700만 홍콩달러 규모의 CITIC Resources 주식을 매수하는 거래를 준법감시인이 실제 승인했다는 점이 밝혀졌다. Financial Times지의 보도에 따르면 당시 준법감시인은 회사 내부의 거래주의 대상목록을 확인했으나 문제가 된 회사를 자매회사인 CITIC Pacific으로 오인했다고 한다. 또한 준법감시인은 DJ에게 대상 기업과 관련하여 특정한 업무를 수행하고 있는지 물어봤지만 DJ는 본인이 수행하는 일상적인 업무가 아니며 동 기업과의 "거래관계 유지" 차원에서 진행되는 일이라고 답변했다고 한다.

DJ는 2009년 9월 내부자거래 혐의로 유죄 판결을 받았으며 7년의 징역형을 선고받았다. 당시 판사는 Morgan Stanley 자체는 잘못을 저지른 것이 없다고 했지만 동 투자은행이 적절한 수준의 준법감시 인원을 확보하지 못하고 있었으며 준법감시 부서와 채권팀 간의 의사소통이 잘못됐다는 점에 대해서는 비판적인 의견을 밝혔다.

결론: 준법감시인은 임직원 매매와 관련하여 직원이 부담해야 할 잠재적인 책임과 상관없이 상기의 관련 목록을 신중하게 검토하고 잠재적인 당사자가 그룹 내의 다른 부문에서 수행하고 있는 특정 업무 활동에 대해 알고 있는 지식이나 그 활동에 관여하는 정도를 전반적으로 확인해야 할 것이다.

또한 준법감시인은 임직원의 정상적인 매매 방식과 비교하여 일관성이 없어 보이는 매매가 이루어지는 모든 경우에 대해서도 질문을 던져야 한다.

추가사항: 미 SEC는 사내 변호사 2인의 주식 거래에 대한 조사를 마친 후, 미 SEC 직원에 대한 매매거래 규칙을 강화하는 조치를 시행해야 했다. 이들 변호사들은 미 SEC의 조사대상이었던 기업 또는 이후 조사대상이 될 예정이었던 기업의 주식을 거래한 것으로 알려졌다.

2009년 5월에 시행되었던 강화된 거래 규정에 따라서, 미 SEC가 감독대상인 투자은행 및 증권사에 준수하도록 요구하는 수준으로 미 SEC의 관련 절차가 개선됐다. 이렇게 강화된 조치로는 모든 임직원에게 미 SEC가 조사하는 대상 기업의 주식매매를 금지하는 조치(이들 임직원이 보유하고 있는 포지션 및 내부 지식의 수준과 무관하게 적용된다), 모든 주식 거래에 대해 사전 승인을 받도록 하는 조치, 본인이 사용하는 증권사가 미 SEC에 거래명세서를 제출할 수 있도록 임직원이 요청하는 조치, 본인이 매매하는 기업에 대한 어떠한 미공개정보도 보유하고 있지 않다는 확인서를 임직원에게서 징구하는 조치 등이 포함된다.

아래는 업무와 관련하여 발생하는 명백한 이해상충 상황을 잘 보여주는 흥미 있는 사례이다.

사례연구 ●●●●

이해상충(명백한 이해상충 상황의 관리)

개요 : 투자은행의 공개영역 부문과 비공개영역 부문 간에는 분명 이해상충 상황이 존재하지만 이러한 상황을 관리할 수 있다는 원칙은 2007년 6월의 호주 연방법원 판결에서 확인해볼 수 있다. 당시 연방법원은 호주 감독당국인 호주증권투자위원회(ASIC: Australian Securities and Investments Commission)가 Citigroup에 대해 수년 전에 제기한 이해상충 및 내부자거래 혐의와 관련하여 Citigroup이 무죄임을 판결한 바 있다.

세부사항 : WSJ지는 2007년 6월 29일부터 7월 1일까지 Citigroup이 Patrick Corp에 대한 적대적 인수를 시도하는 Toll Holdings

에 대한 자문을 제공하면서 Patrick Corp. 주식을 자기 계산으로 매매함으로써 선량한 관리자의 의무를 저버렸다는 ASIC의 주장을 요약하여 보도했다. ASIC는 Citigroup의 자기매매 담당 트레이더들이 인수 거래가 발표되기 직전, 짧은 휴식 시간 중에 자신들의 상사로부터 Patrick Corp.의 주식 매수를 중단하라는 지시를 받았다는 점에도 주목한 것으로 알려졌다. 하지만 연방법원 판사는 1) Toll사와 Citigroup 간에 체결된 계약상에 Citigroup에 대한 선량한 관리자 의무(fiduciary duty)가 구체적으로 배제되어 있으며, 2) Citigroup에는 투자은행 부서에서 인지하고 있는 민감한 정보로부터 트레이더들을 분리할 수 있는 "효과적인 조치"가 실행되고 있다는 점을 들어 내부자거래나 이해상충 상황은 존재하지 않았다고 판결했다.

결론: 적절한 조치가 실행되고 있는 경우에만 정보차단벽의 완벽성에 의존할 수 있다. 하지만 이러한 특이한 경우에서 선량한 관리자의 의무를 배제했다는 점이 핵심 요소이다.

이렇듯 선량한 관리자의 의무를 배제한 상태에서 양 당사자의 계약은 각 당사자가 각자의 이익을 자유롭게 추구할 수 있는 것으로 간주되는 일반적인 상거래 계약을 구성하는 것으로 볼 수 있다. 그리고 이러한 의무를 배제하지 않는 경우라면 특정 거래에 참여하고 있는 투자은행은 대상 기업과 관련하여 고객의 이익을 도모하고 고객에게 최선의 가격 조건을 도출해야 할 선량한 관리자로써의 의무를 져야 한다.

또한 투자은행들은 증권거래 고객들과의 잠재적 이해상충도 항상 고려해야 한다. 자기 계산에 의한 거래나 기업에 대한 리서치 보고서 발표 등을 포함한 증권거래 고객의 거래를 권유하는 행위 등 투자은행의 모든 행위는 동 투자은행에 참여하는 모든 거래의 가격에 영향을 줄 수 있으며, 이는 투자은행과 기업고객 간, 투자은행과 증권거래 고객 간 또는 양자 모두 간의 이해상충으로 간주될 수 있다. 이 모든 역학 관계를 감안하여, 발표 전에 모든 리서치 보고서를 검토하고 승인하는 것이 얼마나 중요한지를 다시 한 번 강조하는 바이다.

이 사례는 감독당국이 전지전능하지도 않고 실수를 하지 않는 것이 아니며 다른 정치 단체나 관료 단체, 상거래 단체들과 마찬가지로 주어진 권한의 범위를 가능한 한 광범위하게 규정하고 이를 확인하고자 할 뿐이라는 점을 다시 한 번 보여주고 있다.

추가사항 : 2008년 1월 14일자 WSJ지에서 마크 매어몬트(Mark Maremont)와 수잔 크레이그(Susanne Craig)는 J.P. Morgan이 Rural Cellular Corp.를 인수하고자 하는 Verizon Wireless의 자문 활동을 수행하는 동시에 자기계정을 통해 Rural Cellular Corp.의 지분을 확대해 갔는지를 보도했다. 이와 관련, J.P. Morgan의 대변인은 고객을 대신하여 Rural Cellular Corp.의 지분을 매수한 것이며 전적으로 적절한 행위였다는 입장을 밝혔다. 하지만 WSJ지는 지분 보유 상황과 거래 기록을 검토함으로써 Citibank, Credit Suisse, Goldman Sachs, Merrill Lynch, Morgan Stanley 등의 투자은행들이 인수 거래에 자문 자격으로 참여하고 있는 것과 동시에 인수 대상인 기업의 지분을 매수한 것으로 보이는 거래를 수십 건 밝혀내기도 했다. 이들 투자은행은 이러한 상황에 대한 논평을 거부하거나 이러한 매매거래와 관련하여 문제가 없었다는 주장을 고수

했다. 하지만 WSJ지 기사에서는 2001년 1월 실행된 Royal Bank of Canada의 Centura Banks 인수 사례도 언급하고 있다. Credit Suisse는 이들 두 은행 모두의 자문사였고 인수 대상 은행의 주식을 거래한 것이 명백했다. Credit Suisse는 이와 관련한 논평을 거부했다.

2007년 Asiamoney지가 실시한 Brokers Poll에서 행한 투표 결과 Goldman Sachs는 6년 연속 리서치 부문의 독립성이 가장 떨어지는 증권회사로 선정되었다. 이와 관련 Goldman Sachs의 아시아-태평양 지역 투자 리서치 담당 전무이사인 폴 버나드(Paul Bernard)는 Goldman Sachs를 동 지역에서 가장 독립성이 떨어지는 증권회사로 인식하는 것은 부당하다는 의견을 내놓았다.

세계 각국에서 활동하고 있는 Goldman Sachs의 애널리스트들은 애널리스트의 업무와 관련하여 리서치에 관한 감독당국과의 합의에서 규정한 기준을 준수하고 있다는 것이다. 즉, 이들 애널리스트들은 각자 본인이 작성한 리서치 보고서의 독립성을 확인하고 있고, 투자 리서치 관련 위원회가 본인이 도출한 의견을 확신할 수 있도록 해야 하며, 발표된 리서치 보고서에는 매수, 보유, 매도 등급 분포를 명확하게 기술하고 있음은 물론이고 Goldman Sachs가 투자은행 업무를 수행하는 대상 고객인 기업 또는 Goldman Sachs가 투자한 기업들에 할당된 매수, 보유, 매도 의견이 각각 몇 건인지도 명확하게 밝히고 있다. 오랜 기간 동안 이와 같은 리서치 업무에 종사했던 필자도 애널리스트가 준수해야 할 상기와 같은 규정체계의 진가를 인정하는 바이다.

하지만 독립성이 가장 부족한 증권회사라는 인식은 지속적으로 Goldman Sachs를 괴롭혔다. 한편으로는 2007년 12월 글로벌 투자은행들 중 대세를 거슬러 부동산/부채담보부 채권의 공매도를 통해 서브프라임 위기에도 불구하고 이익을 창출했다는 점에서 널리 칭송을 받았다. 하지만 다른 한편으로는 이와 같이 부실채권을 고객에게 판매했다는 비판에 직면해야 했다.

얘기가 나온 김에 리서치 부문과 투자은행 직원들 간에 발생할 수 있는 잠재적인 이해상충 상황에서 잠시 벗어나서, 고객에 대한 허위진술 및 내용 누락 주장 등이 포함된 Goldman Sachs 고유의 이해상충 상황을 잠시 살펴보도록 하자.

사례연구 ●●●●

이해상충(명백한 이해상충 상황의 관리)

배경 : 2009년 9월 10일자 FT지 보도에 따르면, Goldman Sachs의 CEO인 로이드 블랭크페인(Lloyd Blankfein)은 증권산업이 "신규 금융상품의 성장성과 복잡성에 비해 이들 상품을 관리할 수 있는 운영 능력뿐만 아니라 경제적·사회적 효용성이 미치지 못했다"는 점에 동의했다. 이는 영 FSA 의장인 아데어 터너(Adair Turner) 경이 다수의 투자은행들이 "사회적으로 무익한 활동(Socially useless activity)"을 한다고 말한 것을 다시 한 번 확인해준 것이기도 하다.

2009년 7월 Rolling Stone지는 맷 타이비(Matt Taibbi)의 악명 높은 표현을 인용하여 Goldman Sachs를 "인간의 얼굴을 한 위대한 흡혈 오징어 괴물"이라고 보도함으로써 당시 팽배해 있던

Goldman Sachs에 대한 견해를 시각적으로 묘사하기도 했다. 타이비는 이후 아름다운 창조물인 '흡혈 오징어(학명 Vampyroteuthis infernalis)'를 모욕한 점에 대해 사과했다.

세부사항: 그럼에도 불구하고 2010년 4월 16일에 발생한 사태와 관련하여 시장은 준비가 되어 있지는 않았다. 미 SEC는 Goldman Sachs와 Goldman Sachs의 상무 1인을 사기혐의로 공식적으로 고발했다. 미 SEC는 Goldman Sachs가 주요 헤지펀드 고객인 Paulson & Co.사가 다수 고객을 대상으로 판매 중인 부채담보부채권 투자 포트폴리오에 편입할 모기지 증권의 선정에 상당한 영향력을 행사할 수 있도록 허용했다. 또한, 부채담보부채권 가치가 하락할 것이라고 기대하면서 Paulson & Co.사가 부채담보부채권을 매도하고 있음에도 불구하고 Goldman Sachs가 이러한 내용을 투자자에게 공시하지 않았다고 주장했다.

미 SEC의 조사국장인 로버트 쿠자미(Robert Khuzami)는 이와 관련하여 "문제가 된 상품은 새롭고 복잡하였으나 여기에서 사용된 속임수는 고루하고도 간단한 것이었다"라는 설명 내용을 발표했다. Goldman Sachs는 이러한 혐의를 부인하였지만 고발당한 날의 Goldman Sachs 1일 주가 낙폭은 12%에 달했고, 이는 다른 투자은행의 주가도 함께 끌어내렸다.

결론: 앞부분에서 살펴봤던 Bear Stearns 소속 펀드매니저들이 개입된 부채담보부채권의 사례에서 확인했듯이 감독당국은 판매 중인 상품을 복잡한 부분까지 모두 이해해야 할 필요는 없다. 즉, 이들 감독당국은 단지 상품을 고객에게 판매하거나 제시하는 방법

에 대해 기소만 하면 된다. 그 논거가 얼마나 복잡하건 간에 애널리스트가 작성한 결과물에도 동일한 원칙을 적용해야 한다. 필자는 공지의 내용이 정확하고 최신의 정보에 근거하는 것이 얼마나 중요한지를 다시 한 번 강조하고자 한다.

Goldman Sachs가 성공적으로 변화를 이루어낼지 그리고 명백한 이해상충 상황을 실제로 잘 관리해왔는지 여부는 두고 봐야 할 일이다. 또 앞으로 어떤 다른 증권회사가 비난을 받게 될지도 두고 볼 일이다. 상기와 같은 파생상품을 이용한 도박과 같은 거래가 사회에 얼마나 유익한지, 그리고 거래의 양 당사자뿐 아니라 보다 넓은 시장의 관점에서 이러한 매매거래와 관련된 정보가 얼마나 투명해야 하는지 여부는 궁극적으로 입법자들이 결정해야 할 것이다.

추가사항 : 2010년 4월 New York Post지는 J.P. Morgan과 HSBC가 유가증권이 아닌 상품(commodities)과 관련된 거래로 시장을 혼란에 빠뜨릴 가능성이 있다는 특종을 보도했다. 내부 고발자인 앤드류 맥과이어(Andrew Maguire, 그는 공교롭게도 일반상품 트레이더로 Goldman Sachs에서 근무했던 경력이 있었다)는 이들 두 투자은행이 금시장과 은시장을 조작한 방법을 무심결에 털어놓았다. 그렇다면 이러한 주장은 이들 투자은행의 평판을 훼손할 만큼의 무게가 있는 주장일까? 아니면 또 하나의 음모이론에 불과한 것일까?

감독당국이 최근에 들어서야 상품시장을 단속하기 시작했다는 점을 명심해야 한다. 2010년 6월 영 FSA는 커피 선물 가격을 조작한 혐의로 Sucden Financial의 전임 브로커에게 10만 파운드의 벌금을 부과했다. 이는 특정 개인을 대상으로 영 FSA가 제기한 최초의 상품시장 남용 사건이다. 2010년 4월 Moore Capital사는 백금과 팔라듐 시장의 조작 시도와 관련하여 미 상품선물거래위원회(CFTC)에 미화 2,500만 달러를 납부하기로 동의했다. 또한 Morgan Stanley와 UBS는 원유의 대량 매매를 은닉했다는 혐의와 관련한 합의를 위해 각각 미화 1,400만 달러와 20만 달러를 지급하는 데 동의했다. (흥미로운 것은, 2007년 Morgan Stanley가 고객들이 실제 소유하고 있지도 않은 금속의 보관 수수료를 고객들에게 부과했다는 혐의에 합의하기 위해 미화 440만 달러를 지급했다는 점이다.)

"정보차단벽 통과하기": 특정 프로젝트를 진행하는 투자은행 부서를 지원하기 위해 전문가적 지식을 보유한 애널리스트가 정보차단벽을 통과할 수 있도록 요청하는 경우가 있다. 이 경우 해당 애널리스트는 미공개정보에 노출될 수 있고, 그 결과 더 이상 고객들에게 애널리스트로서의 독립성을 주장할 수 없는 입장에 처하게 된다. 이 경우 애널리스트가 인지하게 된 미공개정보가 일반에 공개될 때까지 또는 해당 미공개정보가 더 이상 관련 정보가 아니거나 가격에 민감한 정보가 아니게 될 때까지 독립적인 리서치 자료의 작성 업무를 제한해야 한다.

"프리딜" 리서치 보고서("Pre-deal" research)

특정 조건이 만족되는 경우, 시장에서의 신주공모를 통하여 특정 기업의 자본금 조달을 지원하는 사채인수 은행단(syndicate banks)의 리서치 부서도 발행 거래 전에 이들 기업에 대한 리서치 보고서를 발표할 수도 있다(단, 이 경우 관련 조건을 준수해야 한다). 미국 감독당국은 이해상충을 사유로 하여 이러한 시장 관행을 수용할 수 없는 관행으로 간주하고 있는 반면, 일부 국가 감독당국은 상기와 같은 비상장 기업에 관한 모든 정보는 그 거래와 밀접하게 관련된 당사자가 작성된 경우라 하더라도 시장에 유용할 수 있다는 좀 더 유연한 관점을 유지하고 있다.

소위 '프리딜 리서치 보고서'의 공표 여부를 결정하기 전, 리서치 부서의 경영진은 투자의사 결정을 내리기 전에 정보를 수집하기 위해 노력하고 있는 자산운용사(buy-side clients)를 돕는 것이 이러한 리서치 보고서를 발표하는 동기라는 점을 확인해야 할 것이다. 리서치 부서의 프리딜 리서치 보고서 작성이 투자은행 부서의 사업 활동을 지원하기 위한 목적에 기인해서는 안 된다. 어떠한 프리딜 리서치 보고서도 해당 거래를 위한 마케팅 자료로 간주되어서는 안 된다. 모든 프리딜 리서치 보고서는 독립적이고 편향되지 않아야 한다. 투자은행 부서가 새로운 사업 기회를 확보하고자 노력하고 있는 경우 이들 직원이나 리서치 업무를 담당하는 직원은 모두 리서치 보고서의 발표와 관련한 어떠한 약속도 해서는 안 된다. 또한 이러한 리서치 보고서가 발표된다 하더라도 그 내용이 우호적일 것이라고 약속하는 것은 더더욱 안 될 일이다.

　M&A와 관련하여 회사를 시장에 매각하거나 기업고객을 대상으로 관련 자문 업무를 수행하는 투자은행 역시 자체적인 실사를 실시해야 한다. 이와 관련하여 발생할 수 있는 문제는 제2장에서 기술하고 있는 ICEA Capital 및 Deloitte Touche Tohmatsu 사례를 참조하기 바란다.

사례

●●●●

이해상충(프리딜 리서치 보고서)

개요 : 영국의 기업공모에 관한 내용을 다루고 있는 2006년 1월 3일자 Financial Times지 기사는 "기업은 여러 건의 리서치 보고서를 살펴본 뒤에야 담당 투자은행을 선정하게 된다. 하지만 이러한 업무 프로세스는 경쟁 관계에 있는 투자은행들에게 자사에 우호적인 분석 자료나 더 높은 평가 가치를 뒷받침하는 근거가 될 수 있는 분석 자료를 작성하라는 압력을 행사하도록 발행회사를 부추길 수 있다"는 영 FSA 소식통의 발언을 인용했다.

세부사항 : Reuters는 2005년 11월 8일 영 FSA가 Inmarsat(역자주-영국 위성통신회사)의 기업공모 처리 방식을 조사하고 있다

고 보도했다. 본 기사에 따르면 Inmarsat는 기업공모 업무를 따내고자 하는 경쟁 투자은행들에게 주간사를 선정하기 전에 가치 평가 자료 및 리서치 보고 자료를 작성할 것을 요구했다. 하지만 2005년 11월 22일 Reuters는 Inmarsat가 이러한 조사를 받지 않았다는 기사를 실었다.

2006년 5월 28일자 Sunday Times지에 따르면 당시 유럽의 최대 사모투자그룹(Private Equity Group)인 Permira는 업무출장 관련 서비스를 제공하는 여행 전문회사인 Hogg Robinson의 상장을 준비했다. 영 FSA는 상장방식에 대해 조사를 진행했다. 또한 Permira는 상장 시점에 대한 자문을 받기 위해 Lazard와 Merrill Lynch를 고용했고, "주간사(bookrunners)를 결정하기 전에 Hogg Robinson에 대한 리서치 보고서를 작성할" 다른 투자은행도 몇 곳 지정할 계획이라고 밝혔다.

결론 : 필자는 상기 사례에서 작성된 리서치 보고서에 대해 어떠한 예단도 하지 않을 것이다. 하지만 소위 미인 대회 같은 입찰 절차가 허용된다면 이는 마치 특정 기업에 대한 사업을 따내고자 하는 투자은행에 소속된 애널리스트들에게 해당 기업에 관한 우호적인 보고서를 작성하라는 압력이 될 수 있으며, 그 결과 애널리스트 및 투자은행이 잠재적인 이해상충에 노출된다. 애널리스트는 본인의 독립성이 훼손되지 않도록 유의해야 한다.

미국 기업이 아닌 회사의 증권은 1933년의 증권법에 따른 복잡한 규정에 따라 등록되거나 당해 등록이 면제되는 경우에만 미국에서 투자가 허용된다. 이 경우 주로 사용되는 등록 면제 조항인 Rule 144A는 특정한 제한대상 증권의 미국 내 재판매를 허용하는 예외 조항(safe harbor)이다. 이 경우 그 재판매 대상은 개인 투자자 수준의 보호 조치가 필요하지 않은 적격기관투자자(QIBs: Qualified Institutional Buyers)에 한한다. 또한 재판매 거래로 이루어지기 때문에 발행회사의 신주를 공모하는 방식이 아닌 글로벌 주식예탁증서(GDRs: Global Depositary Receipts) 형식의 사모 발행 형태로 거래가 진행된다. 즉, 이러한 거래는 외국기업이 미국 내에서 자본을 조달할 수 있는 간접적인 방법인 것이다. 적격기관투자자들만 이러한 GDR을 매매할 수 있다.

Rule 144A에 따라 발행된 증권은 Regulation D의 면제 규정에 따라 보다 소수의 "공인된(accredited)", 즉 고액자산가(high-net-worth)를 대상으로 사모 방식으로 발행되는 "상장기업 사모투자(PIPE: Private Investments in Public Equity)"와는 구분해야 한다. 증권의 등록이 완료되는 시점 또는 매각제한기간(lock-up period)의 종료 시점까지는 투자자들의 증권 매도가 제한된다.

1933년 증권법의 Regulation S는 미국에서 상장되지 않은 주식 또는 미국 관련 법률에 따라 등록되지 않은 주식의 발행 또는 매출을 위한 예외 조항이다. Regulation S에 따라 배포 대상이 제한된 프리딜(IPO) 리서치 보고서를 발표할 수 있다. 단, 관련 국가의 법률에서 이를 허용하는 경우에 한하며 미국 및 미국인(역자주-미국에 거주하는 자연인, 미국법에 따라 설립되거나 조직된 조합 또는 기업, 미국에 소재한 외국기업의 대리점이나 지점 등)에 의한 배포인 경우로 제한된다. 적어도 캐나다와 일본에는 이와 유사한 예외 사항이 일반적으로 적용되고 있다. 그러므로 미국 내에서는 자본이 전혀 조달되지 않는다.

리서치 보고서를 작성하는 회사 및 애널리스트에게 부과될 수 있는 잠재적인 책임을 감안할 때 상기의 각 거래별 법적 지침을 준수해야 한다. 거래와 관련된 투자은행의 역할 및 적용된 예외 조항을 기술한 특별한 책임의 한계 및 법적 고지 내용 및 공시 내용이 포함된 페이지를 리서치 보고서의 처음에 첨부해야 한다. 또한 앞에서 명시했듯이, 규제 관련조항은 리서치 보고서의 배포와 관련하여, 고려 요인인 고객의 소재 지역 및 적격기관투자자 여부와 무관하게 예외없이 적용된다. 또한 리서치 보고서의 배포가 금지되는 지역을 설명하는 주석을 매 페이지 하단에 부기해야 한다. 또한 자료 배포를 통제하기 위한 추가적인 장치로써 프리딜 보고서의 각 권에 일련번호를 부여하는 것이 일반적이다.

프리딜 리서치 보고서의 내용 측면에서 보자면, 애널리스트는 주식이 아닌 대상 기업과 그 기업의 사업 활동 자체에만 집중해야 한다. 또한 이 경우, 애널리스트에 의한 투자의견, 가치평가, 예측자료 등을 작성하는 것은 일반적으로 금지되어야 한다. 단, 제한적인 가치평가 및 예측자료 작성은 예외로 허용할 수 있으나 이들 정보를 예시 자료로 제공하며 증권에 대한 암묵적인 투자의견으로 제시되지 않는 경우에 한한다. 예를 들어, 가치평가는 기업 전체에 대한 가치를 범위의 형태로 표현할 수 있고, 예측기간은 2년이 넘지 않아야 한다. 독립적인 리서치 업무의 경우가 그러하듯이 애널리스트는 균형을 잃지 말아야 하고 관련된 리스크에 독자들이 관심을 기울여야 한다. 제1장에서도 설명했듯이, 신뢰할 만한 거래소 신고 자료 등과 같이 애널리스트가 사용할 수 있는 공개된 실적 기록이 없기 때문에 훨씬 철저한 실사를 진행해야 한다.

프리딜 리서치 보고서를 작성하는 애널리스트에게 투자설명서 초안(draft prospectus)의 내용을 어느 정도까지 공개해야 하는지에 대한 질문을 받은 적이 있다. 일반적인 기업공개라면, 애널리스트가 정보차단벽을 통과하도록 공식적인 조치를 취하고 관련 기간 동안 해당 애널리스트는 내부자로 간주될 것이다. 이 경우 기업공개 대상 기업은 비상장 기업이고 어떠한 정보도 공개할 필요가 없었기 때문에 동 기업으로부터 받게 되는 정보는 미공개정보이게 마련이다. 그리고 해당 기업의 주식은 거래가 되고 있지 않기 때문에 따져보자면 이 단계에 받은 정보는 "가격에 민감한" 정보가 아니라는 점도 명심해야 한다. 그러므로 투자설명서 초안을 포함하여 애널리스트가 받는 정보는 어떠한 정보이건 전혀 문제가 되지 않아야 한다.

어떠한 경우이건, 기업이 공표하지 않은 중요 정보는 "가격에 민감한" 정보가 되므로 애널리스트는 자료가 최종적으로 공표되고 주가가 결정되는 시점에 투자설명서에 기술되어 있는 어떤 내용과도 괴리가 발생하지 않도록 확실한 조치를 취해야 한다. 그리고 이러한 점은 감독당국이 우려하고 있는 사항인 동시에 외부 법률자문이 개입해야 하는 이유이기도 하다. 즉, 감독당국과 외부 법률자문은 리서치 보고서를 검토하여 투자설명서와 모순되는 사항이 없다는 점을 확인한다.

필자의 전 동료인 폴 헤들리(Paul Hedley)는 상장기업인 모회사가 자회사를 분할하는 기업분할의 경우 리스크가 더 클 수도 있다는 점을 경고하기도 했다. 왜냐하면, 모회사 주식의 거래가 이미 진행되고 있기 때문에, 주식 가격이 결정되어 매매거래가 이루어지기 전에 취득된 모든 미공개정보는 실질적으로 "가격에 민감"한 정보이기 때문이다. 그럼에도 불구하고, 여전히 동일한 원칙이 적용된다.

그러므로 어떠한 경우이건 애널리스트가 투자설명서 초안 및 이에 관한 기타의 모든 미공개정보에 접근하는 데 어떠한 문제도 없어야 한다. 단, 최종 리서치 보고서는 투자설명서상의 정보와 일치하지 않는 정보를 포함해서는 안 된다.

제1장에서 살펴본 마크 쿠반(Mark Cuban)이 연관된 내부자거래 사례에서 알 수 있듯이 특정 당사자의 "정보차단벽" 통과를 허용함으로써 해당 당사자와 내부정보를 공유하는 경우에는 공유정보에 대한 비밀유지 의무뿐만 아니라 동 정보를 근거로 매매거래를 실행하지 않겠다는 점에 대한 관련 당사자의 동의를 확보해야 한다. 또한 Moore Europe과 Dresdner Kleinwort의 채권 매매 사례에서도 확인할 수 있듯이, 새로운 잠재거래를 "타진"한 트레이더라면 더 이상 과거의 매매방식에만 의존할 수 없게 된다.

주식매각 전에 리서치 제한기간(blackout period)이 개시되고 해당 기업이 감독당국의 감독대상이 되면 애널리스트는 동 기업에 대한 어떤 추가적인 내용도 공표할 수 없다. 애널리스트가 언론에 동 기업에 대한 사실정보에 관한 논평만을 했다 하더라도 일부는 이를 긍정적인 사항만 언론에 제공하는 방식으로 동 기업의 주식거래에 유리한 지원을 하는 행위라고 비판하는 상황으로 이어질 수 있다.

발행 마감일/결제일로부터 최고 40일까지인 리서치 제한기간이 종료되면,[4] 정기적으로 작성되는 리서치 보고서를 고객에게 배포할 수 있다. 이 경우 해당 종목은 정기적인 리서치 대상에 신규 편입되는 것이며 공식적인 투자의견이나 등급, 목표가, 주당실적 등의 내용이 보고서에 포함될 수 있다. 그리고 신규 편입된 종목이므로 프리딜 리서치나 정규 리서치 보고서에서 기술하고 있는 예상이익 등의 변동 등에 대한 내용은 포함되어 있지 않게 된다. 또한, 제한적인 배포 대상에 대한 법적 의무와 공지(disclaimer) 및 주석(footer) 등의 내용은 일반적인 법적 의무와 공지 및 리서치 보고서 관련 공시사항으로 대체된다. 기업공개 전에 배포되는 '헐값에 매입한 주식을 허위 정보 등으로 폭등시킨 뒤 팔아 치우기(pump-and-dump)' 위한 스팸 이메일과 프리딜 버전의 리서치 보고서를 혼동해서는 안 된다.

이러한 스팸메일에는 시장에 알려지지 않은 특정 소문이나 정보를 근거로 과도한 규모의 수익 또는 확정수익을 보장하는 내용이 포함되어 있을 수 있다. 또한 스팸메일 전송업자들은 언제나 수신자들이 즉시 거래하지 않으면 일생에 한 번뿐인 기회를 놓치게 된다는 내용도 포함시키고 있다. 하지만 이러한 스팸메일은 적법하지 않은 메일로서 증권법 및 관련 규정 중 여러 조항을 위반하는 내용(주가 조작을 목적으로 하는 루머의 전달, 내부자 정보를 이용한 매매거래, 부당한 내용의 보장 또는 과장된 내용, 투자자에 대한 리스크 관련 내용 미고지, 제시의견에 대한 합리적인 근거가 없는 경우 등)을 담고 있기 마련이다.

발행회사의 애널리스트에 대한 영향력 행사

애널리스트는 동료 직원뿐 아니라 담당기업의 영향력에 유의함으로써 독립성을 유지해야 한다. 대부분 선진국은 이를 위해 발행회사의 애널리스트에 대한 뇌물(금전, 과도한 선물, 접대 등) 제공을 금지하는 규정을 운영하고 있다.

사례연구 ● ● ● ●

이해상충(뇌물)

개요 : UBS 소속 애널리스트가 홍콩 상장기업인 섬유업체 주식에 대한 우호적인 보고서 공표를 대가로 1백만 홍콩달러의 뇌물을 받은 혐의로 2년의 징역형을 선고받았으며 이 내용은 2005년 5월과 6월에 널리 보도된 바 있다. 물론 해당 애널리스트는 혐의를 부인했다. 하지만 뇌물을 공여한 해당 섬유업체의 임원과 주식을 매수 및 보유한 대가로 뇌물을 받은 ING 펀드매니저를 포함하여 3명의 다른 피고 역시 유죄선고를 받았다.

하지만, 항소법원은 상기 애널리스트가 참여하지 않았던 회의의 기록 자료는 동 애널리스트에게 불리한 증거로 사용되지 않아야 하며 이들 내용은 풍문으로만 간주되어야 한다고 결정함으로써 2006년 9월 애널리스트에 대한 유죄판결을 뒤집었다

결론 : 위 사례에서는 결국 애널리스트의 결백이 밝혀졌다. 애널리

스트는 관련규정이나 회사정책에서 정하고 있는 선물 가액의 한도와 상관없이 본인들의 독립성이 훼손됐는지 여부를 감지할 수 있어야 한다. 제공받는 선물이 사치스러울수록 기업이 이러한 선물을 제공하는 이유가 무엇인지를 더 신중하게 의심해봐야 하는 것이다.

애널리스트는 뇌물을 받는 경우 감독당국이나 법체계하에서 수뢰 혐의로 체포되는 위험뿐만 아니라 최악의 경우 뇌물을 제공한 당사자의 협박과 강요 등을 받게 되는 위험에 노출될 수도 있는 것이다.

아래 삽화는 위의 사례와는 약간 다른 경우를 설명하고 있지만, 전반적인 상황을 그려볼 수는 있다.

이해상충(편익)

<u>개요</u> : 프란체스코 게레라(Francesco Guerrera)와 데이비드 위턴(David Wighton)은 미시간 대학의 제임스 웨스트팔(James Westphal)과 텍사스 대학의 마이클 클레멘트(Michael Clement)가 실시한 연구에서 밝혀진 흥미 있는 결과를 2007년 7월 27일자 Financial Times지에 기고한 바 있다. 2001년부터 2003년까지의 기간 동안 미국 내에서 활동하고 있는 1,800여 명의 주식 애널리스트와 수백 명의 기업 임원에 대한 연구를 실시한 제임스 웨스트팔과 마이클 클레멘트는 임원들이 애널리스트들에게 편익을 제공함으로써 투자등급이 하향조정될 확률을 상당히 줄어들었다는 흥미 있는 사실을 발견해냈다. 이들 임원이 제공한 편익으로는 경쟁회사 임원의 소개, 경력 관련 자문 제공, 애널리스트 고객과의 만남에 대한 동의 등이 포함되어 있다. 또한 게레라는 같은 날짜에 발간된 Financial Times지에서 일부 CEO(최고경영책임자)와 CFO(최고재무책임자)들이 암호화된 손동작으로 추가적인 재무정보를 특정한 애널리스트에게 전달했다는 입증되지 않은 증거가 있다는 월스트리트 관련자의 말을 적시하기도 했다.

<u>결론</u> : 스피처(Spitzer) 검찰총장이 조사한 사건과 리서치에 관한 감독당국과의 합의는 주로 애널리스트와 동료 직원 간의 이해상충 상황에 초점을 맞추고 있다. 하지만 상기의 사례는

애널리스트와 이들이 담당하는 기업 간에도 심각한 이해상충 상황이 존재한다는 점과 이러한 유혹에 무릎을 꿇는 애널리스트 역시 이에 대한 책임을 모면할 수 없다는 점을 보여주고 있다. 편익을 제공받은 애널리스트가 작성하는 리서치 보고서는 이러한 이해상충 상황이 보다 미묘한 방식으로 발현될 수 있다는 점을 보여주는 사례라고 하겠다.

회사 임원들이 특정 업무나 손익계산서 중 특정 항목에만 집중하거나 이를 무시하도록 유도하는 노력을 하는 경우는 상기와는 다른 미묘한 형태의 영향력을 행사하는 경우로써, 애널리스트는 이에 유의해야 한다. 예를 들어, 기업평가를 실시하는 데 있어서 기업의 IR 담당임원은 특정한 이례적인 요인을 이유로 들면서, 당해 연도의 순수익실적을 무시하는 대신에 영업이익이나 여타의 반복적으로 발생하는 수익실적에 집중하라고 애널리스트를 설득할 수도 있다.

사례 • • • •

이해상충(애널리스트에게 방향을 제시하는 발행회사)

세부사항 : Asia Technicals사의 창립자이자 예전에 함께 일했던 동료인 디에고 마르코나토(Diego Marconato)는 2001년 4월 Cisco그룹이 미화 25억 달러 규모의 잉여재고(새로운 인터넷 교환기 부품형태의 재고)를 어떻게 상각 처리했으며 이 상황

이 100년에 한 번 일어날까 말까 하는 불행한 상황이라는 점을 애널리스트에게 설명하려고 노력하던 Cisco Systems를 기억하고 있다. 당시 Cisco Systems는 상장된 후 11년 만에 처음으로 분기손실을 기록한 시점이었다. 디에고는 Cisco가 이와 같은 이례적인 손실 항목을 그 자체가 아닌 다른 방식으로 표현하려는 노력에 놀라움을 금할 수 없었다. 즉, 1회성으로 쉽게 설명될 수 있는 예외적인 항목이 아닌 회사의 순익에 직접적인 영향을 미치는 잘못된 의사결정이라는 것이다. 2001년 4월 18일자 FT지 기사에 인용된 "Cisco는 수요가 높은 수준에서 유지될 것이라는 점에 내기를 걸었지만 원하는 결과를 내지는 못했다"라는 내용을 보면 UBS Warburg 소속 네트워킹 분야 애널리스트인 니코스 테오도소포울로스(Nikos Theodosopoulos)도 이와 같이 느꼈음을 알 수 있다.

이와는 다른 이야기지만, 국제금융 부문의 수익이 크게 하락했던 2008년, 61억 파운드의 세전 수익을 신고한 Barclays 역시 회사의 지속적인 수익성에 대한 시장의 신뢰를 얻기 위해 어려운 시간을 보내고 있었다. WSJ지의 사이먼 닉슨(Simon Nixon)은 Lehman Brothers의 인수를 통해 실현된 22억 파운드 규모의 이익 및 Barclays 자체 채무의 가치에 대한 평가익과 같은 일회성 이익이 발생하지 않았었더라면 Barclays는 손실을 기록할 수밖에 없었을 것이라는 점에 주목했다.

결론: 애널리스트는 본인이 집중하고 있는 수익실적 항목이 특정 시점에 특정 기업에 적합한 항목이라는 점을 스스로 만족할 수 있어야 한다. 어떤 경우이건 애널리스트는 대상 기업

인 고객에게 자신이 선택한 가치평가 방법론에 대해 설명할
수 있어야 하며 대체 방법론 또는 좀 더 일반적인 방법론을 적
용한 경우의 가치평가 결과를 고객들이 검토할 수 있도록 제
공해야 한다.

이와는 다른 흥미로운 상황으로는 애널리스트가 특정 발행 기
업을 담당한 후 해당 기업에 채용되는 경우를 들 수 있겠다. 도대
체 채용이 어느 정도 진행되었을 때 해당 애널리스트가 "죄송하지
만 저는 더 이상 이 기업을 객관적으로 평가할 수 없습니다"라고
밝혀야 할까? 증권회사가 모르고 있거나 증권회사의 통제 범위를
벗어난 상황에 대한 책임을 해당 증권회사에 물을 수는 없으며 이
는 적어도 필자에게는 합리적이라고 생각된다. 갈등 상황에서 스
스로를 벗어나게 할 책임은 분명 애널리스트 자신에게 있다.

물론, 애널리스트 개인의 입장에서 보자면 발행회사인 회사와
일자리에 대한 협상을 진행하고 있는 동안 해당 회사에 대해 객관
적인 리서치 보고서를 작성할 수 없다는 점을 현재의 고용주인 증
권회사에 어떻게 설명할지가 문제가 될 것이다. 단순하게는 "특정
비밀정보를 알고 있습니다"라는 보고만 하는 것으로도 경영진, 준
법감시부, 세일즈 부서 등이 그리 깊게 파고들지 못하게 할 수도
있을 것이다. 또한 직원이 일단 사직서를 제출하면 경쟁회사로 이
직하는 경우나 담당 기업으로 이직하는 경우 모두 이해상충 상황
이 발생한 것이므로 더 이상은 독립적인 증권 리서치 보고서를 작
성할 수 없다. 지금까지와 마찬가지로 감독당국이 이러한 문제를
실제로 처리하는 방법을 살펴보도록 하자.

이해상충(고용)

세부사항 : 미 NASD는 2007년 6월 27일 발표한 보도자료를 통해, 소속 애널리스트를 당사자가 담당했던 기업에서 채용했다는 사실을 공시하지 않은 것에 대해 Wells Fargo 증권사에게 미화 25만 달러의 벌금을 부과했고, 리서치 부문을 담당했던 전임이사인 DvD에게는 미화 4만 달러의 벌금 부과 및 60일의 관리감독 권한 직무정지 조치를 시행하고 해당 애널리스트인 JJ를 고발했다고 밝혔다. 이와 관련, Wells Fargo와 DvD는 관련 사항을 시인도 부인도 하지 않은 채 이에 합의했다. JJ는 본인의 담당 기업인 Cadence Design Systems로 이직하기 위한 협상이 진행되던 기간은 물론이고 해당 회사의 IR 담당 부사장 직을 맡기로 결정이 난 뒤에도, 이와 같은 이해상충 상황에 대한 내용을 공시하지 않고 동 기업에 대한 긍정적인 리서치 보고서를 발표했다는 혐의를 받았다. 또한 JJ가 작성한 리서치 보고서 중 최소한 1건은 JJ가 상기의 리서치 담당 이사 및 Wells Fargo의 기타 임원들에게 자신이 이직한다는 사항을 알린 뒤에 발표되기도 했다.

그보다 2년 전인 2005년 6월 23일, Wall Street Journal지는 HSBC증권사의 애널리스트인 JO와 관련된 일련의 상황들을 시간 흐름에 따라 설명하는 내용과 이후 JO 본인이 담당했던 기업인 Mittal Steel의 IR 담당 임원직을 맡게 되었다는 사실을 보도한 바 있다. JO는 2005년 4월 26일 뉴스 배급업자에게 Mittal Steel이 1/4분기에 "기대에 부응하는 우수한 실적"을 기록했다고 밝혔다.

이로부터 3일이 경과한 후 JO의 Mittal Steel 입사가 결정됐고, 동사는 5월 5일 JO의 채용을 공식적으로 발표했다. WSJ지는 "직원이 회사에 자신의 사임을 알릴 때까지는 그리고 이러한 정보를 알려주지 않는 한" HSBC는 이와 같은 이해상충 가능성을 해소할 수 없다는 HSBC 대변인의 논평을 인용했다.

또한 Connecticut Capital사의 직원이었던 한 애널리스트는 Cyber Care의 홍보 대행사에 동시에 고용된 상태에서 Cyber Care를 담당하여 리서치 자료를 작성했다는 내용이 2004년 7월 16일 및 2006년 4월 26일에 미 SEC 홈페이지에 게시되기도 했다.

당시 작성된 리서치 보고서에는 "적극 매수" 의견과 12개월 목표주가를 작성 당시 미화 11.25달러였던 주가의 4배에 달하는 주당 52달러로 기술하고 있는 등 극히 낙관적인 내용이 담겨 있었지만, 자신과 대상 기업 간의 관계에 관한 정보는 공시되어 있지 않았다. Connecticut Capital과 해당 애널리스트는 미 SEC의 조사 내용을 시인도 부인도 하지 않은 채로 이에 동의했다. Cyber Care 역시 존재하지 않는 계약이나 과장된 계약 사항에 관한 허위 내용 및 상황을 호도하는 내용을 담은 보도자료를 발행했다는 혐의에 대해 미 SEC와 자체적으로 합의했으나, 이 역시 미 SEC가 파악한 내용에 대한 시인도 부인도 없이 이루어진 결정이었다.

흥미로운 사항 : 2009년 4월 미 FINRA의 징계조치 보고에 따르면, 허위, 과장, 부당 또는 오해의 소지가 있는 내용을 기술한 혐의로 특정 애널리스트에게 미화 1만 달러의 벌금을 부과하고 12개월의 정직 처분을 내린 것을 확인할 수 있다. 미 FINRA의 조사 내용에 따르면, 해당 여성 애널리스트는 본인이 담당하는 기업의 임원과

"연인 관계"였으나 이 사실을 공시하지 않음으로써 이해상충 상황을 야기시킨 것으로 드러났다. 이 여성 애널리스트는 이러한 조사 내용을 시인도 부인도 하지 않으면서 이에 동의했다.

결론: 애널리스트가 취업 인터뷰 때마다 이를 고시할 것이라고 기대하는 것은 합리적이지 못하다. 하지만 본인이 담당하는 기업에 취업하기로 결정하거나, 해당 기업(또는 동 기업의 임원)과 특정한 관계를 지속하고 있는 경우, 애널리스트는 즉시 해당 기업과 관련된 모든 리서치 보고서에 이러한 내용을 충분하게 공시해야 한다는 점은 명확하다.

독립적인 리서치 회사

2003년 실행된 리서치에 관한 감독당국과의 합의의 일환으로 당해 회사의 리서치 부서들을 투자은행 부문에서 독립시키는 조치가 단행됐다. 또한, 분석대상 종목 또는 등급평가대상 종목에 대해서는 독립적인 리서치 기관의 투자의견이나 등급도 함께 제시하도록 했다. 예를 들어, Citigroup에 부과된 미화 4억 달러의 벌금 중 미화 7,500만 달러를 독립적인 리서치 보고서 확보에 할당했다. 하지만 시장은 이러한 조치에 대해 엇갈리는 반응을 나타냈다.

이후 수년간 모든 금융기관이 이러한 리서치에 관한 감독당국과의 합의내용을 충족시킬 수 있었던 것은 아니다. 예를 들어, Credit Suisse는 해당 시점에 가용한 필수적인 독립적 리서치 보고서 모두를 고객들에게 제공하지 못했으며, 이러한 실패를 예방하기 위한 조치를 취하지 못했다는 점검 결과와 관련하여 미화 275,000달러의 벌금을 미 FINRA에 지급하기로 2009년 8월 동의한 바 있다.

2009년 7월 상기의 리서치에 관한 감독당국과의 합의내용에 참여한 투자은행(고군분투 끝에 금융위기에서 살아난 투자은행)들이 합의한 관련 조건 중 일부가 완화되면서 독립적인 리서치 회사들은 경쟁력 유지를 위해 더욱더 노력해야 했다.

하지만 독립적인 리서치 회사들조차도 이해상충의 혐의를 피할 수는 없었으며, Biovail(캐나다 제약기업)과 Overstock(온라인 기업), Fairfax Financial(캐나다 금융지주회사)이 헤지펀드와 독립적인 애널리스트를 대상으로 미국 내에서 개별적으로 제기한 별도 소송이 이러한 점을 잘 보여주고 있다. 이들 소송은 제1장과 제2장에서 자세히 설명했던 2007년과 2008년의 서브프라임 위기 기간 동안 헤지펀드들이 악용한 공매도 관행이 언론에 대서특필되기 전에 개시됐다.

이해상충 혐의(독립적인 리서치 회사)

개요 : 2006년 3월 26일자 New York Times지에는 "Biovail사가 제기한 공갈혐의 소송은 미국 최대 규모의 헤지펀드들이 독립적인 리서치 회사 및 투자은행 소속 애널리스트와 결탁해 특정 기업의 주가를 끌어내릴 목적으로 허위 리서치 자료 작성을 도모했다는 대담한 주장을 담고 있다"는 내용이 실렸다. Overstock.com과 Fairfax Financial 역시 Biovail사와는 별도로 헤지펀드와 독립적인 애널리스트를 대상으로 이와 유사한 혐의를 제기했다.

세부사항 : Biovail의 주장에 따르면, 독립적인 리서치 회사인 Gradient Analytics는 고객사를 대상으로 특정 캐나다 제약회사에 관한 부정적인 리서치 보고서를 배포했으나, 그 배포 시점은 동 보고서를 최초에 요청했던 헤지펀드인 SAC Capital Advisors가 해당 제약회사에 대한 매도 포지션을 확보하기에 충분한 시간이 경과한 이후였다. 필자가 이해한 바에 따르면 Biovail이 이러한 주장을 제기한 이유는 부정적인 투자의견과 주식의 공매도에 대한 반발심(sour-grapes reaction)이 아니며, 리서치 회사의 고객이 리서치 회사에 부정적인 리서치 보고서 작성을 설득하고, 리서치 회사는 해당 고객이 매도 포지션을 확보할 수 있도록 해당 보고서의 발간을 늦춘 부당한 시장 행위였기 때문이다.

　Gradient사와 SAC사는 모두 이러한 주장을 부인했다. 2006년 3월 30일 허브 그린버그(Herb Greenberg: 역자주-MarketWatch.

com의 칼럼니스트이자 블로그를 운영하는 사람)는 다우존스 통신사에 Gradient사의 리서치 보고서는 구독자만 사용할 수 있는 비공개 자료라는 내용을 기고하면서, "Gradient사는 고객들에게, 그 회사가 작성하는 보고서는 다른 고객을 위해 작성된 맞춤형 보고서일 수도 있다는 점을 명확하게 공시했다"라는 점을 지적하기도 했다.

상기의 두 사례와 Overstock의 사례는 미 SEC가 이들 언론인에게 관련된 통신내용 등의 제출을 요구하는 소환장을 발급하면서 보다 광범위한 의미를 띠게 되는 사례가 되었다. 미 SEC는 이러한 자료제출 요구가 특별사항임을 인정하는 대신, 기자들과 교환한 공문 등의 제출을 요구하는 소환장을 직접 Gradient사에 발급하는 방식으로 방향을 바꾸었다. 2007년 2월 15일 언론은 미 SEC가 Gradient사에 대한 혐의를 취하하기로 결정했으며 이에 대한 근거는 제시하지 않았다고 보도했다. 그럼에도 불구하고 Biovail사는 Gradient사와 SAC사에 대한 소송을 취하하지 않을 것이라고 밝혔다. 그러자 Biovail사는 미 SEC의 조사 대상이 되었으며, 이후 2008년 3월 Biovail사가 유죄를 인정하지 않은 채 미화 1,000만 달러의 벌금에 합의하는 결정을 내리면서 상황이 종료되게 되었다. 미 SEC와 캐나다 온타리오 주 증권위원회는 "수익을 과대계상하고 손실을 은닉하여 투자자를 기만하고 수익 목표를 달성한 것처럼 조작했다"는 점을 들어 Biovail사와 4명의 임원에 대해 분식회계 혐의를 물었다. 이러한 결정은 해당 애널리스트의 정당성을 입증하는 조치였으며, 결국 2009년 4월 24일 Biovail사는 조용히 SAC사와 Gradient사에 대한 고소를 취하했다. 그리고 상황이 역전되면서 SAC Capital사와 Gradient사는 악의적인 고소 혐의를 들어 2010년 2월 Biovail사를 고소하기에 이르렀다.

이와는 별도로, 2007년 3월 19일 베서니 매클린(Bethany McLean)이 Fortune지와 2007년 10월 앤서니 에핑거(Anthony Effinger)가 Bloomberg Markets지에 기고한 Fairfax Financial에 관한 보도기사에 따르면, Fairfax Financial의 주가 하락을 유도하여 매도 포지션을 통해 이익을 보고자 헤지펀드들과 독립적인 애널리스트들이 공모한 것으로 드러났다. SAC Capital사는 동 사례에서도 피고였지만 이러한 혐의사실을 부인했다.

추가사항 1 : 상기 사례들과 관련된 여러 상황은 흥미를 자아내기도 한다. Fairfax는 5년간의 오류를 시정하기 위해 수익 계상을 다시 함으로써 회계 관련 부정 사례를 자체적으로 인정했으며, MI4 정찰국의 애널리스트였던 SC는 전 직장에서 자금을 횡령했다는 혐의(본인은 이를 부인했다)로 연방정부로부터 기소를 당하기도 했다.

2008년 9월 11일자 Dow Jones Newswires는 Morgan Keegan사(역자주-과거 투자은행이었으나 2012년 4월 Raymond James Financial사에 인수됨)가 "Fairfax에 대한 초기 리서치와 관련된 사전 공시 의무에 관한 회사 규정을 위반"한 혐의로 애널리스트인 JG를 면직시켰다고 보도했다.

Biovail사가 사기 혐의로 Gradient사 및 SAC사를 대상으로 제기한 소송은 Biovail사의 회계부정으로 주가가 하락함으로써 손실을 입었다는 주주들이 Biovail사에 대해 제기한 소송에 대한 대응의 일환으로 취한 조치였다. Biovail사는 2007년 12월 유죄를 인정하지 않으면서도 미화 1억 3,800만 달러를 지급하기로 함으로써 주주소송을 합의로 종결지었다. 하지만 심장약인 Cardizem LA와 연관된 소송에 대한 합의금으로 미화 2,460만 달러를 지급하기로 합의하는 등 Biovail사의 고통은 계속됐다.

추가사항 2 : 이와 같은 맥락의 사례로는, 2008년 5월 26일 Barron's
가 보도한 데이비드 아인혼(David Einhorn)의 비판적 의견에 대
한 Lehman Brothers의 반응을 살펴볼 수 있다. 헤지펀드인
Greenlight Capital(역자주-Lehman Brothers가 파산되기 전에 그 주식
을 공매도한 것으로 유명함)의 설립자였던 아인혼은 당시 Lehman
Brothers가 대차대조표상에 계상되는 부채담보부증권 평가액
에 대한 비판적인 의견을 개진했었다. 관련 진술서에서 Lehman
Brothers는 아인혼이 "Lehman Brothers의 10-Q(미 SEC에 제출하
는 분기보고서) 전체 상황을 감안하지 않고 특정 항목만을 선별하여
그 내용을 왜곡함으로써 회사의 재무 상태에 대한 허위정보를 전
달하였다"고 주장한 바 있다. 당시 아인혼은 Lehman Brothers 주
식을 공매도했다. Greenlight와 공매도에 관련된 논쟁에 대한 보
다 상세한 내용은 제2장의 내용을 참조하기 바란다.

결론 : 2006년에 New York Times지는 Biovail사의 사례가 월가의
부패와 탐욕에 대한 새 장을 열어준 사례가 되거나 또는 회사에
대한 비판을 가라앉히기 위해 소송을 이용한 또 하나의 기업 사
례가 될 것이라고 보도한 바 있다. Gradient사는 Biovail사가 미국
및 캐나다의 감독당국과 합의에 도달하자 이를 Gradient사의 무
죄를 입증한 조치로 간주하고 맞고소를 제기했다. 이들 사례를 바
탕으로 내릴 수 있는 결론이라면, 애널리스트가 특정 기업에 대해
비판적인 의견을 내거나 특정 종목에 대해 매도의견을 냈다고 하
더라도, 이들 기업은 해당 애널리스트를 대상으로 소송이나 불만

을 제기하기 전에 다시 한 번 생각해볼 필요가 있다는 점이다(제2장에서 언급했던, OCBC로부터 애널리스트 브리핑 참여를 금지당한 Morgan Stanley 애널리스트의 사례도 그 예로써 함께 살펴보도록 하자).

물론, 기업이 억울한 경우도 있을 것이다. 2008년 3월 29일자 WSJ지에서 보도하고 있듯이 미 SEC의 뉴욕 사무소 이사인 앤드류 캘러마리(Andrew Calamari)는 "공매도 당사자들은… 주가를 끌어내리기 위한 목적으로만 매도하는 것이 아니라 그 대상 기업이 견실하지 못하다고 생각하기 때문에 매도하기도 합니다. 때로는 이들이 옳지만 어떨 때는 틀린 경우도 있습니다"라고 밝혔다.

특정 기업에 대해 비판적인 의견을 개진하거나 해당 기업의 주식에 대한 매도의견을 내는 경우, 반드시 이를 뒷받침할 수 있는 합당한 근거를 확보하고 있어야 한다.

Overstock과 Fairfax의 사례가 어떤 식으로 전개될지는 모르겠지만, 이들 중 어느 쪽이 그 평판을 유지하게 될지를 확인하는 것도 흥미로운 일이 될 것이다.

증권회사 리서치에 대한 비용지급

서론 부분에서 기술한 것처럼, 필자는 주식에 대한 리서치 분야가 사업적으로 어떤 식으로 발전될 것인지를 예측할 수 있는 위치에 있지 못하다. 그럼에도 불구하고 제1장의 애널리스트의 서베이(Analyst Surveys)에 관한 부분에서 기본적 분석 리서치에 대한 찬반

의견에 대해서 일부 논의를 포함시켜 두었다. 더 나아가서 이해상충에 관한 본 장을 마무리하는 방법으로, 증권회사 리서치 보고서에 소요되는 비용을 실질적으로는 자산운용사가 부담하고 있는 상황의 변화를 살펴보는 것도 흥미로울 것이다.

자문 수수료(리서치 보고서에 대한 수수료)와 거래 체결 시 발생되는 수수료를 결합하는 소위 소프트 달러(soft-dollar) 방식이 증권회사가 작성하는 리서치 보고서에 대한 전통적인 보상 방법으로 사용되고 있다. 단, 이러한 보상 방식에서 가장 우려되는 부분은 이해상충 상황이 발생되고 투명성이 부족하다는 점이다. 저스틴 샤크(Justin Schack)는 2005년 12월 14일, Institutional Investor지에 기고한 "위탁수수료의 원죄(Sins of Commissions)"라는 제하의 포괄적 기사를 통해 소프트 달러 관행이라는 것을 "증권회사를 통해 펀드에 편입된 종목에 대한 주식을 매매한 후 애널리스트 보고서 및 사무실 기구를 위한 데이터 처리 등 필요한 경비를 증권사에 지불된 수수료로부터 되돌려받는 증권사에 지불된 고객 돈의 사용"이라고 정리했다.

이러한 문제점에도 불구하고 일부에서는 소프트 달러 관행이 가장 실질적인 절충안이라고 주장하고 있다. 다른 모든 정치 체제를 제외할 경우 민주주의는 최악의 정부 형태라고 윈스턴 처칠이 말했듯이, 일부는 소프트 달러 관행이 투자 중개서비스에 대한 보상 형태의 한 가지라고 주장할 수도 있다. 국제증권감독기구(IOSCO)는 소프트 달러 관행에 대한 1년여의 자문 및 평가 업무를 완료한 후, 2007년 11월에 발표한 최종 보고서에서 "감독당국 입장에서 소프트 수수료 제도(soft commission arrangements)는 해결해야 할 어려운 과제이다. 집합투자증권(CIS: Collective Investment

Schemes) 투자자들에게는 소프트 수수료 제도가 유익한 효용을 제공해줄 수 있는 제도이지만, 그 제도가 손쉽게 남용될 가능성을 배제할 수는 없다. SC5(집합투자에 관한 IOSCO 상임위원회)는 소프트 수수료 제도에 관한 규제 사항의 변화를 모니터링하여 이에 대한 일반원칙을 도출할 수 있는지를 결정하게 될 것이다"라는 결론을 제시했다. 그리고 이러한 원칙이 수립됐다.

IOSCO는 자문이 진행되는 동안, 대부분의 감독당국이 특정한 규제 요건을 충족하는 경우 소프트 수수료 제도를 허용하고 있다는 점을 확인했다. 또한 특정한 규제 요건이 수립되어 있지 않은 경우라 하더라도 일반적으로 신의성실의 원칙(최선의 매매체결을 포함)을 준수하고 관련된 이해상충 상황을 공시하는 경우에도 소프트 수수료 제도를 허용하고 있음도 확인했다. 예를 들어, EU 집행위원회는 "펀드 포트폴리오에 편입된 증권의 거래 관련 펀드에서 지급되는 수수료로 자산운용사가 증권사의 청산 및 체결 업무를 제외한 모든 경제적 편익을 소프트 수수료로 명시"할 것을 각 회원국에 권고했다.

대부분 국가에서는 투자 과정에서 고객에게 이익이 될 수 있는 재화와 용역을 소프트 수수료 제도에 포함할 수 있는 항목으로 허용하고 있다. 이러한 비용 항목에는 매매 처리 및 리서치 관련 비용이 포함되나 급여, 출장비, 사무기기 관련 비용은 포함되지 않는다.

소프트 달러 계약은 기본적으로 공시되어야 한다. 하지만 매매 처리 및 리서치 보고서와 관련하여 허용된 비용은 개별적으로 상세하게 공시되어야 한다. 즉, 이들 비용을 실질적으로 분리해야 한다는 것이다.

시장이란 그 자체가 궁극적인 최고의 중재 기관이며, 일본은 이를 잘 보여주는 사례이다. 일본은 소프트 수수료 제도에 대한 규정을 도입하고 있지 않다. 하지만 IOSCO는 내부의 리서치 보고서를 기관투자자에게 무료로 제공하는 것이 증권회사들의 일반적인 관행이라는 점에 주목하고 있다. 아래는 감독당국 차원에서 특정한 조치를 실행하고 있는지의 여부와 상관없이 시장 참여기관들이 스스로 영리적인 해법을 찾아내고 있다는 점을 잘 보여주는 사례이다.

사례

리서치 비용지급의 투명성

개요 : 제1장의 도입부에서 살펴보았듯이, Fidelity의 유명한 펀드매니저인 앤서니 볼튼(Anthony Bolton)은 자신의 저서에서, 외부에서 작성된 최고 수준의 리서치 보고서를 이용하여 Fidelity의 사내 리서치 보고서를 보완하는 것에 지속적으로 찬성하는 입장이었음을 밝힌 바 있다. 그렇다면 Fidelity는 어떤 방식으로 이러한 외부의 리서치 보고서에 대한 비용을 지급하고 있는 것일까?

먼저 Fidelity가 미국 시장을 담당하는 FMR(Fidelity Management & Research)과 해외고객을 담당하는 FIL(Fidelity International)의 2개 회사로 구성되어 있다는 점을 이해해야 한다.

세부사항 : 2006년 5월 19일자 Wall Street Journal지에는

Thomas Weisel Partners와 Fidelity(FMR)가 어떻게 리서치 보고서 관련 비용과 주식거래에 대한 수수료를 분리하는 합의에 도달했는지를 설명하는 기사가 실렸다. 이러한 합의는 Fidelity가 Deutsche Bank 및 Lehman Brothers와 유사한 협의를 체결한 이후 이루어진 것이었다.

토마스 와이젤(Thomas weisel)은 Fidelity가 "리서치 보고서나 서비스 관련 비용을 투자 중개수수료와 구분하여 지불할 것이며, 소프트 달러 방식으로 이들 회사에 거래 수수료를 지급하는 대신 리서치에 대한 비용은 현금으로 지급"할 것이라고 설명했다.

이러한 움직임은 관련 당사자들을 대표하여 예상되는 규제 환경의 변화에 발맞추기 위한 목적으로 이루어진 시도였을 수도 있다. 하지만 Greenwich Association에 대한 연구와 2007년 8월 9일자 FT지가 보도한 것처럼, 예상과 달리 감독당국이 엄중한 징계조치를 실행하지 않음에 따라 일부 대형 투자기관들이 소프트 달러의 사용을 중단하는 등 전세가 바뀌었을 수도 있다. (금융위기 이후 감독당국들은 은행의 자본적정성, 유동화, 신용평가사, 임원 보상체계 등과 같은 다른 문제들을 해결하는 데 전념해야 했다.)

이외에도 수수료 배분 협정(CSA: commission-sharing arrangements)에 관한 문제 역시 대두되었다. 수수료 배분 협정이란 매매 체결 시 펀드매니저가 수수료를 지불하고 동 수수료 중 일부를 투자나 매매 관련 아이디어를 제공한 리서치 기관(독립적인 리서치 기관이나 부티크(boutique) 방식으로 운영되는 리서치 기관)에 전달하는 체계를 의미한다. Fidelity International은 수수료 배분협정(CSA) 방식을 채택했다.

결론 : 이외에도 WSJ지의 기사에서 토마스 와이젤은 증권업계 내에서 이와 같은 수수료 항목의 분리 추세가 지속된다면 이로 인해 수수료가 하락될 수도 있으나, 이러한 협정이 향후 Fidelity가 체결할 거래 규모에 어떤 영향을 미칠지는 알 수 없다고 덧붙였다.

앞으로 규제환경이 어떤 방식으로 변화할지는 알 수 없지만 토마스 와이젤과 Deutsche Bank는 중요한 고객이자 자산운용사인 Fidelity가 요구하는 바에 부응함으로써 실질적인 이익을 봤다는 점은 분명하다. 그 주체가 초대형 투자은행(bulge-bracket firms)이건 독립적인 리서치 회사이건, 이들이 언제나 우수한 투자 아이디어를 낼 것이라는 점에는 의심할 여지가 없다. 하지만 어떤 방식으로 이런 아이디어를 수익으로 연결할 것인지는 지속적인 과제로 남아 있게 될 것이다.

추가사항 : 2008년 3월, 소속 임직원이 업무에 대한 대가로 증권회사로부터 값비싼 선물과 접대를 받았다는 혐의에 대한 합의를 위해 Fidelity가 미화 8백만 달러의 벌금을 미 SEC에 납부한 사례를 간과할 수 없다. 이러한 선물과 접대 중에는 난쟁이 던지기 대회(dwarf-tossing competition)도 포함됐다고 한다. 이는 분명한 사실이다.

소프트 달러 정책을 채택하고 있는 회사의 책임자는 소프트 달러로 포함될 수 있는 비용 항목과 그렇지 못한 비용 항목을 판단해야 한다. 또한 아래 사례에서 확인할 수 있듯이 동 정책을 명확하게 공시하고 관리하는 것 역시 중요한 부분이다.

사례연구 ●●●●

리서치 보고서에 대한 비용지급의 투명성(부적절한 비용지급)

개요 : 2009년 11월, Terra Nova Financial은 "5개 헤지펀드 운용사에 소프트 달러를 부적절하게 지급하거나 이들 운용사를 대표하여 부적절한 소프트 달러를 지급했으며, 관련 금액이 적절함을 확인하여야 한다는 회사 내부규정을 준수하지 않았고, 그 금액이 미화 100만 달러를 넘는다"는 혐의로 미 FINRA로부터 미화 40만 달러의 벌금을 부과받았다. 그리고 준법감시부 임원을 포함한 3명의 Terra Nova Financial 임원에 대해서도 정직 및 총 미화 45,000달러의 벌금처분이 내려졌다.

세부사항 : 미 FINRA의 보도자료에 따르면, Terra Nova는 펀드 관련 서류상에서 승인된 비용이라는 점을 판단하기 위해 필요한 관련 증빙자료를 징구하지 않았거나 이에 대한 적절한 검토를 실시하지 않은 것으로 밝혀졌다. 지급된 비용은 대부분은 확인되지 않은 컨설팅 비용과 수수료였다. 이러한 비용에 포함된 구체적인 항목에는 식비, 의류비, 자동차 정비비, 주차비, 리무진 사용료, 항공권 비용, 호텔 숙박비 등이 있으며, 신용카드로 지급된 경우가 빈번했다. 가장 눈에 띄는 비용으로 어떤 헤지펀드매니저는 2주간

"남성 전용 클럽"에 7회 입장하여 미화 13,700달러를 지불했다.

결론 : 상기와 같은 문제는 너무나 많이 발생하지만, 필자는 이들 중 어떠한 문제도 직접 알고 있지는 못하다. 하지만 미 FINRA의 조사국장(Chief of Enforcement)인 수잔 메릴(Susan Merrill)이 본 사례와 관련하여, "소프트 달러를 지급받고 이를 헤지펀드에게 지급하는 증권사는 소프트 달러에 관한 적절한 절차를 수립하고 이행해야 한다"는 의견을 제시하고 있다는 점에서 분명 심각한 부분이기는 하다. 투명성이 답이다.

위에서 설명했던 증권 리서치 보고서에 관한 주도권 싸움은 신용평가사에 의해 시작됐다. 정부가 실행하는 일종의 통제체계나 보조금을 제외한다면, 시장에서 통용되는 신용평가사의 신용평가 서비스에 대한 대표적인 비용지급 방식은 "발행회사가 지급"하거나 "투자자가 지급"하는 방식으로 정리할 수 있다. 최근으로만 국한해 보자면 발행회사가 비용을 지급하는 경우가 대부분이었고, 제2장의 리스크 부분(Bridgewater 부동산 그룹의 사례를 참조)에서 이미 살펴봤듯이, 이러한 지급 관행에는 분명 이해상충 상황이 존재한다. 그러나 "투자자가 비용을 지급"하는 방식 역시, 기관투자자만이 리서치 보고서에 소요되는 비용을 지급할 수 있게 되는 엘리트주의적 시스템으로 귀결될 수 있다는 점에서 분명 문제가 있기는 하다. 또한 "발행회사가 지급"하는 방식하에서는 적어도 모든 투자자가 무료로 신용등급 정보를 확인할 수 있다. 앞으로 진행될 새로운 상황과 도입될 여러 조치들은 경쟁을 제고하고 공시 수준

을 높여줄 것으로 보이며, 이는 모든 투자자에게 유익한 변화라고
할 수 있다.

사례

신용평가에 대한 비용지급

배경 : 미국의 Barron's는 2007년 12월 24일 "신용등급의 실패
(Failing Grade)"라는 제목으로 조나단 랭(Jonathan R. Laing)이 작
성한 신용평가사에 관한 포괄적인 기사를 실었다. 신용평가사
와 관련된 여러 문제점을 적시하고 이에 대한 해법을 제안하
는 내용을 담고 있던 동 기사에 제시된 한 가지 해법은 신용평
가사가 수수료를 지급받는 방식을 변경해야 한다는 점이었다.
전통적으로 발행회사들이 신용평가사에게 수수료를 지급해
왔으며, 이들 발행회사는 긍정적인 신용등급을 매기는 신용평
가사와만 등급평가를 진행한다는 불만이 있어왔다. Barron's
는 클린턴 행정부에서 노동부장관을 역임했던 로버트 라이히
(Robert Reich)가 자신의 블로그에, 현재의 신용평가 시스템은
영화평론가들을 채용하여 영화를 평가하도록 한 후 "많은 관
객들이 영화를 보러 올 수 있을 정도로 긍정적인 내용의 평가
를 내놓는 평론가에게만" 비용을 지급하는 것과 다르지 않다
고 게시했던 내용을 인용하기도 했다. 또한 십여 년간 공식적
인 신용평가사의 지위를 확보하기 위해 고군분투해온 Egan-
Jones라는 신용평가 서비스 회사에 대한 내용도 기사에 언급
되어 있었다. 여기서 주목할 점은 Egan-Jones가 등급평가 채

권의 발행회사가 아닌 기관투자자들로부터 관련 비용을 지급받았다는 사실이다.

2008년 6월 4일자 WSJ지에 "누가 신용평가를 잘못했는지가 아니라 그 거래가 허용된 거래였는지 시장에서 몰랐다는 것이 문제였다"고 Moody's의 전 대표이사 겸 COO는 주장했다. 2008년 9월 24일 엘리엇 블레어 스미스(Elliot Blair Smith)는 본인이 작성한 블룸버그 기사에서 S&P의 전직 임원의 말을 인용, S&P 경영위원회가 그 임원에게 검토해본 적도 없는 부동산투자 거래에 대한 등급평가를 명령했다는 놀라운 사실을 폭로하기도 했다. 또한 그 임원은 신용평가를 위한 손쉬운 수단 중 하나로 경쟁사 소속 투자분석평가사의 분석 내용을 이용했으며, 이러한 관행이 S&P 및 Moody's가 발행하는 신용등급의 신뢰성을 훼손시키게 됐다고 밝히기도 했다.

또한 WSJ지는 2008년 10월 24일부터 26일까지 미 하원청문회에 제출된 내부문서와 이메일 등을 바탕으로, Moody's와 S&P가 엄청난 수수료 수익의 원천인 채권발행사의 편의를 도모해주었던 것을 보도하기도 했다.

이들 회사의 임원들은 투자등급의 신뢰성을 유지하는 것과 관련하여 기준의 완화를 통하여 사업을 확대하는 두 가지 목표하에서 갈등할 수밖에 없었다. 어느 누가 거래구조를 결정하더라도 그 거래에 대해 우수한 등급을 매길 것이라는 S&P 소속 애널리스트의 자조적인 얘기는 이러한 상황을 그대로 나타내주고 있기도 하다.

2008년 1월 스위스 다보스 세계경제포럼을 FT지의 질리언 테트(Gillian Tett)가 보고한 것에서 알 수 있듯이 유럽의 감독당국들도 분명 변화의 필요성을 인지하고 있었다. EU 금융위원회 집행위원인 찰리 맥크리비(Charlie McCreevy)는 "…신용평가사에게 주목하고 있으며, 예전과 같을 수는 없을 것입니다"라는 발언을 했다. 국제결제은행 총재인 말콤 나이트(Malcolm Knight) 역시도 "규제체계 내에서 신용등급 평가가 차지하는 역할에 대한 모든 의문사항을 되짚어봐야 할 것입니다"라고 발언했다.

제2장에서 상세하게 설명했던 뉴질랜드의 Bridgewater 부동산 그룹과 관련된 사례 역시 신용평가 문제가 어느 정도까지 세계적인 문제로 대두됐는지를 잘 보여주는 경우라고 할 수 있다.

진행상황 : 국제증권감독기구는 2008년 5월 신용평가사 행동강령(Code of Conduct for Credit Rating Agencies)의 수정본을 발표했다. IOSCO는 분명 특정 시장이나 특정 신용평가사에 대한 법적 권한을 보유하고 있는 기관은 아니지만, 세계 각국의 주요 증권 감독당국을 포함하는 모든 회원 기관에 영향력을 행사하는 기관임에는 틀림이 없다. 새롭게 발표된 수정본에 반영된 주요 권고사항에는 다음의 내용이 포함된다.

● 구조화 상품에 대한 등급과 일반 채권에 대한 등급의 차별화를 장려해야 한다.
● 발행회사가 돈을 주고 신용등급을 사는 "등급 쇼핑(ratings shopping)" 행위를 금지해야 한다.
● 관련 방법론의 적정성과 투명성을 확보해야 한다.

Egan-Jones사는 2007년 말, 미국 국가공인통계평가기구(NRSRO: Nationally Recognized Statistical Rating Organizations)로서의 지위를 승인받기에 이르렀다. Egan-Jones사는 미 SEC가 승인한 미국 내 NRSRO 중, 등급 평가대상 채권의 발행회사가 아닌 Egan-Jones사의 서비스에 등록한 투자자로부터 관련 수수료를 지급받는 최초의 기관이었다.

　또한 미 SEC는 2008년 7월 Fitch, Moody's, S&P에 대한 조사 결과를 발표했다. FT지의 폴 데이비스(Paul Davies)와 조안나 청(Joanna Chung), 질리언 테드는 "미 SEC는 이들 신용평가사들에게 투자자 및 일반 대중에 대한 공시의 불충분성, 등급 평가 프로세스 관리를 위한 정책 및 절차의 부족, 이해상충 상황에 대한 주의 부족 등과 같은 여러 문제가 있음을 확인했다"는 미 SEC 의장인 크리스토퍼 콕스(Christopher Cox)의 발언을 보도했다.

　하지만 이보다 한 달 전에 이들 세 신용평가사는 결정된 등급을 발행회사가 사용하지 않더라도 이들 신용평가사가 실시한 검토 업무에 대해 수수료를 지급했다는 사실만으로도 뉴욕 주 검찰총장 앤드류 쿠오모와 합의를 도출해낸 바 있다. 또한 이들 신용평가사들은 프라임 등급이 아닌 주택저당담보부증권과 관련하여 지급받는 수수료에 대한 정보도 공시해야 할 것이다.

　그리고 미 SEC는 2008년 12월에 "신용평가기관들이 투자자들에게 보다 의미 있는 등급평가 결과를 제공하고 더 많은 정보를 공시하도록 규정하는" 조치를 발표했다. 하지만 증권 관련 규제에서 신용등급의 사용이 의무화되어 있다는 점에 대한 비판은 해소되지 못했다. 미 SEC는 2009년 9월 "SEC의 특정 규칙과 양식 등"에서 신용등급의 참조 항목을 삭제할 것이라고 발표하면서, 이러한 우려 사항을 해소하기 위해 어느 정도 이견을 좁히기도 했다.

유럽의 경우에는 앙겔라 메르켈(Angela Merkel) 독일 총리가 미국계 신용평가기관이 독점하고 있는 상황에 대한 대응으로 유럽계 신용평가기관의 창설을 주창했다. 그리고 EU 집행위원회는 2008년 11월, 신용평가기관에 대한 공식적인 규제 입장을 밝히기도 했다. Newsweek지는 동 집행위원회가 추구하는 목적을 다음과 같이 보도하고 있다.

- 신용평가기관이 신용평가 과정 중에 이해상충 상황을 피하도록 하고, 최소한 이러한 상황을 적절히 관리할 수 있도록 해야 한다.
- 신용평가기관이 사용하는 관련 방법론과 그 결과로 도출되는 신용등급을 개선해야 한다.
- 신용평가기관의 공시의무를 규정하여 투명성을 제고한다.
- 등록 및 감독체계의 효율성을 확보하고 '포럼 쇼핑(forum shopping)'과 EU 회원국 간의 규제 차이를 유리하게 이용하는 관행이 발생하지 않도록 한다.

결론 : 신용평가기관 문제는 분명히 전 세계가 공통적으로 겪고 있는 문제이므로 전 세계적으로 적용 가능한 해법이 필요할 것이다. 아마도 IOSCO가 더 많이 개입해야 할 것이다.

새로운 조치와 경쟁체제의 도입을 통해 이해상충 상황과 관련된 우려 사항 중 일부는 해소할 수 있을 것으로 예상된다. 적어도 미국과 유럽에서는 그러할 것이다. 이를 제외한 다른 국가들이 어떤 조치를 취할지의 여부 그리고 각 시장이 이러한 조치에 만족할지 여부는 아직 알 수 없다.

뉴욕에 소재하고 있는 신용평가기관 S&P의 임원인 비키 틸만(Vickie Tillman)은 신용평가기관들의 입장을 대변하면서, 2008년 6월 20일 FT지에 보낸 서한에서 "신용평가기관이 잠재적인 이해상충 상황을 얼마나 효과적으로 관리했는지 여부는 실적으로 기록되어 있습니다. 과거 데이터를 바탕으로 도출할 수 있는 신용등급과 부도 확률 간의 상관관계가 바로 그 지표입니다"라고 밝히고 있다.

하지만 S&P는 2010년 1월 4일자 FT지에 레베카 나이트 (Rebecca Knight)가 보도했던 것처럼 신용평가 프로세스를 강화할 목적으로 27개의 내부 업무 단계를 도입하는 결정을 내렸다. 이때 도입된 업무 단계로는 이 책의 제1장 중 보수교육 부문에서 설명했던 사내 신용분석전문가 인증 프로그램과 리스크 평가 감독위원회의 설치 등이 포함되어 있다.

![주석]

1   2006년 미국 신용평가기관 개혁법(Credit Agency Reform Act)이 통과된 후인 2007년 6월, 미 SEC는 신용평가사에 대한 감독 시스템을 도입했다. 그 결과 신용평가기관들은 1975년 이래로 사용된 미 SEC가 발급하는 "비조치 의견서(no-action letter)" 등을 통한 수동적인 확인 방법에 의존하는 대신, 미국 국가공인통계기구(NRSRO: nationally recognized statistical rating organizations)로 공식 등록해야 한다.

2   인도 증권거래위원회(공시 및 투자자 보호) 2000년 가이드라인 참조.

3   2006년 7월 5일자 NASAA.org 보도자료 참조.

4   프리딜 보고서 발표를 허용하지 않는 미국의 경우, 미 FINRA는 2008년 10월, 거래 참여기관인 미 FINRA 등록 증권사에 적용되는 주식공개 후 리서치 발간 제한기간(blackout period)을 40일에서 10일로 감축할 것과 이전에 10일로 규정되어 있던 유상증자에 적용되는 거래제한 기간을 완전히 폐지해줄 것을 제안했다.

4장

리서치 보고서가 아닌,
이메일, 블로그,
내부 **커뮤니케이션** 자료 등

🔑 키 포인트

● 만약 애널리스트가 "리서치 보고서가 아닌" 이메일을 선별적으로 배포하는 동기가 주식의 매매 거래를 도모할 목적이 있다면 해당 이메일은 투자등급의 부여에 상관없이 새로운 리서치 보고서로 간주될 수 있다. 이 경우 해당 애널리스트는 고객을 차별했다는 혐의를 받을 수 있다. 또한 해당 증권사의 자기매매 트레이더들이 이메일에 포함된 동 정보를 이용하여 고객들보다 앞서 해당 주식을 매매한 경우에는 선행매매 혐의를 받을 수 있게 될 것이다.

● 이와 같이 이메일의 배포에 의한 리서치 보고서 발간은 해당 애널리스트와 리서치 회사에 대한 리스크가 되므로 적절한 승인 프로세스를 거쳐야 한다. 하지만 검토과정에 참여한 당사자들이 리서치 보고서와 그렇지 않은 자료를 구분할 수 있도록 훈련을 받은 전문가들인 경우 엄격한 승인 프로세스가 적용될 필요는 없다.

● 리서치 보고서인지의 여부는 그 보고서를 작성하거나 배포한 당사자가 누구인가가 아닌 그 내용이 어떠한지를 기준으로 결정되어야 한다. 그러므로 세일즈 담당자들과 트레이더들은 자신들의 커뮤니케이션 자료가 새로운 리서치 보고서로 간주되는지를 확인해야 한다.

● 실질적으로는 "대외비(internal-use only)" 이메일은 존재하지 않는다. 사적 이메일이나 비밀 이메일이라 하더라도 어떠한 방식으로건 고객이나 감독당국, 법원, 언론 기관 등에 전달될 수 있기 때문이다.

앞에서도 살펴보았듯이 "리서치 보고서"로 분류되는 모든 자료는 회사 공식시스템을 통해 동시에 불특정 다수의 고객에게 발표하기 전에 회사내부의 적절한 승인 프로세스를 거쳐야 한다. 미국의 자율규제기관인 미 FINRA의 회원이 발표하는 리서치 보고서는 적절한 자격을 갖추고 있는 것으로 확인된 리서치 부서장이나 리서치 준법감시인의 사전 승인을 받아야 한다. 즉, 내부의 세일즈 담당자/트레이더 등과의 회의 전에 리서치 보고서를 발표함으로써 발생하는 잠재적인 선행매매 리스크를 방지해야 한다.

애널리스트들은 본인이 작성하는 리서치 보고서가 "상업적으로 부가가치가 있는 내용이며 세일즈 담당자들을 통해 고객이 해당 종목을 매매하도록 하는 데 이 자료를 이용할 것인지"와 "본인이 담당하고 있는 고객들만이 아닌 해당 종목에 관심 있는 모든 고객에게 유용한 정보인지"를 자문해봄으로써 자신들이 작성하는 자료가 "리서치 보고서"에 해당하는지의 여부에 대한 결론을 스스로 내려볼 수 있다. 즉, 위의 두 가지 질문 중 어느 하나에 만약 "그렇다"라는 답을 하게 된다면, 애널리스트는 해당 내용을 제한된 수신인에게만 이메일로 전송하는 대신에 투자에 대한 공식적인 결론을 포함하는 리서치 보고서 형태로 발표해야 할 것이다.

시장 소식지(market letter), 영업 자료, 방송 출연, 이메일을 이용한 논평 등을 포함하는 리서치 보고서가 아닌 커뮤니케이션 자료도 승인 프로세스를 밟아야 하나, 반드시 리서치 부서장이나 리서치 준법감시인의 승인을 받아야 하는 것은 아니다. 하지만 배포된 후 그 내용이 리서치 보고서의 특성을 갖추고 있다는 점이 판명되는 경우, 리서치 부서장 등의 검토가 이루어졌어야 했지만 실질적으로는 그렇지 못했다는 점에서 진퇴양난의 상황에 처할 수 있다.

바로 이러한 점 때문에 애널리스트가 어떤 내용을 포함하는 경우 "리서치 보고서"로 간주되는지를 이해하는 것이 중요한 이유이다(이 사안은 세일즈 담당자와 트레이더에게도 동일하게 적용된다). 리서치 보고서와 리서치 보고서가 아닌 자료 간의 차이에 대한 이해는 애널리스트 등이 관련 내용을 커뮤이케이션을 통해 전달하는 방식에도 영향을 미친다. 즉, 이러한 구분에 따라 외부고객 또는 주식 현물 세일즈 담당자, 자기매매 트레이더 및 구조화 상품팀 등을 포함한 내부고객을 배포 대상으로 할 것인지의 여부와 공식적인 출판, 이메일, 팩스, 블로그, 네트워킹 사이트[1]에 게시하기, 아침에 진행되는 영업 회의, 전화 통화, 일대일 회의, 로드쇼, 컨퍼런스, 방송 출연 등의 여러 커뮤니케이션 중 어떤 방법을 사용할지의 여부가 결정된다.

사례연구 ●●●●

이메일과 방송 출연 승인

개요 : 2006년 7월 개최된 뉴욕증권거래소 청문회에서 다이와 증권 미국법인의 관련 법규 위반 내용이 상세하게 공개되었다. 혐의 내용에는 소속 임직원의 라디오나 TV 프로그램 출연을 사전 검토 및 승인하지 못했다는 점과 이메일과 팩스로 특정 고객에게 전달된 시장 리서치 보고서의 내용을 사전에 적절히 검토 및 승인하지 못했다는 점 그리고 관련 커뮤니케이션 자료를 전산적인 방법으로 적절히 보관하지 못한 점 등이 포함됐다. 다이와는 이러한 혐의점에 대해 시인도 부인도 하지 않은 채, 견책 조치 및 미화 25만

달러의 벌금을 부과하는 징계 조치에 동의했다.

배경: 미 NYSE의 규정에 따르면, 모든 리서치 보고서는 감독 권한이 있는 애널리스트가 검토해야 하는 반면, 일반 대중에게 제공되는 리서치 보고서를 제외한 다른 커뮤니케이션 자료는 "회원과 준회원, 감독 권한을 보유하고 있는 애널리스트 또는 적절한 자격을 갖춘 당사자"가 승인하기만 하면 된다. 미 NYSE는 1998년 1월 발표한 공문을 통해 일반 대중과의 커뮤니케이션 자료, 특히 이메일이나 팩스가 연관된 경우에 대한 감독 및 검토와 관련된 규칙을 도입했다. 미 NYSE의 당해 공문에 의하면, 각 회원사와 회원 기관은 모든 커뮤니케이션 자료에 대한 사전 요건을 일률적으로 적용하는 대신, 자신들이 운용하는 사업의 구조와 성격, 규모와 이들 회사의 고객 기반 등을 감안하여 일반 대중을 대상으로 하는 커뮤니케이션 자료에 적용될 자체적인 감독 절차를 유연하게 수립하여 시행할 수 있다. 또한 미 NYSE는 동 공문을 통해 커뮤니케이션 자료(리서치 보고서 제외)의 검토 절차를 통해 "등록된 각 담당자에 대한 합리적인 감독"만을 제공하면 된다는 점과 회원사와 회원 기관은 당해 사전검토 업무를 수행하면서 "합리적인 표본 추출 기법"을 사용할 수 있다는 점을 명확하게 밝히고 있기도 하다. 또한 각주1에서 확인할 수 있듯이, 미 FINRA는 블로그와 네트워킹 사이트에 게시하는 내용에 적용되는 가이드라인도 도입한 바 있다.

결론: 이메일, 팩스 그리고 네트워킹 사이트 등의 게시물을 포함하여 리서치 보고서로 분류되지는 않기 때문에 리서치 보고서보다는 덜 엄격한 사전승인절차가 적용되지만, 고객이나 일반 대중에

게 제공되는 자료는 적절한 승인 프로세스를 거쳐야 한다.

　방송 출연 역시 신중을 요하는 행위라는 점을 명심해야 한다. 애널리스트가 TV에 출연하여 투자의견을 제시하는 것은 "리서치 보고서"를 방송하는 것으로 간주되므로, 본인의 주식소유 내역과 기타 이해관계 등에 대한 적절한 정보도 함께 공시해야 할 의무가 적용된다.

추가사항 : 인터뷰에 응하는 당사자뿐만 아니라 배경화면에 등장하는 동료들도 신중을 기해야 한다. 2010년 2월, Macquarie Private Wealth 사업부 대표의 금리 관련 인터뷰 내용을 방송했던 호주의 Seven TV Network에 대한 시청자의 불만이 제기됐다. 배경화면에 상의를 입지 않은 모델의 사진을 보고 있는 동료 직원이 비쳤기 때문이다. 물론 그가 최근의 금리 상황을 잘 숙지하고 있었다는 것은 자명했다. 이는 마치 2010년 2월 Washington Times지에서 업무용 정부 컴퓨터로 포르노를 보다가 들켰던 미 SEC 관료와 같았다고 보도했다.

투자등급 미평가 기업에 대한 객관적인 논평

애널리스트 및 세일즈 담당자/트레이더들이 등급 미평가 기업(또는 등급평가 기업)과 관련하여 "리서치 보고서"로 분류되지 않아 관련 리서치 제한 조건의 적용을 받지 않는 객관적인 논평이나 보도자료를 다양하게 작성할 수 있다는 것이 필자의 견해이다. 애널리스트 자신이 공식적으로 평가하거나 담당하는 대상이 아닌 기업에 대한 객관적인 논평 자료를 작성하기 위해 어느 정도의 자원을 사용할지 여부와 이렇게 작성된 논평 자료를 모든 고객을 대상으로 공식적으로 배포할지 아니면 이메일을 이용하여 선별적으로 배포(아래 참조)할지의 여부는 리서치 부서의 경영진이 고객 입장에서의 효용성 및 "리서치"와 관련된 규칙 등을 감안하여 결정해야 할 사항이다.

애널리스트가 "리서치 보고서가 아닌" 논평으로 간주하고 있는 등급 미평가 기업에 관한 자료를 이메일로 배포할 목적으로 작성하는 경우에는 이러한 자료의 배포 동기가 무엇인지를 결정하는 것이 중요하다고 할 수 있다. 이러한 자료 배포는 본인이 담당하는 기업의 경쟁 회사, 공급 업체, 고객사 등과 같은 등급 미평가 기업 및 본인이 담당하는 산업 부문에 포함되어 있는 기타의 등급 미평가 기업에 대한 논평 자료를 작성하거나 비교 분석을 실시하여 실적 보고 시즌에 관련된 데이터를 제시하는 것 등이 필요하기 때문이다. 하지만 세일즈 담당자나 트레이더가 특정 종목을 매매하도록 유도하는 것이 그 동기라면 그것은 선행매매나 고객에 대한 부당 대우라는 혐의를 받게 될 수 있다. 특히 추후에 일반 배포를 목적으로 하는 공식적인 리서치 보고서 형태로 발표하게 되면 이러한 혐의는 더욱 구체화될 것이다.

공시요건, 공정한 배포 요건 등 리서치 보고서와 관련하여 적용되는 규정의 적용을 피하려면 등급 미평가 기업에 대한 논평에 공개적으로 취득할 수 있는 정보만을 포함시키고 그 정보의 출처를 명시해야 한다. 그리고 그 내용을 사실에 입각하여 객관적으로 기술해야 한다. 또한 등급 미평가 주식에 대한 논평 자료를 제출하는 애널리스트가 동 주식이 포함되는 산업 부문을 담당하고 있다면 동 산업과 관련하여 발표된 자신의 의견 내용도 함께 포함시킬 수도 있을 것이다.

필자는 상기와 같은 등급 미평가 기업에 관한 "리서치 보고서가 아닌" 논평 자료에는 사실 정보, 뉴스, 이익 실적은 물론이고 루머 등의 정보도 포함시킬 수 있다고 믿고 있다. 단, 이 경우 애널리스트는 공개적으로 취득 가능한 정보에 의해 이러한 루머의 출처를 기술하고 관련된 각 당사자에게 소명의 기회를 제공해야 한다(예를 들어 "X씨는 이에 대해 언급하기를 거부했습니다." 또는 "X씨의 의견을 들으려 했으나 연락이 닿지 않았습니다"라는 등의 표현을 사용할 수 있다). 또한 뉴스나 실적에 관한 전반적이고도 객관적인 의견을 간략하게 기술할 수도 있으나, 이 경우 애널리스트가 투자와 관련된 새로운 관점이나 투자의견을 제시하지는 말아야 한다. 다시 말하자면, 이러한 뉴스에 대해 논평하는 애널리스트의 즉각적인 반응이나 동 애널리스트가 귀결시킬 개략적인 결론은 주식이나 증권의 가치평가가 아닌 대상 기업이나 그 기업이 영위하는 사업 및 해당 기업이 포함되어 있는 산업 부문에 관한 것이어야 한다.

가격 및 가치평가 : 대상 기업이 자체적으로 발표한 목표매출 규모 및 시장평균추정치를 바탕으로 추정한 이익 전망도 제시할 수 있을 것이다. 단, 이 경우 이들 수치는 공개된 것이어야 한다. 이들 추정 실적을 제시하는 애널리스트는 관련 데이터의 공급업체로부터 이러한 데이터의 사용에 필요한 승인을 얻어야 하고, 이들 데이터 공급업체를 정보의 출처로 명시해야 한다. 더 나아가서 이러

한 추정 자료를 근거로 산출한 가치평가 결과를 보여주며, 이러한 평가 자료를 공개 정보인 동일 시장 또는 업종에 포함되어 있는 비교 가능한 다른 기업의 가치평가 자료와 비교하여야 할 것이다. 단, 이 경우에도 가치평가 비교 시 사용된 가격 정보와 자료의 추정 주체를 명시해야 한다. 증권회사가 공식적으로 등급평가를 실시한 기업이거나 증권회사의 리서치 대상 기업인 경우 증권회사 자체의 자료도 이러한 정보에 포함된다. 투자자들은 가치평가가 상대적으로 낮은지 또는 높은지를 스스로 확인할 수 있으므로 자료의 작성자는 주가가 상대적으로 "싼지" 또는 "비싼지" 여부를 명시적으로 기술해야 할 필요는 없다. 특정 종목의 "가격이 낮다"는 것이 반드시 "가치가 우수"하다는 것을 의미하는 것은 아니다. 하지만 자료 작성자가 투자자들이 특정한 투자의사결정을 하도록 유도하고 있다고 감독당국이 의심하는 상황이라면 이러한 표현을 두고 감독당국과 의미론적인 논쟁을 하는 것은 무의미하다고 할 수 있다. 무엇보다도 감독당국의 관심을 불러일으키지 않는 것이 바람직하다.

애널리스트는 본인이 작성한 정보인 경우도 마찬가지로 사용되고 있는 의견, 예측치, 전망 자료 등의 출처를 항상 명시해야 한다. 이는 "리서치"에 관한 일반 규칙 중 하나이다. 하지만 등급 미평가 기업이 대상 기업인 경우에는 관련 논평이 객관적인 동시에 사실 정보만을 담고 있어야 하므로 경영진, 언론 보도자료 등 정보 출처나 반기 실적을 기준으로 연간 수치로 환산한 주가수익비율 등 사용된 계량적 가정 사항을 명시해야 한다. 등급 미평가 기업인 경우 또는 리서치 대상 기업이 아닌 경우, 애널리스트는 최소한 주가나 주식가치에 대한 의견을 내는 경우에는 "믿고 있다", "기대하고 있다", "당사의 견해에 따르면" 등과 같은 주관적인 표현을 사용하지 않도록 유의해야 한다. 하지만 이들 기업의 사업 현황이나 일반적인 산업 추세에 관한 논평인 경우는 가능하다.

등급 미평가 주식의 경우, 경쟁사 주식이나 미평가 주식 자체의 과거 가치평가와 비교하여 현재의 주가나 가치평가 혹은 할인가치가 어느 정도까지 합리적으로 설명되는지 또는 적절하다고 간주되는지에 대한 의견을 제시하지 않는 것이 특히 중요하다. 또한 특정 주식의 목표가치나 시장평균추정치를 통해 산정된 목표실적을 어느 수준까지 달성할 수 있는지에 대한 의견을 제시하지 않는 것 역시 이와 마찬가지로 중요한 부분이다. 물론, 특정 기업의 사업 활동에 대해서는 긍정적인 요인과 부정적인 요인이 존재할 수 있다. 하지만 필자의 생각으로는, 이러한 모든 요인과 리스크를 주가에 어느 정도까지 반영해 평가할 것인지가, 객관적이고 사실 정보에 입각하는 한, 측정 가능한 논평자료 또는 보도자료와 리서치 보고서의 차이를 구분하는 중요한 기준이다.

구매결정 시 물건의 좋은 점과 나쁜 점이 있지만, 가격이 적절한지가 구매나 투자의사 결정 시 궁극적인 의사결정의 요인이 된다. 제1장의 "리서치 보고서 영역" 부분 중 방송 논평 관련 사례에서 살펴봤던 것처럼, 특정 주식 종목에 대한 투자자문 정보를 제공하지 않는 한, 신문기자와 해설자 등에게는 증권 관련 규정이 적용되지 않는다. Thomson Financial은 컴퓨터를 사용하여 실적 관련 스토리를 생성함으로써 실적-보고의 전체 과정이 얼마나 사실적이고 객관적으로 진행될 수 있는지를 잘 보여준 바 있다.[2]

또한, 주가 및 가치평가에 대해 언급하는 경우 일반적인 커뮤니케이션 자료가 리서치 보고서로 구분될 수 있는 리스크가 증가한다는 점을 덧붙이고 싶다. 물론 일부에서는 가격 정보나 가치평가가 언급되어 있지 않은 경우에는 투자의사 결정을 내리기 위한 정보가 충분하지 않다는 등의 반론을 제기할 수도 있다. 가격을 모르면서 자동차를 구매하지는 않을 것이기 때문이다. 이런 점을 감안해볼 때, 애널리스트는 분명 투자의견과 가치평가의 근거가 되는 주가 정보를 반드시 제공해야 하지만 투자의견이나 가치평가를 제시하지 않는 리서치 보고서가 아닌 논평자료 등에는 이러한 주가 정보를 언급할 필요가 없다는 것이 본 필자가 제안하고 싶은 부분이다.

애널리스트는 변동성을 유발하는 시장 상황이나 발생 가능한 단기매매의 기회에 대해 자료를 읽는 독자들에게 경고할 수 있어야 한다. 단, 이 역시 객관적인 방식을 통하는 경우에 한한다. 예를 들어, "XYZ의 주식이 매수/매도되어야 한다고 생각한다"라고 표현하는 대신에 "단기 트레이더들이 최근에 이루어지고 있는 XYZ 주식의 매매거래에 대해 관심을 기울일 수 있습니다"라는 방식으로 표현할 수 있다.

이메일

애널리스트는 고객들을 대상으로 공정하게 공표해야 하는 보고서, 즉 적절한 승인 프로세스를 밟아야 하는 "리서치 보고서"와, 이메일로 선별적으로 배포할 수 있는 보고서, 즉 "리서치 보고서가 아닌 보고서"의 차이를 완전하게 이해하고 있어야 한다는 점을 다시 한 번 강조하고자 한다. 리서치 보고서가 아닌 자료는 모든 고객에게 공정하게 배포해야 할 필요가 없으며, 개별 고객에게 선별적으로 배포할 수 있다. 이는 그 보고서에서 기술하고 있는 대상 기업이 등급평가 기업인 경우와 등급 미평가 기업인 경우 모두에 해당된다.

또한 리서치가 아닌 보고서를 이메일로 선별적으로 배포하는 경우에도, 애널리스트가 이러한 보고서에 사실 정보와 이익 실적, 가격 정보, 대상 산업 및 등급평가 주식과 관련하여 투자의견, 목표가격, 추정실적, 가치평가 등 기존에 발표된 정보를 포함시킬 수 있다. 단, 루머와 관련하여 공개적으로 이용할 수 있는 출처 정보를 명시하고 동 내용이 확인되지 않은 내용이라는 것을 명시한 경우에 한하여 확인되지 않은 보도 내용 등은 물론이고, 뉴스나 실적에 관한 포괄적이고 간단한 논평 내용도 포함시킬 수 있어야 한다고 생각한다. 하지만 일반에 발표되지 않은 가격민감정보를 이러한 논평 내용에 포함시켜서는 안 된다. 이는 대상 증권이 등급평가 증권인지 아니면 등급 미평가 증권인지 그리고 동 자료가 리서치 보고서로 분류되는지 아니면 비리서치 보고서로 분류되는지의 여부와 상관없이 모든 경우에 공히 적용된다.

아래 사례에는 리서치 보고서를 이메일 형태의 논평자료로 배포하는 경우 발생할 수 있는 위험이 잘 설명되어 있다. 또한 특정 자료를 작성 및 배포하는 당사자의 직함보다는 오히려 그 자료 내용이 해당 자료를 리서치 보고서로 결정하는 데 있어 중요한 요인이 된다는 점을 다시 한 번 강조하고 있다.

리서치 보고서로 분류되는 이메일

개요 : 2005년 1월, Citigroup의 자회사였으나 이후 Morgan Stanley에 인수된 Smith Barney의 세일즈 담당자인 PCH가 특정 기업에 대한 부정확하고 오해의 소지가 있는 정보를 포함하고 있는 "의류회사에 대한 소견(Short ideas in Apparel Name)"라는 제목의 자료를 이메일로 전송한 행위에 대해 견책조치에 동의하여 9주간의 정직 및 미화 4만 달러의 벌금을 납부했다는 내용이 미 NYSE 웹사이트에 게재됐다. PCH는 해당 자료를 2명의 고객과 다른 세일즈 담당자에게 전송했으며 이 자료를 받은 한 세일즈 담당자는 그 이메일을 13명의 다른 고객에게 전달했다.

당시 시장은 해당 부문을 담당했던 애널리스트가 주식등급을 하향 조정한 것으로 오해했다. 그런데 그 애널리스트는 심지어 해당 주식을 담당하고 있지도 않았다. 하지만 결과적으로 주가는 하락했고, 이것은 감독당국의 주목을 끌기에 충분했다.

Citigroup 역시 소속 임직원에 대해 이메일 커뮤니케이션과 관련된 적절한 교육을 제공하지 못하고 이들을 적절히 감독하지 못한 것에 대한 징계에 동의하여 벌금(미화 35만 달러) 부과 결정을 받아들였다.

결론 : 잭 그루브만(Jack Grubman)과 헨리 블로젯(Henry Blodget) 사례에서도 명확하게 드러나고 있듯이, 이메일이 한 내부적으로만 배포되거나 제한적으로만 배포되는 상황은 존재할 수 없다. 이메일은 어떤 방식으로든 고객은 물론이고 언론, 감독당국, 법원 등

으로 유출될 수 있다.

그러므로 내부적인 커뮤니케이션 및 외부 당사자와의 커뮤니케이션을 모두 포함하여, 인쇄물과 이메일 또는 방송 등의 형태로 커뮤니케이션을 하게 되는 애널리스트, 세일즈 담당자 및 트레이더는 동일한 기준을 적용해야 한다. 또한 내부적인 경우 및 외부 당사자를 대상으로 하는 경우를 모두 포함하여, 특정 의견을 출판하거나 배포하기 전에 적절한 승인을 받는 것 역시 중요한 부분이라고 하겠다.

또한 제1장에서 살펴본 Morgan Stanley 애널리스트의 사례를 다시 한 번 거론해보도록 하자. 당시 반도체 장비 부문을 담당했던 동 애널리스트는 본인이 대상 주식에 관한 정보를 일부 입수했으며, 그 결과 본인의 비중확대 입장에 대해 "보다 확신"할 수 있다는 내용을 일단의 선별된 고객에게 전송함으로써 Morgan Stanley를 그만두게 되었다.

적극적인 투자나 매매 관련 투자의견이 포함되어 있는 경우에만 반드시 이메일이 "리서치 보고서"로 간주되는 것은 아니다.

한 애널리스트가 자신이 담당하는 인도의 어느 석유회사에 관한 이메일 논평자료의 승인을 필자에게 요청한 적이 있다. 당시 필자에게 제출한 이메일 초안에는 해당 인도 석유회사가 새로이 공동 부담해야 할 보조금 예측치를 상세하게 분석한 내용이 포함되어 있었다. 이 애널리스트는 멕시코만 지역에 대형 허리케인이 발생한 후 정유 부문 마진이 예전보다 증가함으로써 이러한 보조금 부담이 상쇄될 것이라는 주장도 기술하면서, 결과적으로 해당 석유회사에 대해 본인이 작성했던 예상 수익실적을 수정하지 않을 것이라는 결론에 도달했기 때문에, 이러한 내용을 "리서치 보고서"가 아닌 이메일로 송부할 수 있다고 생각하고 있었다. 하지만 필자는 해당 애널리스트가 실시한 분석 결과가 중립적이라 하더라도 그 분석 내용은 "리서치 보고서"에 해당하며, 따라서 모든 고객을 대상으로 공정하게 발표해야 한다는 결론에 도달했다. 이는 애널리스트가 실시한 분석 결과가 본인이 추정했던 예상실적 등에 중립적인 영향을 미친다는 결론이 도출된 것은 단지 우연의 일치일 뿐이었기 때문이다. 다시 말해, 분석의 결과가 긍정적이거나 부정적인 영향을 미친다는 결론이 도출되어, 그 결과로 예상실적을 수정할 수도 있었기 때문이다. 또한 공식적인 투자의견이나 예상실적에 변화가 없다 하더라도 인지되는 리스크 수준은 변화할 수 있었으며, 이러한 변화가 없었다면 매수나 매도 거래를 하지 않았을 경계선상에 있던 일부 고객이 매수나 매도 거래를 할 수도 있었다. 궁극적으로 만약 투자자들이 특정 정보를 근간으로 어떤 결정을 내려야 할지를 애널리스트에게 문의하여, 해당 애널리스트가 이들 투자자의 투자 형태에 영향을 미치지 않는 이유를 제시한다면, 제시된 이유는 "투자 결정의 근간이 되는 분석자료 및 충분한 정보"로 간주될 가능성이 여전히 존재하기 때문이다.

상기의 논리를 따르자면, 리서치 보고서가 아닌 커뮤니케이션 자료를 작성하는 애널리스트는 자신이 평가한 등급을 유지하거나 재확인한다는 내용으로 그 자료를 마무리하지 않아야 한다. 이는 감독당국이 해당 내용을 이전에 실시된 분석 결과에 대한 일종의 투자 관련 결론으로 간주하는 상황을 막기 위한 것이다. 그렇지 않은 경우에는 해당 커뮤니케이션 자료가 리서치 보고서로 분류될 수도 있을 것이다. 그럼에도 불구하고 애널리스트가 리서치 보고서가 아닌 자료에 최근 발표된 등급이나 투자의견을 언급해야 한다고 생각하는 경우, 애널리스트는 이를 자료의 맨 마지막 부분에 결론으로 기술하지 말고 관련 자료의 앞부분에 참고용으로 포함시켜야 할 것이다.

"리서치 보고서가 아닌" 논평자료를 제한된 수취인에게 이메일로 전송한 애널리스트는 이러한 논평자료를 이후에 "리서치 보고서"로 고객에게 발표해서는 안 된다. 단, 그 내용이 상당 수준 보완된 경우는 예외로 할 수 있다. 만약 전송 시점 이후 이를 "리서치 보고서"로 발표할 경우, 애널리스트는 결국 최초의 이메일이 "리서치 보고서"이며 애초에 리서치 보고서로 발표했어야 한다는 것을 인정해야 한다.

정리하자면, 애널리스트는 본인의 논평자료나 의견자료를 선별된 고객을 수취인으로 하는 이메일이 아닌 공식적인 발표 시스템을 통해 모든 고객에게 공정하게(즉, 동시에) 발표하는 것이 준법감시의 관점에서 보다 안전한 업무 방식이라고 할 수 있다.[3] 하지만 상업적인 관점에서 보자면 리서치 부문 경영진은 공식적인 발표 대상을 부가가치가 있는 적절한 "리서치"만으로 제한시킴으로써 리서치 보고서의 가치가 이보다 낮은 가치의 시장 논평 등에 의해 희석되지 않는 것을 선호할 수도 있다.

전자적 커뮤니케이션 자료의 보관 : 리서치 회사는 각국의 감독당국이 이들 회사에 요구하는 전자적 커뮤니케이션 자료의 보관 요건을 숙지하고 있어야 한다. 예를 들어, 미국 감독당국의 규제 대상인 리서치 회사는 내부 및 외부 당사자를 대상으로 하는 전자적 커뮤니케이션 자료를 3년간 보관해야 한다. 동 보관요건은 그 자료가 리서치 보고서인 경우와 리서치 보고서가 아닌 경우 모두에 공히 적용된다. 아래 사례에서 명확하게 설명하고 있듯이 전자적 커뮤니케이션 자료의 보관 의무를 준수하지 못하는 경우에는 상당한 벌금이 부과될 수 있다. 물론, 이러한 자료보관 책임은 실질적으로는 회사의 업무부서 및 IT 부서에 귀속될 수 있지만 애널리스트는 본인의 커뮤니케이션 내용이 기록되고 보관되며 회사 내부의 준법감시부서와 감사인, 외부의 감독기관이 향후 이러한 내용을 확인할 수도 있다는 점을 기억하고 있어야 한다.

사례연구 ••••

이메일 자료의 보관

개요 : 제1장에서 우리는 Banc of America Securities가 부적절한 주식 매매와 관련된 문서 및 이메일 자료를 신속하게 제출하지 못

함으로써 미 SEC로부터 미화 1,000만 달러의 벌금 처분을 받은 사례를 살펴본 바 있다. 2007년에는 실제의 부당매매 사례로 인해 미화 2,600만 달러의 벌금을 납부하기도 했다. 그리고 2007년 9월 28일에는 Morgan Stanley가 중재를 청구한 원고 측 및 감독당국에 이들이 요구하는 이메일 자료가 9·11 사태 당시 손실됐다는 잘못된 정보를 제공한 혐의에 대한 합의금으로 미화 1,250만 달러를 납부하기로 했다는 기사가 보도됐다. Morgan Stanley의 합의금은 미화 300만 달러의 벌금과 중재 청구금 지급을 위한 미화 950만 달러의 기금으로 구성되어 있었다. 이는 2006년 5월 10일 미 NYSE가 실시한 애널리스트의 이해상충 상황에 대한 조사와 관련하여 이메일 기록의 제출에 관한 업무 운영상의 결함 및 감독 관련 위반사항이 발생했다는 점에 Morgan Stanley가 동의한 때로부터 1년 정도밖에 경과하지 않은 시점이었고, Morgan Stanley는 이와 관련하여 견책 및 미화 250만 달러의 벌금이라는 징계 조치에 동의했다. 당시 Morgan Stanley가 지급한 미화 250만 달러의 벌금은 미 SEC와 NASD가 실행한 관련 조치에 대한 납부금을 포함하는 미화 1,500만 달러의 포괄 납부금의 일부였다. 하지만 Morgan Stanley는 상기에 명시된 2006년과 2007년 사례와 관련하여 유죄 여부를 시인도 부인도 하지 않았었다.

세부사항 : 상기의 2007년 사례에서 Morgan Stanley는 World Trade Center 내에 소재하고 있던 이메일 서버가 파괴됨으로써 9·11 이전에 작성됐던 모든 이메일 자료가 손상됐다고 주장했다. 회사는 이후 다른 장소에 보관했던 백업 테이프를 이용해서 수백만 건의 이메일 메시지를 복원했지만, Morgan Stanley는 이들 테

이프에 자료를 겹쳐 쓰기 하는 방식으로 자료를 기록하고, 임직원의 이메일 영구 삭제를 허용함으로써 복원된 이메일 중 다수의 메시지를 폐기했다. Dow Jones는 Morgan Stanley가 2001년 10월 이후에야 계좌를 개설했던 캔자스시티 소재 투자자에게 관련 파일이 9·11 사태 때 파괴됐다고 알리기까지 했다고 보도했다. Morgan Stanley는 이것이 "단순한 실수일 뿐"이라고 얼버무리고, 이에 대해 사과한 후 관련 제재에 대해 합의했다. 앞선 2006년의 사례에서도 Morgan Stanley는 수만 건의 이메일 자료를 제출하지 못했다. 또한 수백만 건의 이메일을 검색 기능이 지원되는 데이터베이스 저장소에 입력하는 작업을 미루고, 겹쳐 쓰기 방식으로 수천 건의 이메일을 폐기함으로써 즉각적인 이메일 자료의 제출 요구를 충족시킬 수 없었다.

이와는 별도로, HSBC 증권은 전자적 방식의 커뮤니케이션 자료를 보관하지 못하고 이러한 보관의무 위반 사실을 즉시 보고하지 않은 것에 대해 미 NYSE가 실행한 견책 조치 및 미화 50만 달러의 벌금 부과 조치를 받아들였다. 또한 Piper Jaffray사는 2010년 5월, 이와 유사한 위반 사례와 관련하여 미 FINRA에 미화 70만 달러의 벌금을 납부하기로 합의하기도 했다.

결론: 위에서 살펴본 바와 같이 상당히 큰 액수의 벌금이 부과되고 있기 때문에 필자는 각 증권회사가 이메일 자료를 손쉽게 추출 및 검색할 수 있는 방식으로 보관하기 위해 신중을 기하고 있을 것이라고 확신하고 있다. 그러므로 애널리스트들은 본인의 이메일 커뮤니케이션 자료가 모두 기록되고 있으며, 이러한 기록은 본인에게 불리한 증거로 사용될 수 있다는 것을 인지하고 있어야 할

것이다. 더 나아가서 오늘날의 첨단 기술을 고려하건데, 지금은 수백만 건의 이메일 자료 중에서도 특정한 이메일을 검색하고 찾아낼 수 있다. 즉, 서울에서 김서방 찾기도 가능해졌다고 할 수 있다.

"대외비(Internal Use Only)"

세일즈 부서를 수취인으로 하는 이메일에 대한 "대외비" 표시는 실질적으로 애널리스트에 대한 어떠한 보호장치도 되어주지 못한다. 이는 이코노미스트에 대한 보호장치 역시 되지 못하고 있다. Morgan Stanley의 AX는 본인이 작성한 내부 이메일이 유출된 후 이를 직접 경험한 당사자이기도 하다. 2006년 10월 5일자 WSJ지에 의하면, 당시 AX는 싱가포르에 관한 본인의 개인적인 의견을 이메일에 피력했고, 그 내용이 일반인들에게 전달하기에는 부적절한 것이었다는 데 동의했다는 내용이 보도되었다. 감독당국 및 기타의 관계당국은 내부 공문에 접근할 수 있는 포괄적인 권한을 보유하고 있다. 또한, 고객들에게 전달하지 말아야 할 사항이라고 말하는 것은 어떠한 보호도 받을 수 없이 오히려 감독당국의 불필요한 관심을 불러일으킬 수 있다. 이는 마치 "이 구멍을 통해서 들여다보지 마시오!"라고 말하는 것과 같다.

애널리스트가 전송한 이메일에 수취인이 투자의사 결정을 내리기에 충분한 정보가 포함되어 있다면 해당 이메일은 "리서치 보고서"로 간주될 수 있으며, 이 경우 공식적인 발표 체계를 통해 해당 내용을 모든 고객에게 발표해야 한다. 하지만 해당 이메일이 "리서치 보고서"로 분류되지 않는다면 선별적으로 이를 배포할 수 있어야 한다. 애널리스트가 제공하는 정보 중 고객에게 매우 민감한 것으로 간주되는 정보는 모든 고객 기반을 대변하는 세일즈 부서에도 매우 민감한 정보가 된다는 것이 기본적인 원칙이라고 하겠다.

1 2010년 1월, 미 FINRA는 증권사를 위하여 블로그 및 Facebook, Twitter, LinkedIn 등과 같은 SNS상에서 이루어지는 각종 커뮤니케이션 내용과 관련된 지침을 도입한 바 있다. 그 주요 골자는 블로그나 SNS상에 게재된 특정한 언급 내용이 리서치 보고서를 구성하는 것으로 판정되면, 이에 대해서는 공시와 감독, 자료보관 그리고 기타의 관련 요건에 적용된다는 것이다.

2 2006년 8월 18일과 19일자 Financial Times 참조.

3 제1장에서 살펴본 바와 같이 증권사는 고객군 별로 상이한 유형의 리서치 보고서 및 서비스를 제공할 수 있다. 단, 특정한 고객군에 포함되는 모든 고객을 공평하게 대우하고, 모든 고객에게 회사의 리서치 보고서 배포 정책을 공시해야 한다.

자료의 작성과 편집,
공표시 고려 사항

● 독자의 주목을 받은 애널리스트가 뛰어난 애널리스트로 자리매김하게 된다. 제목, 핵심 내용, 말머리표를 이용한 요점 정리 그리고 개요 등으로 본인이 전달하고자 하는 메시지를 요약하고 핵심 추정 자료와 데이터를 일관되게 제시하는 것은 독자들에게 유익할 것이 분명하다. 일부 독자는 제목과 요약만을 읽을 것이다.

● 거래의 실행으로 이어질 수 있는 투자의견은 그 내용이 명확해야 하고 쉽게 알 수 있어야 한다. 애널리스트는 왜 본인이 제시하는 의견이 담당하는 기업과 시장, 업종 등과 관련되어 있는지를 명확하게 제시해야 한다.

● 전문 독자라면 업계 전문 용어와 약어를 쉽게 이해할 수도 있다. 하지만 애널리스트는 본인이 작성하는 자료를 보다 다양한 독자가 이용하도록 하기 위해 자료의 내용을 명확하고도 따로 설명이 필요없는 방식으로 작성하여야 할 것이다. 애널리스트는 독자들이 사전지식이 있다고 가정해서는 안 된다.

● 애널리스트는 허위 내용을 약속해서는 안 된다. 특정한 의견이나 견해가 분석대상 기업인지 아니면 다른 기업에 관한 것인지 여부, 본인 자신의 견해나 분석에 근거하고 있는지 아닌지의 여부 또는 자연적으로 발생할 수 있는 결과물에 대한 제안인지 아니면 발생 가능성에 대한 제안인지 여부 등을 구분할 수 있어야 한다.

● 애널리스트는 커뮤니케이션 시 투명성을 확보해야 한다. 본인이 틀렸다는 것을 인정하게 될 수 있다는 점을 두려워하지 말고, 자신의 실수를 덮으려 해서도 안 될 것이다. 애널리스트가 고객들이 진정으로 원하는 것을 주고 이들 고객의 신뢰를 확보하게 되면 분명 이에 대한 적절한 보상을 받을 것이다.

● 애널리스트에게 언론의 자유는 없다. 애널리스트는 증권 관련 규제와

지적재산권 관련 법률의 적용을 받으며, 본인이 참여하는 업무와 마케팅 활동이 이루어지는 국가에서는 사회적·정치적·종교적으로 민감한 사항에도 직면해야 된다.

● 그럼에도 불구하고 전달하고자 하는 메시지가 명확하고 불쾌한 내용을 포함하고 있지 않는 한 유머를 사용할 여지는 분명 있다. 고객들은 본인이 할 일을 제대로 해내는 애널리스트를 구별해낼 것이다.

도입

앞에서 살펴본 각 장에서는, 고객에게 제공하는 리서치 보고서의 공정한 발표가 얼마나 중요한지에 대해 논의했으며, 증권 리서치의 발표에 관한 원칙, 특히 일반적인 증권 관련 규정에 대한 내용을 집중적으로 살펴본 바 있다.

앞으로 살펴볼 내용들은 반드시 증권 관련 규정에 관한 것은 아니지만, 독자를 위한 자료의 작성 방법에 관한 상식적인 몇 가지 제안(특히 증권업에 관한 제안)을 함께 포함시켜 두었다. 이러한 내용 중 올바른 용어의 사용과 관련된 것들은 영어가 모국어가 아닌 독자들에게 좀 더 유용할 것으로 생각한다.

메시지 전달하기

고객으로부터 사업을 따기 위해 치열하게 경쟁하는 애널리스트들은 일반 대중들보다 뛰어나야 한다. 상거래의 기본 원칙은 적시에 상품을 출시하고 시장에 출시한 상품을 알리는 것이다. 이러한 원칙은 실크로드를 따라 설치됐던 전통적인 교역소로부터 인터넷 웹사이트에 이르는 모든 활동에 적용된다. 하지만 가장 눈에 띄고 접근성 있는 항목을 전시하는 것 역시 또 하나의 상거래 원칙이라고 할 수 있다. 애널리스트가 작성한 리서치 보고서는 가능한 한

빨리 독자의 관심을 끌 수 있는 방식으로 제시되어야 한다. 이는 애널리스트 자신에게 유익할 뿐 아니라 독자들에게도 도움이 되는 것이다. 내부고객인 세일즈 담당자와 트레이더 및 외부고객들은 리서치 보고서의 주제와 애널리스트가 전달하고자 하는 메시지나 스토리가 무엇이며 어떤 결론이 도출됐는지를 즉시 이해할 수 있어야 한다.

증권사 소속 애널리스트가 추구하는 상업적인 목적을 감안할 때, 본인이 작성하는 자료에 투자와 관련된 결론, 특히 즉시 거래 실행이 가능한 결론을 포함시키는 것이 이상적이라고 할 수 있다. 단, 이들 애널리스트가 이와 같은 투자 자문을 제공할 수 있는 자격을 갖추고 있는 경우에 한한다. 그리고 이러한 점은 증권 리서치 업무를 담당하는 애널리스트와 학문적인 연구자나 신문기자를 구별하게 해주는 요인이기도 하다. 이와 관련해서는 제1장에서 살펴본 언론에 출연하여 논평하는 전문가들의 사례를 참조하라. 애널리스트는 이와 같은 투자 관련 결론을 리서치 보고서의 앞부분에 알아보기 쉽게 기술해야 한다. 그렇게 함으로써 리서치 보고서에서 어떠한 정보도 얻어가지 못하는 독자들이라 하더라도 최소한 애널리스트가 도출한 결론과 거래의 실행으로 이어질 수 있는 투자의견은 확인할 수 있게 될 것이다.

반복하여 기술하는 방식으로 전달하고자 하는 메시지를 강조하는 것이 문제가 되지는 않는다. "독자들에게 이야기하고자 하는 내용을 이야기하라. 또 이야기하라. 그리고 무슨 이야기를 했는지를 또 이야기하라"라는 광고 문구가 있다. 모든 발표자료나 보고자료에 사용된 전통적인 자료 작성 구조, 즉 서론과 본론, 결론으로 구성된 구조를 증권 리서치 보고서에도 동일하게 적용할 수 있다.

물론 필자도 이 책에서 독자들에게 전달하고자 하는 주요 메시지를 반복 기술하여 독자들이 이를 명확히 이해하도록 했다고 믿고 있다.

제목과 표지

간단한 표현으로 본문 전체에서 말기하고자 하는 바를 제시할 수 있는 것이야말로 이상적인 제목이라고 하겠다. 적어도 애널리스트가 담당하는 증권이나 산업 부문 등에 대해 본인이 도출한 관점이나 투자의견에 뉴스나 분석 내용이 어떠한 영향을 미치고 있는지를 보여줄 수 있도록 제목을 정함으로써 독자의 관심을 즉각적으로 끌 수 있어야 한다. 애널리스트는 특정한 뉴스가 예상을 어느 정도나 벗어났는지를 명확하게 밝혀야 한다. 즉, 본인이 추정 자료를 산정하거나 또는 시장에서 주가가 결정되는 데 이러한 뉴스가 어느 정도 반영됐는지를 밝혀야 하는 것이다. 예를 들어 "실망스러운 상반기 실적으로 인해 수익이 감소했습니다"라는 표현은 물론 그 자체도 구체적인 것은 아니지만, 단순히 "상반기 실적"이라고 기술하는 것보다는 많은 의미를 전달할 수 있다. 특정 애널리스트가 도출한 의견과 시장평균추정치의 상세한 비교분석은 보고서의 본문 부분에 기술할 수 있다.

애널리스트들 중 일부는 본인이 작성한 리서치 보고서를 기억하기 쉽도록 영화 제목이나 책 제목, 노래 제목 등을 보고서의 제목으로 차용하는 경우가 있다. 일반적으로 이러한 관행은 저작권을 위반한 것으로 간주되지만, 그 이유가 궁금한 독자는 제1장 중 저작권 및 표절 부분의 내용을 참조하길 바란다. 애널리스트나 편집자가 스스로 간결하고도 재치 있는 제목을 생각해낼 수 있다면 이보다 더 좋을 수는 없을 것이다.

필자는 ING Barings에서 함께 근무했던 동료인 앤드류 리밍 (Andrew Leeming)이 아시아 금융 부문에 대한 리서치 보고서를 작성하면서 생각해낸 "변화가 발생한다(Shift Happens)"라는 재치 있는 제목을 아직 기억하고 있다. 이 보고서가 작성된 시점은 생산성과 관련하여 전 세계적으로 "패러다임의 변화(paradigm shift)"가 광범위하게 논의되고 있던 때였다. 하지만 유머나 위트 있는 제목을 작성할 때는 오해의 가능성을 감안하여 신중을 기해야 한다. 이와 마찬가지로 사진이나 삽화, 기타의 그림 자료 역시 신중하게 사용해야 하며 그 이유는 아래 사례에서 잘 설명되어 있다.

사례 ●●●●

취향의 기준

개요 : 2005년 1월 15일자 Financial Times지에는, Bank of America의 투자은행 부문 하이일드(high-yield) 리서치 부서장이었던 AS가 숙박업에 대한 리서치 보고서를 작성하면서, 숙박업이라는 점을 보여주기 위해 본인의 머리와 여성의 신체가 겹쳐진 그림을 이용했다는 이유로 파면되었다는 기사가 실렸다. 이와 관련하여 동료였던 JK도 함께 파면 조치됐다. Bank of America는 이에 대해 어떠한 견해도 밝히지 않았고 AS와 JK 역시 연락이 닿지 않아 당사자들의 의견도 들어볼 수 없었다.

결론 : Financial Times지는 상기의 파면 조치가 "부정적" 이미지를 없애기 위한 월가의 노력의 일환이라는 점을 시사하고자 했던 것으로 이해된다. 상기에 명시된 파면 사유가 실제 파면 사유인지 아니면 그 근간에 다른 문제가 있었는지 여부는 확실치 않다. AS는 본인의 리서치 보고서에 재미있는 표지를 실었던 것으로 유명했고, 일부 고객은 AS를 그리워한다고 밝히기도 했다. AS의 스타일은 고객에게 통했다. 그럼에도 불구하고, 상기의 사례는 취향이 뛰어나다거나 취향이 형편없다는 것 간에는 거의 차이가 없거나 적어도 회색 영역이 존재한다는 점을 잘 보여주는 경우라고 하겠다.

필자는 이 책에서 알렉스의 만화를 삽입한 것이 독자들이 수용할 수 있는 수준이라고 믿고 있다. 삽입된 만화는 심각할 수도 있는 주제에 약간은 가볍게 다가갈 수 있게 해주는 장치이다. 이들 만화를 이 책의 삽화로 이용할 수 있도록 허가해준 알렉스 만화의 공동필자인 피티(Peattie)와 테일러(Taylor)에게 감사의 뜻을 전한다.

증권사가 오전에 제공한 자료를 훑어보는 독자들에게 제목이란 화면을 스크롤하면서 보게 되는 최초의 내용이자 때로는 유일한 내용이 될 때도 있다. 필자는 "XYZ(등급 미평가 회사)가 이러저러한 조치를 실행함"과 같은 제목의 사례에서, 자료의 본문에는 XYZ가 애널리스트가 평가한 기업의 자회사이며, XYZ가 실행한 이러한 조치가 등급을 평가한 기업에 관한 자신의 의견에 직접적인 영향을 주었다는 내용이 포함되어 있는 경우를 보았다. 제목에는 본문에 기술된 이러한 내용이 반영되어 있어야 했다. 제목에 명시한 뉴스의 상세한 내용과 본인이 그러한 결론에 도달하게 된 이유는 본문에 보다 상세히 기술하면 될 것이다.

참조: 등급 미평가 기업에 대해 논평한 내용은 고객들이 투자의사 결정을 내리기에 충분한 정보를 포함하지 못하는 것으로 간주될지라도 세일즈 담당자들과 독자들에게 관심을 끌 수 있다. 투자의사 결정을 내리기에 충분한 정보를 제공하는 경우 당해 논평 내용은 "리서치" 자료로 간주된다(제1장과 제4장 참조).

하지만 애널리스트들은 가능한 한 등급 미평가 기업과 본인이 담당하는 등급평가 기업(경쟁사, 모회사 등) 간의 연결고리를 도출하도록 노력해야 한다. 그렇지 못하다면 최소한 관련 업종과의 일반적인 연결고리라도 도출해야 한다. 애널리스트들은 이들 기업을 지나가는 말로 언급하는 경우는 제외하고 본인이 기술하는 기업의 상장 여부 및 본인의 담당 여부를 명시해야 한다.

글머리 기호를 이용한 내용의 강조, 요점 및 개요

일부 독자들은 글머리 기호를 이용하여 강조한 내용과 개요에 기술된 내용만 읽거나 또는 자신의 동료 직원이나 주식 선정위원회에 이러한 내용만을 전달하거나 보고할 수도 있다. 그러므로 애널리스트가 리서치 보고서를 작성하는 사유를 앞부분에 분명하게 밝혀야 한다. 즉, 해당 리서치 보고서의 발표 사유가 된 상황들은 무엇이며, 애널리스트 본인은 이러한 뉴스가 본인이 담당하는 기업의 추정실적이나 가치평가에 어떤 영향을 미칠 것이라고 생각하는지 등의 내용을 보고서의 앞부분에 기술해야 하는 것이다.

증권을 담당하는 애널리스트는 기본적으로 가치평가 업무를 수행하기 때문에 본인이 작성하는 보고서 중 본인이 어떤 가치평가 방식을 통해 목표가격을 도출했는지, 또한 이러한 목표가격을 적정한 수준으로 생각하는 이유는 무엇인지 및 특정 기간 내에 해당 목표가격을 달성할 수 있다고 생각하는 이유는 무엇인지 등을 글머리와 요약 부분에 포함시켜야 한다.

투자의견, 특히 목표가격을 수정하는 경우, 애널리스트는 본인이 기술했던 수정 전 의견 내용과 가치평가 중 변경된 부분(예: 할인율 관련 가정 사항, 추정 자료, 승수, 가치평가 실시 연도 등), 새로운 가치평가/승수 등이 이전 자료보다 더 적정하고 달성 가능하다고 보는 이유 등을 밝혀야 한다. 또한 이러한 변경사항의 타당성을 보다 강화해주는 근거 정보로써 과거 주가 또는 비교 대상 기업에 대한 비교분석 내용도 포함시킬 수 있다.

애널리스트는 본인이 작성한 투자 타당성 자료와 본인이 고려 중인 주요 리스크 요인을 한 줄 또는 두 줄 정도로 요약해서 기술해야 한다. 단, 이와 관련된 상세한 내용은 본문에서 설명하면 된다. 제시된 목표가격의 상승 잠재력이 클수록 관련 리스크에 관한 내용을 숙지하는 고객들 역시 늘어날 것이다.

공표와 배포

모든 고객을 대상으로 리서치 보고서를 동시에 제공함으로써 고객을 동등하게 다룬다는 원칙에 대해서는 제1장에서 심도 있게 살펴본 바 있다. 단, 특정 고객군 또는 특정 고객 범주에 포함되는 고객만을 대상으로 배포하는 경우에도 이러한 정책은 모든 고객에게 공시되어야 한다.

투자종목에 대한 다수의 변경의견 등을 담은 새로운 리서치 보고서를 기발표된 리서치 보고서와 부문별 또는 시장별로 취합하여 공표하는 행위는 원칙적으로는 모든 고객에게 새로운 리서치 보고서를 동시에 제공해야 한다는 규제 요건을 충족하는 행위로 간주할 수 있다. 하지만 이를 최선의 마케팅 및 배포 방식으로 볼 수는 없다. 다수 투자자들이 개별적인 변경사항을 인지하지 못할 수도 있기 때문이다. 리서치 보고서를 모니터링하는 독자에는 외부의 고객뿐만 아니라 내부의 데이터베이스 관리지도 포함된다.

그러므로 취합된 전체 보고서를 하나의 보고서 항목으로 발표하는 데 있어서 신중을 기해야 하는 것은 물론이고 기업별 투자의견의 변경사항을 보여줄 수 있도록 신중을 기하여 각 기업별로 개별 보고서를 구분해야 한다. 특히 전자적인 형태로 작성되어 내려받기에 시간이 소요되는 대규모의 취합 보고서인 경우에는 더욱 그러하다.

본문 작성

필자는 본 저서에서 조지 오웰의 저술 기본 원칙을 모두 위반했을 수 있다. 조지 오웰의 저술 원칙은 처음 집필된 지 50년도 넘었는데도 여전히 영문으로 출판물을 작성하는 모든 필자가 준수해야 할 우수한 저술 사례를 제시해주고 있다. 필자는 동 원칙이 소설가가 아닌 증권에 대한 리서치 보고서를 작성하는 애널리스트에게도 적용되는 원칙이라고 생각한다.

사례 ●●●●

저술 원칙

먼저 조지 오웰의 저술 원칙을 살펴보자.

- 본인이 각종 출판물을 통해 익숙해진 은유, 직유 등의 비유적 표현을 사용하지 않는다.
- 짧게 표현할 수 있는 내용을 길게 표현하지 않는다.
- 단어를 생략할 수 있는 경우에는 항상 생략한다.
- 능동태를 사용할 수 있는 경우에는 절대 수동태를 사용하지 않는다.
- 일상적인 영어로 표현할 수 있는 경우에는 외국어에서 사용되는 어구, 과학용어, 전문용어 등을 사용하지 않는다.
- 조악한 표현을 사용하기보다는 차라리 상기 규칙들을 따르지 않는다.

또한 작가 겸 New York Times지의 정치 칼럼니스트인 윌리엄 새파이어(William Safire)의 저술 원칙은 아래와 같다.

- 부정사는 절대 분리하지 않는다.
- 수동태는 절대 사용해서는 안 된다.

- 부정적인 표현을 사용하지 않는다.
- 주어에 부합하는 동사를 이용해야 한다.
- 빠진 단어가 없는지 신중하게 검토한다.
- 접속사로 문장을 시작하지 않는다.
- 느낌표를 과도하게 사용하지 않는다!!
- 어색하거나 억지로 꾸민 두운 문자를 사용하지 않는다.
- 직접적으로 기술하고 혼돈되는 은유법 사용은 피한다.
- 전염병을 피하듯이 상투적 표현의 사용을 피하며, 타당한 대체적인 표현을 사용한다. 이는 마지막 원칙이나 상기의 원칙들과 마찬가지로 중요한 원칙이다.

올바른 단어를 사용하기

애널리스트가 선택한 단어는 자료를 읽는 독자들에게 애널리스트의 사고방식에 대한 인상을 심어주게 된다. 주식 분석과 신용평가 업무는 과학인 동시에 예술이라는 이야기가 맞을 수도 있다. 하지만 고객들은 적어도 과학적이고 계량적인 방법론을 이용하여 본인의 결론을 도출한 애널리스트의 말에 보다 쉽게 귀를 기울일 것이다.

고인이 된 니코 콜체스터(Nico Colchester)는 "바삭바삭함(crunchiness)"과 "축축함(sogginess)"의 두 가지 관점에서 세상을 바라보았다. 1988년 The Economist지에 기고한 유명한 사설에서 니코 콜체스터는 바삭바삭함이란 "작은 규모의 변화가 큰 영향을 미침으로써 이들 변화에 영향을 받은 당사자들이 잘되거나 못되거나, 부자가 되거나 파산하거나, 이기거나 지거나, 또는 죽거나 살게 되는 시스템"이라고 설명했고, 축축함이란 "안락한 불확실성"이라고 정의했다. 그리고 "바삭바삭한 정책이 반드시 옳은 정책은 아니지만, 축축한 정책보다는 바람직한 실적을 도출해낼 확률이 더 크다"라고 결론을 도출했다. 스스로 옳다고 생각하는 방식으로 국가와 회사를 운영하고 스스로의 인생을 살아야 한다. 그의 주장에 따르면, 어떠한 방식을 선택했건 모든 것을 바삭바삭하게 유지해야 한다.

이와 같은 콜체스터의 조언에 따라 필자는 아래에서 애널리스트가 선택하는 단어를 구분해보았다. 즉, "바삭바삭함"이란 "계량적이고 결정적인 것"을 의미하며 "축축함"이란 "불확실하고 형태가 없는 것"을 의미한다.

"will"이라는 단어를 살펴보자. 특정한 내용을 약속하는 의미의 표현을 사용하는 것은 적어도 미국의 증권감독 체계하에서는 규정에 위배될 수 있다. 그러므로 "무엇인가가 발생할 것"이라는 의미로 "will"이라는 단어를 사용하는 애널리스트는 본인이 작성하는 논평 내용이 1) 대상 회사에 대한 것인지 아니면 제3자에 대한 것인지의 여부, 2) 증빙자료에 근거하여 "바삭바삭"한 단어를 사용하여 본인의 관점인지 아니면 분석인지 여부 또는 3) 필연적인지, 습관적이고 반복적인지, 자연적인 결과 또는 확률 등을 나타내는지의 여부 등을 명확히 하여야 한다.

미래 시점의 논평자료에 사용하는 단어("will"의 사용)

제3자의 입장인 경우 : 예를 들어 "경영진이 확인하고 있다/생각하고 있다/이야기하고 있다/시사하고 있다/계획했다/합의했다/결정했다/예정했다", 또는 회사/언론 보도/합의에 따라 도출된 추정자료(데이터 제공 당사자 명기)/업계 내부 출처 등에 따르면" 등의 표현.

바삭바삭한 단어를 이용하여 애널리스트 본인의 관점이나 분석을 제시하는 경우 : "(본인은)…라고 생각한다/분석한다/계산한다/측정한다/조치한다/평가한다/결론을 내릴 수 있다/추론한다/기대한다/예상한다/전망한다/예측한다/추정한다/간주한다/가치를 평가한다/평가한다/확인한다/등급을 매긴다/권고한다/고려한다/확신한다", 또는 "(본인의) 견해/의견은, (본인의) 분석/계산/조사에 따르면" 등.

필연성, 습관성, 자연적인 결과 또는 확률 등을 나타내는 경우 : 예를 들어 "당연히, 필연적으로, 법률 등에 따라, 규정에 따라서, 합의/계약 조건에 따라, 법원명령에 따라, 확실히, 의심할 바 없이, 겉보기에는, 논란의 여지가 있지만, 어쩔 수 없이, 불가피하게, 실질적으로, 자연적으로, 확실히, 일반적으로, 아마도, 어쩌면, 가능성 있는" 등. 또한 애널리스트는 전달하고자 하는 의미에 따라 적절한 조동사들, 즉 "would, could, should, might, may, can, must, needs to, has to, tends to" 등의 표현도 사용할 수 있다.

참조 : 애널리스트는 본인이 발표하는 리서치 보고서에 공급업체, 고객사, 경쟁업체 등과 같은 업계 내 정보의 출처를 반드시 밝혀야 하는 것은 아니다. 하지만 본인의 의견이나 주장을 입증하라는 감독당국이나 법원의 요청을 받을 수 있다는 점을 명심하고 있어야 한다. 분석 대상인 기업의 내부에서 제공된 정보라면 해당 기업을 공식적인 정보 출처인 것으로 보아야 한다. 그렇지 않은 경우 해당 애널리스트는 내부자정보를 이용하여 매매거래를 체결했다는 혐의를 받게 될 위험을 감수해야 한다.

이와 마찬가지로 "주장된 바에 따르면", "분명히", "명백히" 등과 같은 한정적인 표현도 사용할 수 있지만, 이 경우 애널리스트는 추후 요청받을 시 이에 관한 증빙자료를 제출할 수 있어야 한다.

M&A 가능성 등과 같이 민감한 주제를 다루고 있는 경우에는 "우리가 볼 때" 또는 "우리가 생각할 때" 등과 같은 한정적인 표현을 사용하는 것만으로는 충분하지 못하다. 애널리스트는 부적절한 외관을 띠는 것을 방지하기 위하여 이러한 견해의 근거가 되는 정보를 설명해야 한다. 미 NYSE는 이와 관련하여 '우리는 믿고 있다' 또는 '우리가 알고 있는 최대한의 범위 내에서' 등의 한정적인 표현을 이용한다 하더라도 이러한 주장을 입증해야 할 애널리스트가 소속된 회사의 책임이 면제되는 것은 아니다"라고 구체적으로 규정하고 있다(제1장, 특히 제

프리 푸터맨(Jeffrey Putterman)의 사례를 참조하라).

애널리스트는 본인이 제시한 특정한 결론 등이 확정적이지 않다는 것을 명확하게 알릴 수 있는 방법으로 책임의 한계 및 법적 고지(disclaimer)사항을 명시할 수 있다. 그 예는 다음과 같다.

- 과거 실적이 미래 실적을 보장해주는 것은 아닙니다.
- 주가는 상승은 물론 하락할 수도 있습니다.

제1장에서도 살펴보았듯이, 애널리스트는 정보 출처를 밝힘으로써 해당 정보가 허위 정보로 판명되는 경우에 가격 조작을 위한 루머를 유포하는 혐의, 해당 정보가 사실로 판명되는 경우에 내부 정보를 이용한 매매거래 혐의, 기술 내용의 정확성에 대한 의문이 제기되는 경우에 중상모략이나 명예훼손 혐의 등으로부터 스스로를 보호할 수 있다. 더 나아가서 애널리스트는 독자들이 투자결정을 내리는 경우 리스크를 감안하도록 도와줄 수도 있다.

"상대적" 또는 "비교적"이라는 표현 : 이들 표현은 주가 수준을 언급할 때 특히 유용한 표현이다(특정 주식의 주가는 다른 주식의 주가나 해당 주식의 과거 주가와 비교하는 경우에만 낮다거나 높다고 할 수 있다. 하지만 절댓값만 보면 주가는 반토막이 날 수도, 두 배로 뛸 수도 있다).

또한 이들 표현은 경영진에 대한 비판 의견을 개진할 때 어느 정도의 방어수단이 되기도 한다. 제1장에서 언급했듯이 건설적인 방식으로 경영진을 비판할 수 있는 방법은 있게 마련이다. 하지만 최후의 수단으로는 경영진이 전반적으로 무능하다고 이야기하는 대신에 경영진이 일부 측면에서 상대적으로 취약하다고 정당화하는 것이 보다 쉬울 것이다.

변동 규모의 측정 및 변동 방향/수준

매출, 수익, 가치평가 등의 실적 또는 추정 가액 등의 절대적 변동 또는 상대적 변동 등의 방향과 수준은 애널리스트들이 작성하는 자료에 공통적으로 기술되는 주제이다.

단위 및 기준값 확인 : 애널리스트는 측정 대상과 기준값을 명확하게 규정해야 한다. 그리고 이 기준값과 비교하여 변동률을 측정하게 된다. 예를 들어 "회사 실적이 20% 개선됐다"라는 표현은 아무 의미가 없다. 애널리스트는 아래 내용을 명확하게 정의해야 한다.

● 실적 연관항목(예: 매출, 세전 수익, 순수익 금액 또는 순이익율)
● 대상기간(예: 12월 또는 12월을 종료 월로 하는 분기, 반기, 연도 등)
● 실적 비교기간(예: 전월 대비, 전년도 대비 등)

순수익 변동률과 주당 변동률이 상관관계가 없는 경우, 애널리스트는 해당 연도 동안 주식 수에 어떤 변화가 발생했는지를 명확하게 파악하여 그 차이의 발생 사유를 밝혀야 한다.

비율 단위를 이용한 변동 규모 표시 : 필자는 애널리스트가 변동 규모나 변동 방향을 절댓값이 아닌 분수나 비율로 표시하는 것이 바람직하다고 본다. 비교 대상의 단위가 무엇이건 간에 독자나 청중의 입장에서 보면, 16,781,250과 13,425,000이라는 절댓값을 비교하기 보다는 "1/4" 또는 "25%"로 표현하는 것이 좀 더 의미가 있을 뿐 아니라 기억하기도 쉽게 마련이다. 그 대신 이러한 절댓값은 표로 정리하면 될 것이다.

애널리스트는 변동 비율(percentage movement)과 퍼센트 포인트(%P)의 변동(percentage-point movement) 간의 차이 역시 구분할 수 있도록 유의해야 한다. 예를 들어서 2%에서 3%로 변화한 것은 50%의 변동 비율로 변경된 것이거나 1%만큼 변동한 것이다. 또한 변동 내용을 표시하는 전치사에 의한 의미 차이에도 유의해야 한다. "1% 감소"한 것과 "1%로 감소"한 것은 서로 다른 의미이다.

증감률(예를 들어 순이익의 증감률이라고 가정하자)을 기술하는 애널리스트는 해당 변동 수치가 전기 대비 수익의 상승/하락분을 의미하는지 아니면 해당 애널리스트가 이전에 제시한 예상수익을 수정한 당기 예상수익을 의미하는지 여부를 명시해야 한다.

가치와 규모 : 매출액을 측정하는 경우라면 애널리스트는 주어진 수치가 매출액인지 아니면 매출량인지를 명시해야 할 것이다. 매출액을 기술하는 경우라면 통화단위가 표시되어야 한다. 자료를 이용하는 독자가 미국인이라면 자료에 표시된 $ 가액을 미 달러화로 가정하겠지만 아시아-태평양 지역의 독자라면 이를 홍콩달러, 싱가포르달러, 호주달러, 뉴질랜드달러, 타이완달러 등으로 이해할 수도 있기 때문이다.

ADR이나 GDR의 호가를 미 달러화로 표시하고 수익은 각 나라의 현지 통화로 표시하는 경우에도 혼란이 발생할 수 있다. 이와 마찬가지로 싱가포르에 상장된 기업 중 국영기업이 아닌 경우에는 미 달러화로 호가가 제시되며, 중국 "H" 주식의 경우에는 가격이 홍콩달러화로 표시되지만 그 수익은 통상 중국 위안화(RMB) 기준으로 표시된다.

비율과 수익률 : 비율과 수익률에 대해 기술하는 애널리스트는 금리, 환율, 배당률, 승객 1인당 수익률 등 그 대상 항목이 무엇인지를 명시해야 한다. 필자는 채권이 상승 또는 하락할 것이라고 기술하면서 그 대상이 채권 가격인지 아니면 수익률인지를 명확하게 기술하지 않은 애널리스트를 자주 본다.

할증과 할인 : 상기와 마찬가지로 스프레드 또는 증권의 할증이나 할인에 대해 기술하는 애널리스트는 어떤 값에 대한 차액을 의미하는지 명확하게 정의해야 한다. "주식이 30% 할인됐다"라는 표현 자체는 무의미하다. 할증이나 할인은 증권의 현재 가격이나 평가 가격의 차이를 의미할 수도 있고 아래 항목의 차이를 의미할 수도 있다.

- 해당 증권에 대해 적용할 수 있는 다른 가치평가(예: 순자산가치, 할인 현금 흐름 등)
- 동일 기업의 다른 상품 또는 다른 등급의 주식(A 주식, H 주식, GDR 등)
- 업종 또는 시장의 기준값 또는 비교 가능한 기업 등

● 주식 자체의 과거 가격 또는 과거 가치평가

애널리스트는 다른 경우와 마찬가지로 가치평가 시에는 근거 자료로 사용된 추정자료의 출처(사용된 비교 가능 자료 포함)를 명시해야 한다.

단어 선택 : 아래 사례에서 제시된 것과 같이 반복을 피하기 위해 여러 가지 변화를 묘사하는 다양한 표현을 사용하는 것 역시 유용할 것이다.

사례

변동 및 실적을 표현하는 단어

움직임(타동사/자동사) : 변화시키다(change), 개정하다(revise), 수정하다(amend), 변경하다(tweak), 올리다(raise), 증가시키다(increase), 상향시키다(upgrade), 들어올리다(lift), 올리다(climb/rise), 확장시키다(inflate), 개선하다(improve), 확장하다(expand), 확대하다(enlarge), 추가하다(add), 수익을 내다(gain), 부풀리다(balloon), 상승하다(surge), 줄어들다(blow out), 단계적으로 상승하다(escalate), 가속화하다(accelerate), 증가하다(advance), 절상하다(appreciate), 강화하다(strengthen), 서서히 오르다(creep up), 속도를 올리다(speed up), 경쟁하다(race), 급등하다(spiral), 추세를 띠다(trend), 떨어뜨리다(lower), 감소하다(decrease), 줄이다/낮추다(reduce), 격하시키

다(downgrade), 약화시키다(erode), 희석시키다(dilute), 늦추다
(slow down), 희미해지다(recede), 둔화시키다(decelerate), 떨
어지다(deteriorate), 절하되다(depreciate), 약해지다(weaken),
끌어내리다(deflate), 감소하다(decline), 줄어들다(diminish), 할
인하다(discount), 수축되다(contract), 진정되다(subside), 빼다
(subtract), 폭락하다(collapse), 악화되다(slip), 떨어지다(slide),
움츠러들다(shrink), 빠지다(sink), 떨어지다(fall), 확정하다
(settle), 축소하다(pare), 삭감하다(trim), 낮추다(shave), 줄이다
(cut), 제거하다(prune).

정도(Degree) : 매우(very), 대단히(greatly), 상당히(considerably),
극도로(extremely), 지나치게(excessively), 점점더(increasingly),
현저히(significantly), 주로(substantially), 의미있게(meaningfully),
두드러지게(noticeably), 실질적으로(materially), 미미하게
(marginally), 적당히(moderately), 약간(slightly), 가볍게(lightly), 부
분적으로(partially), 꽤(fairly), 타당하게(reasonably), 상대적으
로(relatively), 비교적(comparably), 다소(rather), 은근히(quite),
거의(approximately), 대략(roughly), 특히(especially), 증가하여
(incrementally), 즉시(immediately), 빨리(quickly), 느리게(slowly),
서서히(gradually), 감소하여(decreasingly), 빠른/느린 보조로(at a
fast/slow clip/pace/rate), 정도로(to an extent/degree).

상기에 명시된 단어들은 영어가 모국어가 아닌 애널리스트들에
게 좀 더 유용하게 사용될 수 있을 것으로 생각한다.

사용을 피하거나 사용에 신중을 기해야 할 단어

"느낀다(feel)", "믿는다(believe)", "승부를 건다(bet)", "도박한다 (gamble)", "추측한다(guess)", "제안한다(suppose)", "짐작한다 (speculate)", "추정한다(conjecture)", "의심한다(suspect)" 등과 같은 축축한(soggy) 단어는 모두 좋은 영어 단어들로써 적절하게 사용 되면 좋은 효과를 낼 수 있다. 하지만 이러한 표현은 애널리스트 가 견실한 사실 정보 및 분석 결과가 아닌 자신의 직감 또는 더 나 아가서는 내부정보를 이용하여 본인의 견해를 작성했다는 인상을 줄 수 있다.

"확실(certainty)", "실제로(actually)", "사실상(in fact)", "분명 (obviously)" 등의 표현을 사용할 때는 신중을 기해야 한다. 이러한 단어의 사용은 멋있어 보이지만 리서치의 영역에서는 그 어느 것 도 확실한 것이 없다. 벤자민 프랭클린은 죽음과 세금을 제외한 모든 것은 불확실하다고 이야기한 바 있다.

때로는 "우려(concerns)", "의심(doubts)", "걱정(worries)", "예상 (expectations)" 또는 "기대(anticipation)" 등의 표현이 자주 이용되는 "루머(rumor)"라는 표현보다 시장 심리를 더욱 정확하게 대변해줄 수 있다. 제1장에서 살펴봤듯이 감독당국에게는 '루머'라는 단어 자체가 문제가 될 수 있다. 확인되지 않은 보고서를 인용하는 애 널리스트는 반드시 그 자료의 출처를 명시해야 하고 관련 당사자 들에게 자신의 입장을 소명할 기회를 주어야 한다.

조지 오웰이 그의 저술 원칙에서 밝혔듯이 글쓰는 사람은 예를 들어 "추정/예상됩니다" 등 수동태의 사용을 피해야 한다. 각종 관 련 규정에서 요구하는 바에 따라, 애널리스트는 본인이 사용하는 추정치의 출처를 밝혀야 할 뿐만 아니라 독자들 역시 이러한 출처를 알고 싶어한다. 독자들이 특정 애널리스트의 리서치 보고서를 읽는 것은 기본적으로 이 애널리스트의 의견에 관심이 있다는 것을 의미한다. 또한 특정 애널리스트 개인이 기술한 의견을 읽기 위해 시간을 내는 고객이라면 합의에 의해 도출된 의견보다는 개인의 의견을 훨씬 가치있게 생각할 것이다. 수동태의 표현을 사용하는 경우, 해당 주장이 누구의 관점인지가 명확하지 않기 때문에 애널리스트는 고객에게 본인의 주장을 제시할 기회를 놓칠 수 있다.

유행어 빙고(Bullshit Bingo) : 사려 깊은 단어의 사용에 대한 논의를 마무리하려면 유행어 빙고(bullshit bingo)게임을 언급하지 않을 수 없다. 유행어 빙고란 회의 도중 지루해진 참가자들이 발표자가 업무/실무상 전문용어나 관용적인 표현을 몇 번이나 사용하는지 그 횟수를 세면서 하는 게임이다. 이 게임을 누가 처음 시작했는지는 알 수 없지만 유행어 빙고는 "Buzzword Bingo(전문적 유행어 빙고)"라는 게임의 연장선상에 있는 게임이다. 어쨌건 이 게임의 이름을 처음 지어낸 사람에게 경의를 표하는 바이다. 또한 아래에 명시된 이들 게임에 사용되는 단어 목록을 처음 만든 당사자의 노력에도 경의를 표한다.

유행어 빙고(사용 단어와 문구)

사례들 : 근본적 변화(paradigm shift), 전략 적합성(strategic fit), 기술 기반(technology platform), 사고방식(mind-set), 상품 인지도(mindshare), 직접대면 시간(face time), 고객 접점(client interface), 통합사업계획(integrated business plans), 해결책(solutions), 기존 시스템(legacy systems), 임원 권한이양(executive-empowerment), 다양한 능력(skills-set), 다중작업(multi-tasking), 다중사용자 기능성(multi-user functionality), 과업지향적(task-oriented), 타고난(hard-wired), 목표지향적(goal/objective-oriented), 성과지향적(results-driven), 고객중심(client-focused), 전향적인(proactive), 업계 최고(best in class), 핵심 역량(core competencies), 거저먹기(low-hanging fruit), 기발한 사고(blue-sky thinking), 틀에 박힌 사고 탈피(think outside the box), 사업권 활용(leverage the franchise), 시너지 활용(leverage synergies), 관심 끌기(gain traction), 점진적 향상(add granularity), 심층분석(drill down), 중요 결과물 실행(execute on key deliverables), 속도내기(get up to speed), 본격 개시(hit the ground running), 공평한 경쟁(level the playing field), 조건변경(shift the goal posts), 누군가에 귀띔하기(give someone a heads-up), 별도 논의(take off-line), 공간 확보(own the space), 책임 부여(take ownership of), 의견 수용(get someone's buy-in), 관심보이기(reach out to someone), 정보 회람(cascade information), 공

동작업(team with someone), 단체작업 잘하는 사람(team player), 동료 위해 희생하기(take one for the team), 책임 떠맡기(step up to the plate), 유용한 것 제공하기(bring to the party), 위험을 감수하기(take risk off the table), 방어태세 갖추기(circle the wagons), 기대치 높이기(raise the bar), 연락하기(touch base), 책임 떠넘기기(pass the baton/ball), 하는 일에 집중하기(keep your eye on the ball), 대략적인 수치(ballpark figure), 전략(game plan), 지식기반/경영/노동자(knowledge base/management/worker), 작업반경(bandwidth), 예비수단(workaround), 역분석(reverse engineering), 중요 정보(key takeaways), 선행하기(ahead of the game/pack), 같은 이해(on the same page), 끌려다니기(behind the curve), 소외감(out of the loop), 실력의 시험대(where the rubber meets the road), 실제현장에서(at the coal face), 전면에 서기(in the trenches), 항상(24/7) 등.

커뮤니케이션 내용의 명확성

개요 : Plain English Campaign은 매년 황금황소상(Golden Bull Awards)을 시상한다. 또 그 웹사이트(www.plainenglish.co.uk)에서는 재미있는 읽을거리들을 찾아볼 수 있다. Plain English Campaign이 필자가 저술 한 내용 중 시상할 만한 내용을 찾아내지 않기를 바랄 뿐이다.

세부사항 : 2007년 회사 홈페이지에 특정 티켓가격의 정보가 왜 포함되어 있지 않은지에 대해 질문한 고객에게 "앞으로 저희 Virgin Trains는 질문하신 과정에 대한 책임을 지고 가격 구조를 적용함으로써 여행 관련 검색 내용에 대해 새로운 범주를 기준으로 한 매트릭스 형태로 보실 수 있도록 하겠습니다"라고 답변한 Virgin Trains가 수상자로 선정됐다

또한 자사의 문제점에 대해서 "그린 소스(Green Sauces)는 Buitoni Pesto Basilico의 중요한 제품군입니다. 생산 과정에서 바질을 이용하여 소스의 품질과 풍미를 개선했습니다. 하지만 원자재 품질이 균등하지 않아 Buitoni는 제품의 감각 특성을 재현하는 데 어려움에 직면했고, 그 결과 균등 품질의 제품 생산에 어려움이 있습니다"라고 답변한 Nestle 또한 수상자로 선정됐다. 하지만 Institutional Investors' Best European Investor Relations가 2008년 Nestle를 식품기업 부문에서 1위로 선정했다는 점을 감안할 때, 동 사는 무언가 우수한 실적

을 냈었다는 점을 기억하자.

조나단 거스리(Jonathan Guthrie)가 2007년 12월 13일자 FT지에 기고한 글은 잘못된 투자결정으로 미화 100억 달러의 감가상각이 이루어진 사실을 은행이 주주들에게 긍정적인 방법으로 설명하고자 하는 사례를 보여주고 있다. 헤드라인은 다음과 같다. "UBS는 기초 자본을 강화했고 가치평가를 조정했다." 은행은 "서브프라임 모기지 풀을 위한 장기간 채무불이행을 평가하기 위해 사용했던 모델의 주요한 투입요인을 수정했다"고 설명했다. 거스리는 동 내용을 평범한 단어로 표현했는데, "이것은 마치 플로리다 Redneck에 있는 빌리레이(Billy-Ray)가 그의 돌격용 자동 소총을 팔고 태극권 수업을 받지 않는 것과 같이, 그는 본인의 집에 대한 대출금을 갚지 않을 가능성이 크다"고 논평했다.

서브프라임과 관련된 감가상각에서 수십억 달러를 설명하려는 동일한 주제에서, 헨리 센더(Henry Sender)는 2007년 12월 22-23일자 FT지 주말판에 Morgan Stanley사가 최고위험관리 책임자인 톰 다울라(Tom Daula)의 책임론에 대해 검토했다고 보고했다. 최고경영진은 당시 당사자가 은행이 서브프라임 관련 매매에 노출되어 발생한 위험성에 대해 경고를 너무 늦게 하였거나 "지나치게 전문적이거나 애매한 언어를 사용했다"고 비판했다. 2월 22일, 데이비드 위그턴(David Wighton)은 FT지에 기고한 글에서, "다울라는 사임할 것이지만, 그의 지지자들은 그의 반복된 경고가 무시되었다고 주장했다"고 썼다.

결론 : 위에서 언급한 두 개의 FT지 기사와 관련하여, 필자는

경영진은 직원들이 이사회에 보고할 때 애매한 언어를 사용한 것을 문제 삼으면서, 주주들에게 애매한 언어를 사용하는 것에 대해서는 왜 문제를 삼지 않았는지 의문이 든다.

우리의 관점에서, 만약 기업의 대표자들이 무엇을 말하려는 지를 애널리스트가 즉시 이해할 수 없다면, 그때는 회사의 진의에 대해 의심을 가져야 한다. 애널리스트가 고객에게 리서치 보고서를 작성할 때 그들 자신이 명확한 의사소통을 하고 있다는 확신이 있어야 한다. 그리고 필자는 지난 제2장에서 논의한 기업지배구조에 대해 언급을 하고자 한다. 그렇지 않다면 애널리스트 자신이 다음 번 황금황소상의 시상자로 선정되거나 혹은 최악의 경우 고객들로부터 일감을 잃게 될 것이다.

추가사항 : 필자는 애널리스트 또는 언론이 "서브프라임(sub-prime)" 대신 "프라임에 가까운(near-prime)", "정크 수준(junk)" 대신에 "고수익(high-yield)", 또는 "채무불이행(default)" 대신에 "정지 상태(standstill)" 같은 완곡한 말을 사용할 때마다 언제나 피식하고 웃는다.

위의 유행어 빙고게임과 같은 맥락의 주제에 대한 만화가 아래에 있다. 이 만화 또한 알기 쉬운 영어의 사용과 관련이 있다. 필자는 내 친구들과 예전 동료들이 이것을 읽고 즐거워하길 바란다.

명료함, 일관성, 유사성 그리고 연속성

애널리스트는 전문적인 독자들의 경우 업계의 관용어, 약어 그리고 두문자(acronyms)를 이해할 수 있으나, 만약 그들의 글이 너무 분명하지도 않고 따로 설명할 필요가 있다면, 애널리스트는 독자층을 전략가와 일반인을 포함하여 넓은 독자층으로 확장하기는 어렵다는 것을 이해해야 한다. 조지 오웰의 법칙은 또다시 진가를 발휘한다.

일관성을 유지하거나 혹은 비일관성을 해명하기

가끔씩 전략가나 트레이더들은 애널리스트의 공식적인 투자의견과 다른 의견을 제시할 수 있다. 이와 유사하게, 애널리스트가 제시하는 예측의 경제적 가정과 회사 내 이코노미스트의 경제적 가정이 서로 다른 경우가 있을 수 있다. 제1장에서 논의했듯이, 전략가들과 애널리스트는 혼란을 피하기 위해 이러한 비일관성을 가능한 한 명확하게 설명해야 한다.

보고서에서 애널리스트의 가치평가는 일관성을 위해 그리고 비교를 용이하게 하기 위해 같은 날짜를 기준으로 수행되어야 한다. 단, 취합보고서나 이미 발간된 리서치 보고서가 포함되는 경우, 당초 공표한 보고서 날짜가 분명히 제시되는 한 가치평가를 다시 수행할 필요는 없다. 만약 가치평가가 결정된 날짜나 리서치 보고서 공표일 이후에 자신의 투자의견에 중요한 변화가 있는 경우에는 애널리스트들은 예를 들어 별표로 된 각주를 작성하는 등의 방법으로 독자들에게 이러한 사항을 명확히 설명해야 한다.

편집부서와 스타일 안내

회사 정책에 따라 특정 리서치 부서에 소속된 애널리스트는 동일한 편집 스타일을 따라야 한다. 이는 리서치 보고서의 일관성을 제고하고, 기업 이미지를 부여하기 위함이다. 애널리스트가 이러한 회사의 스타일 기준을 따르건 아니건, 가장 중요한 것은 전달되는 메시지가 분명하고 오해의 소지가 없어야 한다는 것이다.

대다수의 대규모 리서치 부서는 애널리스트의 언어가 명확하도록 하고, 그리고 그 논거가 잘 구조화되었고 잘 제시되었는지 확실히 하기 위하여 대규모의 편집인원을 보유하고 있다. 편집팀은 투자의견과 견해가 각 보고서 안에서, 그리고 다른 보고서와 비교하여 일관성이 있도록 하고, 만약 일관성이 없는 경우 이를 자세히 설명할 뿐만 아니라 적절한 수의 리서치 보고서가 정해진 방법에 따라 시기적절하게 고객에게 배포되도록 하는 역할을 맡고 있다.

문법과 구두점의 중요성은 절대 과소평가되어서는 안 된다. 린 트러스(Lynne Truss)는 *Eats, Shoots & Leaves*(Profile Books, 2003)란 제목으로 자칭 "무관용(Zero-tolerance) 정책가이드"를 작성했는데 이 책에서 저자는 부주의한 구두점의 사용으로 전달하고자 하는 의미가 어떻게 달라지는지를 잘 설명했다. 그녀는 구두점 표시는 언어의 교통 표지판이라고 말한 한 작가의 말을 인용했다. 즉, 구두점들은 우리에게 "천천히 가고, 주의하고, 우회하고 그리고 멈춰라"라고 마치 교통표지판처럼 우리에게 말하고 있다는 것이다. 작가는 아래 사례를 통하여 구두점을 잘못 사용하는 경우 전달하고자 하는 말의 의미가 완전히 달라지는지를 보여준다.

여자는 그녀의 남자가 없으면 아무것도 아니다(A woman, without her man, is nothing).

여자, 즉 그녀가 없으면 남자는 아무것도 아니다(A woman: without her, man is nothing).

물론, 의미가 분명하게 전달되는 한 틀린 철자법의 사용이 그리 문제가 안 된다고 주장하는 사람들도 있다. 다음은 2003년 9월 인터넷에 유포된 글이다. 필자가 인터넷을 통해 구한 것이므로 원작자가 누구인지는 모르나 매우 흥미로운 문장이다.

"Aoccdrnig to a rscheearch at an Elingsh uinervtisy, it deosn't mttaer in saht order the ltteers in a wrod are, the olny iprmoetnt tihng is that frist and lsat ltteer is at the rghit pclae. The rset can be a toatl mses and you can sitll raed it wouthit porbelm. Tihs is bcuseae we do not raed ervey lteter by itslef but the wrod as a wlohe."

다른 언어로 번역하기

감독당국의 관점에서는 보고서가 공표되는 지역의 언어가 무엇인지는 중요하지 않다.

예를 들어, 다수의 고객이 실제로 사용하지 않는 언어로 보고서가 공표된다고 가정하자. 이것은 분명 규정의 문제가 아니라 단순히 상업적인 문제이다. 증권회사는 고객을 위해 번역본을 작성하거나 고객이 해당 언어를 익히거나 아니면 스스로 번역을 해야 한다.

주의할 것 중 한 가지는 만약 리서치 보고서가 미국과 같은 시장, 즉 리서치 보고서가 우선 리서치 준법감시인의 승인을 받아야 하는 곳에서 배포되는 경우, 승인된 자료는 우선적으로 공표가 이루어져야 하고 이의 번역본도 최소한 동시에 배포되어야 한다.

다음의 사례는 비록 증권업과 관련된 것은 아니지만, 오역의 위험성을 잘 보여주고 있다.

오역

개요 : 2005년 5월 12일자 Wall Street Journal지는 5월 11일자
에 발생한 세계 통화시장의 혼란에 대해 보도했는데, 당시 혼
란의 원인은 중국 화폐인 위안화의 잠재적 재평가에 대해 중
국신문사(China News Service)에서 기사를 잘못 번역했기 때문
이었다.

세부사항 : 원래의 문장은 향후 중국 환율이 어떻게 변동될
것인가에 대한 것이었지만, 인민일보 온라인(People's Daily
Online)은 이를 번역하면서 중국이 위안화를 한 달 안에
1.26%, 그리고 12개월 안에 6.03%로 평가절상하기로 이미 결
정했다고 오역하였다. 나중에 드러난 바에 따르면, 이 숫자는
단지 인용된 선도시장 시세였던 것으로 판명되었다.
　J.P. Morgan사의 아시아 통화전략가인 클라우디오 피론
(Claudio Piron)에 따르면, 당시 번역은 Bloomberg와 Reuters
를 통해 즉각적으로 전 세계에 배포되었으며 수 분 안에 약 미
화 20억 달러 상당의 외환거래가 체결되었다.
　인민일보는 실수를 인지하고 해당 기사를 철회했으며 사과
문을 발표했다.

결론 : 이 사례는 증권업계와 직접적인 관련은 없지만 우리가
다루는 문제와 관련하여 다음의 사례에서 살펴보는 바와 같이

최소한 세 가지의 논점을 제시하고 있다.

첫째, 번역이 정확해야 할 필요성
둘째, 정보 출처의 적절한 제시
셋째, 책임의 인정과 실수 정정

추가사항 : 2008년 12월 13일, SCMP지는 아주 재미있는 기사를 게재했다. Max Planck Institute Journal지의 편집자는 차기 간행물의 표지로 중국의 고풍스런 시조에 들어갈 중국 글자를 물색하고 있었다. 중국 글자의 의미를 이해하지 못했기에 최종적으로 그들이 선택한 중국 글자들의 의미는 "나이트클럽의 접대부와 같은 뜨거운 몸을 가진 비취처럼 예쁜 가정주부"라고 하는 광고기사였다. 그들이 얼마나 많은 회신을 받았는지 그리고 누구와 인터뷰를 하게 되었을지도 상상해보라.

독립적이면서 통합적인 보고서 작성하기

보고서와 다른 형태의 분석 자료는 가능한 한 독립적으로 작성되어야 한다. 다시 말해서, 독자는 해당 주제에 관한 사전지식이 없어도 보고서를 이해할 수 있어야 한다.

애널리스트의 업무는 증권회사 내 리서치 부서 전체의 일부에 불과하다. 독자의 입장에서 혼란이 야기될 가능성을 피하기 위해, 투자의견은 리서치 보고서 간에 일관성이 있어야 하며, 만약 일관성이 없는 경우 이에 대한 명확한 설명이 제시되어야 한다.

그룹 사내의 다른 계열회사와 관련성은 어느 정도인지 그리고 각 계열회사가 모회사의 수익이나 순자산가치에 미치는 기여도는 어떠한지에 대해 상세하게 설명하는 것은 언제나 독자에게 많은 도움이 된다. 만약 회사가 사명을 변경했다면, 애널리스트는 독자에게 과거의 회사명이 무엇이었는지 그리고 변경 후 회사명은 무엇인지를 표시해야 한다.

애널리스트는 본인이나 동료들이 작성한 동일기업이나 업종에 대한 리서치 보고서를 상호 참조해야 한다. 애널리스트들은 동료의 투자의견 그리고 소속 회사에 의해 추천된 증권이나 다른 형태의 금융투자상품이 무엇인지를 고객에게 알려서 독자들에게 금융투자상품의 선택권을 주어야 한다. 만약 당신이 고객이 원하는 것을 행하지 않는다면 다른 애널리스트가 이를 행동에 옮길 것이다.

정치와 종교에 대한 민감성

증권회사의 애널리스트라면 실질적으로 "언론의 자유"라는 개념은 달성하기 힘든 이상이라는 것을 알고 있을 것이다. 우리는 이미 애널리스트가 업계 모범기준에 의해 무엇을 할 수 있고 무엇을 하지 말아야 하는지를 상세하게 논의한 바 있다. 또한 사회정치적인 민감성, 지역 법규 및 관습에 대한 주의가 필요하다.

정치와 종교에 대한 민감성

개요(정치) : 2005년 9월 1일자 Shanghai Daily지에 따르면, 후단(Hudan)대학의 한 교수가 중국과 대만을 분리된 국가로 표시함으로써 중국의 반국가분열법을 위반했다고 주장하며, Deloitte-Touche Tohmatsu를 고소했다. Deloitte는 문제를 해결하기 위해 간체자 한자로 국가와 "지역"을 표시한 회사 홈페이지의 국가 명단을 변경했다.

중국에서는 기자와 시사문제 해설자가 스파이 활동이나 "국가 기밀"을 누설한 혐의를 받은 사례가 있다.

개요(종교) : 종교적 신념에 관한 민감성과 관련하여 2005년 9월 30일자 Jyllands-Posten이라는 덴마크 신문의 기사는 이슬람교 사회를 모욕한 것으로 보이는 방법으로 예언자 무함마드를 묘사한 만화 발간에 의한 세계적인 분노를 잘 보여주고 있다. 2년 후 Nerikes Allehanda라는 스웨덴 신문이 예언자의 머리가 개의 몸에 붙어 있는 것을 보여주는 만화를 발행했을 때, 이 문제가 다시금 세간의 관심을 끌게 되었다. 2008년 2월 중순, 원작의 만화가 중 한 명을 암살하려는 음모로 전국적인 신문에서 해당 만화가 재발간되었으며, 이로 인해 덴마크와 다른 지역들에서 폭동이 일어났다.

기독교 독자들 또한 언어의 사용에 있어서 교만하지 않도록, 필자는 2010년 1월부터 시행된 아일랜드의 신성모독법을 언급하고자 한다. 이 법에 따르면 신성모독자는 2만5천 유로의 벌금에 처해질 수 있다.

모욕을 주거나 신성을 모독하는 것으로 간주하는 어떤 것도 발간해서는 안 된다는 도덕적 책임이 언론에 더더욱 있어야 한다는 자들과 언론의 자유옹호자들 간에 논쟁이 있다.

결론 : 증권발행사는 여러 가지 제한과 행동강령이 부과되며, 선동적이거나 무가치한 의사소통에 대한 미국의 관련 규정에 의한 제한을 받게 된다. 아울러 그들의 잠재적인 투자자를 무례하게 대하는 경우 고객들이 떠나는 것과 같은 상업적인 결과도 고려해야 한다. 궁극적으로, 애널리스트는 감정적인 호소에 의존하지 말고 분석 대상 회사에 대해 공정하고, 분석적이고 그리고 지적으로 엄격한 평가를 실시해야 한다.

애널리스트는 그들이 사용하는 지도를 어디에서 구해왔는지를 기억하는 것도 중요하다. 예를 들어 중국과 인도의 국경 분쟁과 관련하여, 애널리스트가 자의적인 판단으로 국경선을 표시함으로써 관계당사자인 국가로부터 적대적인 반응을 유발해서는 안 될 것이다.

오류의 수정

애널리스트는 자신이 이미 알면서도 부정확하거나 오해를 유발할 수 있는 정보를 포함한 보고서를 발행해서는 안 된다. 이러한 정보에는 오래되어 이미 변경된 구식의 정보로부터 과장되거나 확실하지 않은 견해까지 포함된다. 극단적인 경우는, 우리가 제1장에서 별도로 다루었던 저작권과 표절을 포함하고 있다. 이해상충의 문제와 유가증권에서 그들의 견해를 포장한 애널리스트에 대한 제3장의 사례도 참조하라.

일상적 상황에서 실수를 포함하고 있는 보고서가 우연히 발행될 수도 있다. 증권 리서치 보고서를 발간하는 업계에서는 불가피하게 보고서의 품질과 보고서 작성시간 사이에 상호 상충관계가 있고 따라서 오류의 발생 정도가 다른 출판 영역보다도 더 높다. 필자는 오류가 얼마나 심각한지에 따라서 그리고 독자들의 관심과 필요성을 고려하여 다음의 다섯 가지 행동방침을 제시하고자 한다.

사례   ●●●●

교정 행동 방침

- 아무것도 하지 않기
- 단지 기록과 미래의 복원을 위해서 보고서를 전자문서로 다시 게재하기
- "수정(Revised)" 표기를 하고, 보고서를 전자문서로만 다시 게재하기
- 보고서를 전자문서로만 다시 게재하고, 사실에 근거한 오자나 오류가 무엇인지를 명시한 철회 메시지가 있는 인쇄

자료를 다시 배포하기
● 앞의 방법으로 보고서를 재배포하고 공개적인 사과를 하기

오류의 중요성

만약 오류가 중요하고 투자자가 매매거래를 실행하거나 실행하지 않을 의사결정에 영향을 준다면, 발행자가 오류 공시를 하지 않는 경우, 최소한 "수정사항(Revised)"이라고 표시하는 것이 필자가 이해하는 원칙이다. 이와 같은 예에는 잘못되거나/일관되지 않은 투자의견이나 목표가격, 가치평가 그리고 예측에 대한 중요한 수정이 포함될 수 있다.

예를 들어, 실제로 부정확한 정보를 발행한 것에 대해 대상회사가 불만을 제기하는 경우 등 제3자로부터 불평이 있는 경우, 발행자는 합리적인 판단을 통해 그 상황을 해결해야 한다.

제3자가 소송을 제기하리라는 합리적인 근거가 있는 경우 발행자는 관련 사항을 즉시 수정하고 독자들에게 이에 대한 주의를 환기시키는 등 모든 합리적인 조치를 취했다는 것을 보여주어야 한다. 그러므로 수정판에 오류를 표시하는 것과 더불어 철회를 공표하거나 오자에 대한 공고를 할 수 있다. 오자에 대한 공고를 통해 오류를 실제적으로 표시했다면, 일반적으로 충분한 조치를 한 것이다. 극단적인 경우, 특정 문화권에서는 공개적인 사과가 요구되며, 이런 상황의 경우 확실히 회사 법무부서의 조언이 필요한 경우가 있다.

오류를 발표하는 아래 사례를 살펴보자. 첫 번째 사례는 오래전

에 발표된 뉴스를 의도치 않게 사용한 것에 대한 것으로, 짧은 시간에 일어난 일이지만 금전적으로 엄청난 손실을 초래했다.

사례

오래된 뉴스 발행하기

개요 : 2008년 9월 8일, United Airlines의 주가가 미화 12달러에서 거의 3달러(전체적으로 미화 10억 달러에 해당함)로 폭락한 후 한 시간 만에 주가가 다시 11달러로 폭등했다. 무슨 일이 일어났는가?

세부사항 : New York Times지에서 보도했듯이, "United Airlines가 파산을 신청하다"라는 표제의 Chicago Tribune지 기사는 Sun-Sentinel 신문(역자주-플로리다 남부의 일간지)에 링크되어 "검색어 순위 1위"에 올랐고, 이는 자동적으로 구글에 게재되게 되었다. 한 금융정보회사의 누군가가 파산 이야기에 대해 구글을 검색하여 당해 기사를 찾게 되었고, 이에 따라 Bloomberg지에 사건의 개요를 게재하게 되었다. 이는 시장에서 UAL(역자주-티커심볼 UAL로 뉴욕증권거래소에 상장되어 있는 United Continental Holdings, Inc)의 주식을 폭락시키는 기폭제가 되었다. 문제는 Chicago Tribune지 기사의 출처가 6년 전인 2002년에 발표되었던 기사라는 사실이다.

결론: 증권 리서치 분야에서 일하는 사람들을 포함하여, 보고

서를 발간하는 팀은 시대에 뒤떨어진 뉴스와 견해를 발표하지 않도록 조심할 필요가 있다.

필자 또한 IT 공포증을 가진 사람으로서, 사람들이 지나치게 컴퓨터에 의존하고 있다고 생각한다. 작가 아서 클라크와 스탠리 큐브릭 감독은 이미 10여 년 전에 〈2001: A Space Odyssey〉란 영화에서 이와 관련한 문제를 다루었다. 이 영화는 디스커버리(Discovery) 우주선의 승무원에게 반항하는 나쁜 컴퓨터 HAL 9000에 관한 것이었다.

추가사항 : 2009년 9월, 사실일 것이라는 가정하에 Onion이라는 미국의 풍자 웹사이트에 있는 이야기를 옮김으로써 그들의 독자들에게 사과를 해야만 했던 방글라데시의 두 개 신문사의 사례를 살펴보자. Onion 사이트는 아폴로 11호의 달 착륙이 "교묘하게 날조"되었고, 인류에 대한 "하나의 위대한 거짓말"이라고 닐 암스트롱이 이야기했다고 보도했다. 이는 어떤 음모론자들이 달착륙이 가짜라고 믿는 것과는 별도로, 암스트롱이 이것을 확인했다고 하는 원래의 이야기를 단지 패러디한 것에 불과하다.

다음의 사례는 증권 리서치 보고서와 직접적으로 연관이 있고, 리서치 보고서를 공표할 때 애널리스트가 직면하는 민감성에 관한 것이다.

사례

철회

개요 : 2004년 1월, Citigroup Smith Barney의 한 애널리스트는 Sodexho사의 압력에 의해서 Sodexho사 대차대조표의 강점에 관한 리서치 보고서에 그가 제시했던 의견들을 철회했다. Asian Wall Street Journal지에 따르면, Sodexho사는 "Citigroup에 대해 소송을 제기하겠다고 은근히 협박했다."

논평 : LVMH사에 대한 편향된 리서치 보고서에 대해 프랑스 법원이 Morgan Stanley에게 벌금을 부과한 후 이틀 만에 리서치 보고서의 철회가 이루어졌다. 이에 대해 AWSJ지는 유럽의 애널리스트들도 소송을 두려워하여 회사에 대한 비판적인 판단을 회피하는 것이 아닌지 의구심을 제기했다. 2006년 7월 1일자 Financial Times지가 보도했듯이, 2006년 6월 30일에 프랑스 항소법원은 비록 Morgan Stanley가 해당 기업과의 관계를 적절히 공시하지 않았다는 점은 인정했지만 당사의 리서치 보고서가 편향되었다는 하급법원의 판결은 파기했다. 더 상세한 내용은 제3장의 사례연구를 참조하라.

결론 : 애널리스트는 그들의 견해를 발표할 때 항상 조심할 필요가 있다. 그들은 담당하는 회사에 대한 어떠한 비평도 입증할 필요가 있고, 사실에 근거한 실수나 이에 의해 야기된 곤란한 상황으로 공개적인 사과나 철회가 필요할 수도 있다는 점

을 명심해야 한다.

다음의 사례는 내부검토 절차뿐만 아니라 사과발표와 정치적 민감성을 포함하고 있기 때문에 매우 흥미롭다.

사례 ●●●●

철회

개요 : 2006년 5월 12일에 Ernst & Young은 다음과 같은 사과문을 언론에 게재했다. "본사의 부실채권 보고서는 대중에게 발간하기 전 회사 내부의 사전검토와 승인과정을 거치지 못했고 오류를 포함하고 있었기 때문에 본사는 당해 보고서를 철회했습니다. 본사는 해당 보고서가 오해의 소지가 있는 점에 대해서 매우 송구스럽게 생각합니다."

논평 : 5월 16일 South China Morning Post지의 Monitor 칼럼에서 제이크 반 데어 캠프(Jake van der Kamp)는 위의 사례에서 보고서의 작성자가 정치적 민감성의 희생양이 되었음을 암시했다. 발표된 사과문에는 "오류"와 "오해의 소지가 있는 견해"라는 표현을 썼으나, 당해 보고서에 제시된 미화 9,110억 달러는 중국의 은행들에 대한 부실채권 노출규모로서 "잠재적인 미래 금액"인 것으로 확인되었다.

같은 날 Financial Times지의 Lex 칼럼도 다음과 같은 질문

을 던졌다. "Ernst & Young사는 독립성에 대한 중요성을 망각한 것인가?" Financial Times지는 중국 은행의 상장 전 당해 보고서의 철회가 중국 관계당국을 기쁘게 할 것이지만 독립성이 훼손되었다는 의심은 궁극적으로 중국 자체에도 이롭지 못하다고 주장했다.

결론 : 부실채권 규모가 실제로 얼마였던 간에 시장에서 중요하게 여기는 것은 신뢰감이다. 극단적인 경우, 지나치거나 부당한 부정적 언론은 그렇지 않으면 구제되었을 기업을 파산으로 몰고 갈 수 있다(제1장과 제2장에서의 Bear Stearns, Lehman Brothers, HBOS 그리고 헤지펀드에 대한 의심과 그들의 공매도 관행을 참조하라). 또한 위축된 투자심리가 기업 주가에 미치는 영향과 상관없이, 회사의 수익과 고객 및 공급업자와의 관계에 어느 정도 악영향을 미칠 수 있다. 부정적인 보도 대상이 되는 회사가 이러한 상황하에서 방어적으로 되는 것은 당연한 것이다.
그럼에도 불구하고, 애널리스트와 상담사들은 고객들에게 독립적인 견해를 제시할 의무가 있고, 이러한 견해는 공정하고, 건전한 사실 그리고 분석에 기반을 두어야 한다. 일부 시장의 규모와 투명성 수준 때문에 사실 여부를 판단하기 상대적으로 어렵거나 정치적 민감성이 높은 시장에서 결론을 도출하기 위하여 애널리스트는 특별히 주의해야 할 필요가 있고 여러 가지 전제조건을 고려해야 한다. 모든 내부검토 시스템과 승인절차를 확실히 준수하면서 소속된 회사를 완전하게 보호하는 것이 현명하다.

투자의견이 유지(hold)나 중립(neutral)일 때는, 만약 적극적으로 매수/비중확대 또는 매도/비중축소를 고객에게 설득하기에 충분한 변화가 없다면 보고서의 변경을 표시할 이유가 많지는 않다. 필자의 추론은 만약 애널리스트가 고객에게 투자를 하도록 적극적으로 추천을 하지 않는다면, 고객들은 그 투자에 있어 돈을 잃을 가능성이 낮아지게 된다. 물론, 추가적인 정보가 고객들이 적극적인 투자를 하기에 충분히 중요한 내용이라면, 고객들은 이러한 기회를 놓친 것을 불평하게 될 것이다. 이는 증권회사가 투자의견의 변경이 유의한지 아닌지를 결정하는 것이 얼마나 중요한지를 보여준다.

만약 투자자의 전체적 투자결정에 영향을 미치지 못할 정도로 중요하지 않은 인쇄상의 실수(오타), 당혹스러운 단어 실수, 또는 소위 부서별 또는 분기별 실적에 관한 어떤 추가적이거나 변경된 내용이라면, 증권회사는 해당 사실에 대한 독자의 관심을 끌 필요 없이 개정된 전자문서를 단순히 다시 게시하면 될 것이다.

그 모든 것은 판단의 문제로 귀착된다. 보고서 발행자와 리서치 감독자들은 다음과 같이 질문해야 한다. "투자자들을 오도하지는 않았는가, 편견을 갖게 하거나 또는 불이익을 주지는 않았는가, 그리고 투자자에 의해서건 혹은 보고서의 주제에 의해서건, 중개회사나 리서치 회사가 소송을 당할 수 있는가?" 실수는 있기 마련이지만, 그러한 상황을 적절히 다루는 것이 실수를 줄이기 위한 첫 걸음이다.

독자를 돕기

고객은 매일 읽을거리가 너무나 많고, 만약 증권회사가 생각하기에 무언가를 다시 한 번 읽어야 한다고 생각될 정도로 중요하지 않다면, 고객들은 과거의 자료를 다시 읽지 않고 새로운 자료를 읽게 될 것이다. 계속해서 수정판을 게재하는 경우, 증권회사는 리서치 보고서의 가치를 낮추는 위험을 감수하게 된다. 즉, 투자자는 계속되는 수정판에 지칠 것이고 다시는 이를 읽지 않게 될 것이다. 증권회사가 고객들에게 어느 개정판이 중요한지를 알려주는 것이 도움을 줄 것이다.

필자의 견해로는 개정판을 게재하면서 모든 개정된 항목을 고객들이 다시 읽도록 하는 것과 잘못된 사항을 전부 다 표시하지 않음으로써 고객들이 알아서 잘할 수 있도록 맡기는 것 사이에 적절한 균형감각이 필요하다고 본다. 물론, 증권회사는 중요한 것을 표시하지 않음으로써 투자자를 속이려 했다는 고소를 당하지 않도록 해야 한다. 즉, 변경의 중요성에 관한 어떠한 의심이라도 있으면, 해당 오류의 수정을 표시하는 것이 신중한 대책이다.

물론 최선의 방책은 초기에 어떠한 실수도 발표하지 않는 것이고, 모든 주장, 견해 그리고 추천은 적절한 원천을 통해서 수집되고 그 근거가 뒷받침될 수 있어야 한다. 이와 관련하여 필자는 이 책에 포함된 어떠한 실수나 소홀함에 대해 미리 사과를 함으로써 논의를 마치고자 한다.

번호	구분	약어	약자	번역	비고
1	용어		activist shareholder	행동주의주주	
2	용어		alternative analyses	대안 분석	
3	용어		arbitrageurs	차익거래자	
4	기관	AGGF	Asean Corporate Governance Fund	아세안 기업지배구조펀드	
5	기관	FIRB	Australian Foreign Investe-ment Review Board	호주 해외투자검토원	
6	기관	ASIC	Australian Securities and Investments Commission	호주 증권투자위원회	
7	기관	ASX	Australian Securities Exchange	호주 증권거래소	
8	용어		behavioral finance	인지적재무이론	
9	용어		best execution	최선매매체결	
10	용어		best-practice principles	모범실무 원칙	
11	용어		blackout period	조사분석 발간 제한기간	
12	기관	BMA	Bond Market Association (US)	미국 채권시장협회	
13	용어		bookrunner	주간사, 인수단	
14	용어		buy side	자산운용사	
15	기관	CMA	Capital Market Authority of Saudi Arabia	사우디 아라비아 자본시장 감독청	
16	기관	CSRC	China Securities Regulatory Commion	중국 증권감독관리위원회	
17	용어		chinesewall	정보차단벽	
18	용어		code of conduct	행동강령	
19	용어		consensus	시장평균추정치	
20	용어	CPDOs	Constant Proportion Debt Obligations	고정비율부채증권	
21	용어		due diligence	기업실사	
22	용어		earning estimates	이익예측치	
23	기관	FRB	Federal Reserve Board (US)	미국 연방준비제도 이사회	
24	용어		forensic analysis	범죄과학 수사적 분석	
25	용어		fundamental analysts	기본적분석 애널리스트	
26	용어		gray List	주의목록	
27	기관	HKEx	Hong Kong Exchange(HKEx)	홍콩 거래소	
28	용어		initiation of coverage	담당할 분석대상종목 신규 편입	
29	용어		lock-up period	주식거래 제한기간	
30	용어	MAD	Market Abuse Directive	시장불공정행위방지법규	

31	용어		market maker	유동성공급자	
32	용어		market performance	시장수익률	
33	용어		market stabilization	시장조성	
34	기관	METI	Ministry of Economy, Trade and Industry (Japan)	일본 경제산업성	
35	용어		neutral	비중중립	
36	용어		non-rated	투자등급 없음	
37	기관		NYSE hearing board	미국 뉴욕증권거래소 심리위원회	
38	용어		outperformance	시장수익률 상회	
39	용어		overweight	비중확대	
40	용어		plea-bargaining arrangement	양형거래협정	
41	용어		private wealth	고액현금자산가	
42	용어		proprietary desk	자기매매계정	
43	용어		quiet period	발간금지기간	
44	용어		Regulation Analyst Certification	미국의 애널리스트 확인규정	
45	용어		restrict list	거래제한 대상목록	
46	용어		selective distribution	선택적 배포	
47	용어		sell-side	증권회사	
48	용어		subprime mortgage loan	비우량주택담보대출	
49	용어		technical analysts	기술적분석 애널리스트	
50	기관	CalPERS	The California Public Employees' Retirement System (US)	미국 캘리포니아 공무원퇴직연금	
51	기관	CFIUS	The Committee on Foreign Investment in the United States	미국 해외투자위원회	
52	기관	SOCA	The Serious Organised Crime Agency (UK)	영국 중대조직범죄방지청	
53	용어		top-pick lists	추천종목 리스트	
54	용어		underperformance	시장수익률 하회	
55	용어		underweight	비중축소	
56	용어		watch list	거래주의 종목	

지은이
제러미 볼랜드

『증권 리서치 바로 쓰기: 모범 실무 가이드』의 제1판 발간 이후 저자 제러미 볼랜드는 정기적으로 공인재무분석사협회(CFA) 회원을 대상으로 그리고 감독당국과 법률가, 법학도를 대상으로 동 주제에 대하여 강의를 하였다.
금융투자업계에서만 25년 이상의 경력이 있는 저자 제러미는 런던과 동경, 홍콩에서 근무했다. 그는 1997년 이래 리서치 준법감시인으로 증권 리서치를 미국 지역에 배포하는 데 승인할 수 있는 권한을 보유하고 있었으며, 글로벌 투자은행의 증권 조사분석부에서 지난 16년 동안 관련 업무를 수행했는데, 모간 스탠리(Morgan Stanley)에서 5년, ING/ING Baring에서 5년 그리고 HSBC에서 5년간 각각 근무했다. 그리고 BNPP에서는 글로벌 리서치 교육담당 최고임원으로 근무한 바 있다.
증권업계에 발을 들이기 이전에 제러미는 영국에서 법인과 고액자산가를 위한 절세수단 투자에 관한 산업적이며 상업적인 프로젝트를 수행하는 부동산 개발 회사의 마케팅 담당 이사이자 경리와 법률문제를 다루는 회사의 고위임원으로 재직한 바 있다.
제러미는 또한 『기업유치지구 투자를 위한 가이드』의 저자이기도 하다.
제러미 볼랜드는 말레이시아에서 성장했으며, 고전학으로 킹스 칼리지(King's College), 런던 대학교(London University)에서 명예학위를 받았고, 소아즈(SOAS: School of Oriental and African Studies)와 베이징 사범대학(Beijing Normal University)에서 중국어를 전공했다.
저자 제러미는 다음의 이메일로 연락이 가능하다. jembolland@gmail.com

옮긴이
신동혁
충남 서산에서 태어나 연세대학교를 졸업하고 서강대학교 경영대학원에서 MBA를 마쳤다. 한국투자신탁(주), 외환코메르쯔자산운용, HSBC증권 서울지점을 거쳐 현재 BNP 파리바증권(주)에서 준법감시인으로 근무하고 있다. 창의적이고 성숙된 준법감시문화를 정착하기 위하여 한국거래소에서 설립되고 국내 증권회사와 선물회사 총 67개사의 준법감시인으로 구성된 준법감시협의회(ACOF)에서 현재 회장을 맡고 있다.

박근호
경북 상주에서 태어나 서울대학교 국제경제과와 서울대학교 대학원 경영학과를 졸업했다. 1994년 한국공인회계사자격을 취득했으며, CFA 및 FRM 자격증을 보유하고 있다. 삼일회계법인, 금융감독원, 한국 모토로라, 메릴린치 서울지점, UBS 서울지점, UBS 싱가폴지점을 거쳐 현재 한국스탠다드차타드증권(주)에서 준법감시인으로 근무하고 있다.

최규진
서울에서 태어나 그리스에서 어린 시절을 보내고, 동국대학교 영문학과와 고려대학교 국제대학원을 졸업했으며, 동국대학교에서 경영학 박사학위를 취득했다. 한국산업증권, 모간스탠리증권 서울지점, 바클레이즈캐피탈증권 서울지점, CLSA TM 싱가포르를 거쳐 현재 CLSA코리아증권(주)에서 준법감시인으로 근무하고 있다.

증권 리서치 바로 쓰기
모범 실무 가이드

2014년 8월 13일 초판 1쇄 인쇄
2014년 8월 22일 초판 1쇄 발행

지은이 | 제러미 볼랜드
옮긴이 | 신동혁, 박근호, 최규진
펴낸이 | 김영호
펴낸곳 | 도서출판 동연
편 집 | 조영균 디자인 | 이선희 관리 | 이영주

등 록 | 제1-1383호(1992. 6. 12)
주 소 | 서울시 마포구 월드컵로 163-3
전 화 | (02) 335-2630
팩 스 | (02) 335-2640
이메일 | yh4321@gmail.com

Copyright ⓒ 동연, 2014

ISBN 978-89-6447-254-5 93320